W0382172

Magie und Magier
im Mittelalter

In den magischen Vorstellungen und Praktiken des Mittelalters werden neben den vielfältigen Traditionen aus der Antike und dem germanischen und keltischen Kulturkreis jüdische und arabische Einflüsse erkennbar, insbesondere im Bereich des Geheimwissens. Die das abendländische Mittelalter beherrschende christliche Kirche hat einerseits schon früh begonnen, Zauberer, Hexen, Wahrsager und vor allem der Zauberei verdächtige Priester und Ketzer zu verfolgen, andererseits wurden magische Vorstellungen und Praktiken in verwandelter, christlicher Gestalt in die religiösen Riten übernommen. Es entwickelte sich sogar eine eigene sanktionierte Methode des Umgangs mit dem Übernatürlichen, die christliche Magie, die sich vor allem im Wunder und in der Teufelsaustreibung manifestierte und bis in die Neuzeit erhalten hat.

Christa Tuczay, geboren 1952, studierte Germanistik und Philosophie in Wien und promovierte über schamanistische Vorstellungen in mittelalterlichen Volkserzählungen. Sie ist wissenschaftliche Mitarbeiterin eines Forschungsprojekts der Österreichischen Akademie der Wissenschaften.

Inhalt

Danksagung

Anregungen für das vorliegende Buch gab es zuhauf, und da mich die Thematik schon während meines Studiums fasziniert hatte, war der Entschluss zu dieser Arbeit bald gefasst. Durch die Monumentalität des Stoffes abgeschreckt, hat es jedoch einige Zeit gedauert, bis ich mich der Durchführung der gestellten Aufgabe gewidmet habe. Mein besonderer Dank gebührt meiner Kollegin Mag. Dr. Karin Lichtblau, die mich nicht nur in Fachfragen der altfranzösischen Literatur beraten, sondern auch durch neue Querverweise zu immer anderen Perspektiven der Darstellung angeregt hat. Meinen Kollegen Dr. Ulrike Hirhager und Mag. Rainer Sigl danke ich besonders für die enthusiastische Durchsicht des Manuskripts und für die inspirierenden Bemerkungen dazu. Den vielfältigen Kommentaren und konstruktiven Kritiken der zahlreichen Leser der Ausgabe von 1992 verdankt die Neuauflage ebenfalls sehr viel.

Einleitung

Mit dem Bild des Magiers verbinden wir Vorstellungen von Geheimwissen, Dämonenbeschwörungen, Macht über übernatürliche Wesen und übermenschliche Kräfte. Der Satz »Wissen ist Macht« scheint gerade bei der Gestalt des Magiers auf den Begriff gebracht.

Dieses Buch versucht, die in den mittelalterlichen Quellen belegten Vorstellungen von und Einstellungen zur Magie, im Sinne einer Kulturgeschichte zu umreißen. Im Zentrum des Interesses steht die Art und Weise der Definition und Darstellung durch mittelalterliche Theologen, Gelehrte, Kaiser und Könige, Geistliche und Dichter, aber auch die Praktiken, die sich hinter dem vagen Begriff Volksmagie, soweit die Quellen Zeugnis geben, verbergen.

Das weit verbreitete Klischee vom Mittelalter als Epoche der Hexen und Zauberer scheint, wie auch die neuesten Mediendokumentationen beweisen, trotz der einschlägigen maßgeblichen Veröffentlichungen der Hexenforschung schwer zu revidieren.

Dass in der älteren Fachliteratur die Grenzen zwischen den Begriffen Zauberei und Hexerei nicht klar definiert waren, überrascht nicht: Gemeinhin setzte man die Hexenprozesse zeitlich mit dem »finsteren« Mittelalter an. Mit dem Aufschwung der Hexenforschung wurde zumindest die Vorstellung von den Hexen und der Verfolgungszeit weniger unscharf. Allerdings sind die mittelalterlichen Magier nicht annähernd auf ein solches Interesse gestoßen wie die Hexen, weshalb die mittelalterliche Magie und die Magier vor Faust immer noch unbekannte Größen sind. Ausnahmen bilden literarische Gestalten wie der britische Merlin, der die schöpferische Fantasie vom Mittelalter bis zur Jetztzeit angeregt hat. Richard Wagner hat dem Magier Klingsor in seiner Parzival-Bearbeitung ein Denkmal gesetzt, und neuerdings trat auch die Zauberin Morgana in Marion Zimmer-Bradleys viel gelesenem Fantasy-Roman *Die Nebel von Avalon* ein wenig in den Blickpunkt des Interesses. Filmfassungen gab es sowohl zum Merlin als auch zu Zimmer-Bradleys Adaptierung des Artus-Stoffes und die so genannte literarische Artus-Rezeption bringt zumindest jährlich eine neue Variante in der unendlichen Geschichte um Artus, Merlin und Morgana hervor.

Möglicherweise verstellt auch der monumentale Eindruck des Renaissance-Magiers Faust den Blick auf seine Vorgänger und Nachfolger. Das beweisen Titel wie Palmer/Mores: *The Sources of the Faust Tradition from Simon Magus to Lessing* (1965) oder die ältere Arbeit von Carl Kiesewetter: *Faust in der Geschichte und Tradition* (1893), die zu einem Gutteil den Vorgängern des Faust gewidmet war.

Ursprünglich wollte ich ebenfalls eine Monografie über Faust verfassen – interessanterweise verhält sich nämlich die Fachliteratur zu Faust umgekehrt proportional zu seinem Bekanntheitsgrad –, doch hat mich in zunehmendem Maße die Herausforderung gereizt, die Vorformen der Hexen einerseits bzw. die vielfältigen Traditionen der mittelalterlichen Magie andererseits im Rahmen einer Arbeit zu präsentieren.

Ein elementarer Aspekt der mittelalterlichen Magie ist die der antiken Philosophie verpflichtete Lehre von der »Sympathie des Alls« und der Wesensidentität von Mensch und Natur, d.h. die Allbeseelung, Personifizierung insbesondere der umgebenden Natur, aus der die Anschauung resultiert, die in der Medicina Magica, dem Wetterzauber und den Zaubersprüchen zum Tragen kommt, dass Gleiches Gleiches bewirkt (*similis similibus*), ergänzt durch den Grundsatz, dass das Gegenteil Gegenteiliges hervorruft. Die sympathetische oder imitative Magie beruht auf der äußerlichen Ähnlichkeit von Erscheinungen. Fruchtbarkeits-, Wetter- und Heilzauber sind nach dem Prinzip der imitativen Magie angelegt: Um z.B. einen Regenzauber zu bewirken, muss Wasser ausgegossen werden. Die vordergründige Ähnlichkeit, so die Vorstellung, basiert auf einem inneren Zusammenhang. Die kontagiöse Magie beruht auf dem Grundsatz, dass etwas, das einmal in Zusammenhang gestanden hat, nach einer Trennung immer noch verbunden ist. *Pars pro toto*, ein Teil steht für das Ganze, z.B. abgeschnittene Nägel, Haare, das Blut eines Menschen in der Gewalt eines Schadenzauberers kann böse Folgen haben.

Diese Vorstellungen beruhen auf der Annahme, dass den Dingen Kräfte innewohnen, die übertragbar sind. Der nächste Schritt ist die Übertragung dieser Kräfte durch Aussprache eines Wortes oder des (geheimen) Namens der Kraft, was innerhalb einer Zeremonie oder eines Rituals erfolgt.

Es ist also ein Mensch, ein Protagonist, notwendig, der die magische Handlung überhaupt in Gang bringt, der diesen Austausch von Kräften bewirken kann. Selbst wenn man die Annahme der Antike wie auch des Mittelalters, dass Götter und Dämonen das Gewünschte bewirken können, mit einbezieht, so müssen doch auch diese erst beschworen werden, um wirken zu können.

Karl Beths[1] auf Naturvölker bezogene Definition kann auch für die mittelalterliche Magie gelten: »die einfache und unverhüllte Objektivierung des Wunsches in der menschlichen Vorstellung«. Die bekannte Einleitung zu den Grimm'schen Märchen »Es war einmal in jener Zeit, als das Wünschen noch geholfen hat«, illustriert die Haltung eines von Überzeugungen getragenen Bewusstseins, das man nicht zufällig als das magische bezeichnet hat, die Gewissheit, dass der Wunsch Realität bewirken kann, die das Mittelalter mit der Antike teilte. Die hinter den Naturerscheinungen verborgenen Kräfte gilt es zu aktivieren, zu zähmen und dienstbar zu machen. Die Kunst des magischen Heilens wurde in der von der Antike bis heute reichenden Tradition (nicht im Sinne einer Gelehrtentradition, sondern im Sinne der »Sympathie« Wahrnehmung, Haltung) der Volksheiler von Generation zu Generation weitergegeben.[2] Diese Aktivierung der Kräfte bzw. Beschwörung von Hilfsgeistern und Schutzgeistern erfordert einen gewissen geregelten formalen Ablauf, eine Zeremonie, ein Ritual, das aus Gebärden, Sprüchen und Handlungen besteht. Das Zauberritual des Mittelalters unterschied sich wenig von den offiziellen Ritualen der Kirche, daher rührt auch diese immer spürbare Verschwommenheit der Abgrenzungen. Die Dichotomie Magie und Religion hat Frazer als Erster in seiner monumentalen Studie *The Golden Bough* (1911) auf den Begriff gebracht und in sein evolutionistisches Weltbild eingefügt. Er versteht Magie als erstes Glied einer Entwicklungsreihe, die über Animismus–Totemismus zur theistischen Hochreligion führt.

Die schon in der Antike bekannte Unterscheidung zwischen weißer oder theurgischer Magie und schwarzer goetischer Magie bedeutet im Allgemeinen weniger einen Unterschied in den damit verbundenen Zeremonien oder Ritualen als in der Zielsetzung, weshalb die Unterscheidung Maleficium, Schadenzauber, und Beneficium wie z.B. Heilzauber, Segen mir klarer erscheint. Die Theurgen der Antike setzten sich sicherlich von den Goeten ab, da die Methodengleichheit oftmals auch den Verdacht auf Ausübung des Maleficium nach sich zog.

Im Mittelalter setzten sich die Repräsentanten der weißen Magie – wundertätige Heilige und Priester – in Opposition zu den Magiern, die sie aus religiösen Gründen und vielleicht auch aus einer gewissen Konkurrenzsituation heraus verfolgten. Die Verbotsliteratur, die vehement eine antimagische Richtung vertrat, übertraf an Umfang und Masse die Geheimliteratur bei weitem.

Als nächst höhere Stufe der Entwicklungsreihe setzt Frazer die Wissenschaft an. Petzoldt kommentiert: »Es ist nicht zu übersehen, dass mit dieser historischen aufsteigenden Linie eine Wertung verbunden ist, deren Maßstäbe, durch eine internalisierte christlich-abendländische Kultur geprägt wurden.«[3] Die an die Frazer'sche Definition anschließende Fachdiskussion, die als Alternative lediglich die Attribute: Magie als antisoziale oder antireligiöse Entität anbieten konnte, betraf nur einen Teilaspekt.

Magiekonzepte, die entweder auf dem »Weltbild« der so genannten Primitiven[4] basieren oder Magie mit Religion gleichsetzen, können zur Klärung der Frage, weshalb innerhalb des Kontextes einer Hochreligion wie der christlichen ein ganzer Komplex von offensichtlich magischen Vorstellungen und Praktiken wie z.B. Liebes-, Todes-, Bild- und Heilzauber existiert, der noch dazu untrennbar mit dem religiösen Brauchtum, Heiligen- und Reliquienkult verbunden ist, nicht beitragen.

Frazers als überholt betrachtete Anschauung, dass die Magie als eine Vorstufe zur Naturwissenschaft zu sehen sei, deutlich bei Thorndike wieder aufgegriffen und neuerdings bei Fürbeth und Freytag, erweist sich mit Einschränkungen (befreit von dem evolutionistischen Rahmen) als brauchbar. Allgemein gesprochen zeichnen sich in der älteren Fachliteratur zwei unterschiedliche, teilweise gegensätzliche Standpunkte zur Bewertung und Wahrnehmung der Magie ab. Während die rationalistische Argumentation bestrebt war, die Verfolgung als fatalen Irrtum der Inquisition, der Theologen und Scholastiker bzw. (später auch von der Gender-Forschung) als Misogynie der Richter zu erklären, interpretiert die romantische Richtung, repräsentiert von Jules Michelet und später von Margaret Murray, Hexerei als Überrest heidnischer Fruchtbarkeitskulte, die von den Hexen wieder belebt wurden und sich im Rahmen einer anarchistischen Untergrundbewegung gegen die Repressionen der Kirche richteten.

Christliche Forscher dagegen betrachteten das Phänomen als den Eingriff des Bösen in die Menschheitsgeschichte, d. h. sie urteilten aus der Sichtweise der Gerichtsprotokolle und waren überzeugt, dass die Hexensekte als echte Gefahr für den Glauben einzustufen sei. Beide Richtungen verstrickten sich in komplizierte Fachdiskussionen, was lediglich zu einer Verhärtung der extremen Standpunkte, aber weniger zu einer Erhellung der Problematik führte.

Aber nicht nur Religion und Magie, auch Magie und Wissenschaft erscheinen als Gegensätze, doch die Unterscheidung der Himmelsrichtungen kann nur dann erfolgen, wenn der Standort des Betrachters nicht wechselt, sonst wird Nord Süd und umgekehrt. Die unreflektierte Vorstellung von Wissenschaft ist bestimmt von der Sichtweise des 20. Jahrhunderts, wobei oft vergessen wird, dass auch die Wissenschaft eine historisch gewachsene Disziplin ist.

In der Geschichte der Wissenschaft waren Magie und Wissenschaft nicht getrennt, sondern vielfach verbunden. Wie wir sehen werden, haben mittelalterliche Wissenschaftler vom Zuschnitt eines Albertus Magnus Doktrinen wie die Sympathielehre durchaus akzeptiert. Roger Bacon hat magische Effekte als Ein- bzw. Auswirkungen der experimentellen Naturwissenschaft »entlarvt«, Francis Bacon betrachtete Magie als Metawissenschaft in Analogie zur Metaphysik, die gelehrte Magie vollführte technische Operationen, die den weniger Gebildeten unerklärlich waren und deshalb als magisch eingestuft wurden. Hieße das, dass alle diese gelehrten Magier missverstandene Naturwissenschaftler waren? Nicht ganz.

Die mittelalterlichen Gelehrten standen in einem bestimmten sozialen und kulturellen Kontext, das Ergebnis ihrer Bemühungen kann, von unserem Standpunkt aus betrachtet, als Erfindung durchgehen, den Zeitgenossen galt es als erfolgreiche magische bzw. auch alchemistische Operation, denn es geschah nach einem festgelegten Ritual unter Beobachtung von bestimmten Planetenkonstellationen in vorgeschriebener Kleidung. Johannes Hartlieb, der erste Monograf und vorgeblicher Gegner der magischen Künste, hat z. B. die Weissagungen aus Totenschädeln als verdammenswert angesehen, aber nicht, weil es unmöglich sei, aus dem Haupt eines Toten Informationen herauszulesen, sondern weil ein böser Geist aus dem Schädel betrügerische Auskünfte erteile. Der Definitionsvorschlag von Tom Settle, Magie auf ein metaphysisches Kausalitätsprinzip zurückzuführen, erweitert die Bacon'sche Formulierung. Magie und Technik gründen beide auf Zweck–Mittel–Relationen; auch das Ziel, die Herstellung des Gewünschten – Projektion und Materialisation eines Wunsches – ist ihnen gemeinsam.

Wo findet Magie statt, in welchem Umfeld funktioniert sie? Sie entsteht in Daseinsbereichen, »die unter dem Druck sozialer Differenzierung in Spannung geraten.«[5] Ob in einem antithetischen oder parasitären Verhältnis zum offiziellen Christentum, die Magie des Mittelalters bleibt nur im Kontext der Wertmaßstäbe des Christentums und dessen symbolischen, kultischen und praktischen Standards verständlich. Die Kulturgeschichte der Magie ist von der Kulturgeschichte des Christentums nicht zu trennen. So galt Jesus den jüdischen Theologen als Magier, genauso wie der Gegenspieler des Apostels Petrus, Simon Magus, der sich herausnahm, als Christus aufzutreten und als Vater der Häresie in die Kirchengeschichte einging. Erhard Eehnmark drückt es so aus: »Magie scheint als positiver sympathetisch regenerierender Faktor in der Gesellschaft immer dann zu wirken, wenn mächtige neue soziale Gruppierungen, Kräfte, die bisher am Rande standen, ideell wie materiell, geistig wie politisch ins Zentrum des Geschehens drängen. Magische Praktiken, magische Muster üben in diesem Vorgang, dem Aufstieg von Außenseitern in Führungsschichten, offensichtlich wichtige Funktionen aus.«[6]

Die Anfänge der wissenschaftlichen Erforschung sowohl der Magie als auch der Hexerei liegen um die Mitte des vorigen Jahrhunderts, wie z. B. W. G. Soldans *Geschichte der Hexenprozesse* (1843) und Graesses *Bibliotheca Magica et Pneumatica* bezeugen, für die damalige Zeit überaus konzise Studien, die mit Vorbehalt auch heute noch lesenswert sind. Jules Michelets *La Sorcière* und H. C. Leas

Material Towards a History of Witchcraft, Joseph Hansens *Zauberwahn, Inquisition und Hexenprozeß* waren richtungsweisende Arbeiten, in der Nachfolge stehen die Historiker Erik Midelfort mit *Religion and the People 800-1700* (1979), William Monter, *Witchcraft in France and Switzerland: The Borderlands during the Reformation* (1976), Jeffrey Burton Russells *Witchcraft in the Middle Ages* (1974).

Die Diskussion Hexe/Hexerei zog nicht nur eine Flut von wissenschaftlicher Literatur der verschiedensten Fachbereiche, sondern auch eine Reihe von populärwissenschaftlichen Werken nach sich. Kaum ein Thema hat eine solche Breitenwirkung erlebt wie die Geschichte der Hexenverfolgung. Die romantische und nostalgische Faszination der New-Age-Bewegungen, im Zusammenhang mit dem Interesse für Esoterik und Okkultes und dem zweifelhaften Trend zur so genannten »Volksweisheit«, trieb gerade auf diesem Gebiet fantastische Blüten.

Herbert Grundmann richtet mit seiner Studie *Die religiösen Bewegungen im Mittelalter* (1935, bearb. Fassung 1961) den Blickwinkel auf die häretische Seite der Zauberei, der auch Russels Studie verpflichtet ist. Die Problematik der in der Verbotsliteratur, den Gerichtsprotokollen, theologischen Traktaten, Bußbüchern oder Synodalbeschlüssen belegten Anschauungen und der äußerst schwierig ungefiltert fassbaren Meinungen der Angeklagten in den Zaubereiprozessen, den späteren Hexenprozessen, suchte Richard Kieckhefer in *European Witch Trials: Their Foundation in Popular and Learned Culture 1300-1500* (1976) zu diskutieren. Der amerikanische Historiker brachte 1989 eine konzise Studie über die mittelalterlich Magie *Magic in the Middle Ages* und in der Folge eine Detailstudie über Ritualmagie *Forbidden Rites* (1997) heraus, die seine Schülerin Claire Fanger in einer weiteren Sammelstudie *Conjuring Spirits* noch vertiefte (1998). Valerie Flints breit angelegte Monografie *The Rise of Magic in Early Medieval Europe* (1991) betrachtet die frühmittelalterlichen Quellen vom Standpunkt der Sozialhistorie aus. In diesem Zusammenhang darf auch Jean Claude Schmitts Arbeit *Heidenspaß* (1993) nicht unerwähnt bleiben.

Eine grandiose Aufarbeitung der vorgenannten Quellen bietet Harmening in seiner Studie über die Aberglaubensliteratur *Super-*

stitio (1979), seine Schülerin Karin Baumann (1989) konzentrierte sich in ihrer Dissertation *Aberglauben für Laien* auf das Spätmittelalter und die frühe Neuzeit. Mit der spezifisch mittelalterlichen Dämonologie beschäftigt sich Norman Cohns maßgebliche Pionierarbeit *Europe's Inner Demons* (1975), den beschrittenen Weg vertiefte Stuart Clark in *Thinking with Demons* (1997) in Einbeziehung der neusten Forschungsergebnisse und mit lohnendem Ausblick auf neueste Richtungen wie z. B. die Wahrnehmungsforschung bzw. Psychohistorie.

Robert Léon Wagner versuchte als einer der Ersten in *Sorcier et Magicien* (1939) eine Begriffsklärung. In jüngster Zeit haben sich vor allem die Frühneuzeit-Historiker zu Wort gemeldet, wie z. B. Martin Stute mit seiner Bibliografie *Hauptzüge wissenschaftlicher Erforschung des Aberglaubens und seiner populärwissenschaftlichen Darstellungen der Zeit von 1800 bis in die Gegenwart* (1997), die die mediävistischen Arbeiten eher selektiv verzeichnet und die Monografie Rolf Schultes *Der Hexenmeister* (2001), eine hinsichtlich der Neuzeit sicherlich fundierte Arbeit, die bedauernswerterweise, wie so oft, sowohl die mittelalterlichen Quellen als auch die mediävistischen Arbeiten zum Thema vom Standpunkt seiner gewählten Forschungsepoche aus betrachtet und daher zwangsläufig zu kurz greifenden Interpretationen kommt.

Lynn Thorndikes grundlegende *History of Magic and Experimental Science* (1923–58) bietet eine präzise Analyse der Quellen unter dem Gesichtspunkt der Magie als Vorläufer der Naturwissenschaft und darf mit Recht als bislang unübertroffenes Standardwerk der Magiegeschichte gelten. Die Einordung des Begriffshintergrunds in den Kontext der Volkskultur bzw. Volksreligion brachte wiederum eine neue Fassette in die Forschungsdiskussion ein. Grundlegende Arbeiten sind Raoul Mansellis *La religion populaire au Moyen Âge* (1975) und Peter Dinzelbachers Sammelwerk *Volksreligion im hohen und späten Mittelalter* (1990).

Sowohl in der Antike als auch im Mittelalter brachten Krisenzeiten die verstärkte Hinwendung zu magischen Praktiken, in der Spätzeit Verfolgungswellen hervor, wie der vielseitige und vor allem um die Hexenforschung bemühte Historiker Wolfgang Behringer[7] betont. Allgemeine Zaubereigläubigkeit und die damit verbundene Unsicherheit eskalierte zu Panikreaktionen, die zu Pogromen und Massenverfolgungen führten. In Krisenzeiten bedienten sich aber nicht nur politisch ambitionierte Emporkömmlinge, die nach Erfolg, Reichtum und Macht strebten, der Magie, auch das Volk versammelte sich auffällig um ambulante Wundertäter und wortgewaltige Ketzer, ging zu Wahrsagern und Loswerfern und versuchte sich sicherlich öfter als die Quellen zugeben an obzwar einfacheren, aber doch eindeutig magischen Ritualen. Die vom Volk konsultierten Magier und Volksheiler, Medien und Wahrsager tragen vielfach schamanoide Züge, wie Carlo Ginzburg in Bezug auf die späteren Benandanti in seiner bahnbrechenden Studie über den *Sabbat* (1980) betont hat.[8] Der bereits in meiner Dissertation *Der Unhold ohne Seele* (1981) lediglich postulierte, von Ginzburg jedoch nachgewiesene »schamanoide« Untergrund der abendländischen Kultur spaltete die Hexenforschung in gegensätzliche Richtungen. Ginzburgs Erkenntnisse beflügelten vor allem die ungarische Taltos-Forschung[9], aber auch Behringers großartige Monografie *Conrad Stöcklin und die Nachtschar* (1994) gründet auf der Erkenntnis der Nachtschar als schamanoides Trancephänomen.

Neue Impulse kamen aus dem ethnologischen Lager: Der Anthropologe Evans-Pritchard mit seiner Studie *Witchcraft, Magic and Oracles among the Azande* (1937) erstellte erste richtungsweisende Definitionen, die zwar bereits für die Studien der Mediävisten Alan Macfarlane *Witchcraft in Tudor and Stuart England* (1970) und Keith Thomas *Religion and the Decline of Magic* (1971) von Bedeutung waren, doch das Gros der Neuzeithistoriker scheint erst jetzt die Relevanz der ethnologischen Forschung für europäische Magie und Hexerei entdeckt zu haben.[10]

Es ist mir nicht immer leicht gefallen, die Fülle des Materials mit der nötigen Straffheit zu präsentieren. Die Vorliebe für ein bestimmtes Gebiet hat mich sicherlich dazu verleitet, etwas länger zu verweilen. Die Thematik ganz auszuloten, ist im Rahmen einer kleineren Schrift unmöglich, da jedes einzelne Kapitel Stoff für eine gesamte Monografie geboten hätte. Als Mediävistin mit Schwerpunkt Narrativistik haben mich besonders die narrativen fiktiven Elemente in den literarischen und nicht-fiktionalen Quellen, und vor allem jene Textstellen, die einen Realitätsbezug wahrscheinlich machen, interessiert. Erst in jüngster Zeit beginnt sich auch in der Hexenforschung ein gewisser Paradigmenwechsel in diese Richtung abzuzeichnen, wie die Bemühungen der Schweizer Forscher Georg Modestin und Kathrin Utz Tremp beweisen.[11].

[1] Beth, Karl: *Religion und Magie bei den Naturvölkern*, 2. Aufl., Leipzig 1927.

[2] Vgl. Hampp, Irmgard: *Beschwörung, Segen, Gebet*, Stuttgart 1961, S. 16 f.

[3] Petzoldt, Leander: »Magie und Religion«, in: *Volksreligion im hohen und späten Mittelalter*, hg. v. Peter Dinzelbacher, Paderborn 1990, S. 475.

[4] Seit Levy-Bruhls Einführung des Begriffes der Partizipation vgl. meinen gleichnamigen Artikel in: *EM* Bd. 10, Berlin, Sp. 597–599.

[5] Vgl. Lipp, Wolfgang: »Magie, Macht, Gefahr. Zur Soziologie des Irrationalen«, in: *Archiv für Kulturgeschichte* 66 (1984), S. 409.

[6] Eehnmark, Erhard: »Religion and Magic«, in: *Magie und Religion*, hg. v. Leander Petzoldt, Darmstadt 1978, S. 311.

[7] Vgl. den Aufsatz auf der sehr informativen Seite des Historicum Net: »Klimaveränderung und Hexenprozess«, in: www.york.ac.uk/depts/hist/staff/wmb1.

[8] Zur Methodendiskussion vgl. den 1995 erstmals erschienenen Aufsatz von Klaus Graf, den unermüdlichen Betreuer eines über 200 Mitglieder zählenden Hexendiskussionsforums, dem ich viele wertvolle Hinweise verdanke.

[9] Vgl. vor allem Pócs, Éva: *Between the Living and the Dead*, Budapest 1999.

[10] Vgl. z. B. Walz, Rainer: »Die Relevanz der Ethnologie für die Erforschung der europäischen Hexenverfolgung«, in: Ingrid Ahrend-Schulte/Dieter R. Bauer/Sönke Lorenz/Jürgen Michael Schmidt (Hrsg.): *Geschlecht, Magie und Hexenverfolgung*, Bielefeld 2002, S. 57–80.

[11] Modestin, Georg u. Utz Tremp, Kathrin: »Hexen, Herren und Richter. Die Verfolgung von Hexern und Hexen auf dem Gebiet der heutigen Schweiz am Ende des Mittelalters«, in: *Schweizerische Zeitschrift für Geschichte* 52 (2002), Nr. 2, S. 103–162.

I. Das Erbe der Antike

Einführende Bemerkungen

Die Geschichte der Zauberei im Mittelalter kann nicht unabhängig von der Magie der Antike gesehen werden oder mit den Worten Peter Dinzelbachers: »Selbstverständlich ist ein tieferes Verständnis der verschiedenen Ausformungen mittelalterlicher Volksreligion nicht ohne Kenntnis der antiken Volksreligiosität möglich.«[1] In der Antike stoßen wir auf Spuren der Zauberei oder besser auf ihre Indizien und Relikte in Form von Zauberpapyri[2], -texten, bleiernen Fluchtafeln[3], Amuletten[4], Berichten über Zaubereiprozesse und rechtlichen Verordnungen und in literarischen Darstellungen, in Zaubergesängen und deren begleitenden Gesten. Requisiten bei Beschwörungen und Opfern[5] (Räucherwerk, Schalen etc.) sind uns durch Beschreibungen ebenfalls erhalten.

Der später dominant gewordene Begriff *Magus* als Bezeichnung für Personen, denen man übernatürliche Kräfte zuschrieb, geht auf das Altpersische zurück. Xenophon erwähnt die *Magi* als Stamm bei den Medern, welche hauptsächlich Priesterfunktion ausübten. Cicero und Vitruvius kennen sie ebenfalls als *sacerdos*.

In der *Apologia* des Apuleius heißt es: »Persarum lingua magus est qui nostra sacerdos«.(Kap. 25, 29) [In der Sprache der Perser heißt der ein Magier, der in unserer Sprache Priester genannt wird.] Und Cicero berichtet: »In Persis augurantur et divinant magi, qui congregantur in fano commentandi causat at inter se collequendi. Nec quisdam rex Persorum esse potest, qui non ante Magorum diciplinam scientiam perceperunt.« (*De divinatione*, I, 41) [In Persien prophezeien die Magi und beobachten die Zeichen, sie versammeln sich im Tempel und studieren miteinander ihre Deutungen. Keiner kann König der Perser sein, welcher nicht vorher die Magie studiert hat.]

Später vermischte sich der Begriff Magus mit der Vorstellung des *Maleficus*, des Schadenzaubers.

Die Kunst der Magier der Antike geht auf göttlichen Ursprung zurück, d. h. man stellte sich vor, dass der Magier bei seinen Handlungen von einem Gott besessen bzw. ergriffen würde. Die magische Handlung wurde so zum Mysterium, in welches der Adept initiiert wurde. Diese Analogie zwischen religiösem bzw. magischem Mysterium beweisen auch die Reinigungsvorschriften und Gebote der körperlichen Enthaltsamkeit vor einer rituellen Handlung, welchen sich sowohl Adept als auch Myste gleichermaßen unterziehen mussten.[6] Die Reinheitsvorschrift bezog sich auch auf den Ort, an dem die magische Handlung stattfinden sollte.[7] Die richtigen Worte und Gesänge bestimmten den Erfolg der magischen Operation. Der lateinische Ausdruck *incantare*, der in der Frühzeit »singen« bezeichnet, bezog sich später lediglich auf das Singen von Zaubersprüchen und Beschwörungen. In diesen Beschwörungsgesängen spielten die Namen der Götter eine vorrangige Rolle. Auch in der indischen, altägyptischen und jüdischen Magie lassen sich zu dieser hervorragenden Bedeutung des Namens, speziell des Geheimnamens, Belege finden.[8] Auch die Apostel wussten um die Gewalt des Namens Jesu bei Exorzismen und beklagten sich, dass »Unberufene« diesen für ihre Zwecke benutzten. (Lukas IX, 49)

Die Götter leisteten dem Ruf meist nur ungern Folge, deshalb mussten sie »gezwungen«, ja sogar bedroht werden. Der Magier bzw. die Magierin drohte ihnen an, ihre Geheimnisse preiszugeben, ihre Feinde zu unterstützen, ihre Opfer zu verwüsten, Kultbilder zu zerstören etc.[9]

Mit Hilfe der Götter, so wussten die Schriftsteller zu berichten, vermag der Magier auch das Unmögliche, wie z. B. sich unsichtbar zu machen, sich selbst und andere in jede gewünschte Gestalt zu verwandeln.[10] Nicht nur die Verwandlung in Tiergestalt gelingt ihm, er besitzt auch Macht über die Tiere, ist ein »Herr der Tiere«. Wie ein griechischer Zauberpapyrus beschreibt, besteht eine der höchsten Künste darin, ein Krokodil zu reiten und sich zu dessen Artgenossen zu begeben, welche den Magier »schweifwedelnd« begrüßen.[11] Er ist ein Schlangenbeschwörer, kann deren Bisse heilen, da er ihre geheimen Namen kennt.[12]

Auch die Elemente müssen sich seinem Willen fügen, er kann Feuer entzünden oder für immer auslöschen (vgl. Vergil im Mittelalter, S. 210 f.), über Wasser gehen[13] und sich in die Lüfte erheben, das Wetter beeinflussen, die Gemüter und den Verstand der Menschen manipulieren, Tote wiedererwecken und nach der Zukunft befragen (Nekromantie).

Die Götter der Unterwelt waren nicht nur für die Toten und die Totengeister, sondern auch für die Magie zuständig.[14]

Hermes und Hekate[15] erlangten in der Spätzeit besondere Bedeutung für die Ausübenden der Magie. Hermes, in der Spätantike Hermes Trismegistos, d. i. der dreimal Mächtige bzw. Große, wurde mit dem ägyptischen Toth gleichgesetzt. Die Mondgöttin erlangte ebenfalls besondere Bedeutung bei den Zauberhandlungen, die meist im Schutze der Dunkelheit ausgeführt wurden. Der Mond galt als Sitz der Totenseelen, weshalb den Totengeistern als Helfern des Magiers eine besondere Bedeutung zukam. Das »Herunterholen des Mondes« beschäftigte die altgriechische Vasenmalerei: Die Darstellung eines Kreises von Zauberinnen, die den Mond herunterholen, war ein oft behandeltes Motiv.[16]

Die ursprünglich nicht so sehr beachtete Göttin Hekate entwickelte sich in der Spätantike zur Zaubergöttin par excellence, oft gleichgestellt bzw. identifiziert als Artemis, Persephone und Demeter.[17] Man stellte sie tiergestaltig, z. B. als Wölfin, dar. Ihre Kultstätten und Anrufungsorte waren die Begräbnisplätze, da man ja auch annahm, dass sie sich von Leichen nährte.

Da die Magier u. a. mit der Heilung von Krankheiten beschäftigt waren, lag es nahe, den Magier als Medizinmann bzw. Schamanen zu sehen. Plinius leitete die Magie aus der Medizin ab.[18]

Die verbreitetste Form des Zaubers scheint der Schadenzauber (*Maleficium*) gewesen zu sein. So finden sich Amulette, die Krankheit und Schmerz hervorrufen sollen. Als Beispiel sei ein besonders anschauliches Motiv gewählt: »Der böse Blick«. Die Vorstellung, dass durch Anblicken bleibender Schaden hervorgerufen werden kann, hat sich nachgewiesenermaßen von der Antike bis heute gehalten. An der übermäßigen Verbreitung von Schutzamuletten gegen den »bösen Blick«[19] bzw. Abwehrdarstellungen in verschiedenen Lebensbereichen lässt sich gut ablesen, dass man sich in der altrömischen Zeit an allen Orten und bei jeder Gelegenheit vor Schadenzauber ängstigte, als deren sichtbarste Ausprägung man den »bösen Blick« zu erkennen glaubte. Die Ziele der griechisch-römischen Magie[20] richteten sich auf Abwehr von Schadenzauber, waren also in erster Linie Schutz- und Abwehrpraktiken und in jeglicher Form im römischen Reich illegal.

Allerdings schwankte die Einschätzung der Gefährlichkeit der Zauberei in den verschiedenen Perioden. Die Bezeichnung für Zauberer wie *magicus*, *ariolus* etc. wurde meist abwertend verwendet. Nur der griechische Terminus *magos* bezeichnete sowohl positive theurgische Magie als auch die negative Goetie.

Die Christen der Frühzeit verwenden den Begriff grundsätzlich negativ, allein die Bezeichnung der Drei Weisen aus dem Morgenlande als Magier bildet eine Ausnahme.

Es scheint durchaus ein Zusammenhang zwischen gewissen magischen Praktiken und bestimmten sozialen Schichten bestanden zu haben. So wurden übelabwehrende Praktiken hauptsächlich von den armen, ungebildeten Ständen eingesetzt. Dazu passt, dass z. B. die griechischen Zauberpapyri in der griechischen bzw. demotischen Umgangssprache und nicht in der kultivierten Literatursprache abgefasst waren.[21] Die Zauberpraxis blieb jedoch nicht auf die unteren Volksschichten beschränkt, sondern erfasste allmählich auch die oberen.

Eine bei allen Ständen überaus beliebte Zauberpraxis bezog sich auf die Beeinflussung der erotischen Anziehungskraft. Hier ein Beispiel für Liebeszauber:

> Pluto, oder wenn man ihn Jupiter der Unterwelt nennen muss, era cura, Juno der Unterwelt, ziehet schon recht rasch den unten Aufgeschriebenen herbei und übergebt den Totengeistern den Aurelius Sinnianus Cesaeranus. So, o Silvis, siehst du den Gatten umgekehrt, wie der Name desselben geschrieben worden ist.«[22]

Dass eine Frau den untreuen Gatten mit Hilfe dieser Beschwörung herbeiholen will, stellt einen eher seltenen Fall dar, da sich normalerweise Männer solcher Praktiken bedient haben. Wie oben erwähnt, werden Unterweltsgötter und Totengeister für die Ausführung des Zaubers bemüht. »Hermes aller Magier Fürst, der oberste Nekromant, der Erfinder der Beschwörungen, trägt in der Hand den machtvollen Zauberstab und verfügt über das Wunderkraut Moly. Oft wird er angerufen, die Totengeister zu senden oder abzuwehren.«[23]

In der *Odyssee* kommt dieses Wunderkraut[24] als Antidot gegen die Gifttränke der Circe vor:

> All' auch will ich dir nennen die furchtbaren Ränke der Circe.
> Weinmus menget sie dir, mischt in die Speise den Zauber.
> Gleichwohl nicht vermag sie dich einzunehmen;
> die Tugend dieses heilsamen Krautes verwahrt.
> Also sprach und reichte das heilsame Kraut Hermeias,
> das er dem Boden entriss und zeigte mir seine Natur an:
> Schwarz war die Wurzel zu schauen und milchweiß blühte die Blume.
> Moly wird's von den Göttern genannt.
> Schwer aber zu graben ist es sterblichen Menschen;
> doch alles ja können die Götter. (Odyssee X, 280 f.)

Der Umgang mit den Göttern und Dingen des Heiligen prädestinierte die Priester für den magischen Bereich. Berichten der antiken Schriftsteller zufolge sollen sich die Zeuspriester besonders beim Wetterzauber hervorgetan haben.

Um berühmte Gelehrte und Philosophen des Altertums rankten sich oft bereits zu deren Lebzeiten Legenden, die von deren zauberischen Fähigkeiten erzählen. Hier findet sich ebenfalls die Bezeichnung »Magier«. So galt der Sänger Orpheus schon bald als Magier und seine »Zauberlieder« wurden schon früh gesammelt und weitergegeben.

E. R. Dodds hat in seinem Buch *The Greeks and the Irrational*[25] bekannte Wundermänner, Zauberer und Philosophen wie Orpheus, Pythagoras und Empedokles mit dem aus der Analyse der eurasischen Jägerkultur gewonnenen anthropologischen Begriff »Schamane« bezeichnet. Bestimmte Züge in den Biografien und in noch größerem Maße den Sagen über diese lassen sich mit parallelen Erscheinungen im Schamanismus vergleichen. Auch Georg Luck[26] ist der Ansicht, dass sich dieser Begriff besser eignet als Magier, Medizinmann oder Thaumaturg. Nach Dodds bezeichnet der Begriff Schamane eine psychisch labile Persönlichkeit, welche, zum Umgang mit den Geistern berufen, durch asketische Lebensweise übersinnliche Kräfte aktiviert. Ein Schamane kann Kranke heilen, Tote zum Leben erwecken, die Tiersprache verstehen etc.[27]

Der Begriff umreißt ein Phänomen, das sich durch Ekstasetechnik und Unterweltsfahrten eines Auserwählten charakterisieren lässt. Nach seiner Initiation, der so genannten Schamanenkrankheit, bei der ihn die Geister zerstückeln und skelettieren, erhält er neues Fleisch, gewinnt einen persönlichen Schutzgeist und Macht über die Geister.

Die antiken Gestalten haben sicherlich nicht alle diese Attribute, aber auffallend erscheint, dass die von Mircea Eliade[28] als besonders wichtig angesehenen – ekstatische Trance und Unterweltsfahrt – sowohl bei Göttern als auch bei Helden und Philosophen erwähnt werden. Von Empedokles[29] behauptete man, dass er Kranke heilen und alte Menschen verjüngen könnte, Gewalt über die Elemente und die Toten besitze. Seine philosophische Lehre enthält auch Vorgaben für asketische Lebensweise.

Um den Philosophen Pythagoras[30] ranken sich zahlreiche Legenden. Seine Unterweltsfahrten, Geister- und Totenbeschwörungen und die Kenntnis der Heilkräuter ließen ihn als schamanistische Persönlichkeit erscheinen. Eine Legende aus dem 6. Jh. v. Chr. enthält die Prophezeiung, dass er an Schönheit und Weisheit alle anderen als wiedergeborener Apollo übertreffen werde. Abaris, der Priester des hyperboräischen Apoll, erkannte ihn an seinen goldenen Oberschenkeln. Sein Lehrer Thales konnte ihm bald nichts mehr beibringen und sandte ihn deshalb nach Ägypten, wo er von Priestern unterrichtet wurde. Widrige Umstände verschlugen ihn als Gefangenen nach Babylon, wo er in die Mysterien der Chaldäer eingeweiht wurde. Im Bericht des Diogenes Laertius (1. Jh. v. Chr.) erscheint er als Schüler des Zoroaster.[31]

Nach 40 Jahren Abwesenheit kehrte Pythagoras in sein Heimatland zurück, das ihm nicht die erwartete Anerkennung zollte. 27 Tage lang hielt er sich in einer Höhle in Kreta auf, wo er viele Wunder geschaut haben soll. Daraufhin konzipierte er ein Adeptenprogramm und verkündete allgemeine Glaubenssätze: z. B. die Seelenwanderung, Leben in Keuschheit und Askese, fünfjährige Schweigeperiode, Geheimhaltung der Lehren.

In einem der Berichte kommt auch die Geschichte seiner Auseinandersetzung mit dem Tyrannen Phoberis, seine Gefangennahme und Anklage wegen Zauberei vor. Seine Verteidigungsrede enthält einen interessanten Punkt: Die Götter beeinflussen nicht unmittelbar das Geschick der Menschen, sondern diese vermögen es selbst zu lenken.

Pythagoras stirbt auf tragische Weise den Hungertod bzw., nach einer anderen Version, durch den Brandanschlag eines nicht zugelassenen Schülers.

Zur Charakteristik für Pythagoras als Magierschamane wären folgende Elemente anzuführen: pränatale Prophezeiung, göttlicher Ursprung, Initiation und Unterweltsfahrt, siegreiche Auseinandersetzung (Zauberwettkampf), Verfolgung, gewaltsamer Tod.

Sein bekanntester Schüler war Apollonios von Tyana[32], auch die Hauptfigur eines spätmittelalterlichen Romans. In Philostratos' gleichnamigem Drama erscheint er als der strahlende Held, der ebenso wie sein Lehrer göttlichen Ursprungs ist. Proteus offenbart seiner Mutter die wunderbare Geburt durch einen Traum.[33] Später hat er die Lehre des Pythagoras angenommen. Er unternahm ausgedehnte Reisen nach Babylon, Ägypten, Griechenland, Italien und Indien, wo er brahmanische Lehrer aufsuchte, deren Weisheit er höher einschätzte als die der Ägypter. Auch er soll in einer Höhle verschwunden und überraschend wieder aufgetaucht sein. Bei der Rückkehr in seine Heimat beschuldigte man ihn der Zauberei. In Kreta nahm man ihn gefangen, aber Apollo befreite ihn.

Er kam mit den ägyptischen (Magier-)Gelehrten (den Gymnosophisten) in Berührung und ging aus den Streitgesprächen mit ihnen siegreich hervor.

Seine magischen Fähigkeiten hat er allerdings nur für soziale Zwecke eingesetzt. Man sagt, dass er einer Stadt die Pest (den Pestdämon) ausgetrieben habe. Die berühmte Totenerweckung, seine Exorzismen (durch einen Zauberbrief, der den Dämon sofort aus dem Körper ausfahren lässt), Prophezeiungen, Wunderheilungen und Totenbeschwörungen lassen ihn als Prototyp eines Zauberers mit schamanoiden Zügen erscheinen.

Philostratos verteidigt Apollonios gegen die Zaubereiverleumdung, indem er den Unterschied zwischen bloßen Zauberern, die mit Hilfe ihrer Machenschaften wie Dämonenopfer etc. weissagen, und Apollonios, der auf Grund göttlicher Eingebung die Gabe der Prophetie besitze, hervorhebt. Diese Unterscheidung kommt im Mittelalter ebenfalls zum Tragen, nur sprechen wir dann von den

Wundern der Heiligen im Gegensatz zu den satanischen Blendwerken der Zauberer.

Die Anhänger des Apollonios schätzten seine Lehren höher als die junge Lehre Christi, den sie als Nachfolger des Apollonius ansahen. Der mittelalterliche Roman machte Apollonios[34] schließlich zu einem guten Christen.

Besonderer Einfluss auf die Vorstellungen des Mittelalters kann Plinius des Älteren (23–79 n. Chr.) *Historia Naturalis* zugesprochen werden. Die Gleichsetzung von lateinisch »Historia« mit »Geschichte« ist hier insofern nicht zutreffend, da Plinius den Begriff in der Tradition des Herodot verwendet, bei dem das Wort »Erforschung« bedeutet. Die umfangreiche Kompilation des damaligen Wissens entstand durch das unermüdliche Studium und die Exzerption von Hunderten von Autoren. Das Werk erfasst Gebiete der Geografie, Botanik, Pharmakologie und Medizin, Mineralogie u. a.

Plinius (25.59, 29.20, 37.75) führt Zoroaster als Begründer der Magie an, weiß aber auch von der magischen Wissenschaft der Babylonier und Assyrer zu berichten. Seine Grundhaltung gegenüber dem Zauber ist prinzipiell negativ. Er betrachtet die Magie als Illusionskunst und die Praktizierenden als Scharlatane, ihre Abtreibungs- und Liebestränke als verbrecherisch. Seine Auseinandersetzung mit abergläubischen Praktiken scheint dennoch ziemlich intensiv gewesen zu sein. Obwohl er den Rezepturen der *Medicina magica* nicht so recht traute, hat er sie detailgetreu wiedergegeben (über 100 Rezepturen in den Büchern 20–32). Einen »Schatten der Wahrheit« gesteht er der Magie lediglich in Bezug auf das *Veneficium*, die Kenntnis um Mischung der Gifte, zu. Über die Verwendung von Tier- und Pflanzenteilen im Zauber, die magische Bedeutung des Speichels, welcher in der antiken und mittelalterlichen Medizin eine bedeutende Rolle gespielt hat, bis zu den Bedingungen für magische Rituale wie Zeit, Ort etc. und die Herstellung und Wirkung von Amuletten und Talismanen berichtet er mit erstaunlicher Detailfreude und Akribie.[35]

Vieles mit Apollonios von Tyana gemeinsam hat der Dichter, Platoniker und Rhetoriker Apuleius von Madaura (124 v. Chr.). Auch er wurde der Zauberei beschuldigt, da er eine reiche ältere Witwe zur Gemahlin gewann, was böse Zungen als Wirkung eines mächtigen Liebeszaubers interpretierten. Die Familie seiner Frau und ein von ihr abgewiesener Freier strengten einen Zaubereiprozess gegen ihn an, den Apuleius mit einer Verteidigungsschrift der *Apologia* für sich günstig beeinflussen konnte.

In seinem Roman *Der goldene Esel* spielen Zauberhandlungen und Zauberer eine wesentliche Rolle. Die Zauberinnen des Romans werden als abstoßende alte Weiber, die kriminelle Magie betreiben, charakterisiert. Deren männliche Kollegen kommen schon besser weg: So wird z. B. der ägyptische Zauberer, der für eine große Geldsumme den Geist eines Toten beschwört und diesen auch für kurze Zeit zum Leben erweckt (ein Nekromant reinsten Wassers also) von Apuleius nicht als »Magus«, sondern als »sacerdos«, also »Priester« tituliert. Die Magie erscheint bei Apuleius nicht als Delikt, das es zu bestrafen gilt, sondern er behandelt sie als Kunst- und Wissensdisziplin. Detaillierte Beschreibungen der Paraphernalia, Requisiten und Zaubersprüche, lassen eine genaue Kenntnis der Materie vermuten, was auch seinen Zeitgenossen aufgefallen sein muss (besonders seinen Neidern). Er besaß, so heißt es, eine Holzfigur in Skelettform, die das Hauptrequisit im ägyptischen Ptah-Schar-Ansar-Ritual war[36].

Apuleius versuchte sich von der kriminellen Magie (*magica maleficia*) zu distanzieren, weshalb er auch die Szene mit den Zauberinnen besonders gräulich und ekelhaft schildert.

Mit einem gewissen Stolz stellt er sich den anderen großen Männern an die Seite, welche ebenfalls der Zauberei angeklagt bzw. verdächtig waren, wie etwa Epimenides, Orpheus, Pythagoras, Ostanes[37], Empedokles, Sokrates, Plato.

> Hörst du, der mich so voreilig der Magie anklagt, dass diese Kunst von den unsterblichen Göttern angenommen wird, besteht sie doch in dem Preisen und Verehren der Götter, ist fromm und prophetisch und wurde doch schon lange vorher von Zoroaster und Oromazes, ihren Erfindern, für edel und göttlich angesehen. (Apologie Kap. 26, S. 56 f.)

Apuleius unternahm viele Reisen im mediterranen Raum, fasziniert von den zahllosen Religionen und Kulten seiner Zeit, besonders dem Isiskult. Seine Romanfigur Lucius im *Goldenen Esel* wendet sich letztlich von der goetischen Magie, repräsentiert in der Gestalt der Pamphilie, ab und der Theurgie (in seinem Fall dem Isiskult) zu.

Diese Kunst, angeblich von den chaldäischen Orakeln[38] im Anschluss an die Neuplatoniker[39] ausgegangen, stellte die »Alternative« zur verfemten Magie im Römischen Reich dar.

»Theurgie« ist definiert als Verehrung der Götter, während Magie immer auch etwas mit Dämonenverehrung zu tun hatte. Da beide, sowohl Götter als auch Dämonen, unsichtbar am Werk waren, konnte man oft nicht entscheiden, ob es sich um einen religiösen oder magischen Akt handelte. Die Schwierigkeit dieser Unterscheidung thematisiert Porphyrius in seiner Biografie des Neuplatonikers Plotin.[40]

Ein Konkurrent des Philosophen, ein gewisser Olympius, griff zu magischen Mitteln, um dem verhassten Gegner zu schaden. Seine Zaubersprüche schlugen nicht nur fehl, sondern wirkten auf ihn selbst zurück. Ein ägyptischer Magierpriester versuchte dem Geheimnis auf die Spur zu kommen und beschwor den Schutzgeist des Plotin, welcher sich nicht als gewöhnlicher Geist, sondern als Gott manifestierte. Plotins Macht als Theurg erweist sich im Vergleich zu der dämonischen Kraft des Goeten als die größere, da sie von einem Gott kommt, der aus seinem Inneren agiert.

Diese Wundermänner waren teils Philosophen – Neuplatoniker, Pythagoräer – teils asketische Zauberer. Der Ägypter Heraikis z. B. (Ende des 5. Jahrhunderts) hatte die Gabe, lebende (von einem Gott bzw. einer Göttin) erfüllte von leblosen Götterbildern zu unterscheiden, außerdem soll er Kopfschmerzen bekommen haben, wenn er eine sündige Frau bloß sprechen hörte.[41]

Die Neigung zur Askese, bereits bei den Orphikern zu beobachten, kam, verbunden mit einer Weltverachtung, basierend auf der platonischen Philosophie, bei den Neuplatonikern zu einem Höhepunkt. Die Askese erhielt höchste Wertschätzung in Verbindung mit dem Schweigegebot und einer Vorliebe für parapsychische Phänomene wie Trance, Visionen und Medien. Der Neuplatoniker Iamblichus soll beim Gebet über dem Boden geschwebt sein und Proklus wurde ein Strahlenkranz um sein Haupt nachgesagt.[42]

Neben diesen asketischen heiligen Männern gab es noch zahlreiche Nutznießer dieses neuen Trends der Spätantike. In einer seiner

Satiren schildert Lukian das Leben des ihm persönlich bekannten Magiers Alexander aus Abaoteichos. Dieser trieb sein Unwesen im gesamten Römischen Reich und soll in seiner Heimatstadt zusammen mit einem »Assistenten« ein Orakel begründet haben, das auf einem sprechenden Haupt beruhte. Er nahm ein schlimmes Ende.[43]

Die Zauberinnen in der Literatur der Antike

Die eindrucksvolle Zeichnung der Zauberin Erictho in Lucans *Pharsalia* verfehlte ihre Wirkung weder bei dem zeitgenössischen Publikum noch später im Mittelalter.

Der Soldat Sextus Pompeius, Protagonist der Geschichte, wendet sich in seiner Verblendung ungewöhnlichen Methoden der Weissagung zu, nämlich der Nekromantie.[44] Ganz in der Nähe seines Stützpunktes befindet sich die Stadt der thessalischen Hexen. Diese sind imstande das Unglaubliche zu vollbringen:

> Durch den Zauber der thessalischen Hexen fließt Liebe, die vom Schicksal nicht gewollt ist, in harte Herzen, und strenge Greise brennen von verbotenen Gelüsten. Nicht nur ihre Giftbecher sind wirksam ... nein, auch ohne durch ein schlimmes Getränk vergiftet zu sein, wird das menschliche Gehirn bloß durch ihre Zaubersprüche zerstört.[45]
>
> Einmal füllen die Hexen alles mit Regen, hüllen die wärmende Sonne in Wolken, und es donnert am Himmel, ohne dass Jupiter davon weiß [...] wenn unter Einfluss des Mondes das Meer schwillt, treiben thessalische Zaubersprüche es zurück und beschützen die Küste. Auch die Erde lässt die Achse ihrer [sonst] unbeweglichen Masse erbeben [...] Von einem Zauberwort getroffen, klafft ihr ganzer riesiger Körper auseinander. Jedes Tier, das töten kann und die natürliche Fähigkeit hat, Schaden zu stiften, fürchtet sich vor den Künsten der thessalischen Hexen und liefert ihnen Mittel zum Morden. Blutdurstige Tiger und Löwen, edel in ihrem Zorn, lecken ihnen zärtlich die Hände.[46]

Nach dieser Beschreibung der wahrhaft großartigen Zauberkünste der thessalischen Hexen und ihrer mächtigsten Vertreterin Erictho erfahren wir die grausigen Einzelheiten ihrer nekromantischen Künste. Für Pompeius nimmt sie eine noch frische Leiche und flößt dem Leichnam kochendes Blut und andere Flüssigkeiten ein. Als der Totengeist zögert, in die Leiche zu fahren, peitscht sie den toten Körper mit einer lebenden Schlange und beleidigt dabei die Totengöttinnen. Diese gehorchen, der Tote weissagt dem Pompeius, und sie verspricht ihm für die Weissagung, ihn auf ein Zeitalter von der Gewalt eines jeglichen Totenbeschwörers zu befreien.

Als ältester Beleg für die Kunst der Nekromantie, die Erictho unter anderen so trefflich beherrschte, gilt die Erzählung im 11. Buch der *Odyssee*. Homers Schilderung gab die Folie für Aeneas' Abstieg in die Unterwelt in der *Aeneis* und in Lucans *Bürgerkrieg* ab. Die magische Totenbeschwörung, um Auskunft zu erhalten über Zukunft und Vergangenheit, sah das Mittelalter für die verdammenswerteste aller Zauberkünste an.

Bei Homer übt der Seher Tiresias noch im Tode seine Wahrsagekunst aus, in der *Aeneis* ist es der Vater des Helden, bei Lucan ein anonymer Soldat. Die magische Operation selbst können die Protagonisten nicht selbst ausführen und müssen dafür die Hilfe einer Zauberin in Anspruch nehmen: Circe (Kirke)[47], Sybille und Erictho.

Odysseus legt einen Graben als Zugang zum Totenreich an, vollzieht ein Trankopfer, indem er Milch, Honig und Wein in den Graben schüttet. Ein schwarzer Widder dient als Opfertier, da die Geister nur dann sprechen können, wenn sie mit Hilfe von Blut für kurze Zeit eine gewisse Physis erlangen.

Die Zauberin und Kindsmörderin Medea, Geliebte des Jason in den *Argonautika* des Apollonios von Rhodos, beschäftigt bis heute Schriftsteller und Dramatiker. Luck[48] bezeichnet sie nicht als Hexe, sondern als Abkömmling einer anderen Kultur, welche über magisches Wissen verfügte. Eine ihrer ersten Zaubertaten ist die Zerstörung des Talos, eines Bronzemenschen, der die Insel Kreta bewacht. Ihr »böser Blick« lässt ihn zugrunde gehen.

Die Zauberin Canidia fängt und ermordet einen Knaben zu magischen Zwecken, ungleich Medea, die den Kindsmord aus Rache an dem ungetreuen Liebhaber begeht. Canidia geht es vordringlich um Mark und Leber[49] des unglücklichen Knaben, der sie vergeblich um Gnade anfleht. Als das Kind die Aussichtslosigkeit der Lage einsieht, verflucht es Canidia und ihre Helferinnen.[50]

Abb. 1: Circe (Kirke) verwandelt die Gefährten des Odysseus in Schweine. Aus einem Manuskript des 15. Jhs.

Eine der berühmtesten Tierverwandlungen der Literatur vollbringt Circe (Kirke) an den Gefährten ihres Geliebten Odysseus:

> Sie riefen und machten sich bemerkbar. Sogleich öffnete sie die schimmernden Türflügel, trat heraus und lud sie ein, hereinzukommen. Sie waren so einfältig ihr zu folgen, und zwar alle, außer Eurylochos, der draußen wartete, weil er eine Falle ahnte. Sie führte meine Leute ins Innere, bat sie auf hohen Stühlen und Bänken Platz zu nehmen und mischte für sie ein Gericht aus Käse, Gerste, klarem Honig und Wein

> aus Pramnos. Aber dieser Mischung fügte sie auch ein paar schädliche Drogen bei, welche sie ihre Heimat völlig vergessen ließen. Nachdem sie ihnen dieses Gemisch gereicht und sie es getrunken hatten, schlug sie sie rasch mit ihrem Stab und trieb sie in ihre Schweineställe. Sie hatten (jetzt) den Kopf, die Stimme, die Borsten, die Gestalt von Schweinen, aber ihr Verstand war derselbe wie zuvor.[51]

Ein Beispiel für den berühmten Hexenflug, hervorgerufen durch Einreiben mit einer geheimnisvollen Salbe, bietet Apuleius in seinem *Goldenen Esel*:

> Zuerst entkleidete sich Pamphilie vollständig, schloss dann eine kleine Truhe auf und entnahm ihr mehrere Büchsen. Sie entfernte den Deckel der einen und holte eine Salbe hervor, rieb sie längere Zeit zwischen ihren Handflächen und bestrich sich damit am ganzen Körper von den Zehenspitzen bis oben zu den Haaren, wobei sie sich insgeheim [...] lange mit ihrer Lampe unterhielt, dann schüttelte sie die Glieder in einer zitternden zuckenden Bewegung. Und während sie [die Glieder] sich sanft wiegen, dringt aus ihnen zarter Flaum, kräftige Schwingen wachsen, die Nase krümmt sich und wird hart, die Zehennägel ziehen sich krallenförmig zusammen. Pamphilie ist zum Uhu geworden [...] und fliegt mit vollem Flügelschlag ins Freie.[52]

Der neugierige Lucius, dies beobachtend, überredet die Zofe, ihm etwas von der Salbe zu überlassen, da er erfahren will, wo sich Pamphilie aufhält. Die Zofe verwechselt die Salbenbüchsen und er muss lange Zeit in Eselsgestalt zubringen.

Majestäts- und Magierprozesse

Zauberei, *Magia*, war im Römischen Reich nicht strafbar, es sei denn, es handelte sich um *Maleficium*, Schadenzauber; d.h. wenn zauberische Handlungen zu Schaden an Personen, Tieren, Gütern führten. Seit Diokletian allerdings setzten die Gerichte die Magi mit den Malefici (also Übeltätern oder Schadenstiftern) gleich. Die Gerichtspraxis kennt neben dem *Maleficium* auch das *Veneficium* (die Giftmischerei). Dazu zählten auch die Liebes-, Unfruchtbarkeits- und Abtreibungstränke.

Seit der Römischen Republik verhängte man schwere Strafen bei

Wetterzauber, Nekromantie und Herstellung und Anwendung von Fluchtafeln. Starb eine Person durch Zauberhandlungen, verhängte man die Todesstrafe. Ab dem 3. Jahrhundert galt die Todesstrafe auch für jene Personen, die den Zauber »bestellt« hatten. Personen niederen Standes drohte als Strafe die Kreuzigung oder der Tod durch wilde Tiere, während Personen höheren Standes enthauptet wurden. Die Zauberer selbst verbrannte man bei lebendigem Leibe.

Die gewerblich betriebene Wahrsagekunst war seit der Kaiserzeit streng verboten und wurde oft mit dem Tode bestraft, vor allem wenn mantische Praktiken nachweislich in Zusammenhang mit der Person des Kaisers ausgeübt wurden. Kaiser Konstantin verfügte 357, dass jede Art von Zauber, auch Heilzauber, mit dem Tode zu bestrafen sei.

Bereits das Zwölftafelgesetz, die älteste Gesetzgebung der Stadt Rom, sieht Strafen für Zauberei vor, insbesondere bei Ernte- und Wetterzauber. Zur Zeit des Kaisers Tiberius (14–37 n. Chr.) wurde Sullas Gesetz gegen Giftmischer auf Zauberer ausgedehnt. Wie beim *Veneficium* wurde auch das mit diesem ab dato gleichgesetzte *Maleficium* mit dem Tode bestraft. Seit Diokletian war Verbrennen als Strafe für magische und mantische Praktiken vorgesehen. Justinian (527–567) veranlasste die gesetzliche Gleichstellung von Malefici, Magi bzw. Divinatores und Mathematici, wobei unter Letzteren nicht Mathematiker zu verstehen sind, sondern Astrologen. Astrologie ist die Wissenschaft von der Mathesis.

Der Geschichtsschreiber Ammianus Marcellinus berichtet ausführlich über Prozesse unter den Kaisern Konstantin II. und Valentinian I. Magie, wie bereits im Zusammenhang mit Pythagoras erwähnt, galt als Majestäts- bzw. Staatsverbrechen.

Aus den Berichten des Marcellinus erhält man den Eindruck, dass sich die Majestäten überhaupt sehr vor Zauberei geängstigt haben, da sie vor allem jene Delikte ahndeten, die den Tod des Kaisers bzw. sonstige mit der Person des Kaisers verbundene Weissagungen betrafen. Marcellinus behandelt das Phänomen durchaus kritisch. Seine Einleitung zu der Prozessbeschreibung scheint die Ansicht verschiedener Forscher[53] zu bestätigen, dass die Zaubereiverfahren mit dem Auftreten von sozialen Krisen, politischen Konflikten und Kriegen in Zusammenhang zu bringen sind: »Als ob es nun einmal so sein müsste, stieß man, sobald der Kriegslärm verstummte, wieder in die Trompete, dieses Mal nicht zum Bürgerkrieg, sondern zur Verfolgung vermeintlichen Majestätsverbrechens.«[54]

Ammianus berichtet, dass Konstantin II., ein ängstlicher, paranoider Mensch, den Einflüsterungen seiner Höflinge in Bezug auf Zauberei hilflos ausgeliefert war. Unter Kaiser Valens (371/72) wurde sogar ein Zaubereigericht eingeführt, das die Aufgabe hatte, jeden, der bei verbotener Magie angetroffen wurde, anzuzeigen. Dazu gehörte auch, die Gattinnen der Verhafteten durch Zaubereibeschuldigung (Liebeszauber etc.) zu diskreditieren. Es kam zu regelrechten Verhaftungswellen, Folterungen und Hinrichtungen. Ammianus kritisiert auch die Praktiken des kaiserlichen Gerichtsverfahrens, wobei seine unmissverständliche Unterscheidung zwischen Legalität und Recht überraschend modern anmutet. Der heidnische Ammianus wertet die Handlungen der christlichen Kaiser nicht als antiheidnische Bestrebungen, sondern als Missbrauch ihrer politisch-rechtlichen Macht.

Als groteskes Detail am Rande sei der Fall des bedauernswerten Staatssekretärs Faustinus erwähnt, den man beschuldigte, gegen den Kaiser zu komplottieren. Er hatte einen Esel getötet, um aus den Teilen des Tieres ein Mittel gegen Haarausfall zu gewinnen, was als zauberischer Anschlag gegen den Kaiser ausgelegt wurde. Er wurde hingerichtet.[55]

Die nebenstehende Abbildung bezieht sich auf eine von Ammianus beschriebene magische Operation, die in einem Prozess vom Jahre 371, in dem Notabeln von Antiochia sich wegen Zauberei gegen den Kaiser Valens verantworten mussten, eine Rolle spielte. Das magische Experiment[56] soll mit Hilfe einer Schale geschehen sein, die man mit klarem Wasser gefüllt hatte, Öl und Wein dazu goss, eine Zauberformel sprach und die Bilder, die die Wasseroberfläche zeigte, in Bezug auf den Kaiser deutete.

R. Egger hat den umstrittenen Versuch unternommen[57], die abgebildete Achatschale (1470 aus Burgund in den Besitz der Habsburger gelangt) als Requisit für die so genannte Hydromantie (Wahrsagerei aus dem Wasser bzw. der Wasseroberfläche) zu identifizieren.

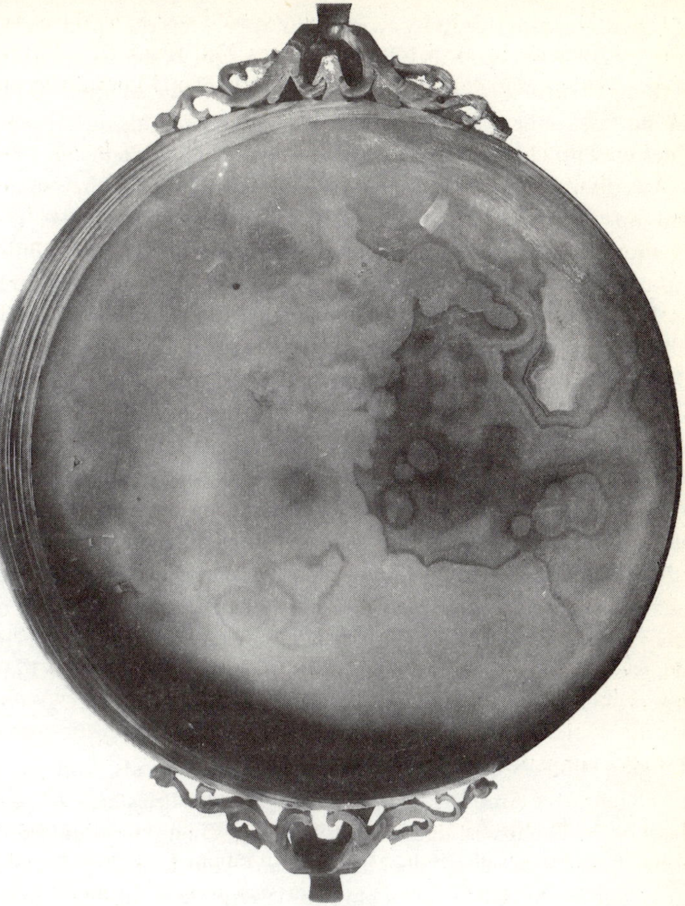

Abb. 2: Achatschale Konstantinopel (?) 4. Jh.

Die Chaldäer

Bei den als Chaldäer bekannten Völkerschaften handelt es sich um nach Babylon eingewanderte semitische Volksstämme. Die ethnografische Bezeichnung verwendeten Griechen und Römer als Synonyma für Zauberer und Sterndeuter.

Die als chaldäisch ausgewiesene Zauberliteratur fand sich in einem Bibliothekssaal in Ninive in Form von beschriebenen Tonplatten. Ursprünglich soll das große Werk über die Magie 200 Platten umfasst haben. Das jetzt noch Erhaltene kann als die Abschrift einer wesentlich älteren Quelle (884–860 v. Chr.) gelten.

Aus diesem Material geht hervor, dass die Chaldäer ein unglaublich ausgeklügeltes dämonologisches System besaßen, das nach Meinung einiger Religionswissenschaftler wesentlich mehr Einfluss auf die abendländische Geisteswelt ausübte als z. B. das ägyptische. Es ist durchaus nicht auszuschließen, dass die Dämonologie der Chaldäer, vermittelt durch das altjüdische System, die christliche Dämonenlehre wesentlich geprägt hat.

Bei den Wettererscheinungen vermutete man Dämonen am Werk, auch bei Krankheiten von Mensch und Tier, deren man mittels Beschwörung Herr zu werden versuchte. Die Krankheitsdämonen riefen jeweils bestimmte Krankheiten hervor und waren auch jeweils bestimmten Körperteilen zugeordnet. »Gegen den Kopf des Menschen richtet seine Macht der verfluchte Asak, gegen das Leben der Menschen der grausame Nemtor, gegen den Hals des Menschen der schändliche Utuk, gegen die Brust des Menschen der Verderben bringende Alu, gegen die Eingeweide des Menschen der böse Ekim, gegen die Hand des Menschen der schreckliche Gallin.«[58]

Religion und Naturbild der Chaldäer können als konsequent durchgeführter Animismus gelten. Aufgabe der Priester war es, die passenden Beschwörungen, also heilmagischen Handlungen, zu vollziehen. Es gibt ebenfalls Hinweise auf Abwehrzauber der Priester gegen zauberisch verursachte Krankheiten, was auf die Existenz von außerhalb der Priesterkaste stehenden Zauberern hindeutet.

Die Austreibung der Krankheitsdämonen geschah mit Hilfe eines entsprechenden Bildnisses, da man annahm, dass die Dämonen ob der Gräulichkeit ihres Bildes erschrecken und flüchten würden, was an die Medusageschichte bzw. Basiliskensage erinnert.

Amulette und Talismane sollten das Haus und dessen Bewohner vor den Dämonen schützen.

Die Zauberliteratur gibt keine ausgesprochenen Anweisungen zu Schadenzauber, jedoch Anleitungen, wie die schädigenden Auswirkungen von Zauberhandlungen abgewehrt und aufgehoben werden können. Als häufigste Formen des Schadenzaubers werden der »böse Blick« und der Wachspuppenzauber – ein Bildzauber, bei dem einem Abbild das zugefügt wird, was man seinem Feind anzutun gedenkt – geübt.

Sowohl in der Spätantike als auch im Mittelalter war die Bezeichnung »Chaldäer« mit »Astrologen« (= Mathematici) auf Grund ihres hochstehenden astronomischen, astrologischen und mantischen (deshalb auch Chaldäer = Divinatores) Wissens identisch.

Die Wanderwahrsager, die erwiesenermaßen ganz Griechenland und auch das Römische Reich bereisten – seit dem 4. Jh. v. Chr. existieren Belege – stammten vermutlich auch aus anderen Volksgruppen. In der Hochblüte der chaldäischen Magie in der römischen Kaiserzeit gab es sogar Hochschulen ihrer Lehre.[59]

Die herumreisenden Zauberer sollen derart zahlreich gewesen sein, dass sie aus der Not der Konkurrenz auch vor marktschreierischen Methoden, Taschenspielertricks und regelrechten Betrügereien nicht Halt machten. Besonders beliebt soll ein Trick mit Namen »Hekate in leuchtender Gestalt« gewesen sein. Dazu verwendete man einen brennbaren Stoff als Zeichenmaterial, mit dem man die Umrisse der Gestalt auf einer Wand auftrug. Im richtigen Augenblick ließ der Wahrsager die Gestalt in seinem abgedunkelten Befragungsraum in Flammen aufgehen. Diese Lichterscheinung hat ihre Wirkung auf die staunenden Zuschauer sicherlich nicht verfehlt.[60]

[1] Dinzelbacher, Peter: »Zur Erforschung der Geschichte der Volksreligion«, in: *Volksreligion im hohen und späten Mittelalter*, hrsg. v. Peter Dinzelbacher/Dieter R. Bauer, Paderborn 1990, S. 19.

[2] Mit den neuen Funden beläuft sich die Zahl der Papyri auf ca. 200. Die Herausgabe besorgten Preisendanz, K./Diehl, E./Eitrem, S. (Hrsg.): *Papyri graecae magicae*, 3 Bde., Leipzig 1928–41. Neuausgabe durch A. Henrichs, 2 Bde., Stuttgart 1973–74. Englische Ausgabe Betz, H. D. (Hrsg.): *The Greek Magical Papyri in Translation*, Chicago 1985.

[3] Bibliographie der älteren Forschungsliteratur bei Preisendanz, in: *Archiv für Papyrusforschung* IX, 1928, S. 119 f. David Jordans Dissertation beschäftigt sich mit griechischen Fluchtafeln: *Contributions to the Study of Greek defixiones*, Ann Arbor 1992; vgl. auch *The World of Ancient Magic: Papers from the first International Samson Eitrem Seminar at the Norwegian Institute at Athens,* 4–8 May

1997, hg. v. David R. Jordan; Luck, Georg: *Magie und andere Geheimlehren der Antike*, Stuttgart 1990, S. 67. Siehe auch Gager, Hohn G., *Curse Tablets and Binding Spells from the Ancient World*, New York/Oxford 1992.

4 Amulett, lat. »amuletum« hat bei Plinius (Nat. Hist. 29,4,19) drei Grundbedeutungen: 1: Gegenstand, der als Zaubermittel bzw. Abwehrmittel verwendet wird. 2. Handlung, die Böses abwehren soll. 3. Eine Kraft, die Böses abwehren soll. Die erste Bedeutung ist die gängigste. Vgl. Gaster, Theodor: »Amulets and Talismans«, in: *Encyclopedia of Religions*, hrsg. v. Mircea Eliade, Amsterdam 1987, Bd. 1, S. 242–246. Vgl. zur schädlichen Magie allgemein: Graf, Fritz: *Gottesnähe und Schadenszauber. Die Magie in der griechisch-römischen Antike*, München 1996; ders.: »How to Cope with a Difficult Life. A View of Ancient Magic«, in: *Envisioning Magic. A Princeton Seminar and Symposion*, hg. v. H. Kippenberg u. P. Schäfer, Leiden/New York/Köln 1997, S. 93–114.

5 Vgl. Wünsch, R.: »Antikes Zaubergerät aus Pergamon«, in: *Archäologisches Jahrbuch* VI, 1905; Luck, a. a. O., S. 67.

6 Reitzenstein, A.: *Hellenistische Wundererzählungen*, Leipzig 1902, S. 142 f.

7 Abt, Adam: *Die Apologie des Apuleius von Madaura und die antike Zauberei*, Gießen 1908, S. 113 f. Seelinger, Adam: *Magical Motifs in the Metamorphoses of Apuleius*, Univ. Diss. Columbia, Ann Arbor 1981; Leinweber, David Walter: »Witchcraft and Lamiae in ›The Golden Ass‹« in: *Folklore* 105 (1994), S. 77–82.

8 Vgl. dazu Blau, Ludwig: *Das altjüdische Zauberwesen*, Budapest 1898, S. 83 f.

9 Weitere Beispiele vgl. Abt, a. a. O., S. 122 f.

10 Vgl. unten S. 191 f..

11 Im »Lügenfreund« des Lukian erzählt der Pythagoräer Eukates diese Episode vom ägyptischen Zauberer Pakrates. Vgl. Herzig, Otto: *Lukian als die Quelle für die antike Zauberei*, Tübingen 1940, S. 11; neuerdings Ronan, Stephen: *The Goddess Hekate. Studies in Ancient Pagan and Christian Religion and Philosophy*, vol 1. XY/N-1: Chthonios, 1989.

12 Abt, a. a. O., S. 127 f.

13 Reitzenstein, a. a. O., S. 125 f.

14 Vgl. Luck, a. a. O., S. 50 f.; Herzig, a. a. O., S. 15 f.

15 Vgl. Hopfner, Theodor: *Griechisch-ägyptischer Offenbarungszauber*, 2. Aufl., Amsterdam 1974, S. 403, 423, 464, 507 f. 683 f., 817 f.

16 Abt, a. a. O., S. 198; In einem Drama des Aristophanes äußert Strepsiades die Absicht, eine thessalische Zauberin zu kaufen, um den Mond herabzuziehen und einzuschließen. Vgl. Eitrem, S.: »Die Magie in der Tragödie«, in: *Symbolae Osloensis* XXI, 1941, S. 45 f.

17 Vgl. Roscher, W. H.: *Lexikon der griechisch-römischen Mythologie* II 2, Sp. 3157, 3163 f.

18 Nih. XXX 1, XXV 106.

19 Aus der unüberschaubaren Menge der Untersuchungen sei herausgegriffen: Hauschild, Thomas: *Der böse Blick. Ideengeschichtliche und sozialpsychologische Untersuchung*, Hamburg 1982;. Dundes, Alan: *The Evil Eye: A Casebook*, Madison, Wisc. 1992.

20 Hopfner, Theodor: *Griechisch-ägyptischer Offenbarungszauber*, 2 Bde., Leipzig 1921–24, Bd. 2, S. 411.

21 Nilson, Martin: *Geschichte der griechischen Religion*, 2. Aufl., München 1950, Bd. 2, S. 803 f.

22 Egger, Rudolf: »Liebeszauber«, in: *Jb. des Österr. archäol. Inst.*, 1948, Bd. 36, S. 118.

23 Stemplinger, Eduard: *Antiker Volksglaube*, Stuttgart 1948, S. 87.

24 Vgl. Marzell, Heinrich: *Zauberpflanzen und Hexentränke*, Stuttgart 1963, S. 7 f.

25 Dodds, E. R.: *The Greeks and the Irrational*, Berkeley 1951; hat auch Luck, a. a. O. aufgegriffen S. 15 f.

26 Luck, a. a. O., S. 87.

27 Vajda führt acht Charakteristika des Schamanisierenden an: Rituelle Ekstase; theriomorphe Berufung; nicht-theriomorphe Schutzgeister; Schamaneninitiation; Jenseitsreise; Kosmologie; Schamanenkampf; Schamanenausrüstung. Vgl. Vajda, Laszlo: »Zur phaseologischen Stellung des Schamanismus«, in: *Ural-altaisches Jb.*, Gedenkbd. J. v. Farkas, Bd. 31, Wiesbaden 1951, S. 476. Die neuere Literatur verzeichnet Torsten Passie: *Schamanismus: eine kommentierte Bibliographie 1914–1998; 125 Bücher und Dissertationen in Kurzrezensionen*, 3. erw. Aufl., Hannover 1999.

28 Eliade, Mircea: *Schamanismus und archaische Ekstasetechnik*, Frankfurt a. M. 1970.

29 Vgl. Nilson, a. a. O., Bd. 2, S. 803 f.

30 Luck, a. a. O., S. 16 f., 26 f., 300 f.

31 Die Griechen sprachen der Lehre des Zoroaster höheres Alter als der pythagoräischen zu und nahmen daher an, dass die pythagoräische Lehre sich von der zoroastrischen ableitete. Vgl. die neueste vorzügliche Monografie von Christoph Riedweg: *Pythagoras, Leben, Lehre, Nachwirkung. Eine Einführung*, München 2002.

32 Vgl. Luck, a. a. O., S. 132 f.

33 Für die Deutung der Träume standen professionelle Traumdeuter zur Verfügung. Die Bedeutung der Interpretation hat die Philosophen beschäftigt, was beweist, wie ernst der Traumglaube genommen wurde. Vgl. Nilson, a. a. O., Bd. 1, S. 795; vgl. die neuere Studie von Patricia C. Miller: *Dreams in Late Antiquity. Studies in the Imagination of a Culture*, Princeton 1994.

34 Der Arzt Heinrich von Neustadt verfasste den umfangreichen Versroman *Apollonius von Tyrland*, dessen Rahmen die vermutlich im 3. Jahrhundert entstandene *Historia Apolloni regis Tyri* bildet. Seine unmittelbare Quelle könnte ein verlorener (nach 1253 verfasster) byzantinischer Roman gewesen sein. Vgl. Ochsenbein, Peter: »Heinrich von Neustadt«, in: *VL*, Bd. 3, Berlin 1981, Sp. 840–842; vgl. auch den maßgeblichen Artikel von Alfred Ebenbauer: »Der ›Apollonius von Tyrlant‹ des Heinrich von Neustadt und die bürgerliche Literatur im spätmittelalterlichen Wien, in: *Die österreichische Literatur. Ihr Profil von den Anfängen bis zum 18. Jahrhundert* (Mittelalter bis frühe Neuzeit), hg. v. H. Zemann unter Mitwirkung von F. P. Knapp, Graz 1986, Teil 1, S. 311–347 und neuerdings Helmut Birkhan im Nachwort zu: *Heinrich von Neustadt: Leben und Abenteuer des großen Königs Apollonius von Tyrus zu Land und zur See: ein Abenteuerroman von Heinrich von Neustadt verfasst zu Wien um 1300 nach Gottes Geburt*, übertr. mit allen Miniaturen der Wiener Hs. C, mit Anm. und einem Nachw. von Helmut Birkhan, Bern u. a. 2001, S. 393 ff.

35 Vgl. Thorndike, Lynn: *A History of Magic and Experimental Science*, 8 Bde., New York 1923–1958, I, S. 58 f. Vgl. auch Luck, a. a. O., S. 11 f.

36 Budge, E. A. W.: *Egyptian Magic*, London 1899, S. 84.

37 Plinius berichtet in seiner Geschichte der Natur, dass Ostanes, der königliche Hofwahrsager des Xerxes, diesem auf dem Zug nach Griechenland gefolgt sei, magische Schriften verfasst und die magische Wissenschaft in Griechenland bekannt gemacht habe.

38 Die chaldäischen Orakel, wohl im 2. Jh. entstanden, boten einen Katalog von Heilslehren, beeinflusst durch semitischen Planetenkult und hellenistische Theorien. Vgl. Dodds, a. a. O., S. 283–311 und Norris, R: »Theurgy«, in: *Encyclopedia of Religions*, Bd. 9, S. 481–483; Lewy, Hans: *Chaldaen Oracles and Theurgy*, Caire 1956.

39 Vgl. Nilson, a. a. O., Bd. 2, S. 431–465.

40 Auszüge abgedruckt bei Luck, a. a. O., S. 284 f. Vgl. Merlan, Philipp: »Plotinus and Magic«, in: *Isis*, Bd. 44, 1953, S. 341–348. Luck, Georg: »Theurgy and Forms of Worship in Neoplatonism«, in: *Religion, Science, Magic in Concert and Conflict*, hg. v. J. Neusner/E. Frerichs, New York 1989, S. 185–225.

41 Nilson, a. a. O., Bd. 2, S. 25 f., S. 28.

42 ibid., S. 531.

43 Vgl. Luck, a. a. O., S. 33, 148.

44 An dieser Stelle streicht der Dichter die üblichen Wahrsagemethoden wie Hydromantie, Delphiorakel etc. als »gesunde« im Gegensatz zu dieser Gräulichkeit heraus. Homer 6. Buch 456 f., 482 f. übers. v. Schadewaldt, Berlin 1958, a. a. O. Zur Zauberin Erictho vgl. Clauser, Mark D.: *Lucan's Erictho and the Roman Witch Tradition*, Ann Arbor, Diss. 1993 und Korenjak, Martin: *Die Ericthoszene in Lukans Pharsalia. Einleitung, Text, Übersetzung, Kommentar*, Frankfurt a. M. 1996.

45 Im Mittelalter noch im *Canon Episcopi* (vgl. S. 126 f.) bestritten, dann später als wahr angenommen.

46 Die Zauberinnen besitzen Macht über die Elemente und die Tiere, sie sind »Herrinnen der Tiere« wie die Schamanen. Zitat nach Luck, a. a. O., S. 237 f.

47 »Kirke« in: Wunderlich, Werner/Müller, Ulrich (Hg.): *Mythen des Mittelalters*, Bd. 3: *Verführer, Schurken, Magier*, St. Gallen 2001; S. 493–509.

48 Luck, a. a. O., S. 95; vgl. auch Parry, H.: *Thelxis. Magic and Imagination in Greek Myth and Poetry*, Lanham/New York/1992, bes. S. 43–62; Matthew Dickie: »Talos Bewitched, in: *Papers of the Leeds Internat. Latin Seminar* 6, 1990, S. 267–296; Reinhold Glei: »Medea«, in: *EM*, Bd. 9, Berlin u. a. 1999, Sp. 464–466.

49 Vgl. Bargheer: Leber, in: *HdA*, Bd. 5, Sp. 980 f.

50 Man hat vermutet, dass sich hinter der bösen Canidia eine reale Person verborgen hat, die dem Dichter bekannt war. Vgl. Luck a. a. O., S. 104. Der Fluch eines Todgeweihten wurde als besonders wirksam und deshalb gefährlich angesehen. Über die Verwendung von Kindern als Medien vgl. Nilson, a. a. O., Bd. 2, S. 531. Über Mediumismus in der Divination Luck, a. a. O., S. 335 f.

51 ibid. S. 75.

52 zit. n. Luck a. a. O., S. 104.

53 Peters, Edward: *The Magician, the Witch and the Law*, Cambridge 1981.

[54] Zit. n. Funke, Hermann: »Die Majestäts- und Magierprozesse bei Ammianus Marcellinus«, in: *Jb f. Antike u. Christentum* 10 (1967), S. 151; vgl. auch Fögen, Marie Theres: *Die Enteignung der Wahrsager. Studien zum kaiserlichen Wissensmonopol in der Spätantike*, Frankfurt a. M. 1993.

[55] Funke, a. a. O., S. 172.

[56] Nilson vermutet ein anderes Verfahren: Eine Schale, an deren Rand 24 Buchstaben eingeritzt sind, wird mit einem Ring, der an einer Schnur befestigt und in Schwingung befindlich ist, bei den Fragen angeschlagen. Nilson, a. a. O., Bd. 2, S. 531; Luck vergleicht die Schale mit einem antiken Ouija-Brett, a. a. O., S. 69.

[57] Egger, Richard: »Kostbares Zaubergerät«, in: *Wissenschaftliche Arbeiten aus dem Burgenland*, Heft 35, Eisenstadt 1966.

[58] Lehmann, Alfred: *Aberglaube und Zauberei von den ältesten Zeiten bis in die Gegenwart*, Stuttgart 1925, S. 45. Vgl. *Geschichte in Quellen*, hrsg. v. W. Lautermann und Manfred Schluke, Bd. 1: *Das Altertum*, München 1971, S. 100 f.

[59] Vgl. Baumstark: »Chaldäer«, in: *Paulys Real-Encylopädie der Classischen Altertumswissenschaft* (= Pauly-Wissowa), hrsg. v. G. Wissowa u. a., Stuttgart 1893 f., Bd. 3, Sp. 2060. Zu den Chaldäern vgl. Dickie, *Magic and Magicians in the Greco-Roman World*, London 2001, S. 111 f., 155 f.

[60] Nilson, a. a. O., Bd. 2, S. 533.

II. Das Christentum

Jesus Christus – ein Magier?

Der amerikanische Historiker Morton Smith[1] hat in den letzten Jahren mit seinen provozierenden Aufsätzen über den historischen Jesus, den er als Magier bezeichnet, Aufsehen erregt. Die Basis seiner Argumentation bilden die Evangelien, die Christus als jemanden beschreiben, der ähnliche Dinge vollführt, wie wir sie als magische Operationen aus den Zauberpapyri, Fluchtafeln etc. kennen. Doch auch wenn Jesu Taten Ähnlichkeiten mit den Darstellungen bzw. Vorstellungen der Zauberpapyri aufweisen, ist es problematisch, auf magische Praxis zu schließen. Parallelen als Beweis heranzuziehen, kann nur dann schlüssig sein, wenn es sich um einen vergleichbaren sozialen Kontext handelt, in welchem gezaubert wird. Die Frage ist nicht: War Jesus ein Magier? Sondern: Vor welchem sozialen Hintergrund konnte die Anklage überhaupt entstehen?

Origines' Schrift[2] *Contra Celsum* (gegen Celsus) behandelt auch diesen Punkt. Celsus hatte in seiner Schrift Jesus, Moses, die Israeliten und die Christen allgemein als Zauberer und Scharlatane bezeichnet. Jesus, für ihn ein sinistrer Magier, dessen Wunder durch Zauberei und nicht durch göttliche Macht wirken, wäre mit den Gauklern auf den Marktplätzen auf eine Stufe zu stellen. Schon Moses habe die Juden die Zauberei gelehrt, doch die Basis der Affinität der Juden zur Magie liege in ihren zauberkundigen Stammvätern. Er spielte dabei wahrscheinlich auf Abraham, Isaak und Jakob, denen ebenfalls gewisse magische Fähigkeiten zugestanden wurden, an.

Origines' Replik bezieht sich auf den Zauberwettkampf Moses' gegen die Zauberer des Pharao und betont, dass göttliche Hilfe und nicht größere magische Kenntnisse es Moses ermöglichten, die Magier des Pharao zu besiegen. An einer Stelle schränkt er ein, dass es tatsächlich eine gewisse Analogie zwischen Wundern und den spektakulären Taten der Magier gäbe. Hätte Jesus (wie Origines den Magiern unterstellt) seine Wunder nur um des Effektes willen getan, so wäre er sicherlich nicht an den öffentlichen Plätzen erschienen, um Abkehr von den Sünden oder Hinwendung zum Himmelreich zu predigen. Ein Schausteller hätte sich diese Mühe gar nicht erst gemacht, sondern die Wunder dazu verwendet, Macht, Ansehen und Reichtum zu erlangen.

Die Evangelien selbst gaben Anlass zu diesen Verdächtigungen. In Lukas 9: 43-8 spricht Jesus vom Weggehen von Kraft, was an den antiken heidnischen Kraftbegriff gemahnt.[3] Jesu Heilpraktiken gaben ebenfalls Anlass zu Spekulationen.[4]

Im apokryphen Evangelium des Nicodemus (»Pontius-Pilatus-Akten«) klagen ihn die Juden als Dämonenbeschwörer an.[5] Der »Zauberer« Christus bot auch dem mittelalterlichen Drama Gestaltungsmöglichkeiten. Seinen Kriminalprozess thematisierte u. a. ein Dramatiker aus York, bekannt unter »York Realist«[6]. Der Verlauf des Prozesses, Aussagen der Zeugen etc. geben Einblick in die Verfahrensweise der mittelalterlichen Gerichte bei Zauberanklagen. Das Drama illustriert den zeitgenössischen Aberglauben, gibt aber auch Einblick in die Gerichtspraxis und die Haltung der damaligen englischen Gesellschaft.

Die mittelalterliche Dramatisierung der letzten Tage Christi ist unterschiedlich, doch die Anklage auf Grund des Zaubereidelikts bleibt allen gemeinsam: Sie lautet auf Ausübung der Nekromantie. Pilatus nimmt eine ambivalente Haltung ein. Die Hohepriester im Drama des York Realist bezeichnen die Wunder Jesu als Indiz für seine zauberischen Fähigkeiten und fassen sie als Wirken Satans (sic!) auf. Kaiphas und Annas führen seine »zauberischen« Untaten ins Treffen und fordern die Todesstrafe. Pilatus zeigt sich nicht überzeugt, da doch kein Schaden (*Maleficium*) entstanden sei. Die Hohepriester sehen sich gezwungen, mit schärferen Geschützen aufzufahren, und wandeln die Anklage in das Delikt des Hochverrats, verursacht durch Zauberei, um. Hochverrat wurde mit der Kreuzigung bestraft und so nimmt der Prozess seinen wohlbekannten Verlauf. Keiner der im mittelalterlichen Drama dargestellten Hohepriester ist frei von zeitgenössischen Rechtfertigungen seiner Handlungen und Einsichten.

Die so genannten Apokryphen (Evangelien neben den offiziellen der vier Evangelisten) stammen nicht nur aus verschiedenen Quellen, sondern auch aus verschiedenen Zeiten. Entstanden in den ersten nachchristlichen Jahrhunderten, haben sie aber sicherlich vorchristliche und altjüdische Elemente in sich aufgenommen. Im 5. Jahrhundert versuchte Papst Gelasius die Apokryphen zu verbieten und die vier Evangelien als die einzig wahre Geschichte Jesu durchzusetzen. Das ist ihm wahrscheinlich nur innerhalb seiner Regierungszeit geglückt, denn bis zum Ausgang des Mittelalters galten die Apokryphen als ebenso authentisch. Eine aus arabischer Quelle überlieferte Kindheitsgeschichte Jesu[7] bietet verblüffende Parallelen zum *Goldenen Esel* des Apuleius und der Lebensgeschichte des Apollonios von Tyana.

Besonders eine Geschichte, in der es um einen in ein Maultier verwandelten Jüngling geht, zeigt auffällige Gemeinsamkeiten. Der Unglückliche war von einer eifersüchtigen und offenbar zauberkundigen Frau verwandelt worden. Die verzweifelte Familie wendet sich, nach erfolglosen Versuchen mit Magiern, an die Mutter Jesu, welche das Jesuskind auf das Maultier setzt und diesem so die ursprüngliche Gestalt wiedergibt. Maria[8] und das Jesuskind handeln hier als Abwehrzauberer. Auch andere Stellen überliefern ihre Anstrengungen, Schadenzauber rückgängig zu machen, Dämonen auszutreiben, magisch induzierte Krankheiten zu heilen.[9] Maria besitzt das Gegenteil des bösen Blicks, ihre mitleidigen Augen veranlassen Dämonen, aus Besessenen auszufahren. Mit Jesu Kleidern betreibt man kontagiöse Magie: Man verwendete sie zu Heilzwecken und zur Dämonenaustreibung. Dasselbe geschah auch mit Kleidungsstücken des hl. Paulus.

Kranke, sogar schwer Lepröse können durch Baden in Jesu Waschwasser Heilung erlangen. Hier kommt auch deutlich die alte Vorstellung der Heilkraft aller Ausdünstungen und Ausscheidungen von numinosen Persönlichkeiten zum Ausdruck: Heilbalsam stellte man aus Christi Schweiß her, Schlangenbisse heilte Jesus, indem er nur auf die wunde Stelle blies. Seinem Speichel werden ebenfalls Wunderdinge nachgesagt.[10]

Einige interessante Stellen des apokryphen Thomasevangeliums und der arabischen Kindheitsgeschichte Jesu zeigen, dass er seine wunderbaren Fähigkeiten nicht immer zu ausschließlich unschädlichen Zwecken gebraucht hat. An einer Stelle heißt es, er habe zur

Freude seiner Spielkameraden tönerne Spielfiguren in lebendige Vögel verwandelt. Als die Kinder zu Hause davon berichteten, verboten die Eltern ihnen den Umgang mit Jesus, den sie für einen Zauberer hielten.[11] Die dadurch verwirrten Kinder verbargen sich vor ihm in einer Tonne. Auf der Suche nach seinen Gefährten fragte Jesus eine Frau, was sich in der Tonne befinde. Als sie ihm antwortete, das seien bloß Zicklein, verwandelte er sie in diese Tiere, die bei seinem Zuruf herbeieilten. Nach einer anderen Variante der Geschichte ließ er sie sogar zu kleinen Schweinen werden.[12] Noch aggressiver verhielt er sich einem anderen Spielkameraden gegenüber, der durch ein Missgeschick einen von Jesus gebauten Abflusskanal zerstört hatte. Durch sympathetische Magie lässt Jesus sein Leben so schwinden, wie das Wasser aus dem geborstenen Becken fließt.[13] Zwei weitere Stellen schildern Konfrontationen mit einem Spielkameraden und seinem Lehrer, die beide tödlich für die Betroffenen enden. Die Vorfälle veranlassen den heiligen Joseph zu der Bemerkung, dass man Jesus nicht mehr auf die Straße lassen könne, da alle, die seinen Unmut erregten, ihr Leben lassen müssten.[14]

Auch einige der Apostel waren als Magier verschrieen.[15] Die Apostelgeschichte des Lukas erwähnt den Fall einer Auseinandersetzung zwischen dem Apostel Paulus und dem Magier Bar Jesus oder Elymas. Lukas zeichnet die beiden als absolute Gegensätze: Paulus, erfüllt vom Heiligen Geist, Elymas von Satan geführt, und nicht nur das, auch als Diener des Teufels, als Teufel in menschlicher Gestalt dargestellt – alles Attribute, die uns im Mittelalter noch sehr beschäftigen werden. Zweimal fällt die Bezeichnung »Magier«, sonst »falscher Prophet«.[16] Kees äußerst aufschlussreiche Zusammenstellung von Belegen der jüdischen Überlieferung bzgl. der Identifikation von Satan, Magie und falscher Prophetie ist auch im Mittelalter zum Tragen gekommen. Die Strafe Gottes, die Paulus herabbeschwört, ist die der Blindheit. Das ist bezeichnend, denn ein falscher Prophet war von einer Blindheit im Geiste geschlagen in Bezug auf den wahren Glauben. Zwar könnte auch der Zauber des Paulus als *Maleficium* angesehen werden. Doch Paulus steht auf der richtigen Seite, ist Diener Gottes, nicht Satans. Seine Handlungen können also nichts mit Magie – Maleficium zu tun haben. Denn:

»Maleficos non patieris vivere.« (Exodus XXII, 7), das heißt: Schadenzauberer soll man nicht am Leben lassen.

Maleficos oder »Zauberer bzw. Schadenstifter« wurde in späteren Jahrhunderten oft irrtümlicherweise mit »Zauberinnen« oder gar »Hexen« übersetzt, da man Zauber automatisch mit Hexerei und Hexen gleichsetzte. Isidor von Sevilla (geb. um 560, gest. 636) hat durch seine Schriften, die im Mittelalter eifrig rezipiert wurden, entsprechende Definitionen vorgegeben. Er beschreibt einen Magier folgendermaßen: »Magi sunt qui vulgo malefici ob facinorum magnitudinem nuncupontur. Hi et elementa concutiunt turbent mentes hominum ac sine ullo veneni haustu violenta tantum carminis interimunt.« Das bedeutet ungefähr: Magier sind solche, die gemeinhin Schadenstifter, auf Grund ihrer großen Schandtaten, genannt werden. Sie beunruhigen die Elemente, wühlen die Hirne der Menschen auf und ohne einen Schluck Zaubertrank töten sie mit der Gewalt ihrer Zauberlieder.

Wilhelm von Auvergne kommentiert: »In isto mandato quod legitur Exodi 22 Maleficos non patieris vivere prout malefici intelligentur magi et incantatores, hujus modi enim homines omnes idolatrae sunt, sicut docebimus in tractatu de idolatria.«[17] (In diesem Gebot Exodus 22, in dem es heißt, Schadenzauberer soll man nicht am Leben lassen, verstehen wir Schadenzauberer als Magier und Beschwörer, die überdies Götzendiener sind, wie wir im Traktat über den Götzendienst zeigen werden.)

Dieser Traktat über die Idolatrie ist verloren. Die Kommentierung der Exodusstelle[18] steht als Einzelfall da, weil im Frühmittelalter der ständige Kampf mit dem Heidentum und nicht die Problematik der Zauberei im Vordergrund der theologischen Diskussion stand.

Simon der Magier aus Samaria

Die so genannten Pseudo-Clementinischen Schriften haben legendenhaften, eigentlich schon romanhaften Charakter und handeln über das Leben der Apostel Petrus und Paulus und deren Gegenspieler Simon aus Samaria. Entstehungszeit, Autor und Herkunft dieser Schriften sind schon lange ein Streitthema, mit dem ich mich hier nicht auseinander setzen möchte. Eine griechische Version, die *Homiles*, ist erhalten, die lateinischen Fassungen tragen den bezeichnenden Titel *Recognitionen*, da die ganze Geschichte den Verlust und das Wiedersehen von getrennten Familien behandelt (im Mittelalter unter einem anderen Titel bekannt, der sich auf die Reise des Clemens bzw. Petrus bezog[19]). Die *Recognitionen* bestehen aus zehn Büchern. Im ersten erzählt Christus selbst die wunderbaren Ereignisse, die ihm auf dem Weg nach Rom widerfahren. Das dritte Buch erwähnt, Simon habe seine Zaubergeräte ins Meer versenkt und sich nach Rom begeben, während das zehnte ihn immer noch in Antiochia samt seinen Paraphernalia weiß. Der äußerst archaische Charakter der Schriften bezeugt, dass die Einteilung der Evangelien noch nicht bekannt war und die Überlieferung von Aussprüchen Jesu, die die vier (offenbar etwas später niedergeschriebenen) Evangelien nicht enthalten. Der Text bekundet das Interesse seines Verfassers sowohl an Naturwissenschaften als auch an Magie. Dies kombiniert er mit romantisch-fantasievollen Einlagen, ähnlich Apuleius im *Goldenen Esel*. Der Vater des Clemens heißt Faustus bzw. Faustianus. Vielfach vertrat man die Ansicht, dass der Fauststoff hier seinen Ausgang genommen habe.[20] Parallelen zu Philostratos' Apolloniusbiografie sind auffällig.

Die Astrologie[21] sieht der Autor nicht als Gegensatz zur Religion. Der Dämonologiediskussion widmet er ebenfalls breiten Raum. Von Petrus heißt es, er habe jedem Land einen eigenen Schutzengel zugeordnet und bei seinen Predigten nebenbei Dämonen ausgetrieben. Das Phänomen der Besessenheit als solches wird ebenfalls im Detail besprochen, die dem Autor verhasste heidnische Wahrsagerei, bestimmte heidnische Riten, auch die ägyptischen tierköpfigen Götter führt er auf den Einfluss von Dämonen bzw. deren Manifestationen zurück. Auf die zahlreichen Gefahren der dämonischen Einflussnahme, im Mittelalter ein Thema des scholastischen Diskurses, weist er ebenfalls hin.

Der Ursprung der Magie und deren Erfinder waren Ham und seine Söhne, Stammväter der Ägypter, Assyrer, Babylonier und Chaldäer. Ham hatte versucht, Funken aus den Sternen zu schlagen und sich dabei selbst entzündet, worauf ihn die Dämonen vernichteten. Deshalb nannte man ihn später »Zoroaster« oder »lebender Stern«.[22] Dieser Funke ging dann an Nimrod weiter, der auch bei dem christlichen Schriftsteller Epiphanias als Erfinder der Magie, Astrologie und auch Pharmazie[23] gilt.

Obwohl der Autor der *Recognitionen* die Zauberei verdammt, gesteht er ihr dennoch große Macht zu. Simon prahlt mit seinen Künsten; er kann z. B. unsichtbar machen, Berge und Felsen durchdringen, über Feuer und Wasser gehen, jede Fessel sprengen, Menschen in Tiere verwandeln, Statuen zum Reden bringen, um nur einiges zu nennen. Sogar einen Homunculus behauptet er erschaffen und wieder vernichtet zu haben, nicht ohne vorher ein »Bild« von diesem als Beweis aufzuheben. Aufruhr verbreitet er, wohin er auch geht, und auch Luna oder Helena, die mit ihm reist, hat Anteil daran. Um der drohenden Verhaftung zu entgehen, gibt er sich das Aussehen des Faustus, Clemens' Vater, und diesem sein eigenes, sodass dieser an seiner Stelle verhaftet wird.[24]

Diese skandalösen Vorfälle veranlassen einen früheren Schüler Simons, dem Apostel Petrus die Entscheidungsfrage zu stellen: Was ist es, das ein Wunder von den Taten des Simon unterscheidet? Petrus' Antwort zielt auf die soziale Komponente: Gute Christen vollbrächten nur solche Wunder, die der Gemeinschaft von Nutzen wären wie Heilungen, Exorzismen etc. Die Magier seien lediglich auf Profit und die Gunst des Publikums aus. Die Existenz der magisch induzierten Wunder wird also nicht geleugnet, aber diese sind als Betrug der Dämonen aufzufassen, die den Magier ebenfalls betrügen. Der Magier Simon habe noch dazu auch Kindermord zu magischen Zwecken begangen.[25]

Bereits die Apostelgeschichte überliefert, dass Simon, nach seinem Übertritt zum Christentum, Petrus Geld anbot, um von ihm das Geheimnis der Vermittlung des Heiligen Geistes durch Handauflegen zu erfahren. Entsetzt lehnt Petrus dieses Ansinnen ab, da er die hellenistische Sitte nicht versteht, eine Entschädigung für ein mitgeteiltes Geheimnis zu bezahlen. Von hier hat auch Simons schlechtes Image seinen Ursprung: Er ist der Ruchlose, der meint, sich mit Geld geistige Inhalte erkaufen zu können. Folgerichtig nannte man im Mittelalter den geistlichen Ämterkauf Simonie.

Obwohl als Betrug der Dämonen, als antisoziale Handlung gefasst, betrachtet der Autor der *Recognitionen* die Magie als Kunst und Simon als gelehrten Rhetoriker, in Logik und Dialektik und besonders in den magischen Künsten ausgebildet.[26] In den apokryphen *Petrus- und Paulus-Akten* geht dem Flug noch eine Totenerweckung voraus. Petrus hat Erfolg, Simon aber versagt. Im mittelalterlichen Drama über das Martyrium von St. Peter und St. Paul gelingt es ihm lediglich, den Kopf der Leiche zu bewegen.[27] Bei Bronzeschlangen scheint er nicht versagt zu haben, Tiere und Statuen gelingen ihm anscheinend besser. Riesenhunde hetzt er auf Petrus los, um diesem den Garaus zu machen. Doch Petrus weiß einen Ausweg, er füttert sie mit geweihtem Brot, worauf sie sich sofort in Rauch auflösen. Die Eskalation dieses Zauberwettkampfes ist der magische Flug[28] des Simon. Petrus lässt Simon zu Boden stürzen, wo er in vier Teile zerbricht. Der erboste Kaiser Nero lässt daraufhin die Apostel als Mörder hinrichten.[29]

Jene Charakteristiken des Simon, wie ihn die Petrus-Akten und die Pseudo-Clementinischen Schriften schildern, behält die *Legenda Aurea* des Jacobus de Voragine[30] (1255) in großen Zügen bei. Simon verlässt Jerusalem, da er dort nicht die göttliche Verehrung genießt, die ihm seiner Meinung nach zusteht. Petrus tritt ihm entgegen und Simon geht nach Rom, nachdem er seine Zauberbücher verbrannt hat. Petrus folgt ihm, und ein abermaliger Streit hat das Ergebnis, dass Simon seine Flugkünste vorführen soll. Tatsächlich gelingt es ihm, sich mit der Hilfe von Dämonen, die Petrus aber sehen kann, in die Lüfte zu erheben. Petrus stürzt ihn durch Gebete zu Boden, wo er zerschellt.

Was sowohl die spätantiken als auch die mittelalterlichen Schriftsteller damit aussagen wollten, erscheint klar: Die Macht des christlichen Gottes ist größer als jene der heidnischen bzw. auch aller selbst ernannten Götter und Dämonen. Simon vollführt magische Tricks, während Petrus Wunder tut. Die ständige Betonung auf Wunder Gottes im Gegensatz zu heidnischer Scharlatanerie zeigt, dass der Unterscheid oft nicht so klar zu sehen war, wie die Christen es gern gehabt hätten. Offenbar liegt es am Standort des Betrachters, wie das jeweilige Wunder eingestuft wird, wenn es sich nicht um eindeutig antisozialen Schadenzauber gehandelt hat. Die

Abb. 3: Der Tod des Simon Magus. Altarbild von Bennozzo Gozzoli (ca. 1420–1497).

Urchristen übernahmen die Argumente ihrer Gegner, der Heiden, die sie selbst der Zauberei bezichtigt hatten, um damit andere Gruppen zu diffamieren.

Die Verdammung der Magie in der Antike basierte auf der antisozialen Komponente des *Maleficiums* und dessen subversiv anarchistischer Tendenz. Die Schadenzauberer sah man als Staatsfeinde an[31] und behandelte sie dementsprechend: Ihre Strafe war die Kreuzigung bzw. der Feuertod. Die Christen brachten die Dämonenbeschwörung und die Verehrung von (falschen) Göttern in den Magiebegriff ein. Die frühchristlichen Schriftsteller konstituierten den Begriff in einer neuen Weise bzw. gestanden keiner anderen religiösen Gemeinschaft den Terminus »Religion« zu, wodurch diese als falscher Glaube bzw. Götzen- oder Dämonenverehrung (= Idolatrie) verdammt wurden. Dämonen, bei den Heiden und auch in der Gnosis als Mittlergestalten zwischen Göttern und Menschen bzw. zwischen den einzelnen Sphären gefasst, konnten schaden oder nützen. Juden und Christen identifizierten die Dämonen mit den bösen Engeln im Gefolge Luzifers.

Exkurs zum missglückten magischen Flug

Das Misslingen des magischen Fluges fand auf Grund der Attraktivität des Missgeschicks weite Verbreitung. In der abendländischen Literatur findet sich aber nirgends eine Beschreibung, wie man die Fähigkeit zum magischen Flug erwirbt. Es heißt lediglich, dass der Magier durch seine Kunst, durch Götterzwang, dazu fähig wäre. Der Flug des Schamanen bzw. der Hexenflug[32] ist gekoppelt mit einem Tranceerlebnis (der Flug gilt als Seelenreise), während der Körper wie tot daliegt.

Interessante Belege über die Unfähigkeit eines Asketen, sich in die Lüfte zu erheben, bieten die buddhistischen Legenden. In der hinduistisch-buddhistischen Praxis gehört der Flug zu jenen »Künsten«, die im Laufe einer Entwicklung zum Yogameister erworben werden. Es sind dies die so genannten »siddhis«, spirituelle Kräfte. Die Philosophen des klassischen Yoga, Patañjali und später Buddhaghosa, haben den Erwerb dieser Technik beschrieben:

> Wer (wie ein Vogel zu fliegen) wünscht, tritt zuerst in die Erdkasina-Vertiefung ein – erhebe sich wieder aus derselben. Wünscht er sitzend sich fortzubewegen, so bestimme er einen Platz (im Luftraume) groß genug, um sich mit gekreuzten Beinen darauf zu setzen. Dann vollziehe er den Vorbereitungsakt und fasse … den Entschluss … Hat er sich auf diese Weise einen angemessenen Raum festgelegt, so fasse er in der angegebenen Weise den Entschluss: Möge sich dieser Luftraum in Erde verwandeln. Und gleichzeitig mit dem Entschlusse verwandelt sich der Raum in Erde.[33]

Der magische Flug war in der buddhistischen Literatur das am häufigsten erwähnte Wunder, obzwar die Regulationen für Yogis Vorführungen in Gegenwart von Laien nicht erlaubten. Aber etliche Belegstellen zeigen, dass der Buddha selbst sich mit nicht-buddhistischen Ketzern auf einen Zauberwettkampf einließ. Buddhistische Heilige nehmen die Flugvorführung als Mittel, um zur Lehre des

Abb. 4: Der missglückte Flug des Simon Magus. Aus einem französischen Manuskript des 15. Jhs. (ca. 1410–1413).

Buddha zu bekehren. »Ein normaler Mensch wird durch ein magisches Kunststück rasch bekehrt.«[34]

Simon Magus kommt durch den »Abwehrzauber« des Petrus zu Fall. In einer Variante der Legende kann Petrus die Dämonen sehen, die den Simon tragen, worauf er sie durch Gebete zwingt, diesen fallen zu lassen.

In der buddhistischen Literatur hat das Herunterstürzen oft mit dem Konzentrationsverlust beim Anblick von Frauenschönheit zu tun. Die Geschichte spielt sich meist so ab: Ein junger Mönch fliegt eines Morgens zum Haus eines jungen Paares, um seine Opferspende zu empfangen. Der Ehemann ist nicht zu Hause und der Anblick der jungen Frau erweckt begehrliche Gefühle in dem Mönch. Bald darauf kommt der Ehemann zurück und der vom schlechten Gewissen geplagte Mönch will von einer Meeresklippe wegfliegen. Der Flugversuch misslingt, da er auf Grund seiner Begierde seine Kraft verloren hat. Er stürzt ins Meer. Der vermeintliche Ehemann, in Wirklichkeit der Boddhisattwa, stärkt den Mönch mit einer Predigt, sodass dieser sich über das Wasser erheben und wieder fliegen kann.

> Die Kraft deiner Magie trug dich hierher
> vor kurzem noch über Land und Meer
> doch hat dich eines Weibes List und Macht
> mit ihrer Lockung jetzt zu Fall gebracht.[35]

Solche Beispiele finden sich häufig in der buddhistischen Literatur. Die Aussage scheint klar zu sein: Sexuelle Begierde und magischer Flug sind unvereinbar.

Doch gibt es sowohl in der buddhistischen als auch in der mittelalterlichen Literatur Personen, deren weltliches Wohlleben, bar jeder Askese, ihren Fähigkeiten zum magischen Flug nicht abträglich ist. Bezeichnenderweise handelt es sich hier um Ketzer.

Im *Dhajaviretha-Jataka* wird von einem ketzerischen Zauberer berichtet, der untertags auf dem Friedhof auf einem Bein stehend die Sonne anbetet, bei Sonnenuntergang in den Palast des Königs von Benares fliegt, um sich mit der Königin zu vergnügen, deren Geliebter er ist.[36]

Wie ist den Ketzern das Fliegen möglich? Das Mittelalter hatte eine Antwort: mit dämonischer Hilfe, mit einem Dämonenpakt. Die Antwort der Buddhisten arbeitet mit der Unterscheidung der

Kräfte, die den Flug bzw. andere Wunder ermöglichen. Die Ketzer sind allesamt »gewöhnliche« Magier. Ihre Flugfähigkeit haben sie nicht durch meditative Trance erreicht, sondern durch Magie. Magie heißt in diesem Zusammenhang vor allem instrumentelle Magie. Wie die höfischen mittelalterlichen Epen kennt auch die altindische Literatur viele Zauberrequisiten, die den Menschen Luftfahrten ermöglichen. Ohne diese Requisiten können die Zauberer nicht fliegen, während dies den Buddhisten, die Gebote der Reinheit beachtend, möglich ist. Zusammenhänge zwischen Wundern und asketischer Lebensführung konstatieren viele Heiligenlegenden des Mittelalters und auch zahlreiche antike Belege.

Die Buddhisten haben, wie Eliade betont hat[37], großen Wert darauf gelegt, diese in meditativer Trance erworbenen Kräfte von der »gewöhnlichen« Magie zu unterscheiden, die nicht aus der inneren Wandlung kommt.

Eine dritte Gruppe von Magiern, die uns auch im Mittelalter begegnen wird, gibt lediglich vor, diese Kräfte zu besitzen. In Wirklichkeit handelt es sich um Betrüger, die durch Tricks die Gunst der Menge gewinnen wollen. Wie buddhistische Legenden wiederholt erzählen, machen sich diese Scharlatane im Zauberwettkampf mit den wahren Meistern immer nur lächerlich. Die Fähigkeit zum magischen Flug, deren öffentliche Darstellung untersagt war, ist der Prüfstein im hierarchischen Rang der Meisterung der Kräfte. An der Spitze der Hierarchie steht der Buddha, der am höchsten, längsten und weitesten zu fliegen vermag.[38]

Von der nächtlichen Luftfahrt der Frauen, einer alten volkstümlichen Vorstellung, die sich später zum Hexenflug entwickelte, soll noch die Rede sein.

Eine Version der Simonlegende erwähnt, dass ihn böse Geister durch die Luft tragen, eine Vorstellung, die sich sowohl in der Bibel als auch z. B. im germanischen Kulturkreis beobachten lässt. Odin konnte Menschen durch die Luft tragen, wie Saxo Grammaticus in der Geschichte der Dänen (I, 12) erzählt.[39] Ein um 411 lebender Bischof ließ sich angeblich auch von Dämonen von Besançon nach Rom bringen und zwar »in virtute de et sanctae omnis super daemonum ascendens«.[40]

Caesarius von Heisterbach weiß einige Geschichten über diese

Luftfahrten mit dämonischer Hilfe, die alles, was das 20. Jahrhundert an Schnelligkeit zu bieten hat, bei weitem übertrifft: z. B. von Jerusalem nach Lüttich in einer Stunde.[41]

Die Bedeutung der Magie in der Gnosis

Der Begriff Gnosis bzw. Gnostizismus erscheint insofern schwierig, als er für unterschiedliche christliche Sekten mit differierenden Glaubensvorstellungen herhalten musste.

Die Wurzeln der Gnosis, darüber herrscht Übereinstimmung, sind älter als die christliche Lehre. Man hat sie mit babylonischer Sternenverehrung in Verbindung gebracht und auch Zusammenhänge mit ägyptischer Magie und Religion festgestellt. Auch persische Einflüsse lassen sich konstatieren.[42]

Die Hauptkonstituenten der altorientalischen Religionen sollen in der Gnosis aufgegangen sein: die Große Mutter, Gott als Erlöser, die Bedeutung von geheimen Zeichen und Symbolen, Gut und Böse als Dualität, Glaube an den Einfluss der Sterne und ihre göttliche Verehrung.

Die erhaltenen gnostischen Lehren sind dem Christentum näher als allen anderen orientalischen Religionen. Der durch babylonischen Einfluss wichtig gewordene Sternenkult wandelt sich in der Gnosis zu einem komplizierten kosmologischen System. Die sieben Planeten und die ihnen zugeordneten Geistwesen werden als Vermittler zwischen der irdischen und der himmlischen Welt gedacht.

Simon Magus galt als Gnostiker[43], wobei aber Zweifel aufgetaucht sind, ob der Magier Simon, wie ihn die Pseudo-Clementinischen Schriften u. a. bezeichnen, mit dem gnostischen Häretiker Simon identisch ist. Hier ist nicht der Ort, diese Frage weiter zu verfolgen, aber wie wir noch sehen werden, besteht ein eigenartiger Zusammenhang zwischen gnostischen Lehren und magischer Praxis. Simon soll sich selbst als die Große Macht Gottes bezeichnet haben. In Samaria trat er als Vater auf, in Judäa war er der Sohn und in anderen Ländern der Heilige Geist.

Der Kirchenhistoriker Epiphanias berichtet, Simon habe behauptet, er wäre vom Himmel herabgestiegen und habe seine Gestalt immer der Durchgangssphäre entsprechend gewandelt. Seine Verbindung mit der geheimnisvollen Helena, die Justinus der Märtyrer als Prostituierte bezeichnete, gab zu verschiedenen Interpretationen Anlass. Er selbst soll sie als Urmutter, als das verlorene Schaf, als fleischgewordenen Gedanken des Heiligen Geistes, als »Sophia«[44] bezeichnet haben. Die Frau, die den Trojanischen Krieg auslöste, wandelt sich in der gnostischen Legende zur Allegorese für die menschliche Seele. Die mystische Gestalt der Sophia, vom höchsten Himmel herabgestiegen und auf der Erde von löwengesichtigen Dämonen in die Irre geführt, soll, so will es die Legende, von Jesus Christus wieder in den Himmel hinaufgeleitet werden. Parallelen zum Verhältnis Jesus–Maria Magdalena sind auffällig.

Die Pseudo-Clementinischen Schriften sprechen von Helena als einer Schülerin von Johannes dem Täufer. Nach dessen Tod soll Simon Dositheus an dessen Stelle gesetzt und sich mit Helena hinweg begeben haben. Er nannte sie die vom höchsten Himmel herabgestiegene Wahrheit oder Weisheit.

In Origines' Streitschrift gegen den Heiden Celsus, welcher die Christen als böse Zauberer bezeichnete, spielt eine gnostische Sekte, die so genannten Ophiten, eine besondere Rolle. Celsus hatte in seiner Anklage von einem magischen Diagramm gesprochen, welches angeblich in nekromantisch-astrologisch-magischen Operationen (allerdings vor Origines) Verwendung fand. Das Diagramm besteht aus zehn kleinen in einen großen integrierten Kreis, der die Seele repräsentieren soll. In den oberen Kreisen erscheinen die Worte Himmel, Vater und Sohn, Liebe, Leben, Wissen, Verstehen. Sieben Kreise werden als den sieben tierköpfig dargestellten Dämonen zugehörig betrachtet, welche mit den sieben Planeten korrespondieren. Zwischen den Sphären verläuft eine genau markierte Grenze, die Gehenna. Unterhalb des untersten Kreises erscheint der Name Behemoth.

Origines kannte auch noch sowohl die Namen der Geister, die das Diagramm beschwören kann, als auch die Beschwörungsformel.

Auffallende Parallelen lassen sich mit dem persischen Mithraskult[45] feststellen, der ebenfalls sieben Himmel kennt, die mit Hilfe einer Leiter erreicht werden. Jeder Himmel besaß ein Tor, dessen metallische Beschaffenheit dem Planeten, der dem Metall entsprach, zugeordnet war: Blei für Saturn, Zinn für Venus, Kupfer für Jupiter, Eisen für Merkur, gemischtes Metall für Mars, Silber für den Mond und Gold für die Sonne. Diesen Zusammenhang zwischen Astrologie und Metallen baute die mittelalterliche Alchemie zu einem äußerst komplexen System aus.

Der Kirchenlehrer Irenäus (2. Jh. n. Chr.) beschreibt die Anhänger Simons als Erzmagier, die Beschwörungen ausführten, Schutzgeister besaßen, Zaubertränke brauten etc.[46] Von Markus' magischen Operationen weiß er ebenfalls, dieser soll während der Wandlung Weißwein in rote, purpurne und blaue Flüssigkeiten verwandelt haben.[47] Viele seiner Taten erinnern an Zaubertricks, die Gaukler auf dem Jahrmarkt zur Belustigung ausführten und -führen. Einen Schutzgeist soll er ebenfalls als Orakel benutzt, sich besonders auf das Brauen von Liebestränken verstanden und nummernmagische Systeme eingeführt haben.[48]

Die bei den Gnostikern so bedeutsame Siebenzahl ordnete den sieben Planeten auch sieben Laute zu, die eine Tonleiter ergaben, weshalb man sie auch als Erfinder der Tonleiter sieht. Das zentrale gnostische Werk, die *Pistis-Sophia*[49], enthält noch andere Gebote Jesu, die er nach seinem zweiten Wiederkommen auferlegt haben soll. Besonderes Augenmerk richtet er dabei auf die Verdammung der Magie und des Aberglaubens, der Beschwörungen und Zaubertränke. Doch wird großes Gewicht auf die Macht der heiligen Namen gelegt. Es scheint, als hätten die Gnostiker zwischen Theurgie und Goetie unterschieden (vgl. jüdische Magie S. 141 f.).

Von dem als Magier berüchtigten und als solchen auch abgeurteilten Priscillian[50] (385 n. Chr.) wurde die gnostische Lehre im Frühmittelalter wiederbelebt. Von Isidor erfahren wir, dass Priscillians Lehrer, ein gewisser Markus von Memphis, Schüler des berühmten Mani, des Gründers des Manichäismus, gewesen sein soll.

Auch der Neoplatonismus hat seine Spuren hinterlassen. Platon hatte die Vielgötterei verworfen, indem er sie als Fantasmagorie bezeichnete. Stattdessen führte er als Angelpunkt den Weltenbaumeister bzw. Demiurgen ein. Dieser Gedanke nahm bei seinen Nachfolgern verschiedene Formen an. Als höchste Entwicklungsstufe kann das Lehrgebäude des Philo von Alexandria, der zur Zeit Christi lebte, angesehen werden. Seine Einführung eines über alles erhabenen Schöpfergottes, der nicht in die Welt eingreift, sondern als dessen Vermittler Engel und Dämonen dienen, findet sich in verwandelter Gestalt in allen gnostischen und neumanichäischen Sekten wieder. Besonders die Neuplatoniker Plotin, Jamblichus und Porphyrius haben das System noch weiter ausgebaut und verfeinert. Jamblichus' systematische Engels- und Teufelslehre, die Forderungen der Reinigungs- und Enthaltsamkeitsübungen, die vor dem Einfluss der Dämonen schützen sollten, beeinflusste das frühe und das mittelalterliche Christen- und auch Judentum.

Der Vorwurf der Zauberei gegen die Urchristen

Der Vorwurf der rituellen Kindestötung, der bereits die Juden zur Zeit Christi belastete, wurde auf die Urchristen ausgedehnt, da die Römer Juden und Christen nicht voneinander zu unterscheiden vermochten.

Ein in der griechischen, altitalischen und römischen Kultur ausgeübtes Verschwörungsritual kannte die Menschentötung mit Verzehren des Opfers. Der rituelle Kindermord zu magischen Zwecken ist in der heidnischen Antike ebenfalls bezeugt.

Gegen Ende des 1. Jahrhunderts gab es bei gewissen gnostischen Sekten Initiationsriten, bei denen sowohl unzüchtige Handlungen als auch ritueller Kindermord und -verzehr und damit verbundene Zauberei verübt worden sein sollen. Böswilliges Missverstehen der Eucharistiefeier, d.h. Jesus wurde als das rituell getötete Kind aufgefasst, spielte noch eine weitere Rolle. Die Aussagen gegen die Christen, meist durch Folter der heidnischen Sklaven (welche in Christenhaushalten lebten) erzwungen, taten ein Übriges.

Der Zusammenhang zwischen Zauberhandlung und Mysterium bzw. Zauberer und Mysten ist durch Aussagen des Pariser Zauberpapyrus belegt. Das Vorbereitungsritual für den Magier wird so geschildert:

> Ist aber die Sonnenscheibe voll heraufgekommen, schneide den Kopf eines tadellosen, ganz weißen Hahnes ab, den du im linken Ellenbogen hältst; umkreise, bevor noch die Sonne aufgeht, den Altar. Halte den Hahn mit deinen Knien fest und köpfe ihn so, ohne dass ihn ein anderer hält. Den Kopf aber wirf in den Fluss und das Blut fang auf mit der rechten Hand und trink es aus … und du wirst geweiht sein.[51]

Im griechischen Altertum waren die Skythen dafür berüchtigt, Menschenfresserei zu betreiben.[52] Nach Tertullian, der versucht, den Vorwurf gegen die Christen zu widerlegen, war dieser jedoch schon so sehr verwurzelt, dass die Heiden annahmen, die Christen würden Kinder schlachten und Brot in das frische Blut tauchen und verzehren. Dieses Missverständnis hängt einerseits mit der für die Heiden unverständlichen und daher so gedeuteten Eucharistiefeier, andererseits mit der Bluttaufe der Märtyrer zusammen.

Der Vorwurf, der bereits den Juden zu schaffen machte, verbreitete sich wahrscheinlich durch die Sage des Apion, welcher behauptete, die Juden hätten alljährlich einen Griechen im Tempel gefangen gehalten. Zu einem bestimmten Zeitpunkt töteten und verspeisten sie ihn.

Demokritos griff diese antisemitische Propaganda in seiner Schrift *Über die Juden* auf. Suidas kommentiert wie folgt: »Über die Juden. Darin sagt er, dass die Juden einen goldenen Eselskopf verehren und alle sieben Jahre einen Fremden aufgriffen und opferten, sein Fleisch in kleine Stückchen zerteilten und so töteten.«[53]

Die Vorstellung von der Verehrung des Eselkopfes ist von den Juden auf die Christen übertragen worden. Außerdem spielt bei dem Vorstellungskreis des Blutopfers auch das altrömische Eidesopfer mit hinein. Dem Verschwörer Catilina sagte man nach,[54] dass er seinen Bundesgenossen nach dem Verschwörungseid mit Menschenblut vermengten Wein gereicht habe.[55]

Plutarch weiß von einem altitalischen Eidritual zu berichten, bei dem das Blut eines getöteten Menschen zum Opfertrank verwendet wurde.[56]

Im griechisch-römischen Altertum war die Verwendung von getöteten Kindern zu Zaubereizwecken berüchtigt. Die aus Horaz' *Epoden* bekannte Zauberin Canidia tötet einen Knaben und missbraucht den Leichnam zur Ausführung eines Liebeszaubers. In

Lucans *Pharsalia* erscheint die bereits erwähnte Zauberin Erictho, die im Mittelalter auch noch als Ausbund alles Zauberisch-Schrecklichen galt.

> Auch scheute sie keinen Mord mit eigener Hand, wenn flüssiges Blut, das frisch aus offener Kehle springen sollte, nötig war: (auch schreckte sie vor Morden nicht zurück, wenn ihr Opfer flüssiges Blut und ihr unheimlich zuckendes Gekröse forderte) mit gleicher Dreistigkeit holte sie durch einen Schnitt in den Unterleib statt auf dem Weg, den die Natur bot einen Embryo ans Licht, um ihn auf ihren Brandaltar zu legen.[57]

Diese Verwendung des Fötus zu magischen Zwecken erwähnt bereits der Pariser Zauberpapyrus, später legte man diese Untat den Hexen zur Last (siehe unten). Petronius berichtet von den Strigen[58], hexenähnlichen gespenstischen Wesen, dass sie ebenfalls zu zauberischen Zwecken frisch verstorbene Kinder raubten. Man hat nämlich vermutet, dass sich diese besonders gut zum Zauber und der Wahrsagerei eignen. Die Eingeweideschau zu wahrsagerischen Zwecken war ja gemeinhin im Altertum bekannt, allerdings wurden Tiere verwendet. Das Schlachten von Kindern zu solchen Zwecken sagte man nur besonders üblen Menschen nach, wie z. B. dem monströsen Heliogabal.

> Auch menschliche Opfer schlachtete er, indem er sich zu diesem Zweck aus ganz Italien vornehme und wohlgestaltete Knaben aussuchte ... Zauberer jeglicher Art standen ihm dabei zur Seite und vollführten täglich ihre Zauberhandlungen, wobei er noch dazu ermunterte und den Göttern Dank sagte, die er als die Freunde der Zauberer erkannt hatte, als er die Eingeweide der Knaben einsah.[59]

Dass es sich dabei wahrscheinlich um einen unbeliebten Tyrannen zugeschriebenen Topos handelt, ist durch zahlreiche andere Beispiele belegt.[60]

Diese rituelle Kindestötung kommt noch in einem anderen Zusammenhang vor, der ebenfalls bei den Hexen- und Ketzeranklagen immer wieder erwähnt wird. Die Orgien, bzw. das später unter dem Begriff Sabbat[61] zusammengefasste Phänomen, hatten unerwünschte Kinder zur Folge. Diese sollen im Anschluss an eine weitere Orgie noch im Embryonalzustand aus dem Mutterleib herausgezogen, als Speise zubereitet und gegessen worden sein. Nicht immer hat es sich bei diesen Berichten um Verleumdungen gehandelt, was die Untersuchung von gnostisch-koptischen Schriften bestätigt hat.[62] Bei den Gnostikern wird auch die Analogie zwischen Zauber- und Weiheritus besonders deutlich: »Es ist beachtenswert, dass die Gnostiker, die mit Zauber und Zauberdämonen arbeiteten, ihre kultischen Handlungen als eine Mysterieneinweihung betrachteten.«[63] Die gnostische Sekte der Karpokratiker (nach Karpokrates von Alexandrien 120 n. Chr.) soll sich mit Dämonenbeschwörung, Drogen und Orgien berüchtigt gemacht haben. Der Kirchenlehrer Irenäus sagt bedauernd, dass diese Untaten auf alle Christen übertragen worden seien.

Das Wunder

Aarons gottgegebenes Vermögen der Verwandlung eines Stabes in eine Schlange (Ex. 76,10) war eines der Wunder[64] des Alten Testaments. Auch die ägyptischen Zauberer verstanden diese Kunst, doch Aarons Schlange, als die größte von allen, verschlang die kleineren der Ägypter.

Hier zeigen sich zwei Funktionen des Wunders: einerseits als Bestätigung für die Nachwelt, um dieser zu beweisen, dass ihr Gott über mächtigere Fähigkeiten als die anderen verfügt; andererseits als politische Funktion, da das Wunder in diesem konkreten Fall zum Einsatz kam, um den Pharao zum Auszug der Israeliten zu überreden.

Die Haltung des Alten Testamentes zum Wunder unterschied sich wesentlich von der des christlichen Mittelalters. Die Möglichkeit, dass andere Religionen ebenfalls Wunder hervorbringen könnten, wurde nicht geleugnet, sondern als selbstverständlich angenommen, der Unterschied lag nur in der Größe.

Erst durch den Absolutheitsanspruch der christlichen Religion wurden die Wundertäter anderer Religionen zu Scharlatanen und Götzendienern, da viele Kirchenlehrer die prinzipielle Möglichkeit von Wundern im Kontext der nichtchristlichen Religionen bestritten. »Die Kirche stand in Hinsicht der Wunder mit dem Heidentum auf einem und demselben Boden, auf dem Grundsatz: Wunder sind unentbehrlich … als damals die Kirche sich der Herrschaft über die Volksmassen so schnell wie möglich bemächtigen wollte, glaubte sie imponieren zu müssen, wobei der Wundernimbus ihr unentbehrlich schien. Die Philosophie der Wunder des Neuplatonismus rang seit dem 3. Jahrhundert mit dem Christentum um die Weltherrschaft; denselben ohne Wunder zu besiegen, schien der Kirche … unmöglich.«[65]

Der funktionale Wandel des Wunders zeichnete sich folgendermaßen ab: Als Kampfmethode wie bei Aaron angewandt oder als Herabsetzung der heidnischen Wunder, entwickelte sich das christliche Wunder zum eigentlichen, nachdem die Übernahme der neoplatonistischen Dämonenlehre eine Erklärung der heidnischen Wunder als dämonische lieferte. Das zuerst als Propagandamethode[66] eingesetzte Wunder, das früher im Dienste der Götter und Dämonen stattfand, konnte jetzt ausschließlich zur Ehre Christi geschehen.

Die Kirchenväter Augustinus und Tertullian hielten von Dämonen bewirkte Wunder für möglich. Thomas von Aquin bestreitet allerdings, dass es sich bei dämonisch verursachten um echte Wunder handle:

> Von Wundern schlechthin spricht man dann, wenn etwas geschieht vorbei an der Ordnung der gesamten geschaffenen Natur. Weil aber nicht alle Kräfte der geschaffenen Natur uns bekannt sind, darum ist etwas, wenn es vorbei an der uns bekannten Ordnung der geschaffenen Natur geschieht, auf Grund einer uns unbekannten geschaffenen Kraft, ein Wunder »für uns«. Wenn also die bösen Geister durch ihre natürliche Kraft etwas wirken, so heißt das nicht Wunder schlechthin, sondern nur »für uns«. Und auf andere Weise wirken die Zauberer durch die bösen Geister ihre »Wunder«. Es bleibt also dabei, dass nur Gott Wunder wirkt.[67]

Das Erklärungsmodell des göttlichen Ursprungs des Wunders war bereits im Mittelalter nicht befriedigend. Mit der Entwicklung der Naturerkenntnis taucht auch die Frage der Natürlichkeit bzw. Widernatürlichkeit des Wunders auf. Augustinus und auch später Albertus Magnus waren der Ansicht, dass man bei einem Wunder nicht von widernatürlichen Vorgängen sprechen könne, da vieles in der Natur noch unbekannt sei, daher könne keine Aussage getrof-

Abb. 5: Simon von Taiste: Flugversuch des Hermogenes (um 1500).

fen werden über Vorgänge, die wider die Natur seien. Die Verwandlung des Stabes in die Schlange behandelt Augustinus im Sinne seiner »Samentheorie«. Es gäbe geheime Samen, die in allen Dingen ruhen und durch bestimmte Umstände könne die Entwicklung dieser Samen beschleunigt werden. Außerdem gäbe es Wunder, deren Ursache nicht auf diese Samen zurückgehen und deren Ursache nur Gott allein kennt.[68]

Thomas von Aquin definiert »Wunder als das, was mit Übergehung der uns bekannten Ursachen von Gott geschieht«.[69] Diese Auffassung besitzt auch in der heutigen Kirche noch Gültigkeit. Auch steht die These immer weniger im Gegensatz zur heutigen Naturwissenschaft, da bereits in den vierziger Jahren die Ansicht aufkam, dass der Kosmos eine irrationale, chaotische Seite habe.

Der Magier als Rivale des Heiligen

Das religiöse Empfinden schätzte den zauberkundigen Wundermann oder falschen Heiligen weit gefährlicher ein als den gelehrten gebildeten Magier. Texte des 9. und 10. Jahrhunderts enthalten Indizien dafür, dass man anscheinend nicht so sicher sein konnte oder war, ob es sich bei einem Wundermann nun um einen Heiligen oder Magier gehandelt habe. Der Beweis bzw. die Entscheidung kann von einem »Zauberwettkampf», den der Heilige mit dem Pseudo-Heiligen ausficht, erbracht werden.

Dieser Wettkampf war ein in der Heiligenliteratur des Mittelalters gern behandeltes Thema. Die *Legenda Aurea* berichtet vom Kampf des hl. Jakobus mit dem Zauberer Hermogenes. Ein Schüler des Zauberers hatte sich von Jakobus zum Christentum bekehren lassen. Dieser war vom Zauberer als Saboteur der Predigten des Heiligen eingesetzt worden, was auf der ganzen Linie fehlschlug. Wutentbrannt sandte der Zauberer einen tödlichen Fluch, der seinen ehemaligen Schüler, der sich schlauerweise im Mantel des Heiligen verbergen konnte, vernichten sollte. Bei seinem zweiten Anschlag nahm der Magier bereits dämonische Hilfe in Anspruch, doch der Heilige besaß auch Gewalt über die bösen Geister, welche den Zauberer in seinem Auftrag zu ihm brachten. Dieser, in Angst vor der Rache der Dämonen, über die er offenbar nicht mehr verfügen konnte, erbat den Schutz des Heiligen, den dieser auch gewährte. Hermogenes ließ sich taufen und warf alle seine Zauberbücher ins Meer.

Abb. 6: Simon von Taiste: Hermogenes vernichtet seine Zauberbücher (um 1500).

Einen der bekanntesten Fälle der byzantinischen Heiligenlegenden stellt die Konfrontation zwischen Peter von Atroa und Theodor von Studia dar, welche die Biografie des Peter erwähnt. Theodor brachten die extrem asketischen Übungen des Peter auf den Gedanken, dass er möglicherweise mit Zauberei zu tun habe. Er wollte sich Gewissheit verschaffen, indem er Peter allen möglichen Prüfungen unterzog, die dieser jedoch mit Glanz bestand. Peter waren solche Vorstellungen durchaus nicht fremd, da er selbst von einem ähnlichen Zusammenstoß seines Zeitgenossen Joanikes mit dem Magier Caurias wusste. Der Magier hatte sich unter Vorspiegelung falscher Tatsachen unter die Jünger des Heiligen gedrängt und ihm vergiftete Honigmilch beigebracht.[70] Nicht dieser Vergiftungsversuch (der Heilige blieb am Leben) schien Peter wesentlich zu sein, sondern die Vorspiegelung von Askese.

Wir haben schon in Zusammenhang mit den antiken Adepten davon gesprochen, dass asketische Lebensweise[71] wie Fasten, Enthaltsamkeit etc. übernatürliche Kräfte aktiviert. Ein Heiliger konnte mit derselben Methode zu diesen Kräften vorstoßen, hat sie jedoch nicht immer genutzt oder überhaupt darum gewusst. Von der heiligen Margaretha von Ungarn, die für ihre äußerst asketische Lebensweise bekannt war, berichtet die Legende, dass sie die Fähigkeit der Weissagung besessen habe, sich über den Boden erheben konnte, Heilwunder tat, aber auch das Wetter beeinflusste.[72]

Oft belegt im Frühmittelalter war das Phänomen, dass allzu asketisch lebende Heilige in den Verruf kamen, Zauberer zu sein.[73] Meist gaben sie nur vor, sich der Nahrung zu enthalten, die sie heimlich zu sich nahmen. Bei der heiligen Irene von Chrysobalanto war der Biograf sich über diesen Punkt selbst nicht ganz sicher, da sie sich in einen Kampf mit einem kappadozischen Magier, welcher vom abgewiesenen Freier einer Nonne gedungen war, eingelassen hatte. Diese wollte er mit Hilfe von Zauberei wieder in seine Gewalt bringen. Die Nonne litt seit Beginn der magischen Operation an einem Besessenheitszustand. Irene betete zur Jungfrau Maria, welche ihr in einer Vision erschien, den hl. Basileus und die hl. Anastasia zur Seite. Am nächsten Tag gewahrten die erstaunten Nonnen zwei Gestalten, die über dem Kloster schwebend zwei Pakete fallen ließen. In dem einen fanden sich der Zauberspruch auf Pergament und zwei Bleifiguren[74], welche die Nonne und den Freier repräsentierten. Man verbrannte alles in der heiligen Lampe, wobei man bei den Bleifiguren das Quieken von Schweinen vernahm.

Den politischen und auch sehr gefürchteten volksverhetzenden Einfluss beobachtete Gregor von Tours an einem selbst ernannten Heiligen, welcher über ein großes Kreuz und Reliquien[75] verfügte, die er Gregor für die Kirche des hl. Martin anbot. Als dieser ablehnte, begab er sich zornig nach Paris, wo er das niedere Volk, Dirnen und Frauen der niederen Stände um sich scharte[76] und den Bischof von Paris in ziemliche Bedrängnis brachte. Dieser forderte ihn auf, an der Messe teilzunehmen, was er unter Verwünschungen von sich wies. Darauf ließ ihn der Bischof einsperren. In seinem Reisesack entdeckte man allerlei Wurzeln, offenbar für die Zauberei bestimmt, auch Mäusezähne und Klauen. Man nahm ihm das Kreuz fort, worauf er sich ein neues machte und seine Umtriebe fortsetzte, bis man ihn in den Turm warf. Doch von dort konnte er entschlüpfen und fiel just dem Bischof Gregor betrunken in die Hände. Man ließ ihn ohne Bestrafung laufen und schickte ihn, weil man ihn mittlerweile als entlaufenen Sklaven erkannt hatte, zu seinem Herrn zurück.[77]

Der berühmte Abt von Glastonbury, der hl. Dunstan, stand ebenfalls im Geruche der Zauberei, angeblich wegen seines Interesses für die Mathematik, die Mechanik und die Musik. Als Student trieb man ihn deshalb vom Hof und warf ihn zur Strafe in einen Sumpf. Er soll eine selbstspielende Harfe besessen haben.[78]

Gerade die irische Hagiografie scheint einen besonders großen Anteil an abergläubischen, aber auch märchenhaften Elementen aufzuweisen, wie Untersuchungen gezeigt haben.[79] Das gilt mit hoher Wahrscheinlichkeit für das Frühmittelalter: »Die Zeitgenossen des Gregor von Tours machten keinen großen Unterschied zwischen der Wahrsagerei und dem Zauberwesen der Heiden einerseits und der Anrufung der Heiligen andererseits.«[80]

Die Analogie zwischen »Götterzwang« und dem in der volkstümlichen Verehrung tatsächlich geübten Heiligenzwang, der mit Forderungen und sogar Demütigung des Heiligen, seiner Bilder und Reliquien einhergeht, ist auffällig.[81] Diese falschen Heiligen, die sich meist auch als Propheten, das Kommen des Antichrist ankündigend, zu gebärden pflegten, traten besonders in Zeiten wirtschaftlicher Krisen auf.

Gregor von Tours ist dieser Zusammenhang klar gewesen, da er seinem Bericht über einen falschen Christus den Hinweis auf eine Missernte und Hungersnot voranstellt. Der Betrüger war beim Holzhacken von einem Fliegenschwarm überfallen worden[82], was er sogleich als Einwirkungen des Bösen deutete; er kleidete sich in Tierfelle und begann zu predigen. Er besaß außerdem die Gabe der Weissagung, was Gregor als teuflische Einflussnahme vermerkte. Im Gebiet von Poitiers, in Begleitung einer Frau, begann er sich Christus und die Frau Maria zu nennen. Das Volk nahm ihn bereitwillig an, mehr als 3000 Leute folgten ihm, der seine Güter an die Armen verteilte, nach. Da er anscheinend nach kurzer Zeit nichts mehr zu verteilen hatte, beging er Diebstähle, um weiterhin wohltätig wirken zu können.[83] Jenen, die ihn nicht anbeten wollten, warf er Todesdrohungen an den Kopf. Der Bischof von Puy-en-Velay ließ ihn verhaften und töten und die falsche Maria foltern, welche die Zaubertricks zugab.[84]

Die falschen Heiligen, welche sowohl Züge der christlichen Glaubenshelden mit denen der heidnischen Zauberer, Hexenmeister, Hellseher und Schamanen in sich vereinigten, kamen dem offenbaren Bedürfnis der Leute entgegen, das Göttliche in körperlicher Gestalt zu schauen und von dieser ihre Heilserwartung in der Jetztzeit und nicht erst im Jenseits erfüllt zu sehen. Ob es sich bei diesen von der Kirchenseite als Betrüger, Schwindler und Zauberer Verunglimpften tatsächlich um solche gehandelt hat, entzieht sich insofern einer Beurteilung, als wir sie nur aus den voreingenommenen Polemiken kennen. Was sie von den anderen unterscheidet, ist ihre vehemente Eigenpropaganda und Anerkennungssucht, im Gegensatz zur Demut der »wahren« Heiligen. Weiters ihre ausgesprochene, vielfältig begründete Kirchenfeindlichkeit, wie sie besonders im Beispiel des falschen Heiligen Adelbert zum Ausdruck kam, der nicht nur die Leute vom Besuch der Kirchen abhielt, sondern eigene auf freiem Feld errichtete, womit er auch den alten heidnischen Feldkulten entgegenkam.[85] »Die selbst ernannten Heiligen boten dem Volk also eine Religion, die eine merkwürdige Mischung aus Christlichem und Heidnischem bildete.«[86] Diese antiautoritären Bestrebungen sind nicht als Vorläufer der großen Ketzerbewegungen des Hoch- und Spätmittelalters, sondern als oberflächliche

Verarbeitung des Heidentums und Wiedererweckung von vorchristlichen Kulten und Zauberriten analog zu heil- und wahrsagekundigen Schamanen zu sehen.[87]

1 Smith, Morton: *Jesus the Magician*, New York 1978.

2 Koetschau, Paul: *Die Textüberlieferung der Bücher des Origines gegen Celsus in den Handschriften dieses Werkes und der Philokalia. Prolegomena zu einer kritischen Ausgabe*, Leipzig 1889. Er war nach Celsus nicht nur von niedriger, sondern noch dazu »unehrlicher Herkunft«; in Ägypten lernte er die Künste der Gaukler und gab sich nach seiner Heimkehr als Wundertäter.

3 Röhr, J.: *Der okkulte Kraftbegriff im Altertum*, Leipzig 1923.

4 Vgl. Aune, David: »Magic in Early Christianity«, in: *Principat* 23/2 (1980), S. 152f.

5 Schneemelcher, Wilhelm (Hrsg.): *Neutestamentliche Apokryphen in deutscher Übersetzung*, 5. Aufl., Tübingen 1987, S. 395f.

6 Nicholson, R. H.: »The Trial of Christ the Sorcerer in the York Cycle«, in: *Journal of Medieval and Renaissance Studies* 16 (1986), S. 125–169.

7 Es handelt sich dabei vermutlich um eine Übersetzung eines verlorenen syrischen Originals. Zit. nach Schneemelcher, a. a. O., S. 330f., 365f.

8 Evang. Inf. arab., Cap. 15–16, 35, 44.

9 Vgl. dazu Davies, Steven L.: *Jesus the Healer. Possession, Trance, and the Origins of Christianity*, New York 1995.

10 Zur Bedeutung des Speichels im Heilzauber und Exorzismus vgl. Böcher, Otto: *Dämonenfurcht und Dämonenabwehr*, Stuttgart 1970, S. 218.

11 Schneemelcher, S. 365.

12 Schneemelcher, S. 366; vgl. Thorndike, Bd. I, a. a. O., S. 393.

13 Ibid., Cap. 46.

14 Ibid., Cap. 47.

15 Petrus und Paulus in den *Petrus- und Andreas-Akten*.

16 Kee, Howard Clark: »Magic and Messiah«, in: *Religion, Science and Magic*, J. Neussner/E. Frerichs (ed.), New York 1989, S. 156f.

17 *De Legibus* c. 4. (I, p. 34 zit. n. Lea, H. Charles: *Materials towards a History of Witchcraft*, 3 Bde., New York 1957, Bd. I., S. 205).

18 Bis zur 1. Auflage der vorliegenden Arbeit und auch lange Zeit danach schien die »Gender«-Frage der Exodus-Stelle die Forschung wenig zu interessieren. Umso mehr hat es mich erstaunt, dass Rolf Schulte die Diskussion aufgreift, ohne zu erwähnen, dass ich bereits darauf aufmerksam gemacht hatte. Schulte, Rolf: *Der Hexenmeister*, Frankfurt a.M. 2001, S. 170f. Überhaupt befremdet die Einstellung gewisser Historikerkreise, die Publikationen der eigenen Fachrichtung ohne Einschränkung als positiv zu bewerten und Studien aus der Perspektive jeglicher anderer Fachrichtung, da »artfremd«, mit besonderem Misstrauen zu behandeln. Von vorurteilsfreiem Zugang kann wohl nicht mehr die Rede sein.

19 Wilhelm von Auvergne kennt die Schrift als *Buch der Reise des Clemens* oder als *Buch des Streites zwischen Petrus und Simon Magus*.

[20] Vgl. Thorndike a. a. O., I, S. 406 f. Casey, Robert: »Simon Magus«, in: *The Beginnings of Christianity*, T. 1: *The Acts of the Apostles*, hg. v. F. J. Foakes Jackson/Kirsopp Lake, London 1933, S. 151–163.

[21] Wesentlich Kocku von Stuckrad: *Das Ringen um die Astrologie. Jüdische und Christliche Beiträge zum antiken Zeitverständnis*, Berlin 2000.

[22] Vgl. *Recognitionen* IV. Buch 26 f.

[23] Der Zusammenhang zwischen Magie und Wissen um die Gifte (= auch die Pharmazie) ist bereits erwähnt worden.

[24] *Recognitionen* X, 53 f.

[25] ibid. II 13–15; III, 44 f.

[26] ibid. II, 7 f.

[27] Grace Frank: *The Medieval French Drama*, Oxford 1952.

[28] Der Flug des Simon hat eine Parallele in Jesu Flug auf die Felsspitze, wobei ihn Dämonen tragen. Daniel 14. Kap., Mt. u. Lk. 4. Kap.

[29] In einer anderen Version ist es die Regierungszeit des Kaisers Claudius.

[30] Kunze, Konrad: »Jacobus a Voragine«, in: *VL*, Bd. 4 Berlin 1983, Sp. 452–455.

[31] MacMullen, Ramsey: *Enemies of the Roman Order*, Cambridge, Mass. 1966, 95 f., 128 f.

[32] Zum Flug vgl. Wolfgang Behringer/Constance Ott-Koptschalijski: *Märchen und Mythen vom Fliegen*, Frankfurt a. M. 1989, 4. Auflage 1992.

[33] Buddhaghosa, Visuddhi – Magga. Übers. v. Nyantiloka, Konstanz 1975, S. 454, zit. n. Strong, John: »Wenn der magische Flug misslingt«, in: *Sehnsucht nach dem Ursprung*, hrsg. v. H. P. Duerr, Frankfurt a. M. 1983, S. 503.

[34] Zitat aus dem Dvyavadana. zit. n. Strong, a. a. O., S. 504.

[35] E. B. Cowell (Hrsg. u. Übers.): *The Jataka of the Buddha's Former Births*, London 1969, Bd. 2, S. 228.

[36] ibid. Bd. 3, S. 189.

[37] Eliade, Mircea: *Yoga, Unsterblichkeit und Freiheit*, Stuttgart 1960, S. 188.

[38] Vgl. Strong, a. a. O.

[39] Diese Stelle wurde später bei Olaus Magnus (III, 18) so umgestaltet, dass nicht Odin, sondern ein Zauberer den Mann durch die Lüfte trägt.

[40] Die Lebensgeschichte des Bischofs wurde im 11. Jahrhundert verfasst. zit. n. Hansen: a. a. O., S. 195, Anm. 1.

[41] *Dialogus Miraculorum* VIII, c. 59; V, c. 56, c. 27; III, c.11.

[42] Vgl. Thorndike I, S. 360 f.

[43] Beyschlag, Karl: *Simon Magus und die christliche Gnosis*, Tübingen 1974; dass es eine gnostische Magie gegeben hat, wird nicht bezweifelt. Vgl. Nilson, a. a. O., Bd. 2, S. 595.

[44] Beyschlag, a. a. O., S. 19 f., 24 f.; ders.: »Zur Simon Magus Frage«, in: *Zeitschrift f. Theologie u. Kirche* 68 (1971), S. 395–426; Quispel, Gilles: »Gnosticism from its Origins to the Middle Ages«, in: *Encyclopedia of Religions*, Bd. 5, S. 568.

[45] Vgl. Thorndike I S. 366 f.

[46] Irenäus: *Adv. haer.* I, S. 23. Vgl. Hinson, Glenn: »Irenaeus«, in: *Encyclopedia of Religion*, Bd. 7, S. 280–283.

[47] Irenäus I, S. 13.

[48] Im Mittelalter als pythagoräische Zahlenmagie bekannt.

[49] *Pistis-Sophia*, übers. v. S. C. Schmidt 1905, S. 255–258; Harnack, A. v.: *Das gnostische Buch Pistis-Sophia*, Leipzig 1891.

[50] Chadwick, Henry: *Priscillian of Avila, The Occult and the Charismatic in the Early Church*, Oxford 1976.

[51] Preisendanz, Karl (Hrsg.): *Papyrici graecae magicae* (Papyrus Paris) I, Leipzig 1929, S. 68.

[52] Vgl. Dölger, Franz Joseph: »Sacramentum infanticidi«, in: *Antike und Christentum*, Bd. 4, S. 198; Henrichs, Albert: »Pagan Ritual and the Alleged Crimes of the Early Christians«, in: *Kyriakon. Fs. Johann Quasten*, hg v. P. Grenfield u. J. A. Jungmann, Bd. I Münster2 1973, S. 18–35.

[53] Vgl. Dölger, ibid. S. 205. Die Legende von der Eselsanbetung ist besonders durch Tacitus, *Historiarum* 5,4 verbreitet worden. Vgl. die Gedanken zur Zauberei in Tacitus Annalen von Francesca Satoro L'hoir: »Unfriendly Persuasion: Seduction and Magic in Tacitus' Annales, in: *Ancient Journeys: A Festschrift in Honor of Eugene Numa Lane*, hg. v. Cathy Callaway, Medford 2002.

[54] Sallust: *De Catilinae coniuratione* 22.

[55] Erinnert eher an die Blutsbrüderschaft. Vgl. Hellmuth, Leopold: *Die germanische Blutsbrüderschaft. Ein typologischer und völkerkundlicher Vergleich* (= WAGAPh 7), Wien 1975.

[56] Vgl. Dölger a. a. O., S. 210.

[57] Luck, Georg, a. a. O., S. 242.

[58] Zusammenstellung der Quellen bei Soldan, W.G/Heppe, H./Bauer, M. (Hrsg.): *Geschichte der Hexenprozesse*, 2 Bde., Hanau 1912, Bd. 1, S. 60 f.

[59] Zit. n. Dölger a. a. O., S. 214.

[60] ibid., S. 215 f.

[61] Vgl. unten S. 100 f.

[62] Schmidt, K.: *Gnostische Schriften in koptischer Sprache aus dem Codex Brucianus*, Leipzig 1892, S. 573 f. zit. n. Dölger a. a. O., S. 221 f.

[63] Dölger ibid., S. 222.

[64] Vgl. Mensching, Gustav: *Das Wunder im Glauben und Aberglauben der Völker*, Leiden 1957; Weinreich, Otto: »Gebet und Wunder,« in: ders.: *Religionsgeschichtliche Studien*, Darmstadt 1968, S. 1–29; Becker, Michael: *Wunder und Wundertäter im frührabbinischen Judentum. Studien zum Phänomen und seiner Überlieferung im Horizont von Magie und Dämonismus*, Tübingen 2002 (= Wissenschaftliche Untersuchungen zum Neuen Testament: Reihe 2).

[65] Trede, Theodor: *Wunderglauben im Heidentum und der alten Kirche*, Gotha 1901, S. 151 f.

[66] Das Wunder war durchaus nicht das einzige Mittel der christlichen Missionare, um Anhänger bzw. politischen Einfluss zu gewinnen. In frühchristlicher Zeit operierte man mit gefälschten Apostelbriefen und anderen religiösen Schriften. Fast alle Mittel waren genehm, um Christus Anhänger zu gewinnen. Vgl. Trede, a. a. O., S. 152.

[67] *Summa theol.* I, 110,4. Deutsche Thomas-Ausgabe Bd. 8, S. 162.

[68] *De Civitate Dei*, XXI, 8; Albertus Magnus: *Summa theol.* II, 30–31.

[69] *Summa Theol.* I, 105, 7. Deutsche Thomas-Ausgabe Bd. 8, S. 68.

[70] Vgl. Abrahamse, D. de: »Magic and Sorcery in the Hagiography of the Middle Byzantine Period«, in: *Byzantinische Forschungen* VII 1982, S. 3–17.

[71] Vgl. Peterson, Erik: »Einige Beobachtungen zu den Anfängen der christlichen Askese«, in: *Frühkirche, Judentum und Gnosis*, Freiburg 1959, S. 205–221.

[72] Klaniczay, Gabor: *Heilige, Hexen, Vampire. Vom Nutzen des Übernatürlichen*, Berlin 1990, S. 22.

[73] Gregor von Tours hatte mit einem gewissen Desiderius zu tun, der Blinde und Kranke heilte und sich über den hl. Martin und sogar die Apostel stellte. Vgl. Gurjewitsch, Aaron: *Mittelalterliche Volkskultur*, München 1989, S. 101.

[74] Fritz Graf bestreitet entschieden, dass der Puppenzauber den Sympathieglauben als Hintergrund habe. Der von Frazer eingeführte Begriff treffe nicht den antiken Sachverhalt. Vgl. Fritz Graf: a. a. O., S. 131 f.

[75] Vgl. die maßgebliche Studie zu Reliquien von Arnold Angenendt: *Heilige und Reliquien. Die Geschichte ihres Kultes vom frühen Christentum bis zur Gegenwart*, München 1994.

[76] Dass Frauen sich von diesen Wundertätern anscheinend leichter in den Bann haben schlagen lassen, wird immer wieder betont.

[77] Gregor von Tours: *Zehn Bücher Geschichten*, Berlin 1967, Bd. 9, Nr. 6.

[78] ibid. S. 13; zu selbstspielenden magischen Instrumenten vgl. die Motiv-Nummer bei Stith Thompson, »Motiv Index«: D1600. Automata vgl. unten S. 200 f.

[79] Bieler, L.: »Hagiography and Romance in Medieval Ireland«, in: *Mediaevalia et Humanistica*, N. S. 6, 1985, S. 13–24.

[80] Vgl. Gurjewitsch, a. a. O., S. 76.

[81] ibid., 77 f.

[82] Satan = Herr der Fliegen nach Bal Sebub.

[83] Ein Zug, der auch mit dem in den *Chansons de Geste* dargestellten Typus des Zauberers zusammentrifft. Siehe unten S. 307 f.

[84] Gregor von Tours: *Geschichten*, 10, 25.

[85] Der Missionar Winifried, der Apostel der Deutschen, um 675 in England geboren, berichtet über die Umtriebe des Adelbert. Vgl. Gurjewitsch, S. 108 f.

[86] ibid., S. 120.

[87] ibid., S. 124.

III. Die Zauberei und die Kirche

Die Meinung der Theologen

Besonders die Meinungen dreier Theologen will ich herausgreifen, welche nicht nur das mittelalterliche Denken entscheidend geformt, sondern auch die Theologie späterer Epochen nachhaltig beeinflusst haben: Augustinus, Isidor von Sevilla und Thomas von Aquin.

Augustinus'[1] (354–430) berühmte Schrift *Die Stadt Gottes* kann als Ausdruck des Übergangs vom spätantiken zum mittelalterlichen Denken gelten. Die Zaubereifrage nimmt einen breiten Raum ein, ebenso die Dämonen und der Standort der Astrologie.

Er beginnt seinen Traktat, wie andere Kirchenlehrer vor ihm, mit der Verteidigung Jesu gegen die Zaubereiverleumdung, wobei er interessanterweise sogar einige, Jesus und auch den Aposteln Petrus und Paulus zugeschriebene Zauberbücher erwähnt. Seine Verteidigung fußt traditionell auf dem Kriterium der Wunder, die Jesus aus der Kraft Gottes und nicht auf Grund von Magiestudien (sic!) vollbracht habe.

Für Augustinus war die Magie ohne Abstriche eine verdammenswerte Kunst, dennoch aber eine erlernbare; an einer Stelle definiert er sie sogar als pervertierte Wissenschaft.[2]

Die Theurgie hebt er davon etwas ab.[3] Der Goetie widmen sich die Malefici, die mit Dämonen arbeiten. Auch die Theurgen sitzen den Betrügereien der Dämonen auf, da sich diese auch als »Engel« verkleiden.[4] Ebenso wie Origines betrachtet er Ursprung und Erfolg der Magie als Einfluss und Einwirkung von dämonischen Kräften. Er weiß auch um die jedem Dämon zugeschriebene Formel, die ihn herbeirufen kann, um ihre geheimen Namen, Steine, Amulette und andere mit ihnen verbundene Gegenstände. Die Dämonen selbst hätten ihren Beschwörern vorab enthüllt, wie man sie herbeizwingen könne. Deshalb gesteht er den Magiern auch zu, weit größere Wunder als die Heiligen wirken zu können. Die Wunder, welche die Ketzer vollbrächten, wären ebenso wie die der Magier auf Abkommen mit den Dämonen zurückzuführen. Besonders hat ihn in diesem Zusammenhang die Totenbeschwörung der »Hexe von Endor« (1 Sam 28, 7–25) interessiert, die er ebenfalls als betrügerische Aktion der Dämonen ansieht. Deshalb bestreitet er auch, dass wirklich der Geist des Samuel erschienen sei.

Augustinus hat also zwei für den weiteren Verlauf der Magiediskussion im Mittelalter sehr wichtige Grundsätze formuliert:

1. Magie ist überhaupt nur auf Grund dämonischer Hilfe, mit der Erlaubnis Gottes, möglich.[5]
2. Alle Zauberhandlungen beruhen auf einem Vertrag zwischen Magier und Dämon.[6]

Dem Dämonenpakt werde ich mich weiter unten im Detail zuwenden. Jetzt noch zu einer weiteren, bereits bei Augustinus erwähnten Vorstellung, die immer wieder als Attribut der Magier galt und dann später auch auf die Hexen übertragen wurde: Die Kunst der Verwandlung von Menschen in Tiere. Augustinus hält sowohl den Bericht des Odysseus über die Circe (Kirke), als auch ihm aus dem Volksglauben vertraute Vorstellungen von Werwölfen für baren Unsinn.[7] Dennoch weist er an einer anderen Stelle das Gerücht von einem Wirtshaus, das seine Gäste mit verzaubertem Käse in Esel verwandelt hat, um so billig zu Lasttieren zu gelangen, nicht ganz von der Hand. Als Erklärung dieser Verwandlung zieht er die ja tatsächlich oft mit der Tierverwandlung verbundene Vorstellung vom in Trance und Schlaf befindlichen Körper heran, während die Seele eine Reise unternimmt. Die Tiergestalten, die dann umgehen, wären eben keine richtigen Tiere, da die Dämonen eine optische Täuschung vollbringen und man somit zwar reale Lasten vor sich habe, aber keine realen Lasttiere.[8]

Die Zauberkünste der Magier des Pharao erklärte er so, dass diese tatsächlich Schlangen herstellen konnten, da die Samen der realen Dinge in den Elementen verborgen, aber den Dämonen zugänglich sind. So können die Magier zwar nicht Tiere erschaffen – das kann nur Gott allein –, aber mit Hilfe der Dämonen die Samen zur Entwicklung bringen.[9]

Eine dritte, gegen Ausgang des Mittelalters besonders brisante Vorstellung hat Augustinus ebenfalls zur Sprache gebracht: die Möglichkeit der geschlechtlichen Vereinigung von Dämonen und menschlichen Wesen. Diese Vorstellung war ihm als Vereinigung von Göttern mit Menschen aus der Antike vertraut. Da ihm die antiken Götter als dämonische Wesen galten, konnte er Analogien setzen.

Bischof Isidor von Sevilla (ca. 560–636) war der erste Gelehrte, der nach der Völkerwanderungszeit an Augustinus und Cassiodor anschloss. Sein Hauptwerk *Etymologiae*, ein Kompendium des Wissens seiner Zeit, war für das Mittelalter von wesentlicher Bedeutung. Das enzyklopädische Werk galt vielfach bis in die Renaissance als Standardwerk.

Die *Etymologie* ist wie ein Wörterbuch alphabetisch geordnet; hier interessiert besonders das Kapitel über Magie und Magier bzw. über Kirche und Ketzer. Bei seiner Definition bezog Isidor sich in erster Linie auf Augustinus, aber auch auf Tertullian und Hieronymus. Der Traktat über die Magie beginnt mit ihrer Geschichte und Begründung durch Zoroaster und Demokrit, nennt auch Beispiele wie Circe (Kirke) und andere. Isidor unterscheidet weder zwischen Mantik[10] und Magie noch macht er einen Unterschied zu den persischen Magi, er betrachtet sie ausnahmslos als Verbrecher.[11]

Unter die Wahrsager fallen die *arioli, aruspices, auguri* und *pythones. Sortilegi* sind solche, »welche die Wissenschaft von der Wahrsagerei unter dem Deckmantel der Religion auf Grund von bestimmten Mitteln wie sortes sanctorum [betreiben] und vorhersagen durch Einsehen bestimmter Schriften«.[12]

Sortes Sanctorum, hier mit Buchlosen identifiziert, geht nach Harmening eher auf heidnische Gewohnheiten des Losens mit Stäben zurück.[13]

Bei den *Salsitores* handelt es sich um Wahrsagen auf Grund von Gliederzucken.[14] Der Vielfalt der Amulette und Ligaturen[15] widmet er ebenfalls noch einen Abschnitt.

Isidors Einfluss auf die mittelalterlichen Vorstellungen kann nicht genug betont werden. Hrabanus Maurus (784–856) übernahm ihn fast wörtlich in seiner Schrift *De consanguineorum nuptiis et de magorum praestigiis falsique divinationibus tractatus*, weiters rezipierten ihn Burkhard von Worms, Ivo von Chartres (gest. 1115), Hinkmar von Reims und andere. Für Gratians Dekret, eine der

Grundlagen der kanonischen Rechtsbildung, waren seine Definitionen von besonderer Wichtigkeit.

Thomas von Aquin, der weniger geniale, aber dafür dogmatischere Schüler des Albertus Magnus – er besaß nicht dessen offenen und originellen Geist –, hatte als Theologe einen ungleich verhängnisvolleren Einfluss, ganz besonders in Bezug auf die Zaubereifrage.

Seine Unterscheidung »Wunder« und »magische Erscheinung« steht klar in der Tradition des Augustinus. Als Weiterentwicklung bringt er in die Wunderdiskussion ein, dass es sich bei gewissen Phänomenen der Natur (vom Volk als Wunder verstanden) nicht um ein Wunder Gottes handelt, sondern um Vorgänge, die von der Wissenschaft erklärt werden können. Die von Dämonen verursachten Wunder sind niemals Aufhebung von Naturordnungen, sondern Kunst(fertigkeiten). Thomas leugnete die Existenz von Personen mit magischer Begabung, denn es seien immer die Dämonen, welche die magische Operation vollbringen. Die Beschwörungen, Geheimnamen, Amulette etc. hätten lediglich Signalcharakter für die Dämonen, die den Magier letztendlich nur betrügen. »Es ist unwahr, dass die magischen Künste Wissenschaften sind, sondern sie sind als Betrügereien der Dämonen zu verstehen.«[16]

Ebenso wäre es ein Irrtum zu glauben, jemand könne durch Fasten, Gebete zu Gott, geheime Worte u. a. Wissen erlangen, denn die Dämonen sind keinesfalls imstande, den Geist zu erleuchten, obschon sie oberflächliche Kenntnis der Wissenschaft zu haben scheinen.[17] Magier sind prinzipiell als Verbrecher anzusehen, die Ehebruch, Mord und Diebstahl begehen, weshalb man sie auch Malefici nennt.

Obwohl Thomas der Magie den Wissenschaftscharakter fast gänzlich abzusprechen versucht, muss er doch zugeben, dass einige seiner Zeitgenossen davon überzeugt waren.

Großen Anteil spricht man ihm in Fachkreisen in Bezug auf die Entwicklung des Hexereibegriffes zu. Thomas muss »als derjenige bezeichnet werden, der am meisten zur Festsetzung dieses Wahnwitzes beigetragen hat.«[18]

Er selbst glaubte sehr wohl an *Impotentia ex malefico*, ein heißes Eisen im Mittelalter (vgl. S. 121 f.), und verdammte jene, die sie als

Hirngespinst abtun wollten. Das wäre für ihn gleichbedeutend mit der Ableugnung von Dämonen gewesen, die die Basis all seiner Erklärungsmodelle bildeten.

Die Wahrsagerei verdammte er ebenso als Dämonenwerk und bemühte sich krampfhaft, sie von den Prophezeiungen der Heiligen zu unterscheiden.[19]

Aber es gab nicht gar so wenige, welche in den Chor der Zauberverdammung nicht miteinstimmten. Wilhelm von Paris z. B., besser bekannt als Wilhelm von Auvergne, empfand alle diese Geschichten von Zauberern und ihren dämonischen Helfern als lächerliche Angstmacherei. Er betont, dass jeder Magier, besäße er auch nur einen Bruchteil der ihm zugeschriebenen Fähigkeiten, die ganze Welt beherrschen könne. Er glaubt weder an Liebeszauber in Form von Liebestränken oder Wachspuppen (vgl. S. 249 f.) noch an Todeszauber. Andere Vorstellungen wie das »Wilde Heer« z. B. erklärt er für Traumgebilde und Visionen.[20] Obwohl er all diese Vorstellungen abgelehnt hat, ist er anscheinend öfter damit konfrontiert worden, da er detaillierte Beschreibungen für das Anlegen von magischen Kreisen, entsprechende Beschwörungsformeln etc. überliefert und auch die Techniken des Einschließens von Dämonen in Gegenstände, um sie so dienstbar zu machen, beschreibt.[21]

Die Zauberei der Priester

Die Geistlichen, als offiziell eingesetzte Exorzisten[22] und Dämonenbeschwörer, bewegten sich in Bereichen, die den magischen ähnelten bzw. betrieben eigentlich Abwehrzauber, wenn sie sich gegen magische Operationen wandten.

Die jüdischen Theologen hatten lange Zeit diskutiert, ob die heidnischen Götter Ausgeburten der menschlichen Fantasie oder reale Wesen, also Dämonen, seien. Die letztere Ansicht setzte sich durch und wurde von den Kirchenvätern übernommen. Die fremden Götternamen deutete man als Dämonennamen, z. B. wurde der Bel oder Baal Sebub der Chaldäer zum Oberteufel Beelzebub der Juden und Christen. Die Aufgabe der Dämonen besteht darin, die Menschen zu verführen und zum Abfall vom Glauben zu überreden. Das gelingt ihnen vielfach durch ihre Wahrsagereien und andere Zaubereien. Lactantius, der bis zum Anfang des 4. Jahrhunderts lebte, ist genau über ihre Aktivitäten unterrichtet:

> Das Streben der Dämonen und unreinen Geister zielt darauf ab, das Reich Gottes zu vernichten und den Menschen zu schaden. Zu dem Zweck haben sie durch scheinbare Wunder und durch Orakel den Menschen den Wahnsinn eingegeben, sie seien Götter; so haben sie das Heidentum mit seiner Mythologie und seinem Kultus geschaffen, sie sind ebenfalls die Ursache der Magie, Nekromantie, Haruspicien, Auguralkunst und Astrologie. Außerdem richten sie in jeder möglichen Weise Verderben an; doch braucht ein Christ sich nicht vor ihnen zu fürchten, während der Teufel und seine Dämonen in beständiger Furcht vor dem Christen leben müssen. Denn ein Christ kann sie nicht nur überall austreiben, sondern sie auch zwingen, ihre Namen zu nennen und einzugestehen, dass sie keine Götter seien, ob sie gleich in Tempeln verehrt werden.[23]

Die Grenze zwischen Dämonenbanner und Dämonenbeschwörer mag manchen Priestern fließend erschienen sein. Oft überschritten sie wohl selbst die offiziell gesetzte Grenze: Wer gesundbeten konnte, war auch imstande, vom Leben zum Tode zu bringen. Diese Verschwommenheit der Kompetenzbereiche, wohl u. a. in der Ähnlichkeit derselben begründet, führte zu strengen Erlassen der Bischöfe. Diese hatten bei ihren Visitationen immer wieder feststellen müssen, wie karg es mit der Bildung der Priester in theologischen Fragen bestellt war.[24] Daher erstaunt es nicht, dass im ganzen Mittelalter das Engagement der Kleriker in den magischen Künsten (ob nachgesagt oder tatsächlich) als außerordentlich bezeichnet werden muss.[25] Die Art und Weise der Praxis der magischen Künste war sicherlich genauso vielfältig wie diese Künste selbst und ebenso von dem jeweiligen Bildungsstand des Praktizierenden abhängig. Den einfachen Gemütern mag die Beschäftigung mit fremdsprachigen Texten (z. B. arabisch, hebräisch), mechanischen Künsten, Mathematik etc. als Synonym für magische Praxis gegolten haben.

Die Zauberei der Päpste

Eine aus dem Bildungsstand seiner Zeit herausragende Figur war sicherlich Gerbert von Aurillac[26], der spätere Papst Sylvester II. Die historische Persönlichkeit ist schwer fassbar, da selbst die geschichtlichen Quellen vom Gewirr der Legenden und Sagen dermaßen durchdrungen sind, dass der historische Gerbert fast ganz in den Hintergrund tritt. Die Wirkung auf seine Zeitgenossen und die Nachwelt war vielfältig. Die florierenden Geschichten vom »Teufelspapst« sprechen gerade in ihrer Übertreibung von seinen außerordentlichen Fähigkeiten.

Um 950 in der Auvergne geboren[27], verbrachte Gerbert seine Schulzeit im Kloster zu Aurillac. Als er 968 im Gefolge des Grafen von Borell nach Spanien reiste, konnte er sich in Mathematik, Musiktheorie und Astronomie fundierte Kenntnisse erwerben. Die Sage deutet gerade jene Kontakte mit der arabischen Kultur in Spanien in Bezug auf die berüchtigten sarazenischen Magieschulen. Seine Beschäftigung mit der Naturwissenschaft machte ihm Papst Johannes XIII. geneigt, den er 970 in Rom aufsuchte. Die Sympathie des Papstes und des Kaisers brachte ihm die Berufung an die Hofschule Ottos des Großen und die Leitung der Reimser Stiftsschule ein. Sein Hauptaugenmerk legte er im Unterricht auf die Rezeption der lateinischen Schriftsteller.

Er entwickelte eine Rechentafel, einen Abacus, der zum Staunen aller bisher schwierige Rechenaufgaben schnell lösen konnte. Vorstellbar ist, dass diese Kenntnisse, die sogar bei den eigenen Schülern oft Unverständnis hervorriefen, das einfache Volk an Wunder bzw. Teufelswerk glauben ließen. In einem Gedicht des 12. Jahrhunderts heißt es, »der Teufel habe ihn die Kunst gelehrt, welche Abacus heißt«.

Als Lehrer des späteren König Robert, dann als Kanzler und Archivar des Reimser Erzbischofs Adalbero, konnte er auch politisch-diplomatische Fähigkeiten erwerben. Seine Meisterschaft in der Rhetorik stellte er am Hofe Ottos in Ravenna unter Beweis, der ihm die Abtei Bobbio (983) verlieh. Einen Rückschlag in seiner Laufbahn bedeutet der Tod des Kaisers, denn er konnte am Hof des Nachfolgers, Ottos III., 13 Jahre lang nicht Fuß fassen. Er blieb in Reims und wurde auf der Synode von Verzy zum Erzbischof gewählt, sehr zum Verdruss des Karolingers Arnulf, den der Papst favorisierte. In einer Rede übte Gerbert scharfe Kritik an den Päpsten seiner Zeit, was ihm sicherlich viele Feindschaften eingebracht hat. Als ein Verwandter Ottos III., Gregor V., Papst wurde, besserte sich seine Lage, da er dessen Anerkennung zu erringen vermochte. Otto III. berief ihn zu sich als Erzbischof von Ravenna (999).

Nach Gregors Tod wählte die Kurie ihn zu dessen Nachfolger, er nannte sich Sylvester II.

Der Kaiser starb 1002 und Sylvester überlebte ihn nur etwas über ein Jahr (1003). Seine Grabstätte befindet sich in der Kirche San Giovanni im Lateran, später ließ Sergius IV. einen Grabstein aufsetzen, der noch heute erhalten ist. Der Spruch auf dem Grabstein gab zu unterschiedlichen Interpretationen Anlass, die sich in die bald einsetzende Legende einfügen ließen:

> Iste locus mundi Silvestri membra sepulti
> venturo domino conferet ad sonitum.

Das heißt sinngemäß: Dieser irdische Platz (diese Stätte) wird die begrabenen Glieder Silvesters bei der Ankunft des Herrn, wenn die Gebeine (der Toten) sich regen, zurückgeben. Dieses Regen der Gebeine, auch mit Rauschen zu übersetzen, wurde (in Anlehnung an eine Ezechielstelle) als Beginn der Wiederauferstehung der Toten angesehen. Das Rasseln bzw. Rauschen der Knochen gab Anlass zu vielerlei Gerüchten, die unter anderem auf seine französische Herkunft Bezug nahmen. Es schien vielen verdächtig, dass ein Franzose in so kurzer Zeit Papst werden konnte und auf den Kaiser durch seine wissenschaftlichen Kenntnisse Einfluss zu gewinnen vermochte.

Bald kursierten Gerüchte über seinen gewaltsamen Tod, welcher vielen als himmlische Strafe für seine schwarzen Künste erschien. Die Sagen von seiner schrecklichen Todesart sind von einigen Forschern als Verwechslung mit anderen Päpsten interpretiert worden, da sich ähnliche Geschichten in Biografien anderer Päpste nachweisen lassen.[28]

William von Malmesbury z. B. berichtet von Gerberts unerhörten Verbrechen, die eine entsetzliche Strafe gerechtfertigt erscheinen lassen. Nachgewiesenermaßen hat er Gerbert mit Johannes XVI., der als Gegenpapst in Rom verurteilt und bestraft wurde (Gerbert hat diese Verurteilung und Strafe möglicherweise sogar selbst miterlebt, da er zu dieser Zeit in Rom weilte), verwechselt. Gerberts tatsächlichen Todestag, 12. Mai 1003, verlegt die Sage in die Fastenzeit, da auch Johannes XVI. 998 zu dieser Zeit mit der Verstümmelung bestraft worden war.

Diese Indizien – seine hervorragenden Kenntnisse, sein politischer Einfluss und der gewaltsame Tod – ließen leicht den Schluss zu, dass hier der Böse im Spiel gewesen wäre. Es lag deshalb nahe, ihm einen Teufelsbund zuzuschreiben, da er alles erreicht hatte, was man gemeinhin als menschenunmöglich betrachtete.

In seiner vor 1098 verfassten Schrift *Vita et Gesta Hildebrandi* beschuldigt Kardinal Benno diesen der Teufelskunst, welche er von Benedikt IX. gelernt habe, dessen Lehrer wiederum Gerbert gewesen sei. Benno erwähnt in Zusammenhang mit Gerbert auch die Sage von der Prophezeiung eines dämonischen Helfers, dass er so lange nicht sterben werde, bis er nicht die Messe in Jerusalem lese. Der Papst dachte dabei an die Stadt Jerusalem und nicht an die kleine römische Kirche mit diesem Namen. Dieser Umstand löste sein Verhängnis aus, denn als er eines Tages in dieser Kirche die Messe zelebrierte, kam ihn der Teufel holen. In seiner Seelenpein bat er, ihn zu verstümmeln, um so mit dem Verlust der Glieder zu sühnen, mit denen er den Dämonen gedient hatte.

In mehreren Legenden spielt diese missverständliche Prophezeiung im Zusammenhang mit der Kirche von St. Jerusalem eine entscheidende Rolle. William von Malmesbury berichtet in seiner Geschichte der englischen Könige noch Folgendes über Gerbert:

> Er war im Kloster Fleury herangewachsen und floh von da aus Überdruss am Mönchsleben oder aus Ruhmbegierde nach Spanien, hauptsächlich, um Astrologie und die übrigen Künste der Art von Sarazenen zu lernen. Ihre Hauptstadt ist Hispalis, welches sie gewöhnlich Sibilia (Sevilla) nennen, und nach der Sitte ihres Volkes geben sie sich viel mit Weissagungen und Beschwörungen ab. Bei ihnen lernte Gerbert von der Kunst, in den Sternen zu lesen, mehr als alle Gelehrten vor ihm; dort erfuhr er, wie man den Gesang und Flug der Vögel deuten […] und wie man Schatten aus der Unterwelt heraufbeschwö-

ren kann, d. h. also das, was man eigentlich unter Nekromantie versteht. Auch in den erlaubten Künsten, der eigentlichen Mathematik, übertraf er alle andern Größen der Vorzeit, den Sarazenen entriss er den Abacus [...]. Er wohnte bei einem Philosophen [...] und wusste ihn durch Geld und Versprechungen zu gewinnen. Dieser war nicht abgeneigt, ihm sein Wissen zu verkaufen [...] Nur ein Buch, welches die ganze Lehre enthielt, konnte ihm Gerbert durchaus nicht entlocken [...] Darum schließt er mit der Tochter seines Wirtes Freundschaft und macht ihn mit ihrer Hilfe betrunken.[29]

Es kommt wie erwartet, Gerbert stiehlt das Zauberbuch und entflieht. Als der Philosoph beim Aufwachen das Buch vermisst, setzt er dem Flüchtigen nach, dessen Fluchtweg er aus den Sternen liest. Doch auch Gerbert weiß aus der Stellung der Sterne, dass ihm sein Verfolger auf den Fersen ist. Er verbirgt sich unter einer hölzernen Brücke, an der er sich fest anklammert. Da er weder Wasser noch Erde berührt, kann ihn der Verfolger nicht aufspüren. Aus Angst schwört er dem Teufel einen Treueid, wenn ihn dieser rette. Tatsächlich gelingt es ihm, seinen Verfolger endgültig abzuschütteln und in seine Heimat zu gelangen. Danach klettert er die Karriereleiter stetig voran, da ihm der Teufel alle seine Wünsche erfüllt. Sogar die geheimnisumwitterten Schätze des Oktavian am Marsfeld vermag er zu heben.[30] Williams Erwähnung eines geheimnisvollen Bronzehaupts, welches Gerbert zur Zukunftsschau zurate zog, ist der erste derartige Beleg in der Sylvesterlegendenüberlieferung. Dieses mit »Ja« oder »Nein« antwortende Haupt Gerberts steht in der alten Tradition der sprechenden Köpfe, wie sie uns vielfach in Götter- und Heldenerzählungen begegnen. Es sei hier nur an Mimirs Haupt in der germanischen und an Brans Kopf[31] in der altirischen Literatur erinnert. (Weiter unten werde ich noch ausführlich auf diese sprechenden Köpfe im Mittelalter eingehen.)

Mit dem historisch unsicheren Spanienaufenthalt Gerberts bringt Alberich von Trois Fontaines das Teufelsbündnis in Zusammenhang.

Walter Map, der sich als Gesandter des englischen Königs wiederholt in Rom aufgehalten hat, berichtet von Gerbert als einem burgundischen Adeligen von hervorragendem Wissen. Dieser habe sich in die Tochter eines Reimser Bürgers verliebt, die ihn jedoch verschmäht. Seiner Leidenschaft wird er mit Zaubermitteln Herr, welche ihn aber völlig in Apathie fallen lassen. Als er eines Tages um die Mittagsstunde ausgeht, begegnet er im Wald einer schönen Dame, die ihm große Reichtümer offeriert, sollte er von der Bürgerstochter ablassen. Sie nennt sich Meridiana[32] (also Mittag), schenkt ihm Reichtum, auch ihre Liebe und berät ihn in allen Dingen. Die Bürgerstochter entbrennt plötzlich in Leidenschaft zu Gerbert und setzt so lange ihre Verführungskünste ein, bis er eines Tages nachgibt. Er bittet Meridiana um Verzeihung, was sie ihm nur unter der Bedingung eines förmlichen Treueides gewährt. Mit ihrer Hilfe erlangt er auch die Papstwürde. Am Ende seines Lebens besucht ihn Meridiana und teilt ihm mit, dass seine Lebenszeit nun zu Ende sei. Ihn packt die Reue, er bekennt öffentlich seine Verfehlungen, empfängt demütig die schwere Buße und stirbt als guter Christ.

Eine andere Motivierung bzw. Erklärung des Dämonenbundes[33] hat Jans Enikel in seiner *Weltchronik*[34] hinterlassen. Er zeichnet Gerbert als passionierten Würfelspieler, der sich um des Reichtums willen (der Teufel lässt ihn immer gewinnen) dem Teufel verschrieb. Enikel weiß von einem Zauberkreis, von dem aus Gerbert den Teufel beschworen hat. Dieser verspricht ihm das Papsttum, aber warnt ihn auch davor, in Jerusalem die Messe zu feiern, da sonst seine Seele verwirkt wäre. Besonders drastisch, ja nahezu grotesk malt er den Tod des Gerbert in der Kirche von St. Jerusalem aus: Die Dämonen hacken ihm die Glieder ab, zerreißen ihn, und vor den Augen der entsetzten Gemeinde spielen sie mit seinen Augen Murmeln.

Am Ende des 12. Jahrhunderts scheint Gerbert als Zauberer »etabliert« gewesen zu sein, wie ein Spruch Walthers beweist:

> Der stuol ze Rôme ist allerêrst berihtet rehte,
> als hievor bî einem zouberaere Gêrbrehte
> derselbe gap ze valle wa sîn eines leben
> sô wil sich dirre und al die kristenheit ze valle geben.[35] (L. 33, 21)

Der als Martin von Troppau[36] bekannte Autor verfasste 1270 eine Chronik, in der er die Verstümmelungsgeschichte mit der Lage des Grabes im Lateran verbindet. Gerbert gibt nach der Verstümmelung den Befehl, ihn auf einen Wagen legen zu lassen und dort, wo die Zugtiere halten, zu begraben. Diese halten beim Lateran. Den eingangs erwähnten Grabspruch mit dem Rauschen der Gebeine deutet der Autor als Zeichen, dass Gerbert Gnade vor Gott gefunden habe.

Dietrich von Niem[37] (um 1390) gibt als Grund für die Verunglimpfung Gerberts an, dass die Römer aus Hass den französischen Papst als Teufelsdiener und Magier hingestellt hätten.

Sylvester war nicht der einzige Papst, dem ein Nahverhältnis zur Zauberei nachgesagt wurde. Die Legendenbildung setzte allerdings erst ungefähr hundert Jahre nach seinem Tod ein, während die Päpste Gregor XII. und Benedikt XIII. sich tatsächlich vor dem Konzil von Pisa 1409 verantworten mussten. Unter den 37 Anklagepunkten wog die Zaubereianklage durchaus nicht leicht.

Gregor XII.[38] legte man die Konsultation eines jüdischen Arztes zur Last, welcher auch Wahrsagerei betrieben habe, da er ihn um seine Zukunft als Papst befragt haben soll. Benedikt wiederum bezichtigte man, Nekromanten und Wahrsager beschäftigt zu haben. Diese Aussage bezog sich vor allem auf seinen Berater Francisco Aranda, der im Rufe stand, ein Zauberer zu sein, in die Zukunft blicken zu können und sich alchemistischen Studien hinzugeben. Sein Diener war als Dämonenbeschwörer verrufen.

Ein Bischof aus dem Kreise Benedikts war ebenfalls von einem Erzpriester von Poitiers beschuldigt worden, er lehre den Papst die Kunst der Dämonenbeschwörung. Wahrscheinlich ist, dass der erwähnte Bischof auf Grund seiner Beschäftigung mit den Prophezeiungen des Abtes Joachim[39] in diesen Ruf kam. Für seine weit weniger gebildeten Beschuldiger mag das Hantieren mit Schriften wohl gleichbedeutend mit teuflischer Kunst gewesen sein.

Die Legende weiß über Benedikt, dass er ebenso wie Gerbert nekromantische Bücher besessen und verwendet haben soll[40], eines davon habe er bei den Sarazenen auszuforschen versucht. Als Zeugnis zog man den Bericht des Generalpriors des Ordens vom hl. Joseph von Jerusalem, Walter Crassus, heran, der mit einem Studenten nach Avignon reiste. Der Student erzählte ihm, dass er für den Papst ein von einem Juden zusammengestelltes Buch in Bologna besorgt habe, welches er zweimal kopiert und ein Exemplar behalten habe. Auf die Frage, was denn der Inhalt dieses ominösen Buches gewesen sei, antwortet der Student, es sei ein Buch über Magie und beweise, dass Christus seine Wunder mit Nekromantie vollbracht habe.

Diese angebliche Vorliebe für Zauberbücher ließ Benedikt seinen Zeitgenossen bereits zu seinen Lebzeiten suspekt erscheinen, und die Nachwelt unterschob ihm, eine ganze Sammlung von magischen Büchern besessen zu haben, wie z. B. den Schlüssel Salomons (vgl. S. 248).

Salomon galt in der Antike und auch im Mittelalter als der weiseste aller Männer, als Wundertäter ist er in der orientalischen Literatur bekannt. Daher ist es nicht verwunderlich, dass er als Autor von magischen Schriften verschiedentlich Erwähnung findet. William von Auvergne schreibt ihm z. B. das *Liber sacratus* zu, auch als *Schwurbuch des Honorius* bekannt.

> This is the book by which one can see god in this life. This is the book, by which anyone can be saved and led beyond a doubt to life external. This is the book by which one can see hell and purgatory without death. This is the book by which every creature can be subjected except the 9 orders angels. This is the book by which all science can be learned.[41]

Aristoteles, im Mittelalter als Inbegriff des Weisen verehrt, nannte man ebenfalls als Verfasser von Zauberbüchern, und eines davon, das man im Besitz des Papstes vermutete, trug den bezeichnenden Titel *Der Tod der Seele*. In seinem Werk *Speculum astronomiae* nennt Albertus Magnus dieses Buch das schlimmste von allen, ebenso Roger Bacon, der zwar den Titel nennt, aber nicht Aristoteles als Verfasser angibt.

Ein anderer Zeuge weiß zu erzählen, dass der Papst mit einem gewissen Zauberbuch mit Namen *Yeezael*[42] unter dem Kopfkissen geschlafen habe, um die Zukunft voraussagen zu können.[43]

Dieses Gleichsetzen von wirkkräftigem Buchinhalt mit dem Buch selbst (pars pro toto), also ein Ausdehnen der Wirkkraft auf das Ding als Ganzes zusammen mit einer Verdinglichung derselben, wird uns noch in Zusammenhang mit der Verwendung der Bibel in der Zauberei beschäftigen.

Keines dieser Bücher hat sich tatsächlich im Besitz Benedikts befunden. Allerdings besaß er einige astrologische Werke und Schriften des Joachim von Fiore. Dass er an die Macht des Maleficiums geglaubt hat, beweisen seine drastischen Maßnahmen, mit welchen er eine Zaubereiverschwörung gegen ihn bestrafte, und zeigt sein Verfahren gegen den Versuch, ihn mittels eines Todeszaubers zu beseitigen (1406). Er soll einen »Doppelagenten« unter den Verschwörern angeworben haben, der ihm von den Zaubereien seiner Gegner berichtete. Er konnte sie außerdem überreden, ihre tödlichen magischen Kreise nur in der Provence zu ziehen und nirgends sonst.[44] Außerdem weiß ein Zeitgenosse, dass er in einem Behälter zwei Dämonen eingeschlossen hatte, die er um Rat fragen konnte.[45] Bei dem erwähnten Konzil zu Pisa (1409) wurde man nicht müde, ihm all diese von ihm selbst verfolgten und bestraften Fähigkeiten zuzuschreiben, wie Zukunftsschau, Wetterzauber etc.

Johannes XXII. beschuldigte seine Feinde des Öfteren der Zauberei. Nicht lange nach seiner Einsetzung ließ er einen Arzt und verschiedene Kleriker foltern und hinrichten, die er der Dämonenbeschwörung beschuldigt und überführt hatte. Sie hätten Wachsmodelle[46] hergestellt und auf seinen Namen taufen lassen, in Spiegel eingeschlossene Dämonen um Rat gefragt. Unter der Folter gestanden die Angeklagten, worauf man sie nach dem Prozess (1318) hinrichtete.[47]

Bei der Auseinandersetzung Bonifaz' VIII. mit Philipp IV. von Frankreich tat sich der bereits aus dem Templerprozess berüchtigte Nogaret[48] hervor. Anlass für seine Anklage war die Forderung nach Steuereintreibung bei den Priestern, zu der der Papst zu einem äußerst ungünstigen Zeitpunkt, der Zeit des Kriegs zwischen England und Frankreich, aufrief. Der Vertraute Philipps des Schönen, Nogaret, klagte den Papst vor den Bischöfen der Häresie an (1301) und forderte die Einberufung eines Konzils, das sich mit dem Fall befassen sollte. Nogaret überfiel den Papst auf seinem Landsitz zusammen mit den mit dem König alliierten Colonnas und setzte ihn allen möglichen Torturen aus. Der Papst starb an den Folgen dieser Grausamkeiten, worauf Nogaret die Flucht ergriff. Der neue Papst, Benedikt XI., exkommunizierte Nogaret und jene seiner Getreuen, die an den skandalösen Vorfällen gegen den alten Papst beteiligt waren. Allerdings starb auch Benedikt bald darauf und der von Nogaret und Philipp unterstützte Papst Clemens V. trat die Nachfolge in Avignon an. Philipp forderte die Aufhebung der von Bonifaz gegen ihn verhängten Bulle und Nogaret die der Exkommunikation, was der neue Papst bereitwillig gewährte, ja sogar so weit ging, Bonifaz für illegitim zu erklären.

Die von Nogaret noch zu Lebzeiten des Papstes Bonifaz verfasste Anklageschrift enthielt ungeheuerliche Anschuldigungen. Besonders ein Punkt erscheint in unserem Zusammenhang von Interesse. Es heißt, er habe in den Kirchen Silberstatuen[49] mit dem Aussehen seiner Person aufstellen lassen, um die Menschen zum Götzendienst zu verführen. Außerdem habe er einen persönlichen Dämon besessen, dessen Ratschläge er stets befolgte. Zauberer hätte er überdies des Öfteren konsultiert. An seinem Totenbett hätte er die Kommunion mit den Worten *»Nolo Nolo«* verweigert und sich zur Wand gedreht. Darauf wären unter großem Getöse, Donnerschlägen und anderen Schrecken erregenden Wettererscheinungen Dämonen herbeigeeilt und hätten ihn davongetragen.[50]

Nach seinem Tod verstieg sich Nogaret zu der Beschuldigung, der Papst habe nicht einen, sondern drei Dämonen besessen.[51] Für diese Behauptungen brachte Nogaret sogar Zeugen, die die ketzerischen Aktivitäten aus eigener Anschauung zu kennen vorgaben. So berichtete ein Mönch, der Papst habe in seiner Jugendzeit in seinem Palast in Viterbo eine Dämonenbeschwörung ausgeführt: Mit dem Schwert zog er einen Kreis, setzte sich hinein, nahm einen Hahn und sprengte dessen Blut in einen mitgebrachten Topf, in dem ein Feuer schwelte. Darauf sagte er Beschwörungen auf, die er aus einem Zauberbuch las. Die Dämonen erschienen und baten ihn um ein Opfer, worauf er den Hahn hinauswarf. Danach begab er sich in ein leeres Zimmer, wo man ihn die ganze Nacht mit jemandem sprechen hörte. Jahre später habe der Zeuge beim mittlerweile zum Papst Avancierten eine Statue bemerkt, in der er seinen Hilfs- bzw. Schutzdämon beherbergte, den er verehrt haben soll.

Über eine reiche Fantasie scheint Nogaret nicht verfügt zu haben, denn nicht nur, dass er den Papst als Götzenverehrer, Sodomiten und Häretiker verleumdete, übertrug er die nämlichen Anschuldigungen auf die Templer.[52]

Die Verwendung von Bibel und Psalmen zu magischen Zwecken

Die Christen fühlten sich ständig den Verfolgungen und Nachstellungen der Dämonen[53] ausgesetzt. Aber die Kirche lieferte ihre Anhängerschar den Dämonen nicht kampflos aus, sondern gab ihnen anstelle der alten, verdammenswerten Zaubersprüche Schriftstellen zur Hand.

Schon Origines war der Ansicht, dass gewissen göttlichen Worten eine spezielle Kraft innewohne und gab dazu besonders den Prolog des ersten Buches Mose und das Johannesevangelium, die sieben Worte Christi am Kreuz etc. an. Vor allem der Name Jesu besitzt »magische« Wirkung und vermag die Dämonen zu bannen. Athanasius schreibt: Der, welcher sich davon überzeugen will, braucht nur mitten unter den Gaukeleien der Dämonen, dem Betrug der Orakel und den Wundern der Magier das Kreuzeszeichen zu schlagen oder Jesu Namen auszusprechen, so wird er gleich sehen, wie der Teufel flieht, das Orakel schweigt und jede Magie und Zauberei stockt.[54]

Der katholische Glaube enthielt und enthält Elemente, die objektiv betrachtet als ambivalent anzusehen sind, also sowohl im religiösen als auch im magischen Kontext stehen, deshalb auch verschieden gedeutet und verwendet werden können:

Medaille	Amulett
Reliquie	Fetisch
Darstellung Gottes	Idol
Bibel, Psalmen etc.	Zauberbuch, -spruch

Bibel und Bibelsprüche waren vor allem in der Praxis des Exorzisten[55] von Bedeutung, also eigentlich im kirchlich anerkannten Abwehrzauber. Das Kreuzzeichen, Besprengen mit Weihwasser und Auflegen der Hostie gehörte in die Praxis des Geisterbanners. Das oftmalige Lesen der Bibel bzw. gewisser Bibelstellen erhielt eine Götterzwangfunktion. Die ans Wort gekoppelte Erfolgserwartung gab ihnen magischen Charakter. Besondere Macht sprach man dem Prolog des Johannesevangeliums zu, auch in späterer Zeit, wie die Sagenliteratur beweist.[56] Den im Prolog des Evangeliums enthaltenen unausgesprochenen, besonders von den Juden verehrten Namen Gottes schrieb man ganz besondere Wirkkraft zu. Dieser Prolog wurde bei Exorzismen, im Ordal, beim Wettersegen als Dämonenabwehr gesprochen.[57]

Die Bibel fand vielfach Verwendung in abergläubischen, hauptsächlich abwehrmagischen Praktiken, wie auch die Thora in der jüdischen magischen Praxis (vgl. S. 144 f.). Sie bot Schutz vor Alpdrücken, unter der Hausschwelle vergraben verhinderte sie das Eindringen von Dämonen, und den Toten legte man sie mit ins Grab, um das Nachzehren zu verhindern.[58] Bei gewissen Gelegenheiten genügten schon lose Blätter aus der Bibel: Man schloss diese bereits zur Zeit der Urchristen in Kapseln ein und trug sie als Schutzamulett am Körper.[59] Die Abwehrfunktion dieser Zettel soll sich besonders gegen Krankheitsdämonen gerichtet haben, was an chaldäische Praxis gemahnt. In der Antike verwendete man Schriften der Dichter als Abwehrmittel. Beliebt waren Hesiodverse, bestimmte Stellen aus der *Odyssee, Ilias* und *Aeneis*.

Im Mittelalter war man darauf bedacht, sich gegen bestimmte, durch Malefizien verursachte Krankheiten mit solchen Abwehrzetteln zu schützen. In diesem Zusammenhang gelangte ein illustriertes Evangelienbuch des 10. Jahrhunderts aus dem bayrischen Pürten zu einer gewissen Berühmtheit. Man wandte es besonders bei Irrsinn an, indem man es den von weither strömenden Kranken in der Nacht unter den Kopf legte.[60] Es sind lateinische Beschwörungsformeln erhalten, die z. B. den Fieberdämon auffordern, im Namen des Kreuzes Christi den Kranken zu verlassen, unter Androhung der Verfolgung durch Engel, sollte der Dämon nicht Folge leisten.[61]

Todeszauber soll besonders mit Hilfe des so genannten Fluchpsalms 109 bis in unsere Zeit hinein ausgeübt worden sein.[62] Sagte man diesen rückwärts her oder sprach Psalm 91 morgens und abends, so glaubte man, den baldigen Tod eines Feindes herbeiführen zu können. Dieses so genannte »Mortbeten«[63] geißelt schon Berthold von Regensburg (gest. 1272) in seinen Predigten.

Eine von Carl Kayser veröffentlichte syrische Handschrift bezeugt den Gebrauch der Psalmen als Zaubermittel. Das Totbeten mit dem Psalm 109 belegt auch die *Zimmersche Chronik*, die eine Anweisung enthält, wie man eine unliebsame Ehefrau beseitigen kann:

> Und da ain böß oder unguet Eheweib nit solt geduldet werden [...] so war kein Wunder, ob schon der Psalm Deus laudem über ein solliche ungerathene Bestiam gesprochen würde, wie man vor Jaren von den München zu Schonou gesagt, das die alten Churfürsten von Lewenstais Vater († 1476) mit diesen Psalmen haben zu Todt gebetet.[64]

Augustinus interpretierte den Psalm als Prophezeiung des Verrates und Todes des Judas, da es heißt: nur gering sei die Zahl der Tage, die er noch zu erwarten habe und sein Amt soll ein anderer erhalten. Die Weissagung erfüllte sich in der Person des Matthias, der anstelle des Judas in das Apostelkollegium aufgenommen wurde.[65]

Das Johannesevangelium[66], auf einen Zettel geschrieben und in einer Kapsel aufbewahrt, fand auch im Glückszauber Verwendung: Um die Liebe einer Frau zu nähren, legte man einen Zettel unter deren Kopfkissen. Neugeborene, die ein beliebtes »Tätigkeitsfeld« für Gücksmagie waren, versah man ebenfalls mit dem Prolog des Johannesevangeliums.

In Analogie zum in der Antike beliebten Aufschlagen der großen Dichter als Zukunftsorakel beliebt, versuchte man auch im Mittelalter durch Bibelaufschlagen[67] einen Blick auf zukünftige Ereignisse zu erhaschen. Zufällig aufgeschlagene Seiten oder mit einer Nadel durchstochene Blätter waren methodische Hilfen der Zukunftsschau und im Frühmittelalter noch nicht verboten, wie Gregor von Tours bezeugt. Bei der Belagerung von Dijon schlug man allenthalben Bibeln auf, um den Ausgang der Schlacht zu erfahren.[68]

In Notsituationen und in Glaubensfragen schien diese Methode gerechtfertigt, aber bereits Augustinus tadelt die anscheinend damals schon beliebte Anwendung zu rein »weltlichen Zwecken«. Die von Karl dem Großen erlassenen Verbote haben anscheinend wenig beeindruckt, denn der Bischof von Trier verfasste 1310 abermals eine diesbezügliche Vorschrift.[69]

Als Instrument der Wahrheitsfindung bei Gottesurteilen verwendete man die Bibel, indem man das Buch – wie Brot oder Kessel in heidnischen Zeiten – frei schwebend aufhängte. Die Drehung des Buches sollte die Wahrheit bekunden.

> Ein Psalter wird bei dem Verse »iustus es, domines, et rectum iudicium tuum« (118/119, Vers 137) aufgeschlagen. Hier wird ein Holz, das oben mit einem Knauf [...] versehen ist, so eingelegt, dass der letztere über das Buch hinausragt. Der Psalter wird nun fest eingeschlossen und der Knauf in die Öffnung eines zweiten Holzes so eingehängt, dass das Buch hängen bleibt, sich aber bewegen kann. Das mit dem Knauf versehene Holz bildet mit dem Holz, in dessen Öffnung der Knauf steckt, einen rechten Winkel, dessen Schenkel auf beiden Seiten über das Buch hinausragen und von je einem Mann gehalten werden; vor diesen Männern steht der Verdächtige. Der eine von ihnen spricht dreimal: »Dieser hat die [gestohlene Sache]«, worauf der andere erwidert: »Er hat sie nicht!« Darauf sagt der Priester: »Das möge uns der offenbaren, durch dessen Entscheidung Himmel und Erde regiert werden«, und beginnt die Gebete.[70]

Wie aus dem Text hervorgeht, war der Zweck die Überführung eines Diebes, später einer Hexe. Mit Hilfe eines an der Bibel befestigten Schlüssels statt des erwähnten Holzes forschte man später der Zauberei schuldige Personen aus, indem man Namen verdächtiger Personen nannte. Der Name, der die Bibel zum Drehen veranlasste, war der des Schuldigen.[71]

Die Wahrheitsprobe konnte sich auf den Inhalt einer Bibel selbst beziehen, im Zweifelsfalle erkannte man die »wahre« Bibel daran, dass sie den Flammen standhielt.[72]

Als die so genannten Zusätze zur Bibel bzw. illizite Erweiterungen gelten bis heute das 6. und 7. Buch Moses. Es bestand die Volksmeinung, dass es neben dem Pentateuch noch andere Mosesbücher gebe. Der Glaube an die Wunderkraft der Schriften war vermutlich in der frühen Reformationszeit, als die Bibel allgemein zugänglich wurde, besonders verbreitet. »Die naive Erwartung, dass das bisher nur der Geistlichkeit zugängliche Buch in Glücks- und Schadenzauber alle Wünsche der Buchbesitzer erfüllen könne, dass man mit ihm die Krankheiten der Menschen und Tiere heilen, reich und selbst zauberkundig werden könne, wurde begreiflicherweise schnell enttäuscht, sodass man die Geistlichkeit beschuldigte, kastrierte Bibelausgaben, in denen die entscheidenden Mosesbücher fehlten, dem Volk unterbreitet zu haben.«[73]

1666 wurde das erste Mal ein Buch mit dem Titel *Tūfels Bibel* bekannt, von dem man glaubte, dass der Teufel durch gottlose Männer (!) für die Hexen dieses schwarze Buch schreiben ließ. Das 6. und 7. Buch Moses deutete man in diesem Zusammenhang als Abwehrzauberbuch um, das Moses seinen Anhängern als Schutz gegen diese teuflischen Bücher in die Hand gegeben habe.[74]

Die Unterscheidung zwischen abergläubischen Segen und kirchlichen Benediktionen, liturgischen und abergläubischen Exorzismen war für simple Gemüter geradezu unmöglich. Dazu kam, dass die Kirche die überkommenen Zaubersprüche zwar verbot, aber die Empfehlung anschloss, sich stattdessen des Glaubensbekenntnisses oder des Vaterunsers zu bedienen.

Die Sakramente als Zaubermittel

Im Frühmittelalter weiß man bereits vom Missbrauch des Chrisams, den Verbrecher beim Ordal (Gottesurteil) in der Annahme verwendeten, den Ausgang der Probe zu ihren Gunsten beeinflussen zu können. Den Bischöfen war es daher ein Anliegen, dass die Priester den Chrisam gut verschlossen hielten. Die Vorstellung eines Missbrauches kam schon in der Karolingerzeit auf, wie diesbezügliche Synodalbeschlüsse beweisen.[75]

Die Talismanfunktion des Agnus Dei war den Kirchenvätern nicht unbekannt gewesen. Papst Urban II. (1035–1099) sandte dem griechischen Kaiser Alexius ein »Lamm Gottes« zusammen mit den folgenden Versen, die die Multifunktionalität hervorheben:

> Balsam, zugleich vereint mit der reinen Welle des Salböls,
> Bildet das Lamm, das ich dir als edle Gabe verleihe,
> Wie aus der Quelle geboren, durch mystische Weihe geheiligt.
> Blitze von oben vertreibt es, und jede verdammliche Sünde
> Hebet es auf, wie das Blut unser's Heilandes selbst und erstickt sie.
> Schwangere werden bewahrt, ja glücklich verläuft die Geburt auch.
> Würdigen bringt es Geschenke. Die Stärke des Feuers zerstört es;
> Reinen Herzens bewahrt, entreißt es den Träger den Fluten.[76]

Die Eucharistie ist erst nach Mitte des 11. Jahrhunderts für zauberische Zwecke verwendet worden. Anfang des 12. Jahrhunderts finden sich zahlreiche Hinweise für die missbräuchliche Verwendung in Frankreich, Deutschland und Italien. Das Sakrament kam sowohl im Schadenzauber, Schadenabwehrzauber und Liebeszauber zum Einsatz.

Eine Frau, die die bei der Kommunion empfangene Hostie im Mund behielt und dann ihren Mann küsste, konnte ihn auf diese Weise völlig an sich fesseln. Belege dafür finden sich sowohl bei Petrus Damianus als auch bei Caesarius von Heisterbach[77]. Eine etwas makabre Geschichte erzählt Papst Alexander III. (1159–1181) in einem Brief an einen unteritalienischen Bischof: Eine Frau hatte aus den besprochenen Gründen die Hostie mit nach Hause genommen. Als sie ihren ungetreuen Ehemann zu küssen versuchte, wuchs die Hostie an ihrer Zunge fest und ließ sich nicht mehr entfernen.[78] Auch Prostituierte sollen zu diesem Zaubermittel gegriffen haben, um Freier an sich zu binden. Der Beschaffung der Hostien auf die beschriebene Art versuchte die Kirche einen Riegel vorzuschieben. Dem Diebstahl der Hostien trachtete man durch versperrbare Tabernakel entgegenzuwirken, aber oft betrieben die Priester selbst Handel mit den begehrten Zauberrequisiten. Der Hostie schrieb man erstaunlich viele magische Eigenschaften zu, neben den bereits besprochenen Wirkungen soll sie unverwundbar gemacht haben, schützte vor dem Ertrinken etc. Nicht nur, um Liebe zu bewirken, sondern auch die Konsequenz der Liebe, die Fruchtbarkeit, suchte man zu unterstützen. Manche Frauen beschafften sie sich, um ihre Unfruchtbarkeit aufzuheben. Auch in vielerlei heilzauberischen Praktiken fand sie Anwendung.

Das Erwerben von Reichtum und Gütern sollte sie ebenfalls garantieren, auch den Schutz vor Verlust derselben, was sicherlich mit ihrer Schutzfuktion gegen Ernte- und Viehschaden in Zusammenhang gesehen werden muss.

Hier ist eine interessante Verbindung mit der Freischützsage gegeben: Man nahm an, dass eine Büchse, mit einer Hostie geladen und dreimal auf das Kruzifix angelegt, immer ihr Ziel trifft. Diese Vorstellung lässt heidnisch-germanische Einflüsse vermuten, nämlich den Glauben, dass nach dreimaligem Schießen auf die Sonne auf dieser drei Blutstropfen zu sehen seien. «Man findet deshalb heutzutage unter zehn Kreuzen, die am Wege oder im Felde stehen, kaum eines, das noch heil ist.«[79]

Eine Verbindung zwischen Freischützmotiv und Teufelsbund zeigt sich in der in den Protokollen überlieferten Forderung des Teufels, für den zu gewährenden Freischuss Hostienschändung zu verlangen.

Berthold von Regensburg erwähnt in seinen Predigten, dass Frauen das Sakrament zu Ostern zurückbehielten, um ein wichtiges Ingredienz für einen Trank zu erhalten, der Feinde oder die eigene Leibesfrucht zu vernichten imstande war.[80] In den späteren Hexenprozessen fällt die Erwähnung der Hostien als fixer Bestandteil von Tränken bzw. Salben für den Hexenflug, Schadenzauber etc. auf.

Der Missbrauch des Altarsakraments kommt in den Quellen schon im Frühmittelalter vor, die Strafe für dieses Delikt nennen die Quellen allerdings nicht. Erst die im 13. Jahrhundert in Synoden stattfindende vermehrte Häresiediskussion (den Ketzern legte man auch Hostienschändung zur Last), brachte die Festlegung der meist empfindlichen Strafen. Ein 1320 im Auftrag des Papstes verfasster Erlass des Dominikanergenerals W. P. Godin in Bezug auf die Kompetenz der Inquisition von Toulouse und Carcassonne enthält folgende Stelle:

> Unser Herr Papst Johann XXII. befiehlt euch mit seiner Autorität, gegen alle einzuschreiten, die dem Teufel Opfer bringen, ihn anbeten oder sich seinem Dienst weihen. Sie geben ihm ein Schriftstück darüber [...] oder schließen mit ihm einen ausdrücklichen Vertrag oder verschaffen sich irgendein Bild oder etwas anderes, um ihn zu binden und verüben dann unter seiner Anrufung Zaubereien. Oder sie missbrauchen das Sakrament der Taufe und taufen ein aus Wachs oder sonst einem Stoff gemachtes Bild [...] Andere Zauberer bedienen sich [...] der konsekrierten Hostie und der anderen Sakramente und missbrauchen Materie und Form zu ihren magischen Künsten. Alle diese Frevler könnt ihr zur Untersuchung fordern und gegen sie vorgehen; nur müsst ihr die Rechte der Prälaten achten, die sie nach den Canones in Ketzersachen haben. Der Papst dehnt die Gewalt und die Privilegien, die der Inquisition in den Ketzerangelegenheiten gegeben sind, auch auf alle diese Fälle bis auf Widerruf aus.[81]

Beim berüchtigten Feldzug gegen die Albigenser[82] wies der Großinquisitor Bernard Gui (gest. 1331)[83] seine Beamten besonders zur Befragung nach Sakramentendiebstahl an. Die Strafen für das Vergehen verhängte die Inquisition: Wallfahrten, Auspeitschen, Gefängnis und in Frankreich überdies die Verpflichtung, gelbe, runde Applikationen auf Brust und Rückenteil der Kleidung zu tragen. Die weltlichen Richter bestraften die Delinquenten mit dem Feuertod, die Kirche setzte seit 1261 die Exkommunikation als Strafe aus, der Missbrauch der Sakramente zu zauberischen Zwecken galt als eigenes Delikt im Rahmen der Zauberei- bzw. Ketzereivorstellung.[84]

Als offiziell erlaubte Amulette der Kirche können die Reliquien gelten, die in Schmuckgegenstände wie Ringe etc. gefasst ihren Träger vor allem Unbill bewahren sollten.

Die Krankheiten, die die Volksreligion wohl in Anlehnung an semitisch-chaldäische Tradition auf Umtriebe der Krankheitsdämonen zurückführte, versuchte man mit Sakramenten, Weihwasser, Gebeten und Reliquien zu bannen. Diese meist von Priestern und Mönchen ausgeübte Tätigkeit, eigentlich Heilzauber, hat sicherlich oft nicht die gewünschte Wirkung gezeigt. Während aber ein Priester mit heilzauberischen Operationen und Exorzismen sicherlich selten in Verruf kam, mussten jüdische oder arabische Ärzte bei Misserfolgen mit einer Zaubereianklage und Bestrafung rechnen.

Die Entwicklung der ärztlichen Wissenschaft im Spätmittelalter brachte es mit sich, dass zwischen Ärzten und Priestern ein antagonistisches Verhältnis entstand. Der aufgeklärte Arzt Johann Weyer, zeitlich bereits der Renaissance zugehörig, sah sich des Öfteren mit mittelalterlichem Zauberglauben konfrontiert. Sein Werk *De praestigiis daemonum* von 1563 kann daher als Quelle für den spätmittelalterlichen Zauberglauben herangezogen werden. Als besonders verwerflich schätzte Weyer die zauberischen Aktivitäten der Priester ein, die sich nicht nur als Wahrsager, sondern auch als Kurpfuscher betätigten:

> Sich auch etliche der Medicine/die sie mit wissen/vnderwinden/da durch dann menniglich hohes/vnd nidern standts betrogen wirdet. Dan wan sie der Krankheit natur nit erkennen/desto weniger dafür

rath geben können/vberreden sie die vnweisen einfeltige vn vnerfarne leute/dz sie bezaubert seien (32/216/149).[85]

Sie traten auch als Zauberer- und Hexenjäger gerade bei den durch Zauberei verursachten Krankheiten auf. Weyer dürfte ziemlich unter dieser unqualifizierten Konkurrenz gelitten haben, denn er bringt nicht nur zahlreiche Beispiele für diese magischen Ambitionen der Priester, sondern es war ihm nahezu ein Anliegen, deren medizinische Unkenntnis immer wieder durch Analyse ihrer verwerflichen Methoden anzuprangern.[86]

Der Ketzerbegriff

Die Ketzerbewegungen[87] des Mittelalters haben ihren Ursprung in der antiken Ketzererscheinung des Manichäismus, weshalb man sie als Neumanichäer bezeichnet.

Der Manichäismus entwickelte sich im dritten nachchristlichen Jahrhundert aus der dualistischen (iranischen) gnostischen Lehre von zwei selbstständigen Prinzipien wie Gut und Böse, Licht und Finsternis, die immer schon nebeneinander existierten.[88] Der Mensch als Vermischung dieser Prinzipien strebt nach der Wiederherstellung des ursprünglich getrennten Zustandes durch radikale Askese. Der Teufel galt als »ebenso starkes wie selbstständiges Prinzip«, er hatte die Welt geschaffen. Gott war lediglich »neutraler« Beobachter. Das Christentum betrachtet Satan zwar als Gegenspieler Gottes, aber von diesem zu seiner Rolle vorherbestimmt und inauguriert. Die Manichäer mussten daher bei ihrer Abschwörungsformel erklären, dass der Satan nur ein von Gott abgefallener Engel sei.

Seit der Mitte des 12. Jahrhunderts hatten die Katharer von den Bogumilen diese dualistische Lehre übernommen. Die Katharer fassten Satan als selbstständigen bösen Antigott auf, weshalb sie von der Inquisition als Gegenkirche verdammt und verfolgt wurden.[89] Der Glaube der Katharer an eine Art Gegenwelt zur irdischen Teufelswelt führte zu ihrer extremen Weltabkehr.

Die christlichen Theologen seit Augustinus schleuderten die altbekannten stereotypen Vorwürfe der Menschenfresserei gegen die Kataphrygier, Makioniten, Karpokratiker, Borboratiker und Bogumilen. Die Ziele der Anschuldigungen änderten sich, nicht aber deren Inhalt.

720 schrieb der Prediger Johannes IV. von Ojun den Paulizianern Ähnliches zu wie Inzest mit ihren eigenen Müttern, Vermischung der Hostie mit Kinderblut sowie Teufelsanbetung.[90] Nach 1000 tauchte dieses Stereotyp im Westen auf und wurde auf die 1022 in Orléans verbrannten Ketzer übertragen, später auf die Waldenser[91] und Bogumilen. Die den neumanichäischen Sekten zugeschriebenen Orgien waren jedoch stark sexueller Natur, wie aus einem Bericht der Synode von Orléans 1022 hervorgeht:

> Sie versammelten sich nämlich in gewissen Nächten in dem genannten Hause, wobei alle Laternen in den Händen hielten, ebenso wie sie, die Anrufungen der Dämonen-Litanei hersagten, bis sie plötzlich einen Dämon in Gestalt irgendeines Tieres unter sich herabsteigen sahen. Sogleich riss jeder, und nachdem, damit ihnen jene Vision glaubhaft erschien, alle Lichter gelöscht waren, eine Frau, die ihm unter die Hände kam, zum Missbrauch an sich; ohne Rücksicht auf Sünde, und ob Mutter oder Schwester oder Nonne besessen wurde, die Begattung wurde von ihnen als etwas für sie Heiliges und Religiöses geschätzt, wenn in dieser schmutzigen Begattung ein Kind gezeugt war, wurde es am achten Tag in ihrer zahlreich versammelten Mitte bei angezündetem Feuer geprüft, durch das Feuer nach Sitte der alten Heiden, und so im Feuer verbrannt. Seine Asche wurde mit so großer Verehrung gesammelt und aufbewahrt, wie die christliche Frömmigkeit den Leib Christi aufzubewahren pflegt [...] Es wohnte nämlich eine solche Kraft teuflischen Betrugs dieser Asche inne, dass jeder, der von der besagten Häresie angesteckt war, und dem von dieser Asche, wenn er auch noch so wenig genommen hatte, vorgesetzt worden war, kaum jemals später den Schritt des Geistes von dieser Häresie weg zum Weg der Wahrheit zu lenken vermochte.[92]

Diese als Manichäer verbrannten Ketzer waren (will man Ademar von Chabannes Glauben schenken) eigentlich von einem Bauern betrogen worden, der vorgab, magische Kräfte zu besitzen. Dieser soll die Asche des getöteten Kindes bei sich getragen haben, die jeden, der davon aß, an die Sekte band.

Der berüchtigte Guibert von Nogent beschuldigte im Jahre 1114 Ketzer in Soissons vor Gericht, sie würfen sich bei ihren Zusammenkünften ein Kind über das Feuer zu, so lange, bis es sterbe.[93]

Danach taucht der Vorwurf des Ritualmordes[94] nicht mehr in Bezug auf die Ketzer, sondern als Anschuldigung gegen die Juden auf. Erst 1466 wurde er wieder gegen die Fraticellen ins Treffen geführt und dann auf die neue Sekte der Hexen übertragen.

Hier haben wir es mit einer Kompilation von Vorstellungen zu tun: Die Asche des Neugeborenen als Zaubermittel, dessen Wirkung sich niemand entziehen kann, ihre Identifikation mit der Hostie, und die Orgie eines Geheimbundes, den das Zaubermittel befestigt.[95]

Die Neumanichäer waren die ersten Ketzer, die in Europa verbrannt wurden. Im Juni 1233 verfasste Papst Gregor IX. an König Heinrich VII. das Ketzerdekret *Vox in rama*. Darin wird der Initiationsritus eines Ketzernovizen beschrieben:

> Denn wenn ein Novize in sie [die Gemeinschaft] aufgenommen wird und zum ersten Mal in die Versammlungsräume der Vorgenannten eintritt, erscheint ihm eine Art Frosch [...] Indem einige diesen auf das Hinterteil und andere auf das Maul verdammenswert küssen, nehmen sie die Zunge des Tieres in sich auf [...] Dem weitergehenden Novizen begegnet darauf ein Mann von verwunderlicher Blässe. Er hat ganz schwarze Augen [und ist] so abgezehrt und mager [...] Diesen küsst der Novize und er empfindet ihn kalt wie Eis, und nach dem Kuss schwindet die Erinnerung an den katholischen Glauben vollständig aus seinem Herzen. Nachdem sie sich bald darauf zum Mahle niedergelassen haben, steigt aus einer Statue, die in solchen Versammlungsräumen zu sein pflegt, rückwärts ein Kater vom Ausmaß eines mittelgroßen Hundes, schwarz, mit erhobenem Schwanze, den zuerst der Novize, dann der Meister, darauf die einzelnen, jedoch nur die, die würdig und vollkommen sind, nach ihnen [...] küssen. Danach werden die Kerzen ausgelöscht.[96]

Nach dieser Küsserei folgt die bereits obligate Orgie. (Dieser Kuss des Vergessens erinnert an das Märchen »Die wahre und die falsche Braut«, wo der Held seine Braut nach einem Kuss vergisst.) Der Kuss ist außerdem sowohl mit dem Friedenskuss der Messe als auch mit dem Lehnseidkuss zusammen zu sehen.

Bereits im Frühmittelalter kommentierte Hrabanus Maurus die berühmte Exodusstelle in Bezug auf die Häretiker:

> Als typisch hinwiederum können wir die Schadenstifter als Häretiker auffassen, die nicht der Geist des Herrn, sondern der böse Geist antreibt, sie führen abwegige Sekten zur Täuschung der Menschen ein, das Gesetz des Herrn befiehlt, diese zu töten, so ist es aus der Gemeinschaft der Getreuen, welche in Gott das wahre Leben haben, durch den Kirchenbann vermittelt, so lange, bis der Schadenzauber, das Maleficium, ausgelöscht ist.[97]

Diese Identifikation von Ketzern mit *Malefici* steht zu dieser Zeit noch sehr vereinzelt da. Die Verbindung, so meinen einige Historiker, hätte sich während des 13. Jahrhunderts vollzogen.[98] Das Verbindungsglied war die Teufelsverehrung.

Seit den Päpsten Bonifaz VIII. und Alexander IV. (1258) befasste sich die Inquisition[99] mit Zauberei. Mit der Auflage, dass ein Delikt nach Häresie schmecken müsse, waren Haarspaltereien Tür und Tor geöffnet:

> [...] dass es darauf ankomme, ob man entweder ein Ansinnen an den Teufel stelle, das diesem göttliche Eigenschaften unterschiebe, oder ob man die Anrufung des Teufels mit Adoration verbindet. In beiden Fällen sei kein Zweifel, dass die Handlungsweise des Menschen deutlich nach Häresie schmeckt.[100]

Dieses Recht, zu beurteilen, ob Häresie vorliege, wurde vorerst nur den Bischöfen, nicht der Inquisition zugestanden. Das änderte sich mit der Konstitution Papst Johannes' XXII. von 1326, die für den Teufelspakt die Exkommunikation verhängte und die Inquisition für Zaubereiprozesse zuließ. »Jene den Charakter der Massenverfolgungen tragenden Inquisitionsprozesse erklären es auch, dass damals die ersten Spuren jener gefährlichen Vorstellung sich äußern, welche Zauberer nicht wie in älterer Zeit als isolierte Personen, sondern als nach Ketzerart in einem sektenmäßigen Zusammenhang untereinander stehende Gruppen betrachtete.«[101]

Bereits 1375 gab es einen bischöflichen Erlass, der den Gemeindepriestern befahl, an Sonn- und Feiertagen über die Schändlichkeit der Zauberei zu predigen und als Strafe die Exkommunikation für Laien und die Suspension für Kleriker zu exekutieren. Dieser Lübecker Erlass steht ziemlich vereinzelt da. Erst 1404 beschloss die Diözesansynode zu Loyes, gegen zauberische Praktiken besonders streng vorzugehen und insbesondere auf Frauen zu achten, die für dieses Laster bekanntlich eine spezielle Affinität hätten.[102]

Der neben den Katharerverfolgungen wohl berühmteste Prozess war der gegen die Templer. Die Erklärungen der Historiker gehen so ziemlich in dieselbe Richtung: In Zeiten politischer und wirtschaftlicher Instabilität müssen gewisse auffällige Gruppen die Funktion des Sündenbocks übernehmen. Meist wird als Grund der Verfolgung die Massenverschwörung[103] und geplante Machtübernahme angegeben.

Um diese These zu erhärten, zog man einen Vergleich zu den Verfolgungen der Bacchanten (186 vor Chr.). Die Sekte der Bacchusverehrer neigte zu wilden ausschweifenden Riten und Gewalttätigkeiten. Die Mitglieder rekrutierten sich aus keiner bestimmten Schicht. Plötzlich kam der Verdacht auf, die Bacchusverehrer hätten sich verschworen, Rom anzuzünden und die politische Gewalt an sich zu reißen. Sechs- bis achttausend Personen wurden festgenommen und sehr viele hingerichtet. Die Anklage lautete auf Hochverrat.

Am Freitag, dem 13. Oktober 1307 ließ der König von Frankreich, Philipp der Schöne, alle bekannten Mitglieder der Templer unter dem Verdacht der Häresie verhaften. Papst Clemens V. schätzte sie auf zweitausend Personen. Nach ein paar Wochen wurde verlautbart, fünfhundert hätten sich schuldig bekannt. Auch der Großmeister Jacques de Molay selbst, der Präzeptor der Normandie, war verhaftet worden. Die Anklageschrift bezog sich hauptsächlich auf die blasphemischen Aufnahmeriten. Die Verhöre erfolgten nach einem starren Schema, es gab einen Fragenkatalog, der 127 Fragen enthielt. Die Protokolle sind ebenfalls von alarmierender Gleichartigkeit. Nur vierzehn von 138 verhörte der Großinquisitor selbst. Folterungen wurden äußerst grausam angewandt.[104]

Der Prozess dauerte sieben Jahre, führte 1312 zur Aufhebung des Ordens durch Papst Clemens und endete 1314 mit der Verbrennung des Großmeisters und anderer Ritter.

Bis zu ihrer Verhaftung waren die Templer sowohl vom Papst als auch vom König geachtet und beschützt gewesen. Der Grund für den Stimmungsumschwung des Königs war wohl sein Zorn über bzw. die Angst vor einer wirklichen oder eingebildeten Verschwö-

Abb. 7: Die Verbrennung der Templer. Aus »Le Livre de Jehan Bocace des cas des nobles hommes et femmes«, Handschrift 15. Jh.

rung. Es mag ihm unverständlich erschienen sein, dass diese reichen Soldatenmönche sich gegen ihn stellen könnten, es sei denn, sie hätten die Unterstützung der Dämonen. Das Vermögen der Templer hat sicherlich auch ihre Ankläger gereizt, doch wie bei allen Anklagen, auch später beim berüchtigten *Hexenhammer*, war der Gedanke der Richter vorherrschend, dass sie im Namen Gottes den Teufel, seine Werke und seine Bundesgenossen besiegt hätten. Aus dem Verhör des Huguet de Bure:

Abb. 8: Die Verbrennung des Großmeisters Jacques de Molay und eines Mitbruders im Jahre 1313. Aus den »Chroniques de France«, Ende des 14. Jhs.

[…] befragt, wie lange Zeit er in dem besagten Templerorden gewesen sei und wo, von wem und wie er aufgenommen worden sei, antwortete er, er sei vor ihrer [der Templer] Gefangennahme drei Jahre [im Orden] gewesen und in einem Ordenshaus mit dem Namen Fontenottes, Diözese Langres, von dem Bruder P. de Bure aufgenommen worden, einem Bruder, der diesem Hause als Lehrer gedient habe […] der gen. Bruder P. habe ihm, als sich der nämliche Zeuge aller Kleider, die er trug – ausgenommen Hemd und Hose – entledigt habe, die Ordenskleider übergeben; und er habe denselben Zeugen geküsst, erstens auf den Mund, zweitens auf den Nabel, drittens auf das Rückgrat, oberhalb der Stelle, wo der Gürtel getragen wird […] Ebenso sagte er, derselbe Bruder P. habe […] sogleich ein Kreuz herbeigebracht und dem nämlichen Zeugen befohlen, auf das gesamte Kreuz zu spucken, es mit Füßen zu treten und dreimal Jesus abzuschwören; und als der Zeuge sich über die gen. Küsse [...] sowie über derartige Befehle gewundert habe und sich zu tun gesträubt [...], habe ihm derselbe Bruder gesagt, dass dies zu den Regeln des Templerordens gehöre, und dass, wenn er das Befohlene nicht täte, sie wohl wüssten, was sie mit ihm tun würden [...] [danach] habe der besagte Bruder P. aus einem Schrank dieser Kapelle ein Haupt hervorgeholt, es auf den Altar gestellt und um das besagte Haupt eine Schnur gelegt, jene Schnur demselben Zeugen übergeben und ihm befohlen, sich mit ihr beständig über dem Hemd zu gürten; dennoch aber, sagte er, habe er sie nicht getragen [...] Gefragt, wie beschaffen das besagte Haupt gewesen sei, antwortete er, es sei nicht aus Holz gewesen, sondern es habe ausgesehen wie aus Silber oder aus Kupfer oder aus Gold; und es sei ganz wie ein Menschenhaupt gewesen, mit einem Gesicht und mit einem langen, fast weißen Bart. [...] Ebenso [...] bezüglich der Idole, antwortete er [...], er habe Berichte gehört, dass wenn ein Kapitel der Templer in Paris abgehalten worden sei, ihnen gegen Mitternacht ein Haupt erschienen sei, das sie sehr verehrt hätten. Nach seiner Aufnahme habe er davon nichts mehr gehört [...] er habe aber [...] sagen hören, dass der genannte Bruder Raoul einen Privat-Dämon habe, dessen Rat weise und kostbar sei.[105]

Der Dämonenpakt

Die wohl gemeinhin bekannteste Handlung eines angehenden Magiers ist die Beschwörung eines Dämons oder des Teufels.[106] Interessant ist in diesem Zusammenhang die Bemerkung A. Auers im *Lexikon für Theologie und Kirche*[107]: »Die Lehre vom pactum implicitum (Thomas v. Aquin, Summa Theol. 2, II 9, 95a.2) wonach in jeder abergläubischen Handlung wenigstens stillschweigend ein Pakt mit dem Teufel eingeschlossen sei, ist nicht zu halten.« Hier zeigt sich die Problematik der Beurteilung von mittelalterlichen Vorstellungen aus der Sicht und Definitorik eines Theologen des 20. Jahrhunderts ganz deutlich.

Die Teufelsbeschwörung war dem von der Kirche autorisierten Priester oder Exorzisten erlaubt zu dem Zwecke, Menschen, die man vom Teufel besessen glaubte, durch die Beschwörung vom

Teufel zu befreien. Unerlaubt dagegen war es, wenn eine Privatperson sich unterstand, den Teufel herbeizurufen, um ihn (wie später Faust) nach geheimem Wissen oder Schätzen zu befragen. Die älteste nicht-literarische Nachricht über solche außerkirchlichen Beschwörungspraktiken findet sich in dem umfangreichen Exkurs über die abergläubischen Vorstellungen und Bräuche der Tiroler Landbevölkerung in Hans Vintlers *Pluemen der tugent*[108] (1411).

> so wellen dise den teufel pannen
> das si in pringen guet zesamen.
> so wellen etleich warsagen
> und wellen vil den teufel fragen,
> wa lige golt und edel gestain.
> ...
> so seind danne ettleich leut, die got gent zu laide
> des nahtes an ain wegschaide
> und rufen den milleartifex,
> der do ist der poshait rex,
> als das von im geschriben stat. (v. 7732–36, 8233–38)

In diesem wie auch in manchen anderen Zeugnissen ist nur der Glaube an die Möglichkeiten einer Beschwörung belegt. Die Autoren haben sich offenbar gehütet, den genauen Wortlaut einer solchen Beschwörung niederzuschreiben. Erst seit dem 16. Jahrhundert sind in Deutschland Texte nachweisbar, die sich als Anleitung zur Teufelsbeschwörung ausgeben.

Eine in der Prager Nationalbibliothek befindliche Handschrift enthält eine spätmittelalterliche deutsch geschriebene Anleitung zur Teufelsbeschwörung. Die Handschrift stammt aus der zweiten Hälfte des 15. Jahrhunderts und ist im Wesentlichen ein umfangreiches Arzneibuch. Der Schreiber, offenbar ein gebildeter Arzt, hat Runenschrift verwendet, um den Text vor unbefugten Benutzern zu schützen. Besonders die Teufelsbeschwörung hat er zu einem Drittel in Runenschrift verschlüsselt.[109]

> Item das du machst, dass sint die rett der boes gaist, und was du in wilt fragen so tue jm also: so tuo ain ding und gang zu Nacht ain or in die Nacht vsse in das Feld da nimand nit sy von hus noch von Kirchen ruf mitn lutter Stim diese Wort: Diabolo, Diaboliczo, Satana, Sathaniczo, kum her zuo mir ...

Der Beschwörer bringt dem Teufel rurale Gaben als Geschenk, wie Kohle, Brot, Käse, drei Hufnägel, Gerste, Salz, wirft ihm diese Gaben vor, und der Teufel, so die Erwartung, wird in der Form eines schwarzen Hundes erscheinen und alle Fragen beantworten, die man ihm stellt.

Im Gegensatz zur relativ spät auftretenden nicht-literarischen Teufelsverschreibung wird sie in der Literatur schon sehr früh erwähnt. Verträge mit der Geisterwelt behandelt Lucan in seinem 6. Buch des *Bürgerkrieges*, und eine dunkle Stelle des Alten Testaments wurde in Bezug auf einen Teufelspakt interpretiert: »Percussimus foedus cummate et cum inferno fecimus pactum« (Denn ihr spracht: Einen Bund schlossen wir mit dem Tode, mit der Hölle trafen wir ein Abkommen) (Isaias 28,15,18).

Eine zweite Komponente kommt bei literarisch belegtem Teufelspakt hinzu. Der Beschwörer, der sich dem Teufel mit einem Pakt verschreibt, will nicht nur Wissen, Reichtum und Macht, sondern strebt auch danach, die Liebe einer Dame zu gewinnen.

Augustinus hat in seiner Begriffsklärung der *Superstitio* bemerkt:

> Abergläubisch ist alles, was die Menschen zur Aufstellung und zur Verehrung von Götzen erfunden haben. Diese Erfindungen dienen teils dazu, irgendein Geschöpf oder auch nur einen Teil eines Geschöpfes als Gott zu verehren, teils dazu die bösen Geister um Rat zu fragen, ja mit ihnen in aller Form gleichsam Wahrsagunsverträge abzuschließen, wie uns dergleichen in den Versuchen der magischen Künste vorliegen, welche die Dichter mehr bloß zu erwähnen als regelrecht zu lehren pflegen.[110]

Diese Definition hat Gratian im 12. Jahrhundert in sein *Decretum* aufgenommen und damit im kanonischen Recht verankert.

Die zur Zeit des Augustinus in Kleinasien weit verbreitete Basilius-Legende berichtet bereits von einem Vertrag mit dem Teufel. Der Sklave des Bischofs Basilius wendet sich an einen Maleficus, der als Bedingung fordert, dass dieser Christus schriftlich verleugne. Der Teufel erscheint nachts an einer heidnischen Kultstätte. Der Sklave schwört schriftlich Christus und der Taufe ab und erhält dafür die Liebe der von ihm begehrten Senatorentochter. Basilius kann später diesen Vertrag rückgängig machen und den reuigen Sklaven aus der Macht des Bösen befreien.

Aus dem späten 4. Jahrhundert ist die Geschichte von Cyprian[111] und Justina überliefert. Es handelt sich nicht um eine Teufelsbündlergeschichte, sondern um die Bekehrung eines Zauberers.

Die Version des Jacobus de Voragine in seiner *Legenda Aurea*[112] erzählt, dass Cyprian früh mit den magischen Künsten der Ägypter und Chaldäer bekannt geworden war. Er stand in dem Ruf, die Elemente zu beherrschen, die Gabe der Verwandlung zu besitzen, ja selbst die Kunst der Nekromantie[113] auszuüben. Seine Liebe zu der christlichen Jungfrau Justina bleibt unerwidert. Ihr starker christlicher Glaube kann sogar die von Cyprian ausgeschickten Dämonen besiegen bzw. unverrichteter Dinge abziehen lassen. Cyprian erkennt die größere Macht des christlichen Glaubens an und lässt sich taufen. Vorher vernichtet er noch seine Zauberbücher.[114] Fortan lebt er als vorbildlicher Christ und wird sogar zum Bischof geweiht, die Jungfrau Justina lebt als Äbtissin im Kloster.

Ähnliches berichtet auch die Proterius- und Anthemius-Legende, wobei die unerwiderte Liebe einen Pakt mit dem Teufel nach sich zieht. »Die Scholastik fand in der älteren Tradition eine ausgebildete Vorstellung von einem förmlichen Bund, einem Pakt, einem Vertrag des Menschen mit dem Teufel vor. Verträge mit der Welt der Geister waren schon im römischen Altertum nicht ganz unbekannt gewesen. Lucanus handelt von dem durch Pakt vermittelten Verkehr mit den Göttern. Von einem solchen Pakt mit dem Satan glaubte man auch im Alten Testament zu lesen: Die Übersetzung der dunklen Stelle durch Hieronymus sprach ausdrücklich von einem ›pactum cum inferno‹.«[115]

Die Erzählung vom Pakt mit dem Teufel ist höchstwahrscheinlich orientalischen Ursprungs. Bekannt ist die awestische Erzählung, in der ein Betrüger mit Hilfe von Dämonen nach der Königswürde strebt.[116] In einer Erzählung des *Schahname* verführt der Teufel Iblis einen ehrgeizigen jungen Mann, mit dem er einen Bund geschlossen hat, zu immer neuen Gräueltaten.[117]

Eine Erzählung aus dem keltischen Kulturkreis hat den Bund mit einem König des Feenvolkes zum Inhalt. Herla, König der Briten, hatte einen Bund mit dem König der »kleinen Leute« geschlossen. Bei diesem Bund ging es um die gegenseitige Gewährung der Gastfreundschaft. Der Zwerg bringt kostbare Geschenke und auch

Herla zeigt sich bei seinem Besuch im Zwergenreich großzügig und erhält abermals Kostbarkeiten zum Abschied. Nach seiner Rückkehr muss er feststellen, dass sein dreitägiger Aufenthalt im Feenreich 200 Jahre der Erdenzeit gedauert hat.[118]

In der altslawischen Tradition und den Apokryphen schließt der Stammvater Adam aus Hunger einen Pakt mit dem Teufel.[119] Die griechische Quelle der Theophilus-Legende (ca. 538) beeinflusste die Faustsage. (Das Umschlagbild zeigt Theophilus mit dem Teufel.) Den im 8. Jahrhundert von Paulus Diaconus ins Lateinische übertragenen Stoff bereitet Hroswith von Gandersheim in gereimter Form auf. Hroswiths *Lapsus et conversio Theophili vicedomini* unterscheidet sich von der alten griechischen Version in einem sehr bedeutenden Punkt: Theophilus ist ein weltlicher Gelehrter, nicht ein Geistlicher.

In der Fassung der *Legenda aurea*, welche auf die griechische Quelle zurückgeht, ist Theophilus die rechte Hand des Bischofs von Adona in Sizilien und dessen geplanter Nachfolger. In seiner Demut lehnt er jedoch die Würde ab und ein anderer übernimmt das Amt. Von Neidern beeinflusst, enthebt der neue Bischof Theophilus seines Amtes als Berater. Im Übermaß seines gekränkten Stolzes will Theophilus Rache nehmen. Er engagiert einen jüdischen Magier[120], der für ihn den Teufel beschwört. Der erscheint, fordert aber, dass Theophilus einen Pakt unterschreibt, in welchem er der Kirche und der Jungfrau Maria abschwört. Ersteres hält er ein, die zweite Bedingung erfüllt er nicht. Nach kurzer Zeit gewinnt er seine Ämter wieder und seine Neider haben das Nachsehen. Aber bald bereut er sein Tun und fleht zur Jungfrau um Hilfe. Diese setzt sich bei Jesus für ihn ein und vermag den Teufel zur Rückgabe des Paktes zu zwingen. Theophilus kann beichten und den Pakt verbrennen.[121] Bemerkenswert erscheint, dass er allein nicht imstande ist, den Pakt zu schließen, sondern dazu die Hilfe des jüdischen Magiers benötigt.[122]

In des armen Hartmanns *Rede vom Glouven* findet sich die erste deutsche Erwähnung des Theophilus:

daz er wider sagete gote
nâch des tûvels gebote.
des gab er ime einen brief gescriben
(daz wêre bezzer vermiden)
zeinem urchunde
der unreinen sunde
daz der tûvel sîner sêle
deste gwisser wêre.[123]

Im 13. Jahrhundert brachte Brun von Schonebecks Gedicht *Wie Theophilus wart îrlost*[124] eine neue Variante hinzu, den Blutvertrag: »Der tubel twenk in also harte/daz er gewan blut uz siner swarte« (v. 44–45).

Das älteste uns erhaltene Theophilus-Drama stammt von Rutebeuf (ca. 1255–1280). Auch hier hilft Maria, den Pakt zu widerrufen und befiehlt Theophilus, die Urkunde, ebenfalls ein Blutkontrakt, vom Bischof als warnendes Beispiel verlesen zu lassen. [125]

Ende des 9. Jahrhunderts berichtet der Mönch von St. Gallen von einem Bund zwischen einem Armen und dem in Menschengestalt erscheinenden Teufel, der diesem Reichtümer verspricht. Der Teufel will mit dem Pakt nicht nur die Seele des Armen verderben, sondern auch einem besonders aktiven Bischof einen Denkzettel erteilen.[126]

Walter Maps (um 1180) Erzählung vom jungen Eudo, der all sein Vermögen verloren hatte, motiviert den Pakt nicht mit einer unerfüllten Liebe, sondern mit der unerwarteten Armut des Betroffenen. Am Tiefpunkt seiner Karriere trifft dieser einen hässlichen Mann, welcher ihm die Wiedergewinnung seines Vermögens in Aussicht stellt, wenn er einen Bund mit ihm eingeht. Eudo sagt zu, erhält das Versprochene, bereut aber nach einiger Zeit seinen Bund. Auf des Bischofs Rat überantwortet er sich selbst dem Feuer, um so dem Höllenfeuer zu entgehen.[127]

Eine anonyme Kleindichtung, bekannt als *Vorauer Novelle*[128], weiß ebenfalls vom Wagnis und der Strafe des Teufelsbundes zu berichten. Der alemannische Dichter, vermutlich ein Geistlicher, erzählt die Geschichte von zwei Jünglingen, die, für den geistlichen Stand bestimmt, bereits im Knabenalter ins Kloster gesandt werden. Kritik an der strengen Klosterzucht klingt an, wenn der Dichter auf die Erziehung der Knaben eingeht, die, durch die unmenschliche

Zucht gebrochen, aus dem Kloster fliehen. Sie haben sich die Zauberuniversität Toledo zum Ziel erkoren. Dort gehen sie beide einen Vertrag ein, ihr Zauberlehrer verschafft ihnen mittels eines Zauberbuches alles, was sie sich wünschen. Dann trennen sich ihre Wege, sie geben sich ihrem Wohlleben hin. Den einen ereilt eine tödliche Krankheit, und er ruft den Freund an sein Sterbelager. Trotz der Bitten und Gebete seines Freundes stirbt er unversöhnt mit Gott. Durch dieses Erlebnis aufgerüttelt bereut er und kann wieder in die Gemeinschaft der Christen aufgenommen werden.

Über einen Bund mit dem Teufel aus Armut berichtet Ottokar von der Geul[129] (ca. 1260–ca. 1319) in seiner *Reimchronik*. Die zu Beginn des 13. Jahrhunderts entstandene Geschichte heißt *Der Bürger von Verdun*: Der Vermittler des armen Bürgers ist eine alte Frau, die den Teufel herbeizitiert. Dieser stellt sogleich weit reichende Forderungen. Er muss Christus und allen Sakramenten abschwören. Dafür erhält er einen stets vollen Geldbeutel. Nach einer Zeit kommt ihn der Teufel holen. Der Mann verabschiedet sich von seinen Kindern und Freunden und verschwindet. Seine Söhne wollen das Schicksal ihres Vaters herausfinden, was ihnen wiederum mit Hilfe der Alten möglich ist. Diese beschwört die Dämonen, die den Mann geholt hatten. Einer der Söhne geht sogar mutig bis in die Hölle mit, wo er die Strafen des Vaters mit ansieht. Als er ihn berührt, verbrennt die Hand bis zum Ellenbogen. Jede Hilfe kommt zu spät, da der Vater auch der Passion Christi abgeschworen hat.

Über einen Teufelspakt, der es Ketzern ermöglicht, Wunder zu tun, berichtet der bereits erwähnte Caesarius von Heisterbach zu Beginn des 13. Jahrhunderts. Caesarius' Bericht über die Ketzer von Besançon galt im Mittelalter als authentisch. Die in Besançon ansässigen Ketzer vollbrachten zahlreiche Wundertaten, um ihren Glauben als den einzig wahren zu bezeugen. Sie waren z. B. imstande, auf bemehltem Boden keine Fußspuren zu hinterlassen, konnten auf Wasser gehen, auch Feuer konnte ihnen nichts anhaben: beeindruckend für die Bürger der Stadt, die in Scharen zum ketzerischen Glauben überliefen. Der verzweifelte Bischof beauftragte einen mit den magischen Künsten vertrauten Priester, das Geheimnis der Häretiker zu entdecken. Der Priester beschwor den

Teufel und versprach ihm seine Seele, wenn er das Geheimnis offenbare. Der Teufel willigte ein und es kam heraus, dass die Ketzer einen unter der Achsel eingenähten Teufelspakt besaßen. Deshalb war es ihnen möglich gewesen, all diese Wunder zu wirken. Als man die Verträge bei ihnen fand, schnitt man diese heraus und ihre Wunderkräfte verließen sie. Die enttäuschten Bürger ließen sie bei lebendigem Leibe verbrennen.[130]

Über die Möglichkeit, kraft eines Teufelspaktes verborgene Schätze zu heben, berichtet der Prediger Berthold von Regensburg (1270).[131]

Albertus Magnus, Petrus Lombardus und vor allem Thomas von Aquin äußerten sich unter deutlichem Rückgriff auf Augustinus in dem Sinne, dass Dämonenanrufungen, -beschwörungen und -opfer einem Pakt mit diesen gleichkämen.

Thomas hat sich in mehreren Schriften mit der Problematik auseinandergesetzt. Er unterscheidet zwischen förmlich geschlossenen (*expressa*) und stillschweigenden (*tacita*) Kontrakten. Diese Handlungen seien als Apostasie aufzufassen. Thomas erwähnt bereits, dass die alten Zauberweiber einen Pakt mit der Hölle geschlossen hätten.

Der Pakt war bekanntlich auch fester Bestandteil der Hexenanklagen:

> Item die dritte Ursach ist die: es sint ettliche, die gewont haben nach wollust des fleisch mit unkeuschheit zu leben. Nun, in der sect lebt ein iglichs nach allem luste des fleischs nach seinem willen. Item de deuffel ist irer meister, verbeutt ine vast, das ire keins stele golt oder silber oder kostlich kleinat, uff das sie mit gefangen werden und dardurch ire buberei geoffnet werd [...] Item die junger Johannes ires ketzermeisters hant bekannt, do man sie verbrant: wan einer wider erst in die gesellschaft kome, so zich der teuffel oder meister dem verfurten das blutt aus den adern, domit schreibt er uff ein pergament und behelt die schrift bei ime, und vil aus der sect haben das gesehn.[132]

Bei der älteren Version der Teufelsbeschwörung geschieht diese aus eigenem Antrieb bzw. der Teufel zeigt sich und schlägt einen Pakt vor. Bei der folgenden Verhandlung sind beide Partner gleichberechtigt. Beide haben sowohl Rechte[133] als auch Pflichten, die sie einhalten müssen. Schwört ein Christ seinem Glauben ab, so ist der Teufel verpflichtet, diesem das Unerreichbare zu beschaffen: die Liebe einer begehrten Person, Reichtum, Macht, Ehre usw.

Durch die Veränderung der äußeren Umstände der Verhandlung mit dem Teufel veränderte sich naturgemäß auch das Verhältnis Teufel – Mensch und umgekehrt. Die ältere Version der Erzählung besagt, dass der Mensch entweder den Teufel zitiert oder dass dieser aus eigenem Antrieb als Versucher erscheint. In späteren Fassungen tritt der Mensch nicht mehr als Gleichberechtigter, sondern unterwürfig als Diener, der seinem Herrn Ehre bezeugen bzw. Opfer[134] darbringen muss, in den Vertrag ein. Ab dem 13. Jahrhundert entwickelt sich der Pakt in Analogie zum Vasallenvertrag, zu dem auch in bestimmten Gegenden nicht nur der Handkuss, sondern auch der Kniefall und bisweilen sogar der Kuss auf den Mund gehörte. Die Verkehrung der Welt, wie sie den Vorstellungen der Inquisition vom Weltbild der Ketzer und Hexen entsprach, brachte es mit sich, dass der Teufel forderte, nicht aufs Gesicht, sondern auf sein Hinterantlitz geküsst zu werden.

1 Vgl. Jenkins, Claude: »Saint Augustine and Magic«, in: *Science, Medicine and History*, hg. v. A. Underwood, Fs Charles Singer, London 1953, S. 131–140; neuerdings: Linsenmann, Thomas: *Die Magie bei Thomas von Aquin*, Berlin 2000.

2 *Confessiones* X, 35.

3 *De Civitate Dei* VIII, 18 f. 26; IX, 1.

4 Ibid., X, 9.

5 *De Doctrina Christiana* 2c.20.

6 *Quaestiones* 83.

7 *De Civ. Dei* XVIII, 17 f.

8 *De Civ. Dei* I.18.c.18.

9 *De Trinitate* 1.3.c.7–9.

10 Er unterteilt in vier Gruppen: Pyromantia, Aeremantia, Hydromantia und Geomantia.

11 Diese aus dem Codex Theodosius stammende Wendung wurde in Anschluss an Isidor immer wieder zitiert. Vgl. Hansen, a. a. O., S. 49.

12 *Etym.*, VIII 9,28.

13 Tacitus informiert über das Loswerfen der Germanen in »Germania«, c.10. Harmening ist der Ansicht, dass diese Sortes Sanctorum in der Mehrzahl der Fälle kultisches Losen und nicht Buchlosen bezeichnet hat. »[…] den Austausch der Götternamen gegen Namen von den Heiligen dürfte die Benennung sortes sanctorum sichtbar machen […] Die sortes sanctorum haben mit der heidnisch-christlichen Tradition des Buch- bzw. Bibelorakels nichts zu tun. Unter christlichem Namen

leben vielmehr kultische Praktiken mantischen Losens aus heidnischer Zeit weiter.« Harmening, Dieter: *Superstitio. Überlieferungs- und theoriegeschichtliche Untersuchungen zur kirchlich-theologischen Aberglaubensliteratur des Mittelalters*, Berlin 1979, S. 203 f.

[14] Wahrsagen auf Grund von willkürlichem Zucken der Glieder gehört der antiken altorientalischen niederen Mantik an. Vgl. Harmening, a. a. O., S. 82.

[15] Bei diesen »Umhängseln« hat es sich meist um Kräuter oder Steine gehandelt, denen man Wirkungen zuschrieb, z. B. bei Epilepsie, Wahnsinn etc. Diese Amulette deutet die Kirche als Zeichen einer Übereinkunft mit den Dämonen. Augustinus: »[…] ferner gehören hierher alle auch von den Ärzten verurteilten Verbände und Heilmittelchen, ob es sich nun dabei um Beschwörungen oder um geheime Zeichen, sog. Charaktere, oder um Dinge zum Aufhängen oder Anbinden handelt. Derlei Dinge hängt man sich ja nicht an, um seinem Körper ein schönes Maß zu geben, sondern um offen oder geheim etwas Bestimmtes anzudeuten.« (*De Doctrina Christiana* II, c.2).

[16] *Quodlibet* IV, 16.

[17] Vgl. Thorndike II, 693 f.

[18] Riezler, Siegmund: *Geschichte der Hexenprozesse in Bayern*, Stuttgart 1896, S. 41 f.

[19] *Quodlibet* XI, 10.

[20] Dazu wesentlich vgl. Lecouteux, Claude: *Geschichte der Gespenster und Wiedergänger im Mittelalter*, Köln u. a. 1987 und ders.: *Das Reich der Nachtdämonen: Angst und Aberglaube im Mittelalter*, Düsseldorf 2001.

[21] *De Universo* II, iii c 12 f. 1027 f.

[22] Eine von der Kirche dezidiert vorgeschriebene Formel gab es im Mittelalter noch nicht, das »Rituale Romanum« existiert erst seit 1614. Die vorher gebräuchlichen Formeln stammten aus privaten Sammlungen, waren oft gekürzte und verstümmelte Texte. Vgl. Rodewyk, A.: »Rituale Romanum«, in: *Lexikon für Theologie und Kirche*, Bd. 8, Sp. 1328.

[23] Zit. n. Lehmann, Alfred: Aberglaube und Zauberei von den ältesten Zeiten an bis in die Gegenwart, *Stuttgart 1925, S. 82.*

[24] Über den Bildungsstand der Geistlichen vgl. Redlich, Otto: *Jülich-Bergische Kirchenpolitik am Ausgange des Mittelalters und in der Reformationszeit*, Bonn 1915, Bd. 2: *Visitationsprotokolle und Berichte*.

[25] Bestätigt durch die überwiegende Zahl der in Bezug auf den Klerus erlassenen Magieverbote: »Quod non oportet eos qui sunt sacrati, vel clerici, esse magos, vel incantares.« Konzil von Laodikeia c. 36. Hrsg. v. Mansi 2, 569. Weitere Belege bei Harmening, a. a. O., S. 223, Anm. 37.

[26] Vgl. Graf, Arturo: *Miti, Leggende e Superstizioni Del Medio Evo*, Torino 1893; Schustek, Karl: *Die Legenden über Sylvester II (Gerbert)*, Hamburg 1893; Döllinger, Johann: *Die Papst-Fabeln des Mittelalters*, Stuttgart 1890, S. 184–188; Riché, Pierre: *Gerbert D'Aurillac. Le Pape de l'An Mille*, Fayard 1987; Lindgren, Uta: *Gerbert von Aurillac und das Quadrivium. Untersuchungen zur Bildung im Zeitalter der Ottonen* (= Sudhoffs Archiv Heft 18); Eichengrün, Fritz: *Gerbert als Persönlichkeit*, Leipzig 1928.

[27] Richer, ein Schüler Gerberts verfasste gegen Ende des 10. Jahrhunderts dessen Biografie, die *Historiarum libri quattuor*. Die Darstellung endet mit 995.

[28] Vgl. Schustek, Karl: *Die Legenden über Sylvester* II., 1893, S. 10.

[29] Vgl. Schustek a. a. O., S. 19f.

[30] Gerbert gelingt es, das Geheimnis der Statue auf dem Marsfeld mit der Inschrift *Hic percute* richtig zu deuten. Er gräbt an dem Platz, den der Finger der Statue durch den Mittagsschatten bezeichnet und gelangt in eine reiche, von einem Karfunkel erhellte Schatzkammer. Gegenüber dem Licht spendenden Stein befindet sich ein automatischer Bogenschütze, dessen Mechanismus der Diener des Gerbert auslöst, als er ein goldenes Messer fortnimmt. Das Licht verlöscht und sie kommen mit Mühe wieder an die Oberfläche.

[31] Vgl. die maßgebliche bereits in mehrfacher Auflage erschienene Studie meines Lehrers Helmut Birkhan: *Kelten. Versuch einer Gesamtdarstellung*, Wien 1997, S. 822f.

[32] Über die Bedeutung der Mittagsstunde im Aberglauben Jungbauer: »Mittag«, in *HdA* Bd. 6, Sp. 398–412. »Mittagsgespenst« vgl. ders. ibid. Sp. 414–418.

[33] Kiesewetter erwähnt 18 Päpste, die der Sage nach alle auf Grund eines Paktes mit dem Teufel den päpstlichen Stuhl erreicht hatten: Vgl. Kiesewetter, Carl: *Faust in der Geschichte und Tradition*, Leipzig 1893, S. 118f.

[34] Ausgabe *Monumenta Germanicae, Deutsche Chroniken* III, 1, 1891 v. 22321–22678. Lateinisches Gerbert-Gedicht hrsg. v. Mone aus der Salmannsweiler Hs. in: *Anzeiger für Kunde des Mittelalters* II, 1833 Sp. 188–189. Frz. Gedicht von Philipp Mousket, vor 1244 in Tournai gestorben; abgedruckt bei Arturo Graf a. a. O, v. 15434–15599.

[35] F. Maurer: *Die Lieder Walthers von der Vogelweide* (= ATB 43), 1972 u.ö.

[36] Verfasser der meistbenutzten lateinischen Chronik des Mittelalters, vgl. Brincken, Ann-Dorothe v. den: »Martin von Troppau«, in: *VL*, Bd. 6, Berlin 1987, Sp. 158–166.

[37] Dietrich von Niem oder Nieheim (ca. 1340–1418) war als Schreiber an der päpstlichen Kanzlei tätig. Nach Heinrich Finke war er der »größte Journalist des späteren Mittelalters«, zit. n. Rupprich, Hans: *Vom späten Mittelalter bis zum Barock*, in: *Geschichte der deutschen Literatur*, Bd. IV/1, München 1970, S. 151.

[38] Einem früheren Gregor, dem VII. (1073–1085), sagte man nach, dass er dem Teufel diene, ihm Messen lese und opfere, aus Kinderblut zauberische, tödliche Tränke braue etc. Dem Teufel habe er auch genug Seelen zugeführt, indem er den Zölibat und das Fasten eingeführt habe. Mit einem Zauberspiegel habe er seinen Gegner Heinrich IV. und alle seine Unternehmungen genauestens beobachten können. Als er allerdings dem Teufel befohlen habe, den Kaiser zu töten, habe dieser die Tat verweigert, da der Kaiser von Gott geschützt sei. Wutentbrannt habe er sein Zauberbuch zu Boden geworfen und sei darauf herumgesprungen. Vgl. Kiesewetter, a. a. O., S. 123. Offenbar initierte seine »liberale« Einstellung gegen »strigen« die entsprechende Legende. Bekanntlich hat er in einem Schreiben an die oberitalienischen Gemeinden diese zur Mäßigung gegenüber den Zauberfrauen ermahnt und zudem dem Dänenkönig wegen seiner Zauberprozesse Vorwürfe gemacht.

[39] Joachim von Fiore (1135–1202) stiftete den Florenser Orden und tat sich als Bibelkommentator unliebsam hervor. Seine Schriften wurden vom Laterankonzil von 1215, in Arles 1260 und von Papst Alexander IV. verboten. Vgl. die Studie von Marjorie Reeves: *Joachim of Fiore and the Prophetic Future*, Sutton 1999; Vgl.

Biedermann, Hans: *Lexikon der magischen Künste*, Bd. 1, Graz, 3. Aufl. 1986, S. 239 f.

40 Auch Johann XX. (1024–1033) wurde der Besitz solcher Bücher nachgesagt. Nach seinem Tode kam er als Gespenst wieder und ließ ein Zauberbuch zurück. Vgl. Kiesewetter, a. a. O., S. 122 f.

41 Thorndike, a. a. O., II, S. 285.

42 Dabei soll es sich um das Werk eines arabischen Astrologen des 9. Jahrhunderts gehandelt haben.

43 Harvey, Margaret: »Papal Witchcraft«, in: *Sanctity and Secularity, the Church and the World. Studies in Church History*, hg. v. Derek Baker, Bd. 10, Oxford 1973, S. 109–116; hier S. 114.

44 ibid., S. 115 f.

45 ibid., S. 114. Dies wird auch Benedikt IX. (1012–1024), Arnold von Villanova und Peter von Abano nachgesagt.

46 Weitere Beispiele siehe meinen Artikel »Die Darstellung des populären Zauberwissens in Gebrauchstexten am Beispiel des Wachspuppenzaubers und der Dämonenbeschwörung«, in: *Hexenverfolgung in Mecklenburg. Regionale und überregionale Aspekte*, hg. v. Dieter Harmening und Andrea Rudolph, Dettelbach 1997, S. 247–268 (= Quellen und Forschungen zur europäischen Ethnologie Bd. XXI).

47 Vgl. Maier, Anneliese: »Eine Verfügung Johannes XXII. über die Zuständigkeit der Inquisition bei Zaubereiprozessen«, in: *Archivum Fratrum Praedicatorum* Bd. 22, Rom 1952, S. 226–246.

48 Cohn, Norman: *Europe's Inner Demons*, New York 1975, S. 181 f.

49 Man hat das eher als propagandistisches Verfahren, das schon Kaiser Konstantin anwandte, gedeutet.

50 Sister Mary Margaret Curley: *The Conflict between Pope Boniface VIII and Philipp the Fair*, Washington D.C. 1927, S. 136.

51 Einer sei ihm von einer Italienerin, der nächste von einem Ungarn und der dritte von einem gewissen Bonifaz von Vicenza gebracht worden. Außerdem trage er noch einen vierten, in einem Ring eingeschlossen, am Finger.

52 Depuy, P: *Histoire du Differend d'entre le Pope Boniface VIII et Philippe le Bel Roy de France*, Paris 1655, 101 f., 324–346; 350–362.

53 Dazu besonders Böcher, Otto: *Dämonenfurcht und Dämonenabwehr. Ein Beitrag zur Vorgeschichte der christlichen Taufe*, Stuttgart 1970.

54 zit. n. Lehmann, a. a. O., S. 85.

55 Böcher, ibid., S. 182 f. Die Kraft des Exorzisten kann durch asketische Übungen, Fasten, Nacktheit, Zölibat und Schweigen verstärkt werden, S. 238 f. Grundlegend dazu: Clark, Stuart: *Thinking With Demons. The Idea of Witchcraft in Early Modern Europe*, Oxford 1996, S. 401 f.

56 Grube-Verhoeven: »Die Verwendung von Büchern christlich-religiösen Inhalts zu magischen Zwecken«, in: *Zauberei und Frömmigkeit*, Tübingen 1966 (= Volksleben 13) S. 15 f.

57 Vgl. Franz, A.: *Die kirchlichen Benediktionen im Mittelalter*, Freiburg im Breisgau 1909, II, S. 57, 352 f.

58 Rochholz, B.: *Glaube und Brauch im Spiegel heidnischer Vorzeit*, Berlin 1867, S. 170 f.

59 Vgl. Franz: a. a. O., II, S. 57 f.

[60] Franz: a. a. O., II, S. 437.

[61] ibid., S. 475.

[62] Dürig, W: »Die Verwendung des so genannten Fluchpsalms 108 (109) im Volksglauben und der Literatur«, in: *Münchner Theologische Zeitschrift* 27 (1976), S. 71–84.

[63] Vgl. Eis, Gerhard: »mort und Verwandtes«, in: *Altdeutsche Zaubersprüche*, Berlin 1964, S. 88–109.

[64] Barack, K. A. (Hrsg.): *Die Zimmersche Chronik*, Freiburg 1881, III, 612; Vgl. Schanze, Frieder: »Johannes Werner von Zimmern«, in: *VL* Bd. 4, Berlin 1983, Sp. 813–816.

[65] Augustinus: *Enarrationes in Psalmum* 108, 1; zit. n. Dürig, a. a. O., S. 79.

[66] Zum Prolog des Johannesevangeliums vgl. Jacoby, F.: »Johannisevangelium«, in: *HdA*, Bd. 4, Sp. 731–733.

[67] Burnett, Charles: *Magic and Divination in the Middle Ages*, Aldershott 1996.

[68] Meyer, K.: *Der Aberglaube des Mittelalters und der nächstfolgenden Jahrhunderte*, Basel 1884, S. 146.

[69] ibid.

[70] Franz, a. a. O , Bd. II, S. 362 f.

[71] Vgl. Dürig, W.: »Das Ordal der Psalterprobe im Codex Lat. Mancensis 100«, in: *Münchner theolog. Zs.* 24 (1973), S. 266–278.

[72] *HDA* III, Sp. 1017.

[73] Spamer, A.: »Zauberbuch und Zauberspruch«, in: ders.: *Romanusbüchlein*, Berlin 1958, S. 14.

[74] Grube-Verhoeven, a. a. O., S. 50.

[75] Vgl. Browe, Peter: »Die Eucharistie als Zaubermittel«, in: *AfKg* 1930, S. 134 Anm. 3; vgl. auch die Belege bei Karle: »Hostie«, in: *HdA*, Bd. 4, Sp. 412–422.

[76] Lehmann, a. a. O., S. 85.

[77] Um 1180 in Köln geboren; 1199 trat er in das Zisterzienserkloster von Heisterbach ein und begann bei seinen Visitationsreisen Wundergeschichten zu sammeln. Der Abt forderte ihn auf, diese Geschichten literarisch zu gestalten, um sie auch für andere Klöster zur Belehrung einsetzen zu können. Seine erste Sammlung mit dem Titel *Dialogus miraculorum* stellte er zwischen 1219–23 zusammen. Von der zweiten Sammlung ähnlichen Inhalts, *Libri VIII miraculorm*, 1225 begonnen, sind nur zwei Bücher erhalten.

[78] Browe, a. a. O., S. 135.

[79] Zit.aus Sprenger, J./Institoris, H: *Der Hexenhammer von J. S. und H. I.*, übertragen und eingeleitet v. J. W. R. Schmidt, 3 Bde., Berlin [2]1920, Bd. II, q.1c.16.

[80] Schönbach, E: *Zeugnisse Bertholds von Regensburg zur Volkskunde* (= Sitzungsberichte der phil.-hist. Kl. d. Akad. d. Wiss. 442) Wien 1900, S. 26.

[81] J. M. Vidal: *Bullaire de inquisit. franc. au 14e siècle*. Paris 1913, n. 30, zit. n. Browne, a. a. O., S. 145.

[82] Vgl. Hahn, a. a. O., Bd. I, S. 148–207.

[83] Von ihm wurden die letzten Katharer abgeurteilt. Sein Handbuch *Practica Inquisitionis* ist ein Hauptzeugnis für die Praktiken und Verfahren der Inquisition. Neuerdings ins Französische übersetzt: Gui, Bernard: *Le Livre des sentences de l'inquisiteur Bernard Gui (1308–1323)* Edition et transcription, hg. u. übers. v. Pales-Gobilliard, Annette, Paris 2002 (= Sources d'histoire médiévale.) Vgl. Borst, Arno: *Die Katharer*, Freiburg [2]1991, S. 32.

[84] Beleg für die Bezeichnung als eigenes Delikt in Prozessen, Beschlüssen, Verordnungen in Pavia, Cambrai, Rouen, Ferrara, Padua vgl. Browne, a. a. O., S. 148.

[85] Vgl. Nahl, Rudolf van: *Zauberglauben und Hexenwahn im Gebiet von Rhein und Maas. Spätmittelalterlicher Volksglaube im Werk Johann Weyers (1515–1588)*, Bonn 1983, S. 111. Sein Hauptwerk wurde ins Englische übersetzt: Weyer, Johann: *On Witchcraft. An abridged translation of Johann Weyer's De praestigiis daemonum*, ed. Benjamin G. Kohl and H. C. Erik Midelfort. Asheville 1998; Vgl. auch Lehmann, Hartmut/Ulbricht, Otto (Hrsg.): *Vom Unfug des Hexen-Processes: Gegner der Hexenverfolgungen von Johann Weyer bis Friedrich Spee*, Wiesbaden 1992.

[86] ibid.

[87] Ausführliche Zusammenstellung der Quellen bei Hahn, Christoph Ulrich: *Geschichte der neumanichäischen Ketzer*, Ndr. der Ausg. Stuttgart 1845, Darmstadt 1968, 3 Bde. Vgl. auch Grundmann, Herbert: *Der Typus des Ketzers in mittelalterlicher Anschauung* (= Schriften der Monumenta Germaniae Historica 25).

[88] Borst, Arno: *Die Katharer*, Stuttgart 1953, 2. Aufl. Freiburg i. Br. 1991.

[89] ibid., S. 61–69.

[90] Vgl. Döllinger, Ignaz v.: *Beiträge zur Sektengeschichte des Mittelalters*, 2 Bde., München 1890 und Garsoian, N.: *The Paulician Heresy*, Paris 1967, S. 97 f.

[91] Zu den Waldensern vgl. Kathrin Utz Tremp (Hg.): *Quellen zur Geschichte der Waldenser von Freiburg im Uechtland (1399–1439)* (= Monumenta Germaniae Historica, Quellen zur Geistesgeschichte des Mittelalters 18), Hannover 2000; zu Ketzern allgemein: *Randgruppen der spätmittelalterlichen Gesellschaft*, neu bearb. Ausgabe [3. Aufl.], hg. von Bernd-Ulrich Hergemöller, Warendorf 2001.

[92] Übers. von Zacharias, G.: *Der dunkle Gott*, Wiesbaden 1964, S. 71 f.

[93] Bougin, G. (Hrsg.): *Guibert de Nogent: Histoire de sa vie (1053–1124)*, Paris 1907, S. 212 f.

[94] Zum Ritualmord neuerdings: Fieg, Hannelore: *Ritualmord und Satanskultbeschuldigungen in Spätantike, Mittelalter und früher Neuzeit. Christen und Juden, Ketzer und Hexen*, Diplomarbeit Univ. Innsbruck 2000.

[95] Ein Bericht des Guibert de Nogent über eine neumanichäische Sekte zeigt die Identifikation Hostie und Brot in eindeutiger Weise: Aus der Asche des Kindes bereiten die Anwesenden tatsächlich Brot, das ebenfalls die beschriebenen bindenden Wirkungen zeigt.

[96] Aus dem Lateinischen übers. von Gerhard Zacharias in: *Der dunkle Gott*, Wiesbaden 1964, S. 75 f.

[97] Hrabanus Maurus: *Comment. in Exodum* 1, III c.1; zit. n. Lea 205 übers. von mir.

[98] Lea, a. a. O., S. 206.

[99] Vgl. Kelly, Henry Ansgar: *Inquisitions and Other Trial Procedures in the Medieval West* (= Variorum Collected Studies 708), Aldershot 2001.

[100] Hansen, a. a. O., S. 281 f.

[101] ibid. S. 297.

[102] ibid. S. 301.

[103] Werner Tschacher geht im Sammelband zu Verschwörungstheorien auf die Problematik ein: »Vom Feindbild zur Verschwörungstheorie. Das Hexenstereotyp«, in: *Verschwörungstheorien: Anthropologische Konstanten – historische Varianten*, hg. von Ute Caumanns und Mathias Niendorf, Osnabrück 2001 (Einzelver-

öffentlichungen des Deutschen Historischen Instituts Warschau, Bd. 6). Zu den Templern maßgeblich die informative Studie von Peter Dinzelbacher: *Die Templer ein geheimnisumwitterter Orden?*, Freiburg i. Br. 2002.

104 Partner, Peter: *The Murdered Magicians. The Templars and their Myth*, Oxford 1982, S. 60f.

105 Michelet, Jules: »Le Procès des Templiers«, in: *La Sorcière*, 2 Bde., Paris 1952, Bd. I, S. 205f. übers. v. Zacharias: a. a. O., S. 138f.

106 Vgl. dazu meine Artikel: »Teufelspakt«, (S. 809–810), in: *Handwörterbuch der Mediävistik*, hg. v. Peter Dinzelbacher, Stuttgart 1992 und »Der Dämonenpakt in mittelalterlichen Quellen«, in: *Sô wold ich in Fröiden singen*, Festgabe für Anthonius H. Touber zum 65. Geburtstag, hg. v. Carla Dauven-van Knippenberg und Helmut Birkhan, (= Amsterdamer Beiträge zur älteren Germanistik, Bd. 43–44), 1995, S. 221–241 und Neumann, Almut: *Verträge und Pakte mit dem Teufel. Antike und mittelalterliche Vorstellungen im »Malleus maleficarum«*, (= Saarbrücker Hochschulschriften Bd. 30), St. Ingbert 1997.

107 Bd. 6, 1961, Sp. 1279.

108 Ignaz V. Zingerle (Hrsg): *Hans Vintler, Pluemen der tugent*, Innsbruck 1874. Vgl. Ziegeler, Wolfgang: *Möglichkeiten der Kritik am Hexen- und Zauberwesen im ausgehenden Mittelalter*, Wien 1973, S. 34–46.

109 Becker, Hartmut: »Eine spätmittelalterliche deutsche Anleitung zur Teufelsbeschwörung mit Runenschriftverwendung«, In: *ZfdA* 113, 1984, S. 144; Wilhelm de Line, oder Edeline, wurde (12.12. 1453) in Poitiers zu lebenslänglichem Gefängnis verurteilt, weil er, um die Liebe einer Edelfrau zu gewinnen, mit dem Teufel einen Pakt geschlossen hatte, so die Sage. Eigentlich war er ein erklärter Gegner der Inquisition. Vgl. auch Summers, Montague: *The History of Witchcraft*, London 1926, S. 60.

110 *De doctrina christ.*1.2 c.20.

111 Über die Überlieferungsgeschichte und die einzelnen Fassungen vgl. Zahn, Th.: *Cyprian von Antiochien und die deutsche Faustsage*, Erlangen 1882; Radermacher, F.: *Die griechischen Quellen zur Faustsage*, Sitzungsber. d. phil.-hist. Kl. d. Akad. d. Wiss. Bd. 206, 4. Abh., Wien 1927; Dorn, E.: »Der sündige Heilige in der Legende des Mittelalters«, in: *Medium Aevum*, Bd. 10, München 1967, S. 33.

112 Graesse, Th. (Hrsg.): *Die Legenda Aurea des Jacobus de Voragine*, Breslau 1890, Ndr. Osnabrück 1965; Benz, R. (Übers.): *Die Legenda Aurea des Jacobus von Voragine*, Heidelberg 1955; Kunze, Konrad: »Jacobus a Voragine«, in: *VL*, Bd. 4, Berlin 1983, bes. Sp. 452–456.

113 In der lateinischen *Confessio seu poenitentia Cypriani* ausführlich über das heidnische Vorleben, seine Ausbildung in Mysterien- und Zauberkulten, weshalb Papst Gelasius die Schrift verbot. Vgl. Reitzenstein, A.: »Cyprian der Magier«, in: *Nachrichten v. d. Kgl. Gesell. d. Wiss. zu Göttingen, phil.-hist. Kl.*, Berlin 1918, S. 52.

114 Bericht in der *Confessio Justinae et Cypriani*. Vgl. Radermacher, a. a. O., S. 104f.

115 Vgl. Hansen, a. a. O., S. 167.

116 Vgl. Plenzat, Karl: *Die Theophiluslegenden in der Dichtung des Mittelalters*, Berlin 1926, S. 13f.

117 Firdusis Schahname: *Das Buch der Könige*, übers. v. Rückert, Berlin 1830, Bd. 1.

[118] Map, Walter: *De Nugis Curialium,* übers. v. M. B. Ogle/Fred Tupper, London 1924, S. 15.

[119] Belege bei Kretzenbacher, Leopold: *Teufelsbündler und Faustgestalten im Abendlande*, Klagenfurt 1968, S. 42–54.

[120] In der Militariuslegende beauftragt ein verarmter Soldat ebenfalls einen jüdischen Zauberer, der für ihn im Wald den Teufel, welcher in Rabengestalt erscheint, beschwört. Aufgefordert, Christus und Maria abzuschwören, weigert er sich, was ihn, wie Theophilus, letztendlich rettet. Caesarius von Heisterbach: *Dialogus miraculorum* Dist. II cap. 12, dt.Ausgabe Hellinghaus, O. (Hrsg.): *100 auserlesene, wunderbare und merkwürdige Geschichten des Zisterziensers Cäsarius von Heisterbach (+ um 1240)*, Aachen 1925, S. 46, Nr. 32.

[121] Graesse, a. a. O., Cap. CXXI *De nativitate beatae Mariae virginis*, S. 9 f.

[122] Vgl. Goldin, Judah: »The Magic of Magic and Superstition«, in: *Aspects of Religions and Propaganda in Judaism and Early Christianity*, hrsg. v. Elisabeth Schüssler Fiorenze, Notre Dame, Indiana 1976, S. 115–48. Vgl. Kapitel Zauberjuden unten S. 141.

[123] Leyen, Friedrich von der (Hrsg.): »Des armen Hartmann Rede vom Glouven, eine deutsche Reimpredigt des 12. Jahrhunderts«, in: *Germanistische Abh.* Heft XIV, Breslau 1897, S. 196 f. (v. 1926–2001).

[124] Abgedruckt bei Plenzat, a. a. O., S. 49.

[125] Kommentierte Textausgabe von Faral, E./Bastin, J.: *Oeuvres complètes de Rutebeuf*, Bd. II, Paris 1960, S. 167 f. Zur weiteren Wirkungsgeschichte des Theophilusstoffes vgl. Kretzenbacher, a. a. O., S. 391 f.

[126] Vgl. Hansen, a. a. O., S. 169.

[127] Map, Walter: *De Nugis Curialium,* S. 199, übers. v. M. B. Ogle/Fred Tupper, London 1924.

[128] Aus einer Handschrift des Augustinerchorherrenstiftes Vorau, Oststeiermark. Vgl. Schönbach, A.: *Studien zur Erzählliteratur des Mittelalters. 2. Teil: Die Vorauer Novelle* (= Sitzungsber. d. phil.-hist. Kl. d. Akad. d. Wiss. Bd. 140) Wien 1899; Vgl. Zatloukal, Klaus: »Vorauer Novelle«, in: *VL*, Bd. 10, Berlin 1999, Sp. 523–525.

[129] Autor der *Steirischen Reimchronik*, verfasst ca. 1301–1319 Vgl. Weinacht, Helmut: »Ottokar von Steiermark«, in: *VL*, Bd. 7, Berlin 1989, Sp. 238–245.

[130] Caesarius, a. a. O., V, 18.

[131] Vgl. *Die Predigten des Berthold von Regensburg*, hrsg. v. Pfeiffer-Strobl I, S. 342.

[132] Mathias Widmann von Kemnath*: Buhlschaft, Flug, Hexentanz, Schadenzauber und Teufelspakt, Kurpfalz 1475/76. Chronik des Kurfürsten Friedrich von der Pfalz,* zit. n. Hansen, Joseph: *Quellen und Untersuchungen zur Geschichte des Hexenwahns*, Bonn 1901, S. 232–235.

[133] Bonaventura war überzeugt, dass die magischen Künste allein auf dem Pakt beruhen und ohne diesen unmöglich wären. Vgl. Hansen, a. a. O., S. 171.

[134] Der Nekromant »muoz den tiuffeln maniger hannd opffer geben, auch mit den tewffeln gelübt und verpintnusz machen; dann so sind jm die tiuffel gehorsam« (v. 13) Ulm, Dora (Hrsg.): *Johannes Hartliebs Buch aller verbotenen Kunst*, Halle a. d. S. 1914, S. 15.

IV. Die rechtliche Situation

Kirche und Staat

Im Zentrum der Zaubereiverfolgungen[1] stand ursprünglich das *Maleficium*: die Vorstellung, dass Menschen (mit Hilfe von Dämonen) anderen Schaden zufügen bzw. zufügen können. Deshalb haftete dem Begriff *Maleficium* die ursprüngliche antike Bedeutung »Übeltat« auch weiter an. Seit der römischen Kaiserzeit hat sich die Bedeutung »Schadenzauber« durchgesetzt.

Der berüchtigte *Hexenhammer* oder *Malleus Maleficarum*[2] von 1486 zeigt die Entwicklung des Begriffes in der Spätzeit. Das männliche Pendant, der *Maleficus*, kommt im Titel gar nicht vor, hier zeigt sich also eine deutliche Einengung auf weibliche Personen. Auch deckt sich die *Malefica* dieser Zeit nicht mehr mit der Schadenzauberin früherer Epochen, sondern hat eine Ausweitung erfahren.

Der *Maleficus* ist imstande, Menschen oder Tiere krank zu machen und zu töten. Besonders hervorgehoben wird die durch Zauberei hervorgerufene Impotenz: *Impotentia ex Malefico*. Zu diesem Komplex zählen auch Liebes-, Unfruchtbarkeits- und Abtreibungstränke.[3] Zum Schadenzauber an Ernte und Vieh eines Mitmenschen gehört auch der schädliche Wetterzauber.

Wie bei den Liebestränken schon vorauszusehen, geschah auch eine Koppelung der Vorstellungen *Maleficium* und *Veneficium*. Das hatte zur Folge, dass jeder Vergiftungsfall zugleich als Zaubereifall gehandhabt wurde, obzwar noch eine Zeit lang als »gemischtes Delikt«.[4] »Von der in einzelnen Persönlichkeiten verkörperten Kenntnis giftiger und stark reizender Mittel, deren Wirkung sich die große Menge nicht zu deuten vermochte, und von der lange üblichen Umkleidung, der Herrichtung solcher wirklich und vermeintlich wirkender, dem Pflanzen-, dem Tier- und dem Mineralreich entnommener Mittel mit geheimnisvollen Formeln, die dem Verfertiger einen ehrwürdigen Anstrich zu sichern bestimmt waren, ist der Glaube an Zauber und Zauberinnen stark gespeist worden, und zwar umso stärker, je mehr die Weltanschauung sich von empirischer Naturbetrachtung religiösem Spekulieren zuwandte.«[5]

Der Begriff *Sortilegium* umfasst so unterschiedliche Zauberpraktiken wie die zauberische Fernwirkung durch Loswerfen, Beschwörungen, Ligaturen (amulettartige Gegenstände, die man um den Hals hängte), aber auch das Phänomen des »bösen Blicks«, Fluchtafeln, Wachspuppenzauber u. a.

Im Judentum[6] war der Teufel nicht unmittelbar mit Zauberei verknüpft. Die altjüdischen Gesetze (enthalten im *Pentateuch*) bestraften Wahrsagerei und Zauberei mit dem Tode. Das steht im Einklang mit der späteren Gesetzgebung des Mittelalters. Das *Maleficium*, so scheint es, ist sowohl von kirchlicher als auch weltlicher Gesetzgebung als Faktum anerkannt und bis ins 17. Jahrhundert als solches bestraft worden.

Tertullian (160?–225?)[7] behandelte Zauberei und Götzendienst als identische Begriffe, und da der Begriff Götze sich immer mehr mit dem des Teufels deckte, galt die Zauberei als Teufelswerk bzw. auch als Teufelsdienst. Die Zauberei bekam den Status einer Art Konkurrenzunternehmen zur christlichen Kirche.

Bis zu Beginn des 13. Jahrhunderts führten sowohl Kirche als auch Staat den Kampf gegen das Maleficium in seiner einfacheren Form. Von 1230 an wurde die Zauberei mit Ketzerei verknüpft, außerdem kam noch die Vorstellung vom Verkehr mit den Dämonen dazu.[8] Die Einsetzung der Inquisition auch für die Zaubereidelikte war ein entscheidender Schritt. Im Spätmittelalter und zu Beginn der Renaissance bildete sich der aus verschiedenen Begriffen kompilierte Hexenbegriff aus (vgl. S. 277 f.).

Die Gesetzesbildung und das daraus resultierende kirchliche Strafrecht lag in den ersten Jahrhunderten bei den Synoden, außerdem bei den Dekreten der Päpste. Aus der Sammlung dieser Beschlüsse und deren Zusammenfassung entwickelte sich das Kirchenrecht, das auch Teile der römischen Rechtsordnung, Bibelstellen und Heiligenaussprüche mit einbezog.

Zu den schwersten Vergehen der ersten Christen gehörte der Götzendienst, die *idolatria*, die die Kirche als Rückfall ins Heidentum verstand. Als Strafe schloss man die Übeltäter aus der Gemeinde, den Sakramenten, dem Gottesdienst aus. Die lebenslangen Büßer konnten bei guter Führung dennoch am Totenbett die Absolution empfangen.[9]

Seit dem 4. Jahrhundert verringerte sich die Buße auf circa 15 Jahre. Das Verfahren bestand aus Geständnis und Beichte der Verfehlung, Abbitte und Buße. Nach der Buße konnte der Reuige mit seiner öffentlichen Rehabilitation und Wiederaufnahme in die Gemeinde rechnen. Die Einsetzung der christlichen Kirche als Staatskirche im Römischen Reich brachte auch die Anerkennung der kirchlichen Gerichtsbarkeit.

Die Abschaffung der öffentlichen Beichte und die Einführung der Ohrenbeichte sowie die geheime Auferlegung der Bußübung änderte die Situation.

Die Kirche dieser Jahrhunderte hat die Zauberei hauptsächlich unter dem Aspekt des Götzendienstes betrachtet und nicht, wie noch im römischen Recht, in Bezug auf die Schädigung an Leib, Leben und Eigentum.[10]

In der ersten Zeit gab es noch keine »Zauberkonzile«, aber viele örtliche Synodalregelungen, die sich mit dieser Materie auseinandersetzten und dann ins Kirchenrecht übergingen. Die älteste dieser Synoden fand im spanischen Elvira (306) statt. Sie verfügte, dass jemand, der durch Zauber einen Mitmenschen getötet hatte, auch nicht am Totenbett das letzte Abendmahl empfangen dürfe. Die Synode von Ancyra (314) verhängte eine fünfjährige Buße für Wahrsager und Heilzauberer, für Hersteller von Abtreibungstränken zehn Jahre. In Laodicäa (375) wandte man sich vor allem streng gegen die Beteiligung von Priestern an Zaubereidelikten. Ebenso verhängte das Konzil in Agde im Languedoc (506) gegen Kleriker und Laien die Exkommunikation.[11]

Besonders wichtig für die Begriffsklärung waren die Pönitenzialien, Handbücher mit Weisungen für die Geistlichen, aber auch Synodalbeschlüsse, die die Zaubereivorstellung am authentischsten transportierten: Sie enthielten Meinungen der Päpste und Kleriker, aber auch abergläubische Vorstellungen des Volkes selbst, die oft nicht deckungsgleich waren. An Beweisen, dass die Kirche selbst an Zauberei glaubte, fehlte es nicht. Der Verhängung von Strafe muss ja eine Beschreibung der Übeltat vorausgehen, was eine Festigung der bereits vorhandenen und auch dem Volk »fremden«[12] Vorstellungen nach sich zog. Dass sich die Texte der magischen Beschwörung und der Zaubersprüche nicht sehr von den Gebeten unterschieden haben, soll später noch ausführlich besprochen werden.

Die Bußbücher aus dem angelsächsischen und dem fränkisch-römischen Raum kennen zwei Arten von Zauberern, die *Malefici* und die *Tempestarii*, die Wetterzauberer. Zur ersten Gruppe zählte man auch die bereits erwähnten *Venefici*, die Giftmischer. Auffallend dabei ist, dass für dieses Delikt ein hoher Anteil an weiblichen Delinquenten und an Klerikern zu beobachten war. Das Bußmaß betrug sieben bis zehn Jahre, während für Wahrsagerei und Zaubersprüche ein wesentlich geringeres Strafmaß verhängt wurde. Die zweite Gruppe, die Wettermacher, erhielten sieben Jahre Buße.

Die Päpste Gregor I. (540–604) und II. (669–731) wandten sich gegen das *Maleficium*, aber auch gegen Traumdeuterei, Vogelschau und Loswerfen. Über alle, die Zauberer in ihre Dienste nahmen, verhängten sie die Exkommunikation.

Die ältesten germanischen Volksrechte bestraften lediglich den Schadenzauber. Im langobardischen, bayrischen und thüringischen Recht wurde das *Veneficium* nicht mit Zauberei gleichgesetzt, allerdings aber im salischen, angelsächsischen und ripuarischen Recht.

Die *Lex Salica*, die fränkische Rechtsabhandlung (500) bestimmte das *Maleficium* durch das *Veneficum*, d.h. setzte es mit Giftanschlag mit tödlichem Ausgang, also Mord, gleich und forderte ein Wergeld. Im Fall der Zahlungsunfähigkeit wurde der Zauberer verbrannt.[13] Dies stellt den ersten Fall in den germanischen Rechten dar, der die Verbrennung als Strafe vorsah und sie blieb es bis zum Karolingerreich.

Schwere Strafe verhängte man auch bei Unfruchtbarkeitstränken. Abtreibungstränke bzw. Kräutermischungen zur Krankheitserzeugung ahndete man ebenfalls. Der Schadenzauber in Bezug auf Ernte und Vieh, wozu auch das Wettermachen gerechnet wurde, erfuhr eine unterschiedliche Strafregulation in den einzelnen Volksrechten. Interessant erscheint, dass, vergleichbar dem römischen Recht, eine Anklage wegen *Maleficium* als Ehescheidungsgrund gewertet wurde, was einige Monarchen weidlich ausnutzten.[14]

Die strafwürdige Untat, definiert als Schädigung an Leib und Eigentum, wandelte sich zu einer Untat religiösen bzw. antireligiösen Charakters. Zauberei wurde gleichbedeutend mit Abfall vom Glauben. Das zeigt das Edikt Theoderichs (500): Beschwörung wurde mit Todesstrafe geahndet, da er annahm, dass die Zauberer und Beschwörer mit heidnischen Göttern im Bunde wären.

Der erste Erlass der Karolingerzeit, das Kapitular Karlmanns (21. April 742) bestätigte den Beschluss der ersten deutschen Bischofssynode, die sich gegen heidnische Bräuche und Wahrsagerei gewandt hatte.

> Jeder Bischof soll in seiner Parochie mit Beihilfe des Grafen, der Schützer seiner Kirche ist, darauf bedacht sein, dass das Volk keine heidnischen Gebräuche mehr beobachte, als da sind: heidnische Totenopfer, Losdeuterei, Wahrsagerei, Amulette, Augurien, heidnische Opfer, welche die Toren oft neben den christlichen Kirchen den Märtyrern und Bekennern darbringen oder die sakrilegischen Feuer, die sie »Nodfyr« nennen.[15]

Besonderes Augenmerk richtete man auf die in Zaubersprüchen verwendeten Namen von Heiligen. Die Verwendung von Sakramenten und der Eucharistie im Zauber (vgl. S. 94 f.) war auch damals schon gefürchtet. Karl der Große bestätigte diesen Beschluss 769 und bestimmte im sächsischen Kapitular (787), dass die Zauberer der Kirche als Sklaven zu übergeben seien. Er verhängte die Todesstrafe für Götzenanbeter und -opferer. Außerdem betonte er, dass die Zauberer durch ihre Tätigkeit aus dem Reich Gottes ausgeschlossen seien, eine Hinwendung also zur Ansicht der Römer, die sie als Staatsfeinde betrachteten und aburteilten. »Unter Karl dem Großen wurde, wie auch diese Entwicklung beweist, eine enge Verbindung zwischen Staat und Kirche durchgeführt [...] Dieser Vorgang tritt besonders um das Jahr 800, seit der Erneuerung des römischen Kaisertums in den kirchlichen und staatlichen Bestimmungen gegen Zauberer in Erscheinung.«[16]

Die schärferen Maßnahmen wirkten sich auch auf die Methoden der Wahrheitsfindung aus: Karl der Große bestätigte die 799 von der Synode in Reisbach beschlossene Zulassung der Folter.[17]

Der Reichstag zu Worms merkte an, dass es noch heidnische Überreste gebe wie Zauberer, Loswerfer, Wahrsager, Wettermacher,

Traumdeuter und Giftmischer. Alle jene Genannten seien von den Fürsten als Teufelsdiener zu bestrafen. Am 4. Januar 873 wandte sich Karl der Dicke mit folgenden Worten gegen die Zauberer: Quoniam, sicut sancti dei homines scripserunt, regis ministerium est, impios de terra perdere, maleficos et veneficos non sinere vivere.[18] (Denn wie die Heiligen Gottes geschrieben haben und es der Dienst für den König verlangt, sind jene Gottlosen von der Erde zu tilgen, Schadenzauberer und Giftmischer sollen nicht am Leben bleiben.)

Bei dem letzten Teil des Satzes handelt es sich um ein fast wörtliches Zitat aus Exodus 22,18, allerdings erweitert um die Giftmischerei.

Kritische Stimmen wurden laut im Konzil von Braga (563), welches den Glauben an Wettermacherei nicht teilte. Auf Bischof Agobard von Lyon (814–841) geht zwar die Legende von der Entführung der Ernten nach Magonia zurück, doch war er überzeugt, dass nur Gott und seine Diener das Wetter beeinflussen könnten.

Zu Beginn des 10. Jahrhunderts begann zugleich mit der Teilung des Frankenreiches die Einzelentwicklung des Rechtssystems der Staaten. Das bedeutete eine Stärkung des Kirchenrechts. Bestimmungen der Herrscher von Spanien, Sizilien, Ungarn und Böhmen sahen die Todesstrafe für Zauberei vor. Süditalien und Spanien, seit dem 9. Jahrhundert einem arabischen Zustrom ausgesetzt, waren bald als Zauberländer verschrien, weshalb sie besonders für Zaubereidelikte äußerst krasse Strafen erließen.

Reginos von Prüm[19] und Burkhards von Worms[20] Schriften können in Bezug auf das Kirchenrecht als richtungsweisend gelten. Reginos Werk, bekannt unter dem Titel *Canon Episcopi*, da die Schrift mit dem Wort Episcopi beginnt, hat in der Zaubereiverfolgung und im späteren Hexengericht eine bedeutende Rolle gespielt. Sein Begriff vom *Maleficium* und die Strafe dafür unterscheidet sich nicht von früheren Ansichten. Von besonderem Interesse allerdings ist die Stelle, wo er auf die nachtfahrenden Weiber, unter der Führung der Göttin Diana, eingeht. Es ist dies der erste Beleg, der die Nachtfahrenden, angeführt von einer göttlichen Führerin, erwähnt.

> [...] Dies darf nicht übergangen werden, dass es verbrecherische Weiber gibt, die, durch Vorspiegelungen und Einflüsterungen der Dämonen verführt, glauben und bekennen, dass sie zur Nachtzeit mit der

heidnischen Göttin Diana oder Herodias und einer unzählbaren Menge von Frauen auf gewissen Tieren reiten, über vieler Herren Länder heimlich und in der Totenstille der Nacht hinwegeilen, der Diana als ihrer Herrin gehorchend und in bestimmten Nächten zu ihrem Dienst sich aufbieten lassen. Leider hat eine zahllose Menge, getäuscht durch die falsche Meinung, dass diese Dinge wahr seien, vom rechten Glauben sich abgewendet und der Irrlehre der Heiden sich angeschlossen, indem sie annimmt, dass es außer dem einen Gott noch etwas Göttliches und Übermenschliches gebe. Daher sind die Priester verpflichtet, den ihnen anvertrauten Gemeinden von der Kanzel herab nachdrücklich einzuschärfen, dass alles dieses von Grund auf falsch sei und solche Blendwerke nicht vom göttlichen, sondern vom teuflischen Geist herrühren.[21]

Für Regino handelt es sich dabei um eine Wahnvorstellung unter Einwirkung des Teufels und der Dämonen, die die Geister der Menschen verwirren. Aber er betont, dass der Glaube an diese Vorstellungen mit dem Abfall vom wahren Glauben gleichzusetzen und zu bestrafen sei.

Das *Decretum*[22] des Burkhard von Worms ist eine aus 20 Büchern bestehende Sammlung aller bisherigen Rechtsbeschlüsse. Uns interessiert hier besonders das als *Corrector* oder *Medicus* bekannte Buch 19, da es der Zauberei gewidmet ist.

Burkhard hat anscheinend nicht nur kompiliert, sondern auch aus eigener Anschauung stammendes Material aufgenommen. Den *Corrector* hat er wahrscheinlich fertig vorgefunden. Der unbekannte Verfasser war überzeugt von der Wirkung der Abtreibungstränke, glaubte an die magisch induzierte Impotenz und den bösen Blick. Den Wetterzauber allerdings tat er als Wahnvorstellung ab, ebenso die Wirkung von Liebestränken, die Möglichkeit der Tierverwandlung und der geschlechtlichen Vereinigung von Dämonen und Menschen. Die Vorstellung von der Luftfahrt der Frauen kennt er ebenfalls (zweimal erwähnt er den *Canon Episcopi*), die Anführerin heißt bei ihm allerdings Frau Holda.[23] Er spricht von zwei weiteren Gruppen von Luftfahrerinnen: jenen, die zu Schadenszwecken ausfahren, Menschen töten, deren Herz essen und etwas anderes dafür in deren Körper legen. Die Gegessenen erwecken sie wieder zum Leben. Die andere Gruppe von Nachtfahrern ähnelt den Beschreibungen vom Wilden Heer. Interessant dabei erscheint, dass sich hier zwei Gruppen zu bestimmten Zeiten in den Lüften bekämpfen.

Der erwähnte *Corrector* wurde in die späteren Kirchenrechtssammlungen nicht aufgenommen, daher geriet die Vorstellung von den Menschen fressenden Nachtfahrerinnen und auch der kämpfenden Mänaden in Vergessenheit. Das Spätmittelalter behandelte die daraus entwickelte Hexenvorstellung als Neuerscheinung, da der *Canon Episcopi* (Burkhard hat die betreffenden Stellen übernommen) nur die »unschädlichen« Nachtfahrerinnen kennt und die Vorstellung ja als Wahngebilde bekämpft. Die Hexentheoretiker des Spätmittelalters übernahmen weder die Meinung, dass es sich bei den Nachtfahrerinnen um Wahngebilde handle, noch kannten sie außer der »holden« Form die der »unholden«, weshalb sie die Umtriebe der so genannten Hexen als völlig neuartige Vorstellung behandelten.

Die Sammlung Ivos von Chartres (gest. 1116) diskutierte die Zauberei besonders unter dem Aspekt der *Impotentia ex malefico*[24]. Diese Problematik war bereits von Hinkmar von Reims aufgegriffen worden, als dieser in einem konkreten Fall als Sachverständiger fungierte: Im Ehescheidungsprozess zwischen König Lothar und seiner Frau Teutberga (860) ging es um die Behauptung, dass Lothars Maitresse Waldrada den König zum Ehevollzug mit Teutberga unfähig gemacht habe. Ivo übernimmt Hinkmars Entscheidung, dass die Kirche die Ehe scheiden könne, wenn die Zauberwirkung nicht beseitigt werden kann.

Bis heute ist die Bestimmung wirksam, dass eine Ehe, die nicht vollzogen wurde, von der Kirche geschieden bzw. annulliert werden kann. Die zauberisch induzierte Impotenz verhinderte die Konsumtion der Ehe und ließ eine Scheidung gerechtfertigt erscheinen. Ein aus Impotenzgründen geschiedener Mann konnte aber nur dann wieder heiraten, wenn Zauberei ihn am Vollzug gehindert hatte.

Gratians *Decretum*, eine Sammlung von Rechtsvorschriften, aufgeschrieben 1140 in Bologna, bildet die Grundlage der kirchlichen Rechtswissenschaft. Die Weissagungen, Zaubersprüche und die Ausführenden, die Zauberer, Wahrsager und Loswerfer hatten mit schweren Strafen bis hin zur Exkommunikation zu rechnen. In Bezug auf die erwähnte magisch induzierte Impotenz schließt er sich Ivo und Hinkmar an. Die Wetterzauberer erwähnt er interessanterweise nicht.

Papst Gregor IX. (1170–1241), ein erbitterter Antagonist Friedrichs II., erließ dazu genaue Bestimmungen bezüglich der Ehescheidung, außerdem behandelte er Abtreibungs- und Unfruchtbarkeitstränke als Morddelikt.

Der Strafprozess

Die römische Strafprozessordnung war seit der Gracchenzeit (2. Jh. v. Chr.) an das Auftreten eines Anklägers, der einen Prozess überhaupt einleitet, gebunden. Daneben existierte aber auch das prinzipielle, aber selten angewandte Recht der Behörde, ohne Anklage einen Prozess einzuleiten.

Gegen Ende der Kaiserzeit wurde das Verbrechen der Zauberei so gehandhabt, dass der Staat allen Bürgern bei diesem und beim Ketzereidelikt die Anzeigepflicht auferlegte.

Diese Grundsätze übernahm das kanonische Recht. Gregor I. (601) forderte die Gemeinden auf, die Zauberer aufzudecken und zu strafen. Die Kleriker, die sich als Zauberer betätigt hatten, unterstanden nur dem kirchlichen Gericht. Die Kirche setzte im römischen und später im fränkischen Recht durch, dass sie von der weltlichen Gerichtsbarkeit ausgenommen wurden.

Die germanischen Rechtsbestimmungen funktionierten auf privatrechtlicher Basis, d. h. ein Verbrechen war nicht ein Verstoß gegen die öffentliche, sondern die private Ordnung.

Im fränkischen Reich wandten die Bischöfe beim Zaubereidelikt das übliche Rügeverfahren an. Der Bischof bereiste seine Diözesen, forschte nach Verbrechen, die in die kirchliche Kompetenz fielen, wie das Verbrechen der Zauberei. Ein Beschuldigter konnte sich mit einem Reinigungseid von der Schuld befreien.

Die Allmacht des Papstes, im 12. Jahrhundert vollständig verankert, führte zur Einsetzung von eigens von ihm augurierten Richtern. Diese konnten ein Verfahren ohne Anklage gegen verdächtige Personen einleiten.

Im deutschen weltlichen Recht war die *Lex Talionis* immer noch wirksam. Ein Ankläger, der seine Anschuldigung nicht zu beweisen vermochte, hatte dasselbe Strafmaß zu erwarten wie der von ihm zu Unrecht Beschuldigte. Es gibt einige Hinweise dafür, dass Ankläger bei Zaubereiprozessen mit Ertränken bestraft wurden.

Im Karolingerreich mussten die Landgrafen den Bischöfen bei deren Inspektionsbesuchen Hilfe und Unterstützung leisten. Bei Zaubereiverfahren waren sie verpflichtet, die Untersuchung einzuleiten. Karl der Große verfügte 802, dass seine Grafen mit ihren Beamten Zauberer aufzuspüren und ihrer gerechten Strafe zuzuführen hätten. Karl der Dicke verschärfte diese Vorschrift insofern, als er bestimmte, dass die Landgrafen alle Zauberer aufzuspüren und hinzurichten hätten.

Man vermutet, dass zur Karolingerzeit Zaubereiverfolgungen stattgefunden haben, worauf auch die erhaltenen Gerichtsformeln[25] (Formeln für den Reinigungseid bzw. bei Gottesurteilen) schließen lassen.

Der Zerfall des Karolingerreiches brachte die getrennte Entwicklung der Rechtssysteme mit sich. Südeuropa stand mehr unter dem Einfluss des römischen Rechts. Die Rechtsauffassung und die Bestrafung ergab sich auf Grund des vorhandenen Schadens für die Öffentlichkeit. Ein so genanntes inquisitorisches Verfahren bildete sich heraus, z. B. in Frankreich unter der Bezeichnung »Gericht des Königs«. In Deutschland kam das alte germanische Recht wieder zum Tragen. Erst im 13. Jahrhundert wurde auf das Rügegericht der Karolingerzeit zurückgegriffen, aber das Kirchenrecht führte das Inquisitionsverfahren ein.

Zu Beginn des 13. Jahrhunderts hatte der Staat nicht die Verpflichtung, das Verfahren nur mit einem Ankläger einzuleiten, systematische Aufdeckungsverfahren gab es allerdings noch nicht. Da ein übergreifendes Organ, wie es bald danach die Inquisition darstellte, noch nicht installiert war, konnte die Folter als Befragungs- und Beweismethode noch nicht Einfluss auf die Zaubereiprozesse nehmen, wie es später in den Ketzer- und Hexenverfolgungen geschah.

Die Folter war in der Römerzeit nur bei Sklaven angewandt worden. Konstantin II. ließ sie allerdings später sogar bei hochstehenden, der Zauberei oder der Wahrsagerei verdächtigen Personen zu. Beim alten Anklageverfahren war die Folter nicht notwendig gewesen, da die Beweislast der Ankläger und nicht das Gericht getragen hatte. Beim Inquisitionsverfahren kam sie gerade in den Zaubereiprozessen auf entsetzliche Weise zum Zug.

Die Kirche lehnte die Folter vorerst noch ab, Papst Nikolaus I. (ca. 819–867), der bedeutendste Papst der Karolingerzeit, sprach sich grundsätzlich dagegen aus, doch die »ketzerischen« Umtriebe und das Überhandnehmen von Zaubereidelikten ließ die Kirche ihre Meinung ändern. Ketzerei und Zauberei erhielten wie zu Ausgang des Römischen Reiches den Status des *Crimen Majestatis*.

1090 wandte man in Freising die Folter gegen Zauberer an, jedoch war sie noch nicht offiziell als Beweismethode zugelassen, aber auch nicht verboten. Der Umschwung kam mit Papst Innozenz IV. (1252), der zur Anwendung der Folter bei Ketzereianklagen aufforderte. Als legitime Methode der peinlichen Befragung wurde sie ab dem 13. Jahrhundert üblich.

Vor 1230 war der Anteil der weltlichen Verfahren gegen Zauberei höher als die der kirchlichen. Die genaue Bestimmung der Anzahl ist fast unmöglich, da die Quellen nur Prozesse erwähnenswert fanden, wenn es sich um Personen des Adelsstandes handelte.

Einen erstaunlichen Fall aus der Merowingerzeit erwähnt der Gewährsmann Gregor von Tours (gest. 594). Die Königin Fredegunda, Gemahlin König Chilperichs, geriet in den Ruf einer Zauberin, da man ihr vorwarf, ihre Schwester vergiftet zu haben. Als ihre eigenen Söhne starben, verdächtigte sie ihren Stiefsohn Chlodwig, seine Stiefbrüder mit Hilfe von gedungenen Zauberinnen umgebracht zu haben. Unter Folter gestanden die Frauen, widerriefen aber vor ihrem Feuertod. Als noch einer ihrer Söhne verschied, verdächtigte Fredegunda den Präfekten. Dieser gestand auf der Folter, sich die Zuneigung des Königs und der Königin durch Zauberspeisen[26] erschlichen zu haben. Er wurde verbannt.[27]

Im 11. Jahrhundert werden die Belege für Zaubereiprozesse schon zahlreicher. Außerdem kamen noch die Beschuldigungen gegen die Juden hinzu. Der Fall des 1066 verstorbenen Bischofs Eberhard von Trier möge als Beispiel dienen. Dieser hatte die ortsansässigen

Juden vor die Wahl gestellt, sich entweder taufen zu lassen oder ausgewiesen zu werden. Die Juden hätten aus Rache Wachspuppen verfertigt, diese auf den Namen des Bischofs von einem Priester taufen lassen und bei kleinem Feuer geröstet. Das wäre der Grund für den plötzlichen Tod des Bischofs gewesen.[28] Über die Bestrafung der Juden sagt die Quelle nichts, aber genügend andere Zeugnisse berichten von »Zauberjuden« (vgl. S. 141 f.).

Fälle von Lynchjustiz gab es ebenfalls. Im Bistum Freising waren drei verdächtige Frauen der Wasserprobe unterzogen worden. Diese und die Anwendung der Folter brachten kein eindeutiges Ergebnis. Die aufgebrachten Gemeindemitglieder verbrannten sie dennoch.[29]

Eine »Phädra-Hippolyt«-Geschichte ist aus dem Soester Raum bekannt. Eine Frau klagte einen jungen Priester an, Liebeszauber geübt zu haben, da sie sich zu ihm unwiderstehlich hingezogen fühle. Später kam heraus, dass er ihren Verführungskünsten nicht erlegen war, worauf sie sich auf diese gemeine Art rächte. Man verbrannte ihn als *Magus* und *Maleficus* bei lebendigem Leibe.[30]

Eine fatale Entwicklung begann sich unter Papst Gregor IX. (1227) abzuzeichnen. Als Konkurrenz zu den bischöflichen Gerichten und deren Beamten kam ein eigens dem Papst unterstelltes Ketzergericht auf. Die neu gegründeten Orden der Franziskaner und der Dominikaner fungierten als Richter. Dieses Gericht bediente sich besonders des Inquisitionsverfahrens.[31] Die Rechte des Angeklagten beschnitt man radikal, seine Möglichkeiten auf Verteidigung wurden noch weiter eingeschränkt. Die Zeugen befragte man nur mehr heimlich, und alle, auch Kinder und Verwandte, durften Zeugnis ablegen. Nach der Anklageerhebung bestand kaum eine Chance für den Angeklagten. Die Folter war das Hauptmittel der Befragung.

Die Inquisition als Ketzergericht rief man hauptsächlich gegen die Sekte der Katharer[32] ins Leben. Das Hauptoperationsgebiet war und blieben danach die Zentren der Ketzer in Südfrankreich. Auch später sind gerade in diesen Gebieten Zaubereiprozesse und später Hexenprozesse gehäuft verhandelt worden. Bald wirkten nicht nur religiöse, sondern auch politische Bestrebungen mit hinein, da die Könige mit Hilfe der Kirche die Vormacht in diesen reichen Gebieten zu erlangen trachteten.

Die vorerst gegen die Ketzer gerichtete Inquisition, richtete sich auch gegen Zaubereidelikte, wenn diese »nach Ketzerei schmeckten« (»si haeresim sapiant manifeste«). Dieser Ausspruch des extrem zaubergläubigen Papstes Alexander IV. (1258) hatte die fatale Wirkung, dass die Anklage zur Ermessenssache avancierte. Der Papst bestellte den Inquisitor und wandte sich an die Landesherren, die ihm Beamte zur Durchführung des Verfahrens stellen mussten. Danach forderte der Inquisitor die Pfarrer auf, alle in der Gemeinde bekannten Fälle von Ketzerei und Zauberei zu melden. Es herrschte Denunziationspflicht, die sich auf alle Mitglieder der Kirchengemeinde bezog. Den Ketzern und Zauberern befahl man, sich innerhalb einer festgesetzten Frist zu melden, mit der Zusicherung gnädiger Behandlung. Danach ging man auch den durch Denunzierung erlangten Informationen nach und eröffnete das Verfahren. Die Informanten mussten unter Eid aussagen. Stellte es sich heraus, dass jemand von einem Fall Kenntnis hatte und ihn nicht zur Anzeige brachte, drohte ihm die Exkommunikation.

Der Großinquisitor Eymeric[33] berichtet in seinem Handbuch für die Inquisition (1376), dass die Informanten aus Furcht vor der angedrohten Exkommunkation viele angezeigt hätten. Somit konnte ein systematisches Terrorregime freihändig schalten, obzwar sich auch Berichte über Widerstand auch von Seiten der Gemeindepfarrer und höheren Geistlichkeit finden.[34]

Ohne Geständnis war eine Verurteilung nicht möglich, daher versuchte man dieses mit allen nur erdenklichen Grausamkeiten[35] zu erreichen. Die seit 1265 offiziell anerkannte Methode der Folter als Beweismittel bedurfte aber beim Prozess der Zustimmung des Bischofs. Diese Bestimmung blieb leider oft rein formal, da sich die Bischöfe in den seltensten Fällen gegen die Folter aussprachen.

Hartnäckige Ketzer konnten seit der Bestimmung Friedrichs II. von der Kirche den weltlichen Gerichten übergeben werden, die sie dem Feuertod überantworteten. Friedrich setzte die Zauberei noch nicht mit der Ketzerei gleich.

Als Ketzer ausgewiesene Zauberer wurden besonders von den Inquisitionsorden selbst, den Dominikanern und Franziskanern, verfolgt, die damit in ihren eigenen Reihen begannen. Die Beschäftigung der Priester mit Magie, wozu zeitweise auch die Alchemie zählte, erfüllte die Kirchenoberen mit Besorgnis.[36]

Die schon seit der Römerzeit bekannte Vorstellung von einem Ketzersabbat kam erst im 14. Jahrhundert in Zusammenhang mit der »schrecklichsten Sekte von allen«, den Hexen, zur vollen Ausbildung. Alte Vorstellungen, wie die bereits erwähnte »Luftfahrt der Weiber«, kamen erst in Verbindung mit der Zauberei und Ketzerei hinzu.

Die Inquisition »widmete« sich, wie bereits erwähnt, schon sehr früh in den südfranzösischen Ketzergebieten auch der Zauberei. Man entwarf Fragenkataloge, welche den Angeklagten vorgelegt wurden. Die scheinbare Konsonanz der Geständnisse und die sich daraus ergebenden konstanten Vorstellungen sind zu einem Teil auch auf diese Fragenkataloge zurückzuführen.[37]

Dämonenkult und Anrufung, Zauberei mit verschiedenen Requisiten wie Schwertern, Nägeln, Figuren, Tieren, Leichenteilen, menschlichen Sekreten wie Blut und Harn etc., Ziele und Wirkungen verschiedensten Zaubers fanden Eingang in Inquisitionshandbücher.

Seit dem 13. Jahrhundert geht es in den Anklagen nicht mehr so oft um das *Maleficium* im Allgemeinen, sondern man ist geneigt, nach Spezialtätigkeiten wie Wahrsagerei, Sortilegien (Loswerfen, Wachspuppenzauber etc.) und Dämonenbeschwörungen zu fragen. Um eine Differenzierung dieser drei die Wahrsagerei betreffenden Arten bemühte sich Alexander von Hales (gest. 1245) in seiner Schrift *Summa theologiae*. Die Wahrsagerei als Überbegriff spezifizierte er in acht Unterarten: *Mantik, Sortilegium, Augurium, Praestigium, Mathesis* (= Astrologie) und *Maleficium*. Das *Sortilegium* verstand er ebenfalls als höheren Begriff als das *Maleficium*, da man mit diesem sowohl nützen als auch schaden konnte. Der Oberbegriff *Divination* bedeutet nicht nur Erforschung der Zukunft, sondern auch Beeinflussung derselben durch illegale Mittel wie Dämonenbeschwörung.

Die Verquickung von Zauberei und Ketzerei und die damit verbundene Zuständigkeit der Inquisition ist auf die zentralistische Machttendenz der Päpste des 13. und 14. Jahrhunderts zurückzuführen.

Johannes XXII. (1316–1334)[38] scheint besonders zaubergläubig gewesen zu sein. In seiner Heimatstadt Cahors rief er zu regelrechten Pogromen auf. Auch in Carcassonne und Toulouse war es sein Anliegen, alle Zauberer zu vernichten. Er dehnte das Privilegium der Inquisition offiziell auf die Zauberer aus. Die Stoßrichtung ging gegen alle, die Dämonen opfern bzw. anbeten (Idolatrie), einen Pakt mit dem Teufel haben, Bilder verfertigen, um Malefizien auszuüben, Zauberei mit Sakramenten praktizieren. In seiner berüchtigten Bulle *Super illius specula* zählt er all diese Delikte auf, geht aber auch noch auf die »Geister im Glas«, also alle vom Zauberer zu bösem Zweck in Flaschen, Spiegel und Ringe eingeschlossenen Geister ein. Als Strafe verfügte er die Exkommunikation. Außerdem betrachtete er es als besonderes Anliegen, Zauberbücher auszuforschen und verbrennen zu lassen.

Sein Nachfolger Benedikt XII. (1334–1342)[39] war zuvor selbst Großinquisitor und Bischof in Pamiers gewesen. Deshalb erstaunt es nicht, dass er sein ehemaliges Amt auch in seiner Papstwürde nicht vergaß: Er forderte des öfteren Bischöfe auf, gefangene Zauberer an seinen Hof in Avignon zu entsenden. Während seines Pontifikats fanden einige Zaubereiprozesse statt.

Das Gutachten Oldrades da Ponte (1323–1327) erörterte die Frage, welche Arten von Zauber als häretisch anzusehen seien. Als eindeutig ketzerisch klassifizierte er die Divination, da sich hier der Mensch erfrecht, etwas wissen zu wollen, was allein Gott vorbehalten ist. Liebestränke und Wachsbildzauber sah er nicht als häretisch an, die Dämonenanrufung und Dämonenanbetung jedoch klassifizierte er als eindeutig häretisch. Sein Traktat repräsentiert die herrschende Meinung der Zeit, was eine Schrift seines Zeitgenossen Ugolino bestätigt. Dieser hatte ein Inquisitionshandbuch verfasst, das bis ins 17. Jahrhundert immer wieder kommentiert und als bindend herangezogen wurde. Ugolino unterscheidet ebenfalls zwischen ketzerischen Zauberern und anderen Magiern. Die Ketzer sind jene, welche Dämonenopfer darbringen und diese anbeten, aber auch jene, die Dämonen in Gegenstände einschließen, Wachsbilder verfertigen und die Dämonen um Antwort und Hilfe anflehen.

Der auf diesem Gebiet wohl berühmteste Fachmann war Nikolaus Eymeric. Er verfasste einen Traktat (1369), der sich mit terminologischen Fragen auseinandersetzte. Bei Ugolino hatte sich bereits die Tendenz bemerkbar gemacht, alle Zauberer für Ketzer zu erklären. Eymeric nahm lediglich Handleser aus. Er bezeichnet drei Gruppen von Zauberern:

1. Zauberer, die Dämonen anbeten, diesen opfern und als deren Diener bestimmte Restriktionen wie z. B. Keuschheitsgelübde auf sich genommen haben.
2. Solche, die in ihren Gebeten, zwischen den Namen der Heiligen, Dämonennamen einfließen lassen.
3. Es gibt auch jene, die ein Kind in einen Zauberkreis hineinsetzen, dieses mittels eines Spiegels oder einer Flüssigkeitsoberfläche (z. B. Gefäß mit Wasser) weissagen lassen. Diese beschwören die Dämonen mit Hilfe eines Zauberbuches.[40]

Die Strafe für diese Personengruppen ist dieselbe wie für besonders verstockte Ketzer: Nach Abschwören übergibt man sie dem weltlichen Gericht, das die Todesstrafe verhängt. Die Entwicklung von dem Begriff des *Maleficiums*, von dem Schadensaspekt an Leib und Eigentum der Mitmenschen, zu einem religiös begründeten Zauberer-Ketzer-Begriff ist hier eindeutig vollzogen. Daher spricht Eymeric auch nicht mehr von *Malefici*, sondern der Schwerpunkt liegt auf den Dämonenbeschwörern und -anbetern. Das Verhältnis zwischen dem Zauberer und den Dämonen wird bis ins kleinste Detail durchleuchtet: Die magische Operation gelingt nur deshalb, weil er sich dem Dämon verschrieben hat bzw. diesem opfert.

Die Vermischung der Zaubereivorstellung mit der schon länger entwickelten Vorstellung vom Ketzersabbat, der Orgie im Dunkeln, führte dazu, dass die Zauberer nicht mehr als Einzelindividuen angesehen, sondern als Gruppenphänomen behandelt und verfolgt wurden. Die Überzeugung, dass die Zauberersekten sich ebenfalls zu nächtlichen Sabbatritualen[41] trafen, ist schon seit Ende des 13. Jahrhunderts in Südfrankreich belegt.

Besonders hier trieb auch die Fantasie der Inquisition und der anderen Zaubereiverfolger groteske Blüten. Man behauptete z. B.

genau zu wissen, welche obszönen Unterwerfungshandlungen der Teufel dem Zauberer vorschrieb.[42]

Bis ins 14. Jahrhundert bestrafte die Kirche die Zauberei je nach Grad mit verschiedenen Bußen bis zur Exkommunikation. Die weltlichen Richter bestraften je nach Schaden an Leib und Eigentum. Bei Tod des Opfers war für den Zauberer der Feuertod vorgesehen. Ab dem 14. Jahrhundert bestraften die weltlichen Gerichte nur mehr die als nicht ketzerisch ausgewiesenen Zauberer. Alle anderen Fälle, wahrscheinlich der Großteil, fiel unter die Kompetenz des Inquisitionsgerichts.

Die Pariser theologische Fakultät verfasste 1398 ein Gutachten über die Zauberei, in dem der Schwerpunkt auf der Realität des *Maleficiums* liegt. Man betonte, dass jede durch Beschwörung des Teufels erlangte magische Fertigkeit einen ausdrücklichen bzw. stillschweigenden Pakt mit diesem voraussetze und als Apostasie und Idolatrie anzusehen sei. Die Selbstüberhöhung oder Apostasie, die Kardinalsünde, die schon immer mit der Ketzerei in Zusammenhang gebracht wurde, wird hier mit Idolatrie verknüpft, die seit Beginn mit der Zauberei in Verbindung gebracht wurde.

Ab Beginn des 14. Jahrhunderts häuften sich die Zaubereiverfolgungen und es kam zu den ersten Hexenprozessen. Die Vorstellung vom Pakt mit dem Dämon vermischte sich mit der Sabbatvorstellung und dem damit verbundenen Teufelsdienst, mit Luftfahrt und Schadenzauber. Dazu kamen noch andere bekannte Einzelvorstellungen wie Tierverwandlung oder Wetter- und Erntezauber.

1 Lea, Henry Charles: *A History of Witchcraft*, 3 Bde., London 1957, Bd. 1, S. 754–942; Feine, H. E.: *Kirchliche Rechtsgeschichte*, Köln/Graz 1964.

2 Die Neuübersetzung des Hexenhammers veranstaltete Wolfgang Behringer: Kramer, Heinrich: *Der Hexenhammer. Malleus Maleficarum*, kommentierte Neuübersetzung von Wolfgang Behringer, Günter Jerouschek und Werner Tschacher, München 2000. Allzu lange hat man sich mit der Hexenhammer-Übersetzung von J. W. Richard Schmidt begnügen müssen, deren wissenschaftliche Unbrauchbarkeit schon kurz nach ihrer Erstveröffentlichung 1906 bemerkt wurde [1]. Die nun vorliegende Neuübersetzung ist eine bedeutsame wissenschaftliche Leistung, die geeignet ist, die Beschäftigung mit dem Hexenhammer auf eine neue Grundlage zu stellen. Die Ausgabe enthält eine überaus umfangreiche Einleitung von Jerouschek/Behringer: »Das unheilvollste Buch der Weltliteratur?« Zur Entstehungs- und Wirkungsgeschichte des *Malleus maleficarum* und zu den Anfängen der Hexenverfolgung (S. 9–98). Sie

ist nunmehr die maßgebliche Darstellung zu diesem berüchtigten Traktat, das Heinrich Kramer/Institoris, als alleinigen Autor ausweist. Zur Forschungsdiskussion siehe das historicum.net und die eingangs erwähnte Hexenliste, betreut von Klaus Graf.

3 Die als Didache bekannte Sittenlehre (zwischen 90–150 n. Chr.) enthält das wahrscheinlich älteste christliche Verbot der Abtreibung und sieht sie bereits in Verbindung mit Zauberei. Einschlägige Bestimmungen des Konzils von Elvira (ca. 305–306) und des Konzils von Ankyra hatten die Abtreibung mit Mord gleichgesetzt, eine Thematik, die über die Jahrhunderte an Brisanz nichts eingebüßt hat. (Wortlaut der Synodalbeschlüsse bei Harmening S. 229 f.).

4 *Mixti fiori.* Zum Verbrechen der Zauberei vgl. auch Blauert/Gerd Schwerhoff (Hrsg.): *Kriminalitätsgeschichte. Beiträge zur Sozial- und Kulturgeschichte der Vormoderne*, Konstanz 2000.

5 Hansen, Johannes: *Zauberwahn*, a. a. O., S. 11.

6 Vgl. Botterweck, G. J.: *Die Bibel und ihre Welt. Eine Enzyklopädie zur Heiligen Schrift,* 2 Bde., Bergisch-Gladbach 1988, Bd. 2, S. 942 f.

7 Vgl. *Encyclopedia of Religions* Bd. 9, S. 406–408.

8 In Genesis 6,1 ist von einem Verkehr der Söhne Gottes mit den Menschentöchtern die Rede. Aus dieser Verbindung sollen die Riesen entstanden sein. Die Kirchenväter beschäftigte diese Stelle ungemein, sie kamen überein, die Söhne Gottes als gefallene Engel zu interpretieren.

9 Der frühmittelalterliche Begriff der *superstitio* war mit *idolatria* synonym. Bei Thomas von Aquin entwickelte sich die Superstitio zu einem der Idolatria, dem Götzendienst (in der Weiterentwicklung Dämonenkult) übergeordneten Begriff.

10 Hansen, a. a. O., S. 39.

11 Über weitere Konzile ibid., S. 41 f.

12 Vorstellungen, die die Theologen aus der Antike übernahmen.

13 Nach der Wolfenbütteler Handschrift aus dem 8. Jahrhundert.

14 Zum Prozess König Lothars II. verfasste Hinkmar von Reims ein Gutachten *De Divortio Lotharii et Teutbergae.* Vgl. Hansen, a. a. O., S. 71, Anm 5, S. 89.

15 Dekret Karlmanns gegen heidnische Bräuche auf dem ersten »deutschen« Nationalkonzil 742. Nach Soldan, Gottlieb W./Heppe, Heinrich/Bauer,Max: a. a. O., Bd. 1, S. 109 f.; Eckhardt, K. A.: *Die Gesetze des Karolingerreiches, 714–911*, Weimar 1934; Blum, E.: *Das staatliche und kirchliche Recht des Frankenreiches in seiner Stellung zum Dämonen-, Zauber-, und Hexenwesen*, (= Veröffentlichungen der Görresgesell. 72), Paderborn 1936.

16 Hansen, a. a. O., S. 65.

17 Eine Aufsatzsammlung zur Folter hg. v. Bernard Durand u. Leah Otis-Cour: *Droit et torture judicaire: perspectives historiques*, Montpellier, für 2001 angekündigt, ist noch nicht erschienen.

18 Ibid., S. 69, Anm. 1.

19 Schmitz, Gerhard: »Regino von Prüm«, in: *VL*, Bd. 7, Berlin 1989, Sp. 1115–1122.

20 Die erste Sammlung dieser Art seit dem Ende der Karolingerzeit wurde in ganz Europa bekannt und verwendet und erst 100 Jahre später durch die aktuellere des Ivo von Chartres überholt. Vgl. Zöllner,Walter/Gloger, Bruno: *Teufelsglaube und Hexenwahn*, Wien 1985, S. 17 f.

[21] Brackert, Helmut: »Daten und Materialien zur Geschichte des Hexenwahns«, in: *Aus der Zeit der Verzweiflung*, hrsg. v. Gabriele Becker. Frankfurt a.M. 1977, S. 326.

[22] Vgl. Kerner, M.: *Studien zum Dekret des Bischofs Burchard von Worms*, Aachen 1969; Hain, M.: »Burchard von Worms (+1025) und der Volksglaube seiner Zeit«, in: *Hess. Bl. f. Vkde* 47 (1956), S. 39–50; seitdem hat sich die Hexenforschung intensiv mit den beiden Traktaten auseinandergesetzt: Vgl. Bailey, Michael: »The Medieval Concept of the Witches' Sabbath«, in: *Exemplaria* 8 (1996), 419–439; Henningsen, Gustav: »The Ladies from outside': an Archaic pattern of the witches' Sabbath«, in: Bengt Ankarloo/Gustav Henningsen (Hg.): *Early Modern European Witchcraft: Centres and Peripheries*, Oxford 1989, S. 191–215.

[23] Diana, Hekate, Herodias, Abundia hat man sich als Anführerin der Geisterschar, die des Nachts durch die Lüfte brauste, vorgestellt. Vgl. neuerdings Tschacher, Werner: »Der Flug durch die Luft zwischen Illusionstheorie und Realitätsbeweis. Studien zum Kanon Episcopi und zum Hexenflug«, in*: Zeitschrift der Savigny-Stiftung für Rechtsgeschichte*, 116, 1999, S. 225–276; vgl. auch die älteren, aber vom Gedankengang her interessanten Arbeiten von Edgar A. List: »Holda and the Venusberg«, in: *Journal of American Folkore* 73 (1960), S. 307–311 und »Is Frau Holda the Virgin Mary«, in: *German Quarterly* 32 (1953), S. 80–84.

[24] Jörg Rogge: »Gefängnis, Flucht und Liebeszauber. Ursachen und Verlaufsformen von Geschlechterkonflikten im hohen Adel des deutschen Reiches im späten Mittelalter«, in: *Zeitschrift für historische Forschung* 28 (2001), S. 487–511, beschäftigt sich mit den Schattenseiten der Adelsehen und behandelt in Abschnitt IV (S. 504–508) auch die Rolle von Zaubertechniken. Fallbeispiele sind der Nuss- und Schweißzauber der Anna von Württemberg, mit dem sie die Liebe ihres Ehemanns gewinnen wollte, sowie die angeblich durch Schadenzauber verursachte Impotenz des Gemahls der Gräfin Margarete Maultasch von Kärnten-Tirol, Johann Heinrich von Böhmen im 14. Jahrhundert, von dem der an abergläubischen Praktiken offenbar sehr interessierte Chronist Johann von Viktring berichtet. Zur magisch verursachten Impotenz vgl. Stephens, Walter: »Witches who steal penises: impotence and illusion in Malleus maleficarum«, in: *The Journal of Medieval and Early Modern Studies*, 1998, 28, n. 3, S. 495–531. Im anonymen Werk »die gute Frau« erhält die Königin von einem Zauberer eine magische Formel, mit deren Hilfe sie den König von Frankreich impotent macht, um Vorteile zu erpressen (V. 2429 f.).

[25] Über das Ordal vgl. Köstler, R.: »Der Anteil des Christentums an den Ordalien«, in: *Zs. f. Rechtsgesch.* 33 (1912); Dahn, F.: »Studien zur Geschichte der Germanischen Gottesurteile«, in: *Bausteine* II, Berlin 1880; Müller-Bergström, W.: »Gottesurteil«, in: *HdA*, Bd. 3, 1930, Sp. 994–1064; Gudrun Gersmann, »Der Kampf um die Gerichtsbarkeit. Adlige Hexenpolitik im frühneuzeitlichen Fürstbistum Münster«, in: *»Erfahrung« als Kategorie der Frühneuzeitgeschichte*, hrsg. von Paul Münch, München 2001 (= Historische Zeitschrift Beihefte NF 31). »Vom Gottesurteil zum Alltagsbrauch: Zur Bedeutung der Wasserprobe in der Frühen Neuzeit«, in: *Wasser. Elemente des Naturhaushalts*, I, hrsg. von Bernd Busch, Köln 2000 (= Schriftenreihe Forum 1), S. 157–167. Auf Gersmanns bislang ungedruckte Habilitationsschrift über die Wasserproben darf man gespannt sein.

[26] Es scheint sich hier um eine Abart der Liebesspeisen gehandelt zu haben, wie sie die Bußbücher in Zusammenhang mit den Speiseverboten überliefern.

[27] Vgl. Hansen, a. a. O., S. 113.

[28] Vgl. Trachtenberg, Joshua: *Jewish Magic and Superstition*, New York 1939, S. 7 f.

[29] Hansen, a. a. O., S. 118 f.

[30] ibid., S. 120 f.

[31] Lea, H. C.: *A History of the Inquisition*, 3 Bde., dt. Übers. v. Hansen, Bonn 1905–13.

[32] Borst, Arno: *Die Katharer*, Stuttgart 1953, 2. Aufl. Freiburg i. Br. 1991.

[33] ibid., S. 33, Anm. 19. Eymeric hielt Mani für einen Zeitgenossen des Papstes Innozenz III. Zu Eymeric vgl. *Witchcraft in Europe, 400–1700: A Documentary History*, hg. v. Alan Charles Kors u. Edward Peters, rev. von Edward Peters, Philadelphia 2001, S. 120 ff.

[34] Gut dokumentiert die Quellen bei Behringer, Wolfgang (Hrsg.): *Hexen und Hexenprozesse*, München 1988, S. 72 f.

[35] Geständnisse konnten auch durch lange Gefängnisaufenthalte erzwungen werden.

[36] Vgl. Lea: a. a. O., III S. 452 f.

[37] Einer der ältesten Fragenkataloge schreibt man dem Bischof Benedikt von Marseille zu (1270).

[38] Vgl. Hansen, a. a. O., S. 251 ff. Die Gegner des Papstes, die Visconti, hatten 1319–20 ein Komplott geschmiedet. Bereits 1315 war mit Hilfe von Wachsmodellen an König Ludwig X. und seinem Onkel, den Grafen von Valois, ein Mordversuch verübt worden. Gegen den Papst versuchten es die Visconti mit einer Silberstatuette, doch ohne Erfolg. Bei einem neuerlichen Anlauf soll er den Dichter Dante herangezogen haben, der anscheinend als zauberkundig galt. Vgl. Grauert, Hermann: »Neue Dante-Forschung«, in: *Hist. Jb.*, 18, 1897, S. 73 f. und Eubel, Konrad »Vom Zaubereiunwesen Anfang des 14. Jahrhunderts«, in: *Hist. Jb.*, 18, 1897, S. 608–631; In Johanns von Nürnberg mittelhochdeutscher Versnovelle *De vita vagorum* erklärt der fahrende Student einen Liebeszauber mit Hilfe von Wachspuppen (v. 167 f.).

[39] Hansen ibid., S. 258 f. Er ließ z. B. durch einen Notar einen als Nekromanten beschuldigten Magister Fernandus Egidii aus Montpellier gefangen nach Avignon vor sein Gericht führen etc. Er beauftragte sogar einen Juristen, um ein Gutachten zu erstellen.

[40] ibid., S. 270 f.

[41] In Norddeutschland kann der Prozess gegen die Stedinger Bauern von 1233 als Beispiel für das Vorhandensein der Sabbatvorstellung dienen. Vgl. Behringer, *Hexen und Hexenprozesse*, S. 64, 75 f.; Gloger, Bruno: *Der Kreuzzug gegen die Stedinger 1233/34*, Berlin 1982.

[42] Vgl. Zacharias, a. a. O., S. 70 f.

V. Orientalische Einflüsse und Traditionen

Die Zauberjuden

Das vierte Laterankonzil von 1215 bestimmte, dass die Juden ein Zeichen, das sie als solche auswies, zu tragen verpflichtet seien. Die Gesetzgebung gestaltete sich diesbezüglich je nach Ländern etwas unterschiedlich, auch die äußere Form und Farbe des Zeichens und der Beginn des Tragealters variierten.

Albertus Magnus und sein Schüler, Thomas von Aquin vertraten die Auffassung, dass der Antichrist im jüdischen Stamm Dan[1] zur Welt kommen werde. Diese Ansicht fand ihren Niederschlag in einigen mittelalterlichen Dramen, z. B. in Hans Folz' *Herzog von Burgund*[2], für dessen Aufführung ein Dekret die ortsansässigen Juden vor der Lynchjustiz des aufgebrachten Publikums schützen musste.

Bei der Krönung von Richard I. in London 1189 wurde eine Delegation von Juden mit Geschenken vorstellig. Mit Schimpf und Schande wurden sie aus dem Palast vertrieben, da man sie öffentlich beschuldigte, dem neuen König durch Zauber schaden zu wollen. Dieser Zwischenfall löste eine einjährige blutige Verfolgung der Juden in ganz England aus.[3]

Einer der Gründe für diese immer wieder in der Geschichte auftretenden Verfolgungen der Israeliten war sicherlich die Fremdheit ihrer Bräuche. Den Begräbnisbrauch, einen Erdbrocken hinter sich zu werfen, nahmen die offiziellen Stellen in Paris des 13. Jahrhunderts zum Anlass für eine Zaubereianklage. Viele der jüdischen orthodoxen Bräuche starben daher im Mittelalter regelrecht aus bzw. wurden mehr und mehr im Geheimen geübt.

Die angebliche Präferenz der Juden für die magischen Künste verfolgte man von der Seite der Herrschenden, aber man wusste sie auch für eigene Zwecke zu nutzen.[4] Der Wiener Rabbi Isaac ben Moses (13. Jahrhundert) berichtet, dass er einmal in Regensburg von einem Adeligen um ein wenig von seinem Wein gebeten worden sei, da die von Juden besprochenen Weine als besonders heilkräftig galten. Die Künste der jüdischen Ärzte, offiziell verunglimpft, waren im Geheimen sehr gesucht. Sowohl im Volksglauben als auch in der theologischen Diskussion verbreitet war die Annahme, dass die Krankheiten von Dämonen verursacht seien, weshalb die Austreibung derselben in den Kompetenzbereich eines Priesters bzw. Magiers fiel. Daher erstaunt es nicht, dass man sich an Vertreter der Volksgruppen wandte, die sich durch ihre medizinischen und magischen Kenntnisse im europäischen Mittelalter von ihren christlichen Kollegen deutlich abhoben, wie Juden und Araber. »Der Jude wird früh als Arzt gebraucht. Arzttum und Zauberei standen sich nahe.«[5]

Den Juden war es durch ihre Kenntnis des Hebräischen, Griechischen und Arabischen möglich, die medizinischen Schriften der Antike, aber auch die neuesten nicht-christlichen Abhandlungen zu studieren. Unbelastet vom christlichen Wunder- und Reliquienglauben erweckten sie den Neid ihrer christlichen Berufsgenossen, und auch andere Gründe wie z. B. das Gerücht der jüdischen Verschwörung gegen die Christen[6] führten zum Praxisverbot für jüdische Ärzte, dargelegt in der Synode zu Wien 1267 und auch in anderen Städten. Sogar nach 1657 war das Vorurteil noch lebendig, wie die Antwort auf die Petition eines jüdischen Arztes zeigt: »Es sei besser mit Christo gestorben, als per Juden-Doktor mit dem Teufel gesund worden.«[7]

Das scheint zumindest im Mittelalter nicht ausschließlich die gängige Auffassung gewesen zu sein, da in den Dokumenten Listen von praktizierenden jüdischen Ärzten aufscheinen, die nachgewiesenermaßen Kirchenoberen, Fürsten und Königen mit ihrer Kunst gedient haben.

Diese Dienste waren sicherlich für beide Seiten mit Gefahren verbunden: für den Patienten, der den jüdischen Arzt rief, und für den Arzt, der dem Ruf Folge leistete und sich dergestalt exponierte. Bei erfolgreicher Behandlung sah man ihn als mächtigen Magier, bei Misslingen als nicht weniger mächtigen *Maleficus* an, der bestraft werden musste. Der erste bekannte jüdische Arzt war Zedekiah, Leibarzt von Karl dem Kahlen. 877 klagte man ihn an, den Kaiser vergiftet zu haben.

Das Moment des *Veneficium* wurde, wie bereits mehrfach erwähnt, immer auch im Zusammenhang mit dem *Maleficium* verurteilt und verband sich später, insbesondere in der Pestzeit (1348), mit der Verschwörungsanschuldigung. Die Juden sollen zusammen mit ihren Handlangern, den Aussätzigen, die Brunnen vergiftet und die Pest mit Hilfe ihrer teuflischen Künste ins Land gebracht haben.[8]

Der bekanntlich sehr zaubergläubige Martin Luther äußerte sich über die jüdischen Ärzte ebenfalls im Sinne einer Komplottheorie:

> Wenn sie [die Juden] uns alle töten könnten, würden sie das freudig tun, aye, tun es auch oft, besonders jene, welche sich als Ärzte bezeichnen. Sie wissen alles, was bekannt ist in Deutschland über Medizin. Sie können einem Menschen Gift geben, an dem er innerhalb einer Stunde stirbt, oder in zehn oder zwanzig Jahren. Sie verstehen sich gründlich auf diese Kunst.[9]

Besonders in den Verschwörungsanklagen und Vergiftungsanschuldigungen gegen die Juden kommt immer wieder stereotyp die Verwendung der Hostie im Zauber bzw. die Schändung vor. Man sagte ihnen auch bildzauberische Aktivitäten im Zusammenhang mit Christus nach; angeblich quälten sie mit Hilfe von Wachsbildnissen Christi die Nachfolger des Herrn.[10]

1066 klagte man die jüdische Gemeinde in Trier an, ein Wachsbild von Bischof Eberhard, von einem bestochenen Priester auf dessen Namen getauft, am Sabbat verbrannt zu haben, worauf der Bischof starb.[11]

Auch der bereits erwähnte rituelle Kindermord- und Kannibalismusvorwurf, im Ausgang des Mittelalters auf die so genannte Hexensekte übertragen, blieb ihnen nicht erspart, wie ein Text aus dem 15. Jahrhundert beweist:

> Es war vil mer zu schreiben not
> wie wir den christen tuen den tod
> mit mancher wunderlicher pein
> an iren clein kinderlein
> wir fressen dann ir fleisch und pluet
> und glauben, es kumb uns wol zu guet.[12]

Nach Summers sicherlich nicht vorurteilsfreier Darstellung soll es sich bei einigen der Märtyrerheiligen um von Juden rituell ermordete Christen gehandelt haben.[13]

Thomas von Cantimpré brachte dieses angebliche »Bedürfnis« der Juden nach Christenblut mit der bei diesen angeblich häufig vorkommenden Bluterkrankheit in Verbindung. Das Konzil von Freiburg 1401 bestimmte die Ausweisung der Juden, da diese in regelmäßigen Abständen ein Christenkind ermordet hätten, um aus dem Blut ein magisches Mittel zur Lebensverlängerung zu gewinnen. Eine anderes Erklärungsmodell für die Bluttheorie bildete die Desinfektion der Beschneidungswunde, als Bestandteil der Liebestränke, als Gegenmittel für Menstruationsbeschwerden. Auch das Gerücht, dass die Juden für eines ihrer täglichen religiösen Rituale Christenblut auszusprengen hätten, war nicht auszurotten.[14]

Sowohl Christen als auch Juden glaubten an die Fähigkeiten der Magier, sich nach Belieben in Tiere verwandeln und auch andere Menschen in tierische bzw. dingliche Gestalt verzaubern zu können. Die Fähigkeit des Austretens aus dem Körper, der bei diesem Vorgang in totenähnlichem Zustand verharrte, wobei die Seele Reisen an entfernte Plätze unternahm, war auch den Juden vertraut.[15] Bei den Juden war außerdem die Meinung verbreitet, dass man Zauberer an ihrem unheimlichen starren Blick erkennen könne, mit dem sie Gewalt über ihre Mitmenschen erlangten, solange ihre Füße den Boden berührten. Ein offenbar den Magiern nicht sehr zugetaner jüdischer Autor weiß Rat: Man soll die Zauberer, um sich vor dieser Macht zu schützen, zwischen Himmel und Erde schweben lassen, sie also aufhängen.[16]

Eine Stelle des *Sefer Hasisim* nimmt auf die Fähigkeit des Magiers zur Tierverwandlung Bezug. Ein Mann sah sich von einer Katze angegriffen, die er jedoch erfolgreich abzuwehren vermochte und dabei verletzte. Am nächsten Tag erschien eine böse zugerichtete Frau und forderte als Sühne Brot und Salz[17] von dem Mann, um ihr Leben zu retten.

Parallelen zu diesen den Hexen nachgesagten Fähigkeiten finden sich bei Hartlieb und Sprenger. In der Diözese Straßburg soll ein Arbeiter von drei Monsterkatzen angegriffen worden sein, die er mit einem Stock vertrieb. Man verhaftete ihn, da er drei Damen der Gesellschaft brutal geschlagen habe.[18]

Dass christliche und im Mittelalter besonders deutsch-jüdische

Volksüberlieferung einander vielfach beeinflusst und durchdrungen haben, belegt Trachtenberg an verschiedenen Beispielen.

Zwischen der Vorstellung der Christen von einem jüdischen Magier und der, wie ihn die Juden selbst definierten, gab es deutliche Unterschiede. Während dem christlichen Zauberer ein Teufelspakt seine Fähigkeit verleiht und ihn so in das Reich des Teufels eingliedert, bewegt sich sein jüdischer Kollege innerhalb der jüdischen Religion als Praktizierender, nicht als Antagonist.

Die Israeliten, höchstwahrscheinlich als nomadisierende Stämme von Chaldäa ausgezogen, wie das Buch Moses 11,31 berichtet, waren daher mit bestimmten chaldäischen Lehren vertraut. Der ägyptische Aufenthalt brachte ebenfalls Kenntnisse gewisser magischer Praktiken mit sich. In Josua 24,2 heißt es, dass die aus Chaldäa kommenden Nomaden anderen Göttern gedient hatten; erst zu Moses' Zeiten kam die ausschließliche Verehrung von Jahwe. Dieser präsentierte sich als eifersüchtiger Gott, der keine anderen Götzen neben sich duldete. Dementsprechend stellte das Gesetz des Moses Götzendienst und Zauberei nebeneinander:

> Dass nicht unter dir gefunden werde, der seinen Sohn oder Tochter durchs Feuer gehen lasse, oder ein Wahrsager oder Tagewähler, oder der auf Vogelgeschrei achte, oder ein Zauberer, oder Beschwörer, oder Wahrsager, oder Zeichendeuter, oder der die Toten frage. Denn wer solches tut, der ist dem Herrn ein Gräuel.[19]

Als Strafe sahen die Gesetze Moses die Steinigung vor. Hinlänglich bekannt ist jedoch, dass sich viele jüdische Könige nicht an das Verbot gehalten haben. König Saul, der die Wahrsagerinnen vertrieben hatte, war nicht besonders gründlich vorgegangen, denn die Zauberin von Endor, deren Dienste er selbst in Anspruch nahm, hatte er »übersehen«.

Die Entwicklung der Figur der Lilith zur Hexe demonstriert ebenfalls eine grundlegende Wandlung.[20]

Der Einfluss der chaldäischen Dämonenlehre, verfestigt durch jüdische Theologie, bildete jenes Lehrgebäude, das die mittelalterlichen Juden besonders in Deutschland weiterentwickelten. Der Schluss allerdings, dass, wie uns die christlichen Quellen weismachen wollen, professionelle jüdische Magier praktiziert hätten, erscheint überzogen. Sowohl Trachtenberg als auch Blau vertreten die Ansicht, dass jeder Schriftgelehrte Magie nach Belieben betreiben könne. Die Überlieferung des Geheimwissens geschah zum großen Teil mündlich. Auf die im 10. Jahrhundert von Kalonymides gegründete so genannte deutsche Schule habe ich bereits angespielt. Die schriftliche Überlieferung setzte mit den Jüngern Judah des Frommen, insbesondere mit dessen berühmtestem Schüler Eleazar von Worms im 13. Jahrhundert ein.[21]

Dass nur ein kleiner Teil der mystischen Überlieferung schriftlich fixiert und das Geheimwissen mündlich von Lehrer zu Schüler weitergereicht wurde, ist mit Sicherheit anzunehmen. Daher verwundert es nicht, dass die »Wissenden«, wie Samuel, der Vater des bereits erwähnten Judah, Judah selbst, sein Schüler Eleazar ben Nathan aus Mainz, alle der geistig hoch stehenden Lehre des Kalonymides verpflichtet, im Rufe von Magiern standen.

Eine Form der Magie, welche sowohl Bibel als auch Talmud verbieten, war die durch einen rituellen Akt erzielte materielle Wirkung einer magischen Operation. Ebenso wie die christlichen Schriftsteller verdammten auch die jüdischen Theologen jede Art von Zauber, die mit Anrufung der Dämonen arbeitete. Zauberei ohne dämonische Hilfe war zwar ebenfalls verboten, erschien jedoch nicht so verdammenswert. Die verabscheuungswürdigste Art der Zauberei hatte mit der Schöpfung zu tun bzw. mit einem illegalen Eingriff in diese.

Die legale jüdische Magie operierte hauptsächlich mit der Anrufung von Geistern mit Hilfe ihrer Namen. Eine Unterscheidung in weiße und schwarze Magie gab es nicht. Interessant erscheint in diesem Zusammenhang der Etymologisierungsversuch des Begriffes Nekromantie durch Menahem Ziyuni, der in seinem Kommentar zur Bibel 1430 gleichzeitig seine Vertrautheit mit der christlichen Auslegung beweist:

> Nigromancia is a combination of two words, niger [Hebrew] gathered together, collected like water that has been stored up, and mancia, the name of the incense that magicians burn to the demons; but I have heard another explanation, that niger means black, and this is why the Germans call it Schwartzkunst.[22]

Die Quellen der in der magischen Operation gesprochenen Namen waren die Bibel und die Tora, beide auf Grund ihrer Heiligkeit mit Tabuvorschriften umgeben, wie Reinheitsvorschriften etc. Der Glaube an die Wirksamkeit des Buches selbst zu Heilzwecken ließ sich auch durch Verwendungsverbote nicht ausrotten. Die magischen Worte wählte man unter dem Gesichtspunkt aus, wie viele der Namen Gottes im betreffenden Spruch vorkamen. Beschreibungen der Allmacht Gottes galten als ebenso mächtig wie auch Stellen, deren Inhalt mystische Interpretationen zuließ.

Die katholische Kirche verbot das Buch *Shimmush Theillim*[23], eine mittelalterliche Kompilation über den Gebrauch der einzelnen Psalmenverse im Zauber und eine Anleitung, wo, bei welchen Gelegenheiten und wann sie zum Zwecke der Heilung von Krankheiten, Schutz gegen Räuber, Dämonen und wilde Tiere gesprochen werden sollten. Von kulturgeschichtlichem Interesse sind die Anleitungen, wie man sich bei den Obrigkeiten beliebt macht, wie man einer Gefängnisstrafe entrinnt, der Zwangstaufe entgeht, die Arretierung durch die Nachtwächter verhindert. Das *Sefer Gematriaot* (14. Jahrhundert) ist analog zum *Shimmush* gestaltet.[24]

Die magische Operation leitete ein dreitägiges Fasten ein, begleitet vom Gebet und Studium der Schriften. Der Zeitpunkt der Operation wurde oft vor Sonnenaufgang angesetzt, die Anrufung hatte mit gedämpfter Stimme zu erfolgen.

Wie bereits mehrfach angesprochen, war die Anrufung das wichtigste Element der jüdischen Magie, meist in Verbindung mit der Hommage an Meister der Magie wie etwa Moses. Der Talmud befiehlt, dass alle Sprüche im Namen der Mutter zu erfolgen hätten, was manche Forscher zur Annahme einer altjüdischen matrilinearen Schicht veranlasst hat. Ähnliche Anweisungen hat man auch in griechischen und arabischen Zaubertexten entdeckt. Der geheime Name einer Person schloss den Namen der Mutter ein, was sicherlich daher kommt, dass der Name der Mutter immer bekannt war, der des Vaters oft ungewiss.

Eine andere Charakteristik der jüdischen Magie, die, wie wir oben gesehen haben, nicht ohne Einfluss auf die christliche Praxis blieb, war die Umkehrung eines Spruches als Wirkungsprinzip. Oft sprach man zunächst den Originalwortlaut und dann drehte man die Richtung. Mystische Namen sprach man sowohl vorwärts als auch rückwärts. Zur Dämonenvernichtung sprach man deren vollen Namen aus und ließ bei jeder weiteren Anrufung einen Buchstaben des Namens weg, bis der Name – und, wie man hoffte, auch der Dämon – verschwunden war. Als Beispiel mag eine Stelle aus dem Talmud zur Vernichtung des Dämons Shabriri[25] dienen:

Shabriri
briri
riri
iri
ri

Umgekehrt ist der Vorgang beim Aufbauen von Macht durch den Aufbau eines Namens. In der jüdischen Version des *Clavicula Salomonis* z. B. das Tetragrammaton[26]:

ton
ramaton
gramaton
ragramaton
tetragramaton

Die jüdische Zauberliteratur handelte auch von der Bedeutung der Zahlen in Bezug auf Glück oder Unglück. Dabei wurden die ungeraden Zahlen prinzipiell als die glücklichen angesehen, da die geraden Zahlen zum Angriff der Dämonen einladen, was besonders in den mittelalterlichen jüdischen Schriften thematisiert wird. Unter anderem sollen zwei verschiedene Handlungen niemals zur gleichen Zeit in Angriff genommen werden, zwei Schwestern nicht zwei Brüder heiraten; Pate bei zwei Brüdern zu sein wurde ebenfalls als unheilvoll angesehen. Die Dreizahl war am höchsten geschätzt und kommt auch in den magischen Texten am häufigsten vor. Die Vorbereitung auf die magische Handlung dauert drei Tage, die Operation selbst geschieht auf drei Ebenen. Wahrsager sollen nur drei Fragen hintereinander beantworten. Die zweithäufigste magische Zahl war die Sieben. So lautet ein Talmud-Rezept gegen Malaria:

> Take 7 prickles from 7 palmtrees, 7 chips from 7 beans, 7 nails from 7 bridges, 7 ashes from 7 ovens, 7 scoops of earth from 7 doorsockets, 7 pieces of pitch from 7 ships, 7 handfuls of cumin and 7 hairs from the beard of an old dog, and tie them to the neck of the shirt with a white twisted band.[27]

Die Neunzahl hat ihre magische Bedeutung erst mit der Kabbalah erhalten. Die Dämonen scheinen eine besondere Vorliebe dafür zu entwickeln, denn sie erscheinen meist in Neunergruppen. Multiplikationen dieser Zahlen sind ebenfalls als wirksam erachtet worden.

Die magische Handlung vollzog sich in einem magischen, als Schutz gegen die Dämonen gezogenen Kreis. Dieser fand auch Eingang in den jüdischen Volksbrauch, wenn man z. B. die Wöchnerinnen mittels eines Kreises gegen die bösen Geister zu schützen versuchte. Der bereits erwähnte Ziyuni gibt an, dass der Kreis mit einem Schwert oder Messer, je nach Gefährlichkeit der magischen Operation, zu ziehen sei.[28] Dazu kam noch als wichtiger Punkt die völlige Jungfräulichkeit des magischen Gerätes, es wurde stets ein neues Messer bzw. Schwert, eine neue Schale zur Wahrsagerei verwendet. Amulette schrieb man auf ein neues Pergament.

Die oben bereits erwähnte Besprechung von Flüssigkeiten erfolgte mittels des Hersagens von sieben Namen über einem neuen Becher Wein oder der auf neuem Pergament geschriebene Zauberspruch wurde in Wein oder Wasser aufgelöst. Dieser präparierte Wein, vor der Türe von Feinden ausgeleert, sollte bewirken, dass Unheil über sie hereinbreche, wobei aber peinlich darauf zu achten war, nicht einen Tropfen auf den eigenen Körper zu bekommen.

Über den Bildzauber, ein von den christlichen Quellen häufig diskutiertes Phänomen, wussten die jüdischen Magier ebenfalls Bescheid, wie die Stelle aus dem Zauberbuch *Schwert des Moses* beweist:

> If you wish to kill a man, take mud from the two sides of the river and form it into the shape of a figure and write upon it the name of the person, and take seven branches from seven strong palm trees, and make a bow from reed with the string of horse sinew and place the image in a hollow and stretch the bow and shoot with it and with each shot say [...] [a series of names] and may [name of the enemy] be destroyed.[29]

Allerdings können im Gegensatz zur Häufigkeit der christlichen Belege nur zwei jüdische ausgemacht werden, die zu bestätigen scheinen, dass sich die Juden mit dieser Art Todeszauber beschäftigt haben.

Das Lösen und Binden der Knoten dokumentiert im Buch Daniel (5:12,16) die Bekanntheit dieser magischen Praxis. Die 113. Sure des Koran berichtet, dass ein jüdischer Magier Mohammed mit Hilfe von Knotenknüpfen verzaubert habe. Die Zauberwirkung äußerte sich in einem Schwächezustand, der den Propheten seinen Appetit verlieren und seine Frauen vernachlässigen ließ. Die Vermutung liegt nahe, dass es sich dabei um die jüdische Form des im Mittelalter und später berüchtigten »Nestelknüpfens« gehandelt hat, also um eine Form der *Impotentia ex Malefico*, was die Erwähnung in Zusammenhang mit jüdischen Hochzeitsbräuchen bestätigt.

Die jüdischen Amulette waren von Juden und Christen in gleicher Weise geschätzte Zaubermittel. Es lassen sich zwei Arten unterscheiden: auf Pergament geschriebene Zaubersprüche und andere als Abwehrmittel verwendete Dinge wie Kräuter, Fuchsschwänze, Steine etc. Die erwartete Wirkung lag vor allem im Heilen und Schützen von Mensch und Tier. Im Mittelalter erachtete man die geschriebenen für wirkkräftiger. Unter den Amulettkräutern stand der Fenchel in besonders hoher Wertschätzung, wie aus folgender Beschwörung klar hervorgeht:

> Un wer dich treit, unter seinem Gewande, der muss sein behüt, sein leib un sein gemüt, von eisen un von stahel, un von stock un von stein, un von feuer un von waser, un vor aller schlimme übel, das da ê geschaffen wart, sint Adam gemacht wart. Das sei wahr in Godes namen. Amen.[30]

Die geschriebenen Amulette brachte man häufig auf koscherer Rehhaut auf.[31] Im 14. Jahrhundert forderte der Bischof von Salzburg ein Schutzamulett, eine Mezuzah, an, um es am Burgtor anbringen zu lassen. Der Salzburger Rabbi verweigerte es ihm mit dem Bemerken, ein Kultobjekt nicht derart profanieren zu können. Bei der Mezuzah handelt es sich um ein Amulett, das an jüdischen Häusern am Türpfosten zum Zwecke der Dämonenabwehr angebracht wird. Meist ist es ein aus der Tora abgeschriebener Text, der zusammengerollt und in ein Röhrchen gesteckt wird. Auf Rehhaut geschrieben, erforderte es besonders sorgfältige Vorbereitungen: Es durfte nur an einem Montag zu der fünften Stunde oder an einem Donnerstag zu der vierten Stunde geschrieben werden.

Die relativ späte Schrift *Buch der wahren Praxis der göttlichen Magie* des Abraham von Worms überliefert eine Anleitung zur Beschwörung eines Schutzgeistes, die in eine Gesprächssituation zwischen Vater und Sohn eingekleidet ist. Abraham spielt auf die schon erwähnte mündliche Tradition des Geheimwissens an, das Gott nicht in den biblischen Schriften, sondern mündlich übergeben hat. Abraham selbst steht auch in der Überlieferungstradition, doch hat ihm sein Vater nur Bruchstücke des Wissens übergeben. Daher hat er sich sowohl in Europa als auch im Orient nach einem wahren Meister auf die Suche begeben, den er dann in Meister Abramelin in Ägypten fand. Dieser offenbarte ihm ein Ritual, dessen Durchführung er sich nach seiner Rückkehr intensiv widmete. Er beschwört einen Schutzgeist, der auch tatsächlich erscheint und belehrt und ihn zum Beherrscher der Dämonen macht.

Die Methode bzw. die Essenz der Lehre, die Abraham seinem Sohn weitergibt, ist Gottesfurcht, die magische Operationen zum Ziel führt. Mit Hilfe der Gottesfurcht kann der Adept die Dämonen beherrschen und überwinden. Die Dämonen sind, wie in den altorientalischen Konzepten, hierarchisch organisiert. Der Vielzahl der Dämonen steht die Einzahl des allmächtigen Gottes gegenüber. Der Schutzgeist ist möglicherweise als persönlich vermittelter Aspekt Gottes aufzufassen, als solcher der Wahrnehmung der Menschen angepasst, der die unendliche Größe und Macht Gottes nicht zu ermessen vermag.

Bemerkenswert erscheint, dass Abraham keinen konkreten Beschwörungstext angibt, sei es, um den Leser sein eigenes persönliches Gebet finden zu lassen, sei es darum, dass dieser Text mündlich tradiert wurde. Ob der dritte Teil, der sogar eine ausführliche Auflistung der heiligen Namen, Beschreibungen der magischen Quadrate und auch Zaubersprüche enthält, als Anleitung für einen nicht genügend ernsthaften Leser gedacht war, entzieht sich meiner Beurteilung.[32]

Die Legenden um Rabbi Joseph della Reina enthalten bereits sämtliche Elemente des späteren Faust-Mythos: Der Zauberrabbi versucht mit Hilfe des Propheten Elias dem Teufel in Gestalt eines schwarzen Hundes den Garaus zu machen, indem er ihn bei seinem geheimen Namen nennt. Da er aber die Instruktionen nicht buchstabengetreu beachtet, scheitert sein Plan. Später geht er mit der Königin von Frankreich ein illegitimes Liebesverhältnis ein, daher stammt auch sein Name, und beendet schließlich sein Leben durch eigene Hand.[33]

Der arabische Einfluss

Zur Zeit des Propheten Mohammed bestand das Pantheon der arabischen Glaubenswelt aus Allah, der Geisterwelt und den noch verehrten örtlichen Gottheiten. Als Mittler zwischen den Welten fungierten die Kāhins, Zauberer und Wahrsager, aber auch Dichter und Wahnsinnige. Die Ausbreitung des Islam brachte Kontakte mit anderen Kulturkreisen und deren magischen Systemen und Riten, die mit den vorhandenen arabischen zu einer eher heterogenen Masse verschmolzen.

Die Magie, arabisch *siḥr*, war, obzwar teilweise verurteilt, für Mohammed[34] und seine Zeit durchaus Realität.

> Und sie folgten dem, was die Satane unter der Herrschaft Salomos (den Menschen) vortrugen. Nicht Salomo war ungläubig, sondern die Satane, indem sie die Menschen in der Zauberei unterwiesen. Und (sie folgten dem,) was auf die beiden Engel in Babel, Hārūt und Mārūt, (vom Himmel) herabgesandt worden war. Und sie (die beiden Engel) unterwiesen niemanden (in der Zauberei), ohne zu sagen: »Wir sind nur eine Versuchung (für die Menschen). Werde darum nicht ungläubig!« (Koran, Sure 2, 102).

Die Kommentatoren stimmten überein[35], dass die *šayāṭīn* (bösen Geister) die Zauberei aufgebracht hätten. Sie sind diejenigen, die an den Himmelstoren lauschen, wenn die Engel sprechen, das Gehörte verdrehen und verzerren und den *Kāhins* und den falschen Propheten überbringen, die Zauberbücher darüber schreiben.

In der arabischen Geisteswelt spielte die Magie vom Mittelalter bis heute eine bedeutende Rolle. Die vielfältigen Formen der magischen Praxis konnten sich in einem riesigen Raum unter Übernahme von Elementen aus anderen Kulturkreisen entwickeln. Naturgemäß kann hier die arabische Magie[36] lediglich in Hinblick auf ihren Einfluss auf das europäische System betrachtet werden.

Ebenso wie in europäischen mittelalterlichen Wissenschaftssystemen wird die Magie zusammen mit der Alchemie, der Wahrsagerei[37] und der Astrologie zu den Geheimwissenschaften gerechnet. Im Allgemeinen unterscheiden die arabischen Gelehrten zwischen der weißen (*aṭ-ṭarīqua al-maḥmūda*) und der schwarzen (*aṭ-ṭarīqa al-maḏmūma*) Magie. In seiner zwischen 987 und 1010 erschienenen Schrift *Fihrist* unterscheidet Muḥammad ibn Isḥāq an-Nadīm zwar zwischen den beiden Arten, doch betont er, dass es in beiden Formen um das Dienstbarmachen der Geister geht. In der erlaubten Magie geht der Geisterzwang durch Gebete zu Allah, Enthaltsamkeit, Beschwörungen der Geister und vor allem durch den zwingenden Einfluss der göttlichen Namen vor sich. Die Schwarzmagier, die *saḥara*, versichern sich der Dienste der Geister durch Opfer und böse Taten wie Tabuverletzungen – Blutopfer von Tieren und Menschen. Beide verwenden Siegel, Zauberformeln, magische Kreise, Räucherungen und Talismane, die sie unter Beobachtung der astrologischen Konstellationen herstellen, sie auch in Gemmen und Ringe eingravieren. Die weiße Magie wird im *Fihrist* auf die Tradition des Sulaimān[38] zurückgeführt, der als Erster die Geister beschworen und sich untertan gemacht hat.

Der Autor kennt nicht nur siebzig Geister mit Namen, sondern nennt auch Meister und deren Schriften in der Tradition des Sulaimān.

Die verwerfliche Zauberei, die *as-siḥr*, soll Baiḏaḫ, die Tochter des Iblīs eingeführt haben. Diese thront über dem Wasser, und die Zauberer, die ihr mit Menschen- und Tieropfern dienen, erhalten alles, was sie von ihr wünschen. Auch von diesem Zweig der Magie behauptet Muḥammad ibn Isḥāq an-Nadīm, einige Meister persönlich und andere namentlich gekannt zu haben. Dem Traditionszweig der unerlaubten Magie zählt er hauptsächlich die Magie der Chaldäer zu, wobei er auch die Wahrsagetechnik mittels eines sprechenden Kopfes erwähnt.[39]

Die als distanziert objektiv zu bezeichnende Haltung des Muḥammad ibn Isḥāq an-Nadīm, der die verschiedenen Formen der Magie zwar eingehend bespricht und kommentiert, aber die Realität derselben doch in Zweifel zieht, steht im Gegensatz zum Standpunkt des al-Ġazālī[40], der von der Wirklichkeit der Macht der Zauberei überzeugt ist. Die Sage erzählt, er habe den bekannten Sufi-Magier aṭ-Ṭabasī für eine Geisterbeschwörung gewinnen können. Als er die als Schatten an der Wand sichtbaren Dämonen ansprechen wollte, meinte aṭ-Ṭabasī, dass die Grenze des Möglichen bereits erreicht wäre. In seiner Schrift *Munqiḏ min aḍ-ḍalāl* behauptete er, die Wirksamkeit des magischen Quadrats *Budūḫ*, das deshalb auch nach ihm benannt wurde, erprobt zu haben. Der bedeutende Rechtsgelehrte und Philosoph zog sich in seiner Lebensmitte zu einem asketischen heiligmäßigen Leben in der sufistischen Tradition zurück und sicherte dieser religiösen Richtung einen festen Platz innerhalb der islamischen Orthodoxie. Seine Schriften beeinflussten u. a. (über die Vermittlung des Raimund Martin) Thomas von Aquin.

In seiner erwähnten Schrift versuchte al-Ġazālī , eine Systematik des Wissens zu erstellen, die er in lobenswerte (*maḥmūd*), verwerfliche (*maḏmūm*) und die erlaubte (*mubāḥ*) unterteilt. Zu der verwerflichen Wissenschaft gehören jene Formen der Zauberei, die mit Illusionskunst und der Talismanherstellung zu tun haben. Seine Einstellung zur Magie erscheint oft ambivalent, da er einerseits nur den Schadenzauber zu den tadelnswerten Wissenschaften rechnet, andererseits die Kenntnis der Magie in Bezug auf die Unterscheidung zwischen den Wundern Allahs und der Heiligen von magischen Illusionen für unumgänglich hält.[41]

Eine weitere Systematik versuchte der als Pseudo-Maǧrīṭī[42] bekannte Kompilator des *Picatrix*. Drei Zweige umfasst das magische Wissen: 1. das Wissen von den Talismanen, das die Sabier erfunden haben, 2. das Wissen über die Planeten, um das sich besonders die Griechen Verdienste erworben haben, 3. das Wissen um Beschwörungen, auf die sich vor allem die Inder verstehen. Diesen Traditionen sind bestimmte Methoden zugeordnet, die Methode der Inder z. B. besteht in der Reinigung der Seele; Beschwörungsformeln werden nach der Methode der Nabatäer gefasst; mit der Methode der Griechen ist es möglich, Planeten und Sphären, mit der der Hebräer Geister und Ǧinnen zu beschwören.[43]

Der islamische Enzyklopädist Taškõprüzāde definiert wie folgt:

»Es handelt sich um eine Wissenschaft, die die sphärischen Verhältnisse und die Positionen der Sterne und deren Zusammenhang mit den irdischen Dingen, d.h. mit den drei Naturreichen, unter einem speziellen Gesichtspunkt untersucht, damit auf der Grundlage dieser Vermischungen seltsame Wirkungen und wunderbare Geheimnisse, deren Gründe und Ursachen verborgen sind, in Erscheinung treten.«[44]

Wie ein Geisterzwang vor sich geht, beschreibt Abū Bakr Muḥammad ar-Rāzī:

> When the conditions are brought together and the incantations pronounced, God makes the latter like a mighty devastating fire, encircling the demons and the jinn, until the corners of the world close in around them, and there is no place left for them to hide, nor any other choice than to come out and resign themselves to do as they are commanded. What is more, if the performance is skillful being of good conduct and praiseworthy morals, God will dispatch powerful, rough, and strong angels to the demons to inspire them and lead them to obey and serve him. The obedience of demons and jinn to humans is not something unimaginable, neither from the standpoint of reason nor from the standpoint of accepted practice.[45]

Auch die Nekromantie gehörte zu den angewandten Beschwörungs- und Wahrsagetechniken.

In der Vorbereitungsphase verbrannte der Adept spezielles Räucherwerk, sprach dann den zu beschwörenden Geist persönlich an und teilte ihm seine Wünsche mit.

Die Astralmagie beschäftigte sich mit der Beschwörung der Planetengeister, basierend auf dem Wissen von deren Eigenschaften und Fähigkeiten. Das Beschwörungsritual nahm Bezug auf die den Planeten zugeordneten Farben und Gerüche. Der Adept hatte, in der Farbe des Planeten gekleidet und mit den entsprechenden Essenzen parfümiert, auch den passenden Zeitpunkt, an dem dieser den größtmöglichen Wirkungsgrad entfalten kann, zu beobachten. Aus dem dem Planeten zugeordneten Metall verfertigte der Adept ein hohles Kreuz, das er auf dem Abbild des zu beschwörenden Planeten anbrachte.[46] Beschwörungen der Planetengeister waren nur auf offenen Plätzen unter freiem Himmel möglich. Ein vollständig gereinigter Platz musste mit dem Himmelsgeist zugeordneten Kräutern bedeckt sein. Auch entsprechendes Räucherwerk sollte durch das hohle Kreuz nach oben strömen.[47]

Die bereits erwähnte Talismankunst wurde auch teilweise in Europa geübt. Dieses Verfahren ist bestrebt, »to combine the active celestial forces with the passive earthly forces at moments favorable to the desired action and influence, with the help of vapors to strengthen and attract the spirit of the talisman, with the intent of producing the unusual manifestations in the world of generation and decay. In comparison with magic, this science is more accesible, for both its principles and its causes are known. Its usefulness is obvious but mastery comes only after a great deal of effort.«[48]

Die Beherrschung dieser Kunst basiert auf konziser mathematischer und physikalischer Kenntnis, aber auch auf dem Wissen um Planetenkonstellationen, dem Gesetz der sympathetischen Verbindung, der Wahl des Zeitpunktes und des entsprechenden Ortes der Herstellung und der Herstellungsmaterialien. Talismane sind hauptsächlich Steine, aber auch Kräuter, Teile von Tieren und Räucherwerk. Der *Picatrix* zählt einige der wichtigsten auf.

Eine den Beschwörungsverfahren und der Talismankunst übergeordnete Technik findet zwar in den Schriften häufig Erwähnung, aber diese *unio mystica*, um die es sich offenbar handelt, entbehrt der praktischen Anleitung:

> The sorcerer does not need any aid, while those who work with talisman seek the aid of the spiritualities of the stars, the secrets of numbers, the particular qualities of existing things, the positions of the shere that exercise an influence upon the world of the elements, as the astrologers maintain. The philosophers therefore say that sorcery is a union of spirit with spirit while the talisman is a union of spirit with body.[49]

Die *Magia naturalis* gliedert sich in zwei Gattungen: Die *sīmiyā'* aus griechisch *semeia* und arabisch *nīranǧāt* (äußert machtvolle Zaubersprüche). Beide bezeichnen im Allgemeinen jene Künste, die ich unter dem Kapitel »Magie als Trick- und Illusionskunst« zusammengefasst habe.

Die Rezeption der antiken Schriftsteller weckte in den arabischen Gelehrten Interesse an Astrologie und Alchemie, zwei Wissenszweigen, die von den Chaldäern und Persern entwickelt, von den Griechen modifiziert und in dieser Form von den arabischen Gelehrten übersetzt und kommentiert wurden.

Autoren wie al-Kindī und Abū Maᶜšar versuchten, Astrologie und Magie als erlaubte Wissenschaft zu etablieren. Ab dem 12. Jahrhundert mehren sich die Übersetzungen von (über 100) arabischen Schriften ins Lateinische. Einer der ersten Übersetzer, Adelard von Bath[50] (ca. 1080–1155) übertrug astrologische und astralmagische Schriften; die meisten sind in mittellateinischer Übersetzung zugänglich.

Wohl einer der berühmtesten arabischen Gelehrten seiner Zeit war Abū Yūsuf Yaᶜqūb ibn Isḥāq al-Kindī[51] (gest. ca. 850). Er übersetzte Schriften des Aristoteles und anderer griechischer Philosophen ins Arabische und widmete sich dem Studium aller ihm zugänglichen Wissensgebiete. Das Ergebnis seiner Forschungen legte er in schriftlicher Form nieder (200 Schriften nennen ihn als Autor). Seine Auseinandersetzung mit der Magie belegt ein Manuskript, »Irrtümer des al-Kindī« betitelt. Al-Kindī selbst hat versucht[52], die Magie als Wissenschaft zu begründen. Er meinte, dass die menschliche Vorstellungskraft Strahlen auf Gegenstände aussenden könne, welche die reale Form auf Grund von Sprache und Bewegung entsprechend »verwandelten«. Er bezieht sich dabei auf die Macht des Wortes, also auf Zaubersprüche, deren Wirkung sich bei bestimmten astrologischen Konstellationen noch steigert. Die Beeinflussung der Elemente geschieht mittels verschiedener Stimmen und Worte, welche Blitze, Bilder, Lichterscheinungen etc. bewirken können. Nicht nur Worte vermögen solche Erscheinungen hervorzurufen, sondern auch Figuren, Schriftzeichen, Idole und Opfergaben. Jedes dieser Requisiten sendet Strahlen aus, welche ihrerseits auf Grund der herrschenden Sternkonstellationen ihre Wirkungen entfalten.

Schriftzeichen können gesund oder krank machen (hier zeigt sich der Zusammenhang mit Heilzauber).

Seine immer wiederkehrende Versicherung, er habe die beschriebene Wirkung selbst erfahren, soll anscheinend die Leser zum Experiment anregen. Die Mehrheit seiner Schriften beschäftigt sich mit der Astrologie (einige davon hat Gerhard von Cremona ins Lateinische übersetzt), die Alchemie lehnte al-Kindī ab.

Qustā ibn Lūqā al-Baᶜlabakkī[53], bekannt durch seine Übersetzung der *Mechanischen Künste* des Heron von Alexandria (siehe S. 200), verfasste eine Abhandlung über Beschwörungen und Amulette. Es ist ein Traktat über die Wirkung der Einbildung auf den menschlichen Geist, modern ausgedrückt über die Psychosomatik. Im Gegensatz zu al-Kīndī führte Qustā ibn Lūqā die Wirkung der Zaubersprüche auf die Macht der Einbildung zurück. Ähnliche Vorgänge nahm er z. B. bei der gefürchteten *Impotentia ex Malefico* an, die noch bis ins 18. Jahrhundert im europäischen Aberglauben nachweisbar ist. Amuletten, Ligaturen (um den Hals zu hängende amulettartige Gegenstände) und allen anderen Zaubermitteln spricht er ebenso Wirkungen zu, die sich proportional zur Einbildung dieser Wirkung verhalten.

Der etwas jüngere Ṯābit ibn Qurrā (geb. ca. 836) gehörte einer nicht-islamischen Lehre an, welche sowohl ägyptische Lehren (Hermes[54] Thoth) als auch gnostisch-neoplatonische Elemente in sich vereinte. Ähnlich wie al-Kindī spricht er dem Einfluss der astrologischen Konstellation auf magische Operationen enorme Bedeutung zu. Die genaue Berechnung des Sternenstandes ist für Bildzauber etc. von maßgeblicher Bedeutung. Sein Rezept zur Skorpionvertreibung kann als Beispiel für die arabische Astralmagie gelten: Zuerst muss das Abbild eines Skorpions aus Kupfer hergestellt werden bzw. unter Beimengung von Zinn, Blei, Silber oder Gold. Der Zeitpunkt, an dem der Skorpion als Aszendent auftritt, muss abgewartet werden, dann ritzt man in das Metallabbild die astrologische Konstellation ein und begräbt die Figur an jenem Platz, der von Skorpionen frei sein soll. Während der Eingrabungszeremonie spricht man die Worte: »Das ist das Grab, dessen und seiner ganzen Art, auf dass er nicht an jenen Platz komme.«[55]

Die Anwendungsgebiete der Astralmagie unterscheiden sich nicht von den bisher besprochenen. Es geht um Liebe, Tod, Reichtum, Erfolg etc.

Avicenna[56] (eigentlich Abū ᶜAlī al-Husain ibn ᶜAbdallāh ibn Sīnā, 980–1037) galt als der bedeutendste persisch-arabische Philosoph, Enzyklopädist und Arzt und als eigentlicher Vermittler der griechischen Philosophie im Orient. Er war ein weitgehend rationaler Denker, der in seinem großen Werk, dem *Buch der Genesung* (*Kitāb aš-*

šifā'), den Einfluss der Planeten und die Wirkung der Talismane behandelte.

Auf Befehl des König Alfons wurde 1252 eine Übersetzung des arabischen *Ziel des Weisen* (Ġāyat al-ḥakīm) erstellt, welches die arabischen Quellen als Handbuch der Magie überhaupt bezeichnen. Die Autorschaft ist umstritten, weshalb das Manuskript als *Picatrix* des Pseudo-Mağrīṭī[57] in die Literatur eingegangen ist. Die arabische Verballhornung *Picatrix* leitet sich von dem griechischen Namen des Philosophen Hippokrates ab.

Die Basis der beschriebenen Magie bildet das aristotelische Prinzip der Ähnlichkeit bzw. Gleichheit (dass Gleiches Gleiches hervorbringt). In Anlehnung an die neoplatonische Lehre entwickelt die Schrift die Anschauung, dass eine Verbindung zwischen der göttlichen und der irdischen Welt besteht, welche durch hierarchisch organisierte dämonische Wesen hergestellt bzw. vermittelt wird. Je näher diese Wesen zum Göttlichen stehen, desto gottähnlicher sind sie. Die arabische Variante des Neoplatonismus fasst astrologische Konstellationen als Personifikationen auf, die als Vermittlerwesen fungieren, weshalb der *Picatrix* auch als Hauptwerk der Astralmagie angesehen wird. Die jeweilige Gestalt der göttlichen Emanation verändert auch den Charakter der ihr zugeordneten magischen Operation. Magie erscheint innerhalb dieses Erklärungsmodelles als Versuch, in den Weltzusammenhang einzugreifen. Den Sternen fällt die Aufgabe zu, die himmlischen Urformen der Welt zu übermitteln. Der Magier muss daher danach trachten, dass die von ihm gewünschte Form im richtigen Augenblick an der richtigen Stelle der Materie eingeprägt wird. Sendet die Gottheit durch die Sterne bestimmte Kräfte oder Geistwesen auf die Erde, so wird es seine Aufgabe sein, diese auf irgendeine bestimmte Stelle herabzuziehen und dort festzuhalten. Erscheinen diese Geistwesen in anthropomorpher Gestalt als Dämonen, so gilt es, diese zu beschwören und sich dienstbar zu machen. Handelt es sich darum, einen mit freiem Willen begabten Stern seinen Wünschen zu unterwerfen, so wird man ihn anbeten und ihm Opfer darbringen.[58]

Wohl nur wenig später ist eine oft mit dem *Picatrix* verglichene Schrift entstanden: *Kitāb aš-šāmil min al-baḥr al-kāmil fī d-daur al-ᶜāmil* des im Zusammenhang mit Ġazālī erwähnten Abū l-Faḍl

Muḥammad ibn Aḥmad aṭ-Ṭabasī. Die behandelten Themenkreise decken sich mit jenen des *Picatrix*, aber im Gegensatz dazu werden an keiner Stelle griechische Autoritäten zitiert, sondern hebräische und islamische. Größtenteils in der theurgischen Tradition stehend, enthält die Schrift interessanterweise einen Höllenzwang.[59]

Das rätselhafte, in hebräischer Sprache erhaltene *Buch der Palme* tritt für die salomonische Tradition in der Magie ein. Der Begründer soll eine magische Operation mit Namen »Palme« entwickelt haben, die in der Herstellung eines weissagenden Vogels aus Palmenstücken bestanden hat.[60]

Wie im europäischen Mittelalter lässt sich auch bei den Arabern die Tendenz bemerken, vielfältiges Material der Verfasserschaft einer griechischen philosophischen Autorität zuzuschreiben. Sowohl Platon als auch Aristoteles und Apollonios von Tyana, den die islamischen Philosophen als Vermittler der Lehren des Hermes betrachteten, schrieb man Werke magischen Inhalts zu.[61] Mit der Trick- bzw. Illusionskunst *nīranǧāt* befasst sich das einem griechischen Pneumatiker, Kinas, zugeschriebene Buch, das auch der *Picatrix* erwähnt, der den Verfasser allerdings für einen zu Hadrians Zeiten lebenden Inder gehalten hatte. Die Schrift gibt u. a. zahlreiche Rezepte zur Herstellung von Zauberstatuetten. Ullmann identifiziert den Autor mit Chymes, arabisch Kīnās, einer oft zitierten Autorität auf magischem Gebiet.[62]

Zum Abschluss ist noch eine Schrift zu erwähnen, die sich als didaktische Anleitung des Aristoteles an den jungen Alexander präsentiert.[63] Das *Kitāb al-Isṭamāḫīs* bespricht u. a. die Herstellung von Talismanen, die Illusionskunst, wobei der erwähnte Kīnās als Erfinder angenommen wird. Ein ebenfalls dem Dunstkreis Alexanders und Aristoteles' zugeschriebenes Buch ist der *Alexanderschatz* (*Kitāb aḏ-ḏaḫīra al-iskandarīya*, dessen Vorgeschichte bereits in das Reich der Sage verweist. Um 838 bei der Eroberung der Festung Ammūriya träumte dem Kalifen al-Muʿtaṣim bi-llāh, dass sich unter einer Klostermauer eine Schrift des Aristoteles befinde. Tatsächlich kam nach Abriss der Mauer ein goldenes, in griechischer Sprache verfasstes Buch zum Vorschein, das ursprünglich von Hermes (über die Vermittlung des Bālinās[64]) über Aristoteles an Alexander weitergegeben worden war. Es behandelte die Talismanherstellung, Verfertigung von Siegeln und bespricht die magischen Eigenschaften der Steine und die okkulten Kräfte der Natur.

1 Vgl. besonders Kursawa, Hans-Peter: *Antichristsage, Weltende und jüngstes Gericht in mittelalterlicher deutscher Dichtung*, Diss. Köln 1976, S. 91 f.

2 Folz, Hans (ca. 1435–1513), Herzog von Burgund 1486/93. Folz hatte erstaunliche Kenntnisse der jüdischen Bräuche und Kulte. Vgl. dazu Janota, Johannes: »Folz, Hans«, in: *VL*, Bd. 2, Berlin 1980, Sp. 780.

3 Trachtenberg, Josua: *Jewish Magic and Superstition*, New York 1939.

4 Eine kleine Auswahl der jüngsten Literatur zur jüdischen Magie vgl. Eve, Eric: *The Jewish Context of Jesus' Miracles*, Sheffield 2002 (= Journal for the study of the New Testament: Supplement series; 231). Etkes, Immanuel: *Ba'al Hashem: the Besht; Magic, Mysticism, Leadership*, Jerusalem 2000; Jeffers, Ann: *Magic and Divination in Ancient Palestine and Syria*, Leiden [u.a.] 1996 (= Studies in the history and culture of the ancient Near East); Lesses, Rebecca, Macy: *Ritual Practices to Gain Power. Adjurations in the Hekhalot Literature. Jewish Amulets, and Greek Revelatory Adjurations*, Cambridge Mass. Harvard Univ. Diss. 1995; Schwartz, Dov: *Astral Magic in Medieval Jewish Thought*, Ramat Gan 1999; Sperber, Daniel: *Magic and Folklore in Rabinnic Literature*, Ramat Gan 1994; Werblowsky, Raphael J. Zwi/Smith, Gary (Hrsg.): *Magie, Mystik, Messianismus. Studien zur Religonsgeschichte des Judentums und Christentums*, Hildesheim 1997; Remus, Harold: *Magic, Method, Madness*, Leiden 1999.

5 Immer noch lesbar ist: Peuckert, Will-Erich: *Pansophie. Ein Versuch zur Geschichte der weißen und schwarzen Magie*, Berlin 1956, S. 59.

6 Hsia, Ronnie Po-Chia: *The Myth of Ritual Murder: Jews and Magic in Reformation Germany*, New Haven u.a. 1988.

7 Krauss, S.: *Geschichte der jüdischen Ärzte*, Wien 1930, S. 43 f. a. a. O.

8 Vgl. Ginzburg, Carlo: *Der Sabbat*, dt. Ausgabe Berlin 1990, S. 47 f., 67 f.

9 Luther: »Eine vermanung wider die Juden«, in: *Luther Werke* LI Edition, Weimar, S. 195.

10 Wuttke, Adolf: *Der deutsche Aberglaube der Gegenwart*, Berlin 1900, S. 140.

11 Levi, Isaac: »Le Juif Sorcier«, in: *REJ*, XXII (1891), S. 232 f.

12 Scherer, J. E: *Die Rechtsverhältnisse der Juden in den österreichischen Ländern*, Leipzig 1901, S. 435 zit. n. Trachtenberg a. a. O., S. 272, Anm. 14.

13 William von Norwich (1144), Harold von Gloucester (1168), Wilhelm von Paris (1177), Robert von Bury St. Edmunds (1181) u.a. Simon Abteles, der in der Teynkirche in Prag begraben liegt, soll am 21. 2. 1694 von Lazarus und Levi Kurtzhandel um Christi willen ermordet worden sein. Vgl. Summers, Montague: *The History of Witchcraft*, London 1926, S. 162.

14 Trachtenberg, a. a. O., S. 8.

15 Prophetentum und Dybbuk vgl. Aune; David Edward: *Prophecy in Early Christianity and the Ancient Mediterranean World*, Grand Rapids, Mich. 1983; Cryer, Frederich H.: *Divination in Ancient Israel and its Near Eastern Environment. A Socio-Historical Investigation*, Sheffield 1994 (= Journal for the Study of the Old

Testament, Suppl. Ser. 142); Jacobi, W.: *Die Ekstase der alttestamentlichen Propheten*, München 1920.

16 Trachtenberg, a. a. O., S. 13, S. 274, Anm. 2.

17 Ein besonders in den späteren Hexensagen beliebtes Motiv. Normalerweise ist der Fall umgekehrt: Salz gilt als Antidot gegen Zauberei und dämonisches Einwirken. Hat eine Zauberin jemanden angegriffen und dieser fordert Brot und Salz aus ihrem Haus, kann er sie damit töten. Zum Salz als Abwehrmittel gegen Schadenzauber allgemein vgl. Olbrich in: *HdA*, Sp. 897–916.

18 Vgl. Trachtenberg, a. a. O., S. 14, Anm. 3.

19 Moses = Deut. 18, 10–12.

20 Zu der Gestalt der Lilith neuerdings Kocku von Stuckrad: *Lilith. Im Licht des schwarzen Mondes zur Kraft der Göttin*, Braunschweig 1997 und »Constructing Feminity: the Lilith Case«, in: LAUD Paper Essen Linguistic Agency series A 1999.

21 Trachtenberg, a. a. O., S. 18.

22 Ziyuni zit. n. Trachtenberg, a. a. O., S. 22.

23 ibid., S. 109.

24 ibid., S. 110 f.

25 ibid., S. 116.

26 ibid. vgl. Blau, a. a. O., S. 128, über die Bedeutung der hebräischen Namen in den ägyptischen und griechischen Zauberpapyri, auch in der späteren Zauberliteratur bis heute.

27 Trachtenberg, a. a. O., S. 129.

28 ibid., S. 121.

29 Gaster, Moses: *The Sword of Moses*, London 1896, S. 68.

30 zit. n. Trachtenberg, a. a. O., S. 133.

31 Der hl. Chrysostomus sagte den Juden nach, dass sie mit Hilfe ihrer Amulette Proselyten machen könnten, also eine Art Pakt.

32 Ins, Jürg von (Hrsg.): *Abraham von Worms: Das Buch der wahren Praxis der göttlichen Magie*, München 1988, S. 13.

33 Cohen, Yona: *The Story of Rabbi Yosef Della Reina – Thematological Study*, M.A. Thesis, Bar-Ilan University, Ramat-Gan 1993.

34 In Sure XXI,3 erscheint Mohammed als Zauberer, seine Sendung als siḥr; in XXXVIII,3 sogar als lügenhafter Zauberer. Vgl. MacDonald, B.: »Siḥr«, in: *EI*, Bd. IV, Leiden 1934, S. 440. Zu den europäischen (der Kenntnis der arabischen Schrift und Sprache mächtigen) »Biografen« des Propheten, wie z. B. Guibert von Nogent und Hugh de Fleury waren diese Legenden offenbar auch gedrungen, da Hugh de Fleury ihn an einer Stelle als *Magus perfectissmus* bezeichnet. Vgl. Daniel, Norman: *The Arabs and the Medieval Europe*, London 1979, S. 235 f.

35 Vgl. MacDonald, B.: »Siḥr«, in: *EI*, Bd. IV, Leiden 1934, S. 439 und T. Fahd in: *EI*², Bd. 9, D. 590–593.

36 Trotz meiner wiederholten Bemühungen war mir leider weder die Dissertation von Anatoly Kovalenko: *Les concepts de Magie (Sihr) et de Sciences occultes ('ilm al ġayb) en islam*, Strasbourg 1979 (= Etudes Arabo-Islamiques 2) noch seine Nachfolgearbeit: *Magie et Islam*, Genf 1981 zugänglich.

37 Vgl. bes. Toufic, Fahd: *La divination arabe. Etudes religieuses, sociologiques et folkloriques sur le milieu natif de l'Islam*, Leiden 1966.

[38] Er erwähnt den persischen Meister Ǧamšīd, der die Magie als Wissenschaft begründet haben soll, ebenfalls ein Herr über die Geister, deshalb in der Literatur oft mit Salomon verwechselt. Vgl. MacDonald, a. a. O., S. 442.

[39] ibid, S. 443.

[40] gest. 1111; vgl. Walt Montgomery: »Al-Ghazālī«, in: *EI*², Bd. 2, S. 1061–1066.

[41] Eine Problematik, welche sowohl die Antike als auch das Mittelalter intensiv beschäftigt hat.

[42] vgl. unten.

[43] ibid.

[44] zit. n. Ullmann, S. 301.

[45] Flügel, G. (Hrsg.): *Kashf al-zunun an asami al kutub wa-al funun (= Lexicon bibliographicum et encyclopaedium a Mustafa ben Abdallah Katib Jelebi dicto et nomine Ḥajī Khalīfa celebrato compositum)*, 7 Bde., London 1835–1858, Bd. 4, S. 205–207; zit. n. Toufic, Fahd: *Encyclopedia of Religion*, S. 105.

[46] Dieses Ritual wurde auch beim Bildzauber angewendet. Wollte man jemanden in seine Gewalt bringen, so verfertigte man eine dem Menschen ähnliche Statuette, versah diese mit dessen persönlichen astrologischen Zeichen und brachte zur entsprechenden Zeit das beschriebene Metallkreuz an. Vgl. Ritter, H./Plessner, M. (Hrsg.): *Picatrix. Das Ziel des Weisen des Pseudo-Magrītī*, London 1962.

[47] ibid.

[48] *Hajī Khalīfah Kashf al-Ẓunum* zit. n. Toufic, a. a. O., S. 107.

[49] Quatremère, M: (Hrsg.): *Ibn Khaldūn. Al muqaddimah*, Paris 1858, Übers. v. Rosenthal, Franz: *The Muqaddimah. An Introduction to History*, 3 Bde., Princeton 1967, Bd. 3, S. 166.

[50] Burnett, Charles: »Adelard of Bath. An English Scientist and Arabist of the Early 12th Century«, Warburg Institute, London 1987, S. 133–146.

[51] Vgl. Jolivet, J.: »Al-kīndī«, in: *EI*², Bd. V, Leiden 1986, S. 124–126.

[52] Vgl. Thorndike, Lynn: a. a. O., I, S. 64 f.

[53] Hill, D.: »Kusṭā ben Lūḳā«, in: *EI*², S. 533.

[54] Hermes Trismegistos, mit Henoch oder Idrs identifiziert, galt in der arabischen Literatur als Gott des Zaubers, der Alchemie, Nekromantie und Astrologie, ein Stellenwert, der sicherlich auf die Antikerezeption zurückgeht. Er gilt als Erfinder aller Künste und Wissenschaften, der Lehre von den Giften, hat aber auch die Schneiderei, die Glasherstellung und andere handwerkliche Fertigkeiten begründet. Vgl. Ullmann, Manfred: *Die Natur- und Geheimwissenschaften im Islam*, Leiden 1972, S. 373.

[55] Thorndike, Lynn: »Traditional medical tracts concerning engraved astrological images«, in: *Mélanges Auguste Pfelzer*, Löwen 1947, S. 217–273.

[56] Vgl. Goichon, A. M.: »Ibn Sīnā«, in: *EI*², Bd. III, S. 965–972.

[57] Es wurde dem spanischen Mathematiker Abū l-Ḳāsim Maslama bin Aḥmad Maᶜrītī zugeschrieben, was insofern nicht möglich ist, da dieser zwischen 1005 und 1008 gestorben ist, und der *Picatrix* erst um 1051 niedergeschrieben wurde.

[58] Vgl. Ritter, Helmut: »Piccatrix, ein arabisches Handbuch hellenistischer Magie«, in: *Vorträge der Bibliothek Warburg 1921–1922*, hrsg. v. F. Saxl, Leipzig und Berlin 1923, S. 105.

[59] Vgl. Ullmann, a. a. O., S. 386.

[60] ibid., S. 387, Text hrsg. v. Scholem, Gerschom, Jerusalem 1926.

[61] ibid., S. 364 f,. 365 f., 403 f.

[62] ibid., S. 367.

[63] Verschiedene arabische Schriftsteller erwähnen sie, es ist aber mit Sicherheit anzunehmen, dass es sich nicht um eine aristotelische Schrift gehandelt hat. Vgl. Ullmann, a. a. O., S. 375.

[64] Unter dem Namen des *Bālinās* kursieren eine Reihe von Schriften magischen und auch alchemistischen Inhalts. Vgl. Ullmann, a. a. O., S. 171, 405, 419. Ihm werden z. B. ähnliche Automata und Insekten fern haltende Talismane wie Vergil zugeschrieben. Ullmann vermutet, dass es sich bei diesem Namen um eine verballhornte Form von Apollonios gehandelt haben könnte. Ibid., S. 379.

VI. Das heidnische Europa

Die nordischen Völker

Über die altnordischen magischen Praktiken geben uns hauptsächlich literarische Zeugnisse Auskunft. Dabei ist zu bemerken, dass sich, wie wir in der mittelalterlichen höfischen Literatur noch deutlich sehen werden, die reale Volkstradition mit dichterischer Fantasie vermischt.

Einflüsse auf die abergläubischen Vorstellungen des mittelalterlichen Europa kamen sicherlich nicht nur aus dem griechisch-römischen Bereich, sondern auch aus der germanisch-keltischen Tradition. Allerdings erscheint es oft schwierig, eine genuin germanische bzw. keltische Magievorstellung herauszuarbeiten, da es sich bei den erhaltenen Zeugnissen meist um die schriftliche, christlich uminterpretierte und verzerrte Aufzeichnung wesentlich älterer Quellen handelt.

Der christliche Glaube hatte sich im frühen Nordeuropa durch die beginnende Missionarstätigkeit durchgesetzt. Die Christianisierung erfolgte naturgemäß nicht im Laufe einer Generation, sondern breitete sich in Wellen aus: bei den Gälen, Angeln und Sachsen im 6. und 7. Jahrhundert durch die Bemühungen irischer Missionare, und Missionare von den britischen Inseln bekehrten im 8. Jahrhundert die germanischen Völkerschaften des Kontinents, zuletzt traten die slawischen und die skandinavischen Völkerschaften (Island im 10. Jahrhundert) zum christlichen Glauben über. Diese Daten müssen im Ungefähren verbleiben, da man einen Stamm als christlich bezeichnete, wenn sich einer der Herrscher hatte taufen lassen, was selbstverständlich nicht mit der wirklichen (gleichzeitigen) Christianisierung seiner Untertanen zusammenfiel. Christlicher Einfluss war sicherlich bereits vorher durch herumziehende christliche Händler ein wenig zum Tragen gekommen, nicht zu vergessen die Priester im Gefolge der christlichen Gattinnen heidnischer Herrscher. Man kann aber annehmen, dass frisch getaufte Herrscher mit heiligem Eifer daran gingen, alles Heidnische möglichst schnell in Christliches umzuwandeln, was die Zerstörung von Kultstätten, Denkmälern, literarischen Traditionen (Vertreibung der Barden, Heldenliedsänger) mit sich brachte. Die heidnischen Priester mussten Mönchen und christlichen Priestern weichen. Die allgemeine äußere Umstrukturierung zog ein allmähliches Umdenken auch in spirituell-geistigen Bereichen nach sich.

Dass man vielfach heidnische Glaubensinhalte, Götterfiguren, kultische Feste und Riten in christliche Gewänder einkleidete, ist sattsam bekannt. Bereits Jakob Grimm hat dieses Phänomen in seiner *Deutschen Mythologie* untersucht und die wissenschaftliche Literatur, die das Problem vom religionswissenschaftlichen, sozialwissenschaftlichen und kulturgeschichtlichen Gesichtspunkt aus betrachtet, wächst weiter an.

Gregor der Große vertrat eine äußerst kluge Politik, indem er seine Missionare anwies, die heidnischen Tempel nicht zu zerstören, sondern als christliche Kirchen neu zu weihen. Ähnliches galt für heidnische Feste, deren Stelle dann die großen christlichen Feiern einnahmen. Unbesehen schlüpften heidnische, ganz und gar unchristliche Inhalte in Form von christlich verbrämten Zauberpraktiken im neuen Glaubensgebäude unter. Diesem glücklichen Umstand verdanken wir es übrigens, dass viele germanische Zaubersprüche, von Missionaren auf ihren Fahrten gesammelt und aufgeschrieben, erhalten sind. Die Popularität der Sprüche ließ deren Vernichtung bzw. ein striktes Verbot als falsche Taktik erscheinen, daher formte man sie nach christlichen Mustern in Gebete und Segenssprüche um. Ein darin enthaltener germanischer bzw. altirischer Göttername wich dem Namen Christi oder eines Heiligen.

Das germanische Odinsopfer, das der Gott selbst am Baum hängend vornahm, um die magischen Runen zu gewinnen, gemahnt an Christi Kreuzestod. Die Vermutung ist nicht von der Hand zu weisen, dass diese »Ähnlichkeit« des Hängegottes Odin mit Christus den Übertritt der Germanen zum Christentum erleichert hat.[1]

Das irische Gegenstück, der mythische »Hangman« bzw. »Hang up Naked Man« oder »Bare-stripping Hangman« heißt *Crochaire Tarnochtaithe*, wie Christus. »The worshippers of the Gods retaliated by calling the sacred Figure on the Crucifixion Crochaire Tarnochtaithe, a name still current in folk-tales told by good Christians, who are blissfully ignorant of its true meaning.«[2]

Aber zurück zu Odin. Ich möchte hier die berühmte Stelle aus der Edda *Odins Runengedicht* selbst sprechen lassen:

Ich weiß, dass ich hing
Am windigen Baum
Neun Nächte lang,
Mit dem Ger verwundet
Geweiht dem Odin
Ich selbst mit selbst
An jenem Baum
Da jedem fremd
Aus welcher Wurzel
er wächst

Sie spendeten mir
Nicht Speise noch Trank.
Nieder neigte ich mich
Nahm auf die Stäbe
nahm sie stöhnend auf
dann stürzte ich herab

Runen sollst du lernen
und rätliche Stäbe
Stäbe gar stark,
Zeichenzauber kräftig.[3]

Runen, altnord. *galdr*, sind eines der Zauberinstrumente, die Odin ge- bzw. erfunden. hat. Im *Hávamál* heißt es:

Runen wirst du finden, geratene Stäbe
Stäbe voll Stärke, Stäbe voll Heilkraft,
Von dem Fürsten der Sänger gefärbt,
von mächtigen Göttern gemacht.[4]

Im *Sidrdrifumál* werden Gebrauch und Wirkungsweise der Runen erklärt. Die wichtigsten lauten:

Siegrunen lerne, willst du Sieg haben,
auf den Schwertknauf schneide sie,
auf die Blutrinne
Und des Rückens Breite
Und ruf zweimal zu Tyr.
Älrunen lerne,
Solle eines andern Weib
nicht trügen dein Vertrauen!
Aufs Horn soll man sie ritzen
Und auf den Handrücken
Und ziehn auf den Nagel »Not«
Den Becher soll man segnen
Und vor Bösem sich schirmen
werfen Lauch
in den Labetrank;
Dann bin ich gewiss,
Dass Böses dir nicht

gemischt wird in den Met.
Gebärrunen brauche,
Willst zur Geburt du helfen,
Lösen das Kind von der Kreißenden. [...]
Astrunen lerne,
Wenn ein Arzt du sein
und Krankheit erkennen willst! [...]
Rederunen lerne,
soll kein Recke ein Leid
Grimmig vergelten dir
Denkrunen lerne,
soll der Degen keiner
deinen Verstand bestehn.

Offenbar gab es kaum eine Situation, in der die Runen[5] nicht geholfen haben. Zur Zeit der Entstehungszeit der Sagas sind sie vermutlich noch angewendet worden, jedoch über die Praxis melden die Quellen nicht viel. Nur die falsche Anwendung und die daraus entstandenen Konsequenzen werden häufig erwähnt.[6] Dazu kommt sicherlich noch, dass zu dieser Zeit wenige des Schreibens kundig waren, wodurch jedem, der Runen zu ritzen verstand, schon deshalb eine geheimnisvolle Fähigkeit zugesprochen wurde. Meist wandte man die Runen in Verbindung mit Zaubersprüchen an, die ebenfalls auf Odin zurückgehen.[7]

Schon im Altertum zeigen die einschlägigen Stellen der Zauberliteratur, dass als Einleitung zu einer magischen Operation bestimmte Vorschriften, betreffend die Reinigung, Speisen und auch Enthaltsamkeit des Betreffenden unumgänglich waren.

Odin fastete[8] und setzte sich der Gewalt der Elemente aus. Fastete jemand am Sonntag, so konnte er leicht in Verdacht geraten, etwas Böses im Schilde zu führen. Belege für magisches Fasten in der altnordischen Literatur sind eher selten. Fasten als Reinigungsritual vom irdischen Ballast war besonders den irischen Mönchen ein Bedürfnis[9] und gehört bis heute zum wesentlichen Bestandteil der bei den Katholiken üblichen Exerzitien.

In der Magie der Jägervölker wandte man es nachgewiesenermaßen zur Unterstützung des magischen Rituals an. So erwähnt Plinius in seiner *Historia Naturalis* (24,11.62), dass keltische Stämme bestimmte Zauberkräuter erst nach einer Fastenperiode pflückten bzw. vielleicht erst imstande waren, sie zu finden. Als Abwehrmaßnahme gegen Wetterschadenzauber fastete man in Skandinavien. Um eine noch gewaltigere Steigerung der magischen Potenz zu erreichen, setzte man sich (dem Beispiel Odins folgend) den Naturgewalten aus.

Saxo berichtet in seiner Geschichte der Dänen (*Gesta Danorum* VI c 196) von Starkadr, welcher den Platz seines Freundes Helgi im Kampf gegen neun Berserker einnahm. Als Vorbereitung dazu setzte er sich auf einen Hügel, wo er Schnee und Wind auf sich herabkommen ließ. Sogar seinen Mantel legte er ab. In der Zwischenzeit hatten die Berserker von der anderen Seite her den Hügel erklommen und in einer Spalte Schutz vor dem Wetter gesucht, sogar ein Feuer entzündet. Einer hielt nach dem Helden Ausschau, bemerkte aber lediglich einen alten Mann, dessen Körper bis zu den Schultern mit Schnee bedeckt war. Starkadr erwachte aus seiner »Trance« und tötete alle.[10]

Im *Grimnirlied*[11] begehrt der verkleidete Odin bei König Geirröd Obdach. Dieser lässt ihn zwischen zwei Feuer setzen, da er ihn für einen bösen Zauberer hält (alle Hunde zittern vor ihm). Dort harrt er acht Tage und Nächte aus, ohne Nahrung zu erhalten. Lediglich der zehnjährige Sohn des Königs bietet ihm etwas an, seinen Vater tadelnd, dass er einen unschuldigen Fremden peinige. Abermals gelingt es Odin durch Fasten und Hitzeprobe, seine Zauberkraft zu aktivieren und noch zu steigern. Er vernichtet den hartherzigen König und setzt dessen Sohn an seine Stelle.

Eine andere Fähigkeit, die sich nach Aktivierung der magischen Potenz ausbildet und die auch Odin beherrschte, war die Gabe der Tierverwandlung. »Wollte Odin seine Gestalt wechseln, dann lag sein Körper wie schlafend oder tot da, er selbst war ein Vogel oder ein wildes Tier, ein Fisch oder eine Schlange. Er konnte in einem Augenblick in ferne Länder fahren.«[12]

Als Seelenreise mit stark schamanistischem Gepräge ist diese Stelle vielfach interpretiert worden.[13]

Die parallelen Erscheinungen zum eurasischen und arktischen Schamanismus sind besonders in Hinsicht auf die finnischen und lappischen Zauberer konstatiert worden. »Klar geht demnach aus dieser

Quellenprüfung hervor, dass die Lappen als besonders geschickt in der Zauberei angesehen wurden und dass deren Kunst oft von den Bewohnern des Nordens in Anspruch genommen wurde. Es ist folglich anzunehmen, dass die lappische Magie auch direkten Einfluss auf die nordische Zauberkunst ausübte. Man kann sich wohl kaum denken, dass das am meisten Charakteristische in der magischen Tätigkeit der Lappen, nämlich das Schamanieren, keinen tiefen Eindruck auf die Einwohner im Norden machte. Das Schamanieren musste ihnen als die höchste und mächtigste von allen Zauberkünsten erschienen sein. Die lappische Zauberkunst blieb die vornehmste, und da es unter den Nordländern auch eine große Menge sowohl von Förderern als auch Ausübern der Zauberei gab, war es nur ganz natürlich, dass das Schamanieren leicht Eingang bei ihnen gewann.«[14]

Nach der altnordischen Überlieferung hatten sie die Gabe der Tierverwandlung, wie die *Fornalder Saga*, *Hrolfsaga Kraka*, die *Heimskringla* und die *Egilsaga* bestätigen.[15] Die Zauberer vermochten auch andere Menschen in Wölfe oder Bären zu verwandeln, außerdem waren sie für ihren »bösen Blick« gefürchtet und beherrschten das Wetter. Sie konnten Waffen unschädlich oder unbesiegbar machen, in die Zukunft blicken und sich im Trancezustand an einen anderen Ort begeben. Seit dem Beginn des 12. Jahrhunderts verbot das alte norwegische Kirchenrecht den Gläubigen, sich von Lappen wahrsagen zu lassen.

> Keiner möge an Lappen oder an Zauberkundige oder Zaubermittel glauben oder an irgendetwas, das ein Gegenstand der Abgötterei werden kann, weder an Wurzeln noch an etwas anderes, das irgendwie den heidnischen Gebräuchen angehört, auch nicht versuchen, dadurch seine Gesundheit wiederzugewinnen. Aber wenn ein Mann zu den Lappen zieht und dessen überführt wird, so ist er vogelfrei.[16]

Die Kirche prangerte also nicht nur die Idolatrie an, sondern auch den Heilzauber. (Der Glaube an die Zauberkunst der Lappen ist übrigens auch im heutigen Skandinavien nachweisbar.)

Einen Hinweis auf die Funktion des Zaubers im sozialen Kontext der Zeit bietet der in der Sagaliteratur gehäuft auftretende Kampfzauber. Das ist insofern nicht weiter erstaunlich, als die Sagaliteratur von zahllosen Kampf- und Schlachtenschilderungen nur so überquillt. Der erwähnte »böse Blick« konnte Waffen stumpf machen, das Starren der Berserker ebenfalls.

In der *Gunnlaug-Saga*[17] wird es als äußerst wichtig hingestellt, den Ausgang der Schlachten vorherzuwissen. Die Zauberer berührten die Kämpfenden vor der Schlacht an den gefährdeten Stellen und konnten eine drohende Verwundung durch ein Amulett[18] abwenden. In diesen Zusammenhang gehört das so genannte »Festmachen«, ein Zustand temporärer Unverwundbarkeit, auf den sich die Zauberer ebenfalls verstanden haben sollen.[19]

Ein in den Sagas relativ häufig erwähntes Phänomen ist der Zauberwettkampf. Zauberer oder Zauberinnen messen ihre magischen Kräfte miteinander, bis eine oder einer unterliegt, analog zum Schamanenkampf.[20] In der *Föstroedrasaga*[21] kämpft Thordis mit ihrer Rivalin Grima (im Traum), während ihr Körper schlafend daliegt.

Ein weiterer Hinweis für das Vorhandensein von schamanistischen Elementen ist die Vorstellung eines tiergestaltigen Schutzgeistes. Die Zauberer riefen diesen mittels ihrer Zaubersprüche herbei und schickten ihn an ferne Orte, um anstehende Erledigungen auszuführen. Außerdem war es möglich, den eigenen Schutzgeist mit dem anderer Zauberer kämpfen zu lassen.

Es finden sich auch Zeugnisse einer Art Lehrtätigkeit der Zauberei. Das *Landnahmebuch* berichtet von der Königstochter Gunhild, dass diese von Gierrid in den magischen Künsten unterwiesen worden sein soll.[22]

Der *Seid*[23] galt als mächtigste der Zauberkünste. Bekannt sind allerdings lediglich die dazu notwendigen Requisiten, nicht aber, wie er ausgeführt wurde. Es hat sich dabei um eine fast ausschließlich von Frauen ausgeübte Zauberkunst gehandelt. Von Männern wurde sie gemieden, da sie eine »hässliche Schwäche« bewirkt haben soll. Die Seidfrauen besaßen den Seidstab und die unumgängliche Seidplattform, auf der sie in Trance ihre magischen Operationen ausführten. Die Vorbereitung zur Operation geschah am Abend und scheint die ganze Nacht hindurch gedauert zu haben, denn die Plattform wird erst am nächsten Tag bestiegen. Die in Tranceschlaf versunkene Zauberin lässt ihre Seele in Tiergestalt wandern, wie uns die *Fritjofsaga* berichtet:

Zwei Seidfrauen werden beobachtet, als sie in Trance auf dem *seidjallr* liegen, während sie gleichzeitig auf einem Wal reitend das Schiff des Helden verfolgen. Als er ihnen das Genick bricht, fallen auch die Körper der Frauen mit gebrochenem Genick von der Zauberplattform.[24]

Eine spezielle Form des *Seid* wandten die norwegischen Wahrsagerinnen, die Völven an. Die Operation der Völva Thorbjörg, wie sie die *Thorfin Karlsämnes Saga* beschreibt, benötigt einen speziellen Spruch, ohne den der Zauber nicht wirksam werden kann. Die Völva kennt ihn selbst nicht, bringt aber eine am Hof anwesende Christin (!) dazu, ihr den Spruch zu verraten. Darauf kann Thorbjörg die gewünschte Operation auf der Plattform liegend, umgeben von Seidfrauen, ausführen.[25]

Eine nicht zu unterschätzende Rolle spielt der Zauberspruch und seine mannigfachen Auswirkungen. Unheimlich mutet es an, wenn in der *Laxdala Saga*[26] eine ganze Familie von Zauberern vor einem Haus ihres Gegners erscheint und gemeinsam zu singen beginnt. Die Hausbewohner fallen in durch den Zaubergesang hervorgerufenen Schlaf, nur das eigentliche Opfer, ein zwölfjähriger Knabe, bleibt wach. Er verlässt das Haus und stürzt draußen tot zu Boden.

Zusammenfassend ist zu sagen, dass die literarische Darstellung der Magie der nordischen Völker, ausgehend von germanischen mythischen Quellen, der isländischen und norwegischen Sagaliteratur einen hohen Grad an Gemeinsamkeiten mit dem eurasisch-arktischen Schamanismus aufweisen (vornehmlich die lappischen Zauberer, die ja auch den Großteil des magischen Personals der Sagaliteratur stellen). Die Generationen lang mündlich tradierten Sagas zeigen jedoch eine Welt, die sich sicherlich von der unterschied, in der sie aufgeschrieben wurden. Für das Überleben der alten heidnischen Zauberpraxis gibt es jedoch genügend Hinweise. Es scheint, als hätten die Götterverehrung und Zauberei sehr wenig miteinander zu tun gehabt. Zwar kommen Götternamen in Zaubersprüchen vor, doch kann die altnordische Magie nicht als eine theurgische, im Sinne der jüdischen, arabischen oder neuplatonischen, bezeichnet werden. Christliche Geschichtsschreiber, Magie mit Götzendienst (Dämonendienst) gleichsetzend, interpretierten die altnordische ma-

Abb. 9: Druidenfrauen umtanzen einen Menhir. Holzschnitt aus J. G. Vogt, »Illustrierte Weltgeschichte für das Volk«, Bd. 2, Leipzig 1893.

gische Praxis als Götterzwang, was mit der realen Praxis nicht das Geringste gemein hatte.

Die Magie der Kelten

Plinius hatte die Magie des keltischen Britannien als sehr hochstehend angesehen, er stellte die keltischen Druiden über die persischen Magi.[27] Auch andere antike Geschichtsschreiber waren vom

Geheimwissen der Kelten fast ebenso beeindruckt wie von dem der Chaldäer, Ägypter und Perser: Diodorus Siculus, Hippolytus, Clemens von Alexandria u.a. betonen, dass Pythagoras sein Geheimwissen bei den Priestern der gallischen Kelten erworben habe.

Das gälische Wort für Magie, *Bricht,* ist ein Synonym für Zauberspruch und zu isländisch *bragr* = Dichtkunst, magischer Reim, zu stellen. Der magische Akt, also die Zauberhandlung, heißt *Druidheachd.* Dieser Terminus bezeichnet meist den Wetterzauber, den bereits die mythische Rasse der Tuatha Dé Danaan, Kinder der Göttin Danu, bei ihrer Invasion von Irland anwandten. Mit Hilfe von dichtem Nebel, Sturm, Blutregen etc. versuchten sie die Ureinwohner, die Fir-Bolg, zurückzudrängen. Doch auch diese waren mit magischen Fähigkeiten ausgerüstet und machten den magischen Unwettern der Tuatha Dé Danaan ein Ende.

Wetterzauber als Abschreckungsmittel kam nicht nur gegen feindliche Invasoren bzw. unfreundliche Könige im eigenen Land zum Einsatz, sondern auch gegen die christlichen Missionare, die mit heftigen Schneefällen oder plötzlicher undurchdringlicher Finsternis zur Umkehr gezwungen werden sollten.[28]

Die Druiden besaßen weiters die zwei Gaben der Verwandlung: einerseits die der eigenen und andererseits die anderer Menschen. In der altirischen Schrift *Rennes Dindsenchas*[29] verzaubert das altirische Pendant zur Kirke mit Namen »Die raue Dalb« drei Männer und deren Frauen in Schweine. Die Kinder des Lir werden in der gleichnamigen Erzählung des *Mabinogion*[30] von ihrer Stiefmutter Aeife in Schwäne verwandelt. Der Anlass für dieses beliebte Motiv des internationalen Erzählgutes ist die Strafe für ein Vergehen (Tabuverletzung) oder aber ein Akt der missgünstigen Willkür eines beleidigten Zauberers bzw. einer Zauberin. In der Geschichte von Pwyll[31] tauscht dieser die Gestalt mit Arawn, dem König der Unterwelt. Aus einem Lied des walisischen Barden Taliesin geht hervor, dass er ebenfalls die Gabe der Verwandlung besaß. Hintereinander verwandelt er sich in einen Geier, einen Adler und eine schöne Pflanze. Die Metamorphosen des einäugigen Balor kommen durch die Intrige seiner untreuen Frau zustande, die ihn zuerst in ein Mühlenpferd verwandelt. Der schweren Arbeit müde, flüchtet der

Unglückliche in die Wälder, wo ihn die rachsüchtige Frau aufspürt und in einen Wolf verwandelt. In Wolfsgestalt reißt er das Vieh seiner Frau, worauf sie ihn endgültig zur Strecke bringen will. Sein Schwiegervater verspürt Mitleid, doch die böse Frau behauptet, er habe auch eines der Kinder getötet. Da schlägt ihn der König mit seinem (Zauber-)Stab und er erhält seine menschliche Gestalt wieder.[32]

Die betrügerische Frau spielt oft die Rolle der Initiatorin der Zauberhandlung, so auch in der Geschichte des Magiers Earl Gerald Fitzgerald, den dessen Frau zu einer Vorführung seiner Verwandlungsfähigkeiten überredet, was ihm letztlich den Tod bringt.[33]

Noch im 12. Jahrhundert berichtet der Kirchenmann Giraldus Cambrensis über in Tiere verwandelte Menschen, die durch ihr von den Tieren abweichendes Verhalten kenntlich sind. In dem von ihm erwähnten Beispiel bittet ein durch Zauberei in einen Wolf Verwandelter mit menschlicher Stimme um Hilfe für seine verwundete Gefährtin. Die Wölfin bittet den Priester um die Gewährung der Kommunion, die er einem Tier zuerst verweigern will, bis sie das Fell ein wenig lüpft und er den menschlichen Körper darunter durchschimmern sieht.[34]

Die Göttin Ceridwen erwischte eines Tages ihren Diener Gwion, als er verbotenerweise ein paar Tropfen aus dem Kessel mit dem Trank der Dichtkunst nahm. Sogleich erlangte er universales Wissen, was ihm aber offenbar nach Meinung der Göttin nicht zustand. Sie verfolgte ihn, der sich in Tiergestalt verwandelte, ebenfalls in immer neuer Gestalt. Schließlich machte sie ihm in Hennengestalt den Garaus: Sie verschlang ihn. Aus dieser Einverleibung, die einer Schwangerschaft gleichkam, ging der Dichterseher Taliesin hervor.

Die wohl eigenartigste Verwandlungserzählung im *Mabinogion* ist in der Erzählung von Math, Sohn des Mathonwy[35] enthalten. Math, eigentlich eine göttliche Figur, ist hier Prinz von Gwynedd, dessen Neffen Gwydion und Gilvaethwy seiner Magd Schande antun. Zur Strafe verwandelt er sie in Hirsch und Hinde, Eber und Sau und Wolf und Wölfin, die in verwandelter Gestalt Junge zur Welt bringen.

Die Illusionskunst, gälisch *sian*, gehörte ebenfalls zu den Fähigkeiten der Magier. Diese illustrieren Geschichten von wunderbaren Schlössern, voll von köstlichen Speisen und Getränken, die für müde Wanderer bereitstehen, die das Gebotene genießen, jedoch am nächsten Tag in einer hässlichen Ruine im Staub erwachen. Mit Liebe zum Detail malen die altirischen Erzählungen die einfachen Materialien aus, die diese fantastische Illusion erzeugen können. Manche Varianten haben auch eine quasi-psychologische Erklärung für dieses Phänomen parat, sie spielen auf Vorstellungen an, die wir heute als »Massenhypnose« bezeichnen würden.

Von Hochschulen bzw. Seminaren der Druidenzauberei ist auch einige Male die Rede, u. a. im *Buch der vier Meister*, an einem Ort, der die Stadt der Weisen genannt wurde.[36] Andere Hinweise sprechen von Zusammenkünften der Druiden zu bestimmten Zeiten, zur Auffrischung ihres Wissens – also eine Art Symposion? Die Versammlungsplätze erhielten später einen christlichen »Überbau« in Form von Klöstern und Kirchengebäuden, eine Entwicklung, die auch auf dem Kontinent in Bezug auf germanische Kultstätten erfolgte.

Neben den Magiern druidischer Provenienz war noch ein anderer Typus des Zauberers bekannt, wie z. B. die Sagenfigur des Zauberers Calatin[37], der Stammvater von 27 Ungeheuern und des Clans Calatin. Dieses Geschlecht trachtete, sich mit anderen Ungeheuern zu verbinden. Es besaß vielerlei magische Fähigkeiten, darunter auch die Kenntnis der Gifte. Calatin fiel durch den Helden Cú Chulainn, was dessen Feindin, die Königin Mebd, derart erboste, dass sie die Töchter des Calatin nach Babylonien entsandte, um die magische Kunst zu erlernen. Die Zurückgekehrten ließ sie die erworbene Kunst an dem Erbfeind Cú Chulainn demonstrieren. Durch allerlei Zauberspuk und Illusionen versuchten sie, ihn zu vernichten, aber vergeblich. Eine der Frauen verwandelte sich in die Gestalt einer der Geliebten des Helden und brachte die Entwicklung in Gang, die letztlich zu seinem Tod führte.[38]

Von Gwydion, dem Neffen des Magierprinzen Math, war bereits die Rede. Math bringt Llew Llaw Gyffes, den späteren Pflegesohn des Gwydion, bei einem Keuschheitsordal – er lässt die Prinzessin Arianhod über seinen Zauberstab[39] schreiten – »zur Welt«. Für Llew versteigen sich die Magier Math und Gwydion sogar dazu, eine Frau aus Blumen zu erschaffen, »Blodeuwedd«, was so viel wie

Blumengesicht heißt. Diese betrügt ihren gutgläubigen Ehemann mit Goronwy Pyr, der sie veranlasst, ihrem Ehemann das Geheimnis, wie er getötet werden kann, zu entlocken.[40]

Heilzauber war u. a.[41] verbunden mit dem altirischen Gott Diancecht, der eine Quelle mit Heilpflanzen präpariert hatte, sodass alle verwundeten Krieger, die in dieser Quelle badeten, geheilt aus ihr entstiegen. Der berühmte Kessel der Wiedergeburt machte aus toten Kriegern zwar keine richtig lebendigen, doch kampffähige Krieger.[42]

Der Druide Merlin, den Geoffrey von Monmouth Merlin Ambrosius nennt, übertrifft die Magier des Vortigern an prophetischer Kraft, besitzt die Gabe der Verwandlung, beherrscht den Wetterzauber und verfügt auch über medizinisches und pharmazeutisches Wissen.[43]

Die magischen Fähigkeiten dürfen nicht unabhängig vom keltischen Feenglauben betrachtet werden, als dessen Ursprung das magische Wissen angesehen wird. Die Menschen erwerben die Kunst durch Kontakt mit den Fairies, die sie nur Auserlesenen weitergeben. Die christliche Magie richtet ihre Kräfte gegen diesen Feenzauber. »The Druids of Ireland appear to us above all as magicians and prophets. They foretetell the future, they interpret the secret will of the fées, they cast lots.«[44]

Cäsar berichtet in seinem *Gallischen Krieg*[45], dass die Anwärter für das Druidentum zwanzig Jahre im Studium als Novizen verbringen mussten. Im *Echtra Condla* oder *Abenteuer des Connla* findet sich folgende Aussage einer Fee zum Druidentum: »Druidism is not loved, little has it progressed to honour on the great strand when his law shall come it will scatter the charms of Druids from journeying on the lips of black lying demons.«[46]

Als eine der schillerndsten Figuren des altirischen Epos darf der Magier Cú Roi gelten. Die Sagen um ihn setzen mit dem achten Jahrhundert[47] ein. Er besitzt außergewöhnliche Fähigkeiten, z. B. ist er praktisch unverwundbar, da er seine Seele außerhalb seines Körpers versteckt hält. Von der Tochter Conchobars Bláthíne verraten, kann der Held Cú Chulainn das Seelentier des Magiers, einen Salm, der sich nur alle sieben Jahre zeigt, töten.

In einer anderen Geschichte[48] gerät er abermals mit Cú Chulainn aneinander. Sein Anliegen, den besten Helden von Ulster herauszufinden, trägt er dem Helden und dessen Gefährten mit einer drastischen Geste vor: Er lässt sich den Kopf abschlagen, nimmt diesen unter den Arm und verschwindet mit der Drohung, ein Gleiches am nächsten Tag an den Helden von Ulster zu vollziehen. Cú Chulainn ist wieder als Einziger im Stande, sich aus der brenzligen Situation zu befreien.[49]

Wie Odin, aber auch sein Antagonist Cú Chulainn, den der Druide Cathbad in der Magie instruierte, kann Cú Roi seine Gestalt wandeln.[50]

Auch in der irischen Legende spielt Simon Magus eine dubiose Rolle. Allerdings übernimmt er die Rolle des Druiden und Beraters des Druiden Mag Ruith und hilft bei der Herstellung des magischen fliegenden Rades, dessen er sich bei seinem Flug über den Petersplatz bedient haben soll.[51]

Die irischen Heiligen konnten zwar nicht ihre Gestalt wandeln, waren dafür aber wahre Wundermänner. Mit ihren »Kollegen«, den Druiden, ließen sie sich auf Wettkämpfe ein. Von St. Patrick erzählt man, dass er einen Druiden in die Luft erhob und dann niederfallen ließ. In einer anderen Sage ließ er die Hütte eines Druiden mit feuchtem Holz, die eigene mit ganz trockenem Reisig umgeben und beide anzünden. Patrick blieb unversehrt, während der Druide bei lebendigem Leib verbrannte.[52]

Bei den mantischen Methoden, die die Kelten vielfältig in ihren Prophezeiungen anwandten, ist zum Beispiel das *taghairm* zu erwähnen, bei dem der Seher in die frisch ausgeweidete Haut eines Bullen kroch[53] und von den Männern wie ein Baumstamm hin und her geschwenkt wurde, wobei diese ihm Fragen stellten. Diesem Ritus lag die Vorstellung zu Grunde, dass die Freunde des Sehers, die Feen, ihm in dieser qualvollen Lage zu Hilfe kämen, indem sie die gestellten Fragen beantworteten.

Eine andere Variante des als *taghairm* bekannten Ritus beschreibt Gustav Meyrinck in seinem Roman *Der Engel vom westlichen Fenster.* Es handelt sich um die äußerst grausame Tötung von schwarzen Katzen, die bei lebendigem Leibe geröstet werden und durch ihr Geschrei auch andere Katzen herbeilocken, bis schließlich der Teufel in Gestalt eines großen Katers herbeieilt und nach dem Begehr fragt.

Es ist dies keine mantische, sondern eine magische Operation, eine Form des Höllenzwanges.[54]

Rein magische Literatur der keltischen Stämme ist nicht erhalten, doch finden sich z. B. im *Schwarzen Buch von Caermarthen* aus der 2. Hälfte des 12. Jahrhunderts Hinweise auf magische Praktiken. Das Buch enthält einen Dialog zwischen Merlin und Taliesin.

Das *Buch von Ballymore* (ca. 1391) des Salomon von Aroma und Manus Tometach enthält Hinweise auf die Existenz der bereits erwähnten Druidenschule.[55]

Das im vorigen Jahrhundert verschollene *Rote Buch von Appin* soll sich vornehmlich mit Heilmethoden auseinander gesetzt haben, wozu auch Heilzauber- und Segenssprüche gehörten. Michael Scotus sagte man den Besitz eines Exemplars des Buches nach, das eine dermaßen mächtige okkulte Ausstrahlung gehabt haben soll, dass man zum Schutz einen eisernen Reifen um den Kopf tragen musste.[56]

1 Ninck, Martin: *Wodan und germanischer Schicksalsglaube*, Jena 1921, S. 299 f.

2 MacCulloch, John Ascott: *Religion of the Ancient Celts*, Edinburgh 1911, S. 21. Maßgeblich: Helmut Birkhan: *Kelten. Versuch einer Gesamtdarstellung*, Wien 1997, besonders das Kapitel »Druiden, Magier Seher«, S. 896 ff.

3 Die Edda II, übertr. von Felix Genzmer, Jena 1922, S. 171.

4 ibid, Nr. 25 »Allerlei Runenweisheit«, S. 165 f.

5 Vgl. Elliot, Ralph W.: »Runes, Yews, Magic«, in: *Speculum* 32, S. 250–261; Burnett, Charles, S. F.: »Scandinavian Runes in a Latin Magical Treatise«, in: *Speculum* 58, 1983, S. 419–429.

6 Thorstein Vikingsöns Saga, Egil Skallegrimsöns Saga.

7 Hávamál, Edda II, Nr. 17, Das alte Sittengedicht, S. 121 f.

8 Vgl. Hamel, A. G. van: »Odin hanging on a Tree«, in: *Acta Philologica et Scandinavica* 7, 1932–33, S. 260–288.

9 Die Popularität des Fastens nahm in Irland derartige Ausmaße an, dass man es gesetzlich festlegte, und zwar konnte man vor der Tür seines Schuldners fasten, so lange bis er seine Schuld zahlte. Vgl. Van Hamel, A. G.: ibid., S. 269 f.

10 Ähnlich in der Ketil Saga, vgl. Hermann, F.: *Die Heldensagen des Saxo Grammaticus*, Bd. II, übers. v. Hermann Jantzen, Berlin 1900, S. 452.

11 Edda II, S. 79 f.

12 Thule XIV, 32.

13 Vgl. auch *Hrolfsaga Kraka*, Thule 21, Jena 1923, S. 301 f.

14 Strömbäck, Dag: *Sejd*, Lund 1935, S. 205 f. übers. v. Carl Hermann Tillhagen in seinem Aufsatz »Finnen und Lappen als Zauberkundige in der skandinavischen Volksüberlieferung« (= Fs. Gerhard Heilfurth), Göttingen 1954, S. 129–145.

15 »Hrolfsaga Kraka«, in: *Thule* 21, Jena 1923, Kap. 25–27; »Egil Saga«, in: *Die*

Geschichte des Skalden Egil, *Thule* 3, Jena 1923, Kap. 59; Snorri Sturlosson: *Heimskringla*, Reykjavik 1941, Kap. 10.

[16] Eidsivathings-Christenret I, S. 45. Ibid., II,S. 34. Zit. n. Tillhagen, a. a. O., S. 130.

[17] »Die Geschichte von Gunnlaug Schlangenzunge«, übertr. v. Felix Niedner, in: *Thule* 9, Jena 1923, S. 23–64.

[18] Über die Verwendung von magischen Requisiten vgl. Egger, Hans Jörg: *Die magischen Gegenstände in der altisländischen Prosaliteratur*, Leipzig 1932, S. 53–76.

[19] Eine Kunst, die auch Odin beherrschte, wie die *Ketil Häng Saga* beweist. Ketil kämpft mit dem Wikingerkönig Framar, den Odin selbst festgemacht hatte. Doch Ketil weiß einen Zauberspruch, der selbst Odins Kunst übertrifft, er verwundet und tötet den König. Vgl. Peuckert, Will Erich: »Festmachen«, in: *HdA*, Bd. 2, Sp. 1353–1368.

[20] Vgl. Buddruss, Georg: *Schamanengeschichten aus Sibirien*, Planegg 1955, S. 44.

[21] »Die Geschichte von den Schwurbrüdern«, übertr. v. Felix Niedner, in: *Thule* 13, Jena 1929, S. 174–268.

[22] *Das Besiedlungsbuch*, übertr. v. Walter Baethke, in: Thule 23, Jena 1928, S. 59–157.

[23] Vgl. Davidson, Ellis: »Hostile Magic in the Icelandic Sagas«, in: *The Witch Figure*, hg. v. Venetia Newall, London 1973, S. 20–41.

[24] Vgl. Wenz, Friedrich (Hrsg.): *Fritjofsaga*, Leipzig 1914, S. 16.

[25] Vgl. Lehmann, a. a. O., S. 107.

[26] *Die Geschichte von den Leuten aus dem Lachswassertal*, übertr. v. Rudolf Meissner, = Thule 6, Jena 1923.

[27] Plinius, Nat.Hist., XXX, 14.

[28] Spence, Lewis: *The Magic Art in Celtic Britain,* London 1945, S. 14.

[29] Vgl. Thurneysen, Rudolf: *Die irische Helden- und Königssage bis zum 17. Jahrhundert*, Halle a. d. S. 1921, S. 36 f.

[30] Jones, Gwyn/Jones, Thomas (Übers.): *The Mabinogion*, London 1978.

[31] Ibid. Pwyll Prince of Dyfed, S. 3–25.

[32] Curtin, Jeremiah: *Hero Tales of Ireland*, S. 331 f.

[33] Kennedy, Patrick: *Legendary Fictions of the Irish Celts*, London 1891, S. 153.

[34] *Gerald of Wales: »The Journey through Wales« and »The Description of Wales«*, translated with an introduction by Lewis Thorpe, Penguin Classics 1978.

[35] *Mabinogion*, S. 55–79; Vgl. Gruffydd, W. J.: *Math Vab Mathonwy*, Cardiff 1928.

[36] Spice, Lewis: a. a. O., S. 24.

[37] Vgl. Thurneysen, a. a. O., S. 187 f.

[38] Hull, Eleanor: *The Cú Chulainn Saga*, London 1898, S. 252 f. Vgl. Thurneysen, S. 549 f.

[39] Der Zauberstab stellt ein besonderes Requisit der keltischen Magier dar und nimmt in den Erzählungen, die um Magie kreisen, eine zentrale Rolle ein.

[40] Er kann nur mit einem Speer, der innerhalb eines Jahres und nur am Sonntag während der Messe geschmiedet werden soll, weder in einem Haus noch im Freien getötet werden. Nur wenn er ein Bad im Fluss nimmt und beim Heraussteigen den einen Fuß auf einem Geißbock und den anderen am Rand des Badezubers hat, kann ihn der Speer durchbohren.

[41] Er besaß ein selbstfahrendes Boot aus Kupfer und einen Zaubermantel, der, zwischen den Menschen geschwungen, diese auf immer trennte.

[42] Bran, auf Rachefeldzug in Irland, um seine Schwester Branwen, die unter ihrem brutalen irischen Ehemann zu leiden hat, zu befreien, muss feststellen, dass sein Schwager den Kessel der Wiedergeburt zur Herstellung von Zombies benützt. Branwen, Daughter of Lhir, in: *Mabinogion*, S. 41–55.

[43] Vgl. die Studie von Tolstoy, Nikolai: *The Quest for Merlin*, London 1985.

[44] Dottin, G: *La Religion des Celtes*, Paris 1904, S. 44, zit. n. dem Klassiker Evans. Wentz, W. Y.: *The Fairy Faith in Celtic Countries*, Oxford 1911, S. 257.

[45] Cäsar: *De bello Gallico*, 1. Buch, Kap. 19, 20, 31; 6. Buch, Kap. 13,19.

[46] Nutt, Alfred: *Voyage of Bran, Son of Febal to the land of the Living*, London 1895, I, S. 146.

[47] Vgl. Thurneysen, a. a. O., Kap. 39, S. 431.

[48] ibid., *Fled Bricrend*, Kap. 45, S. 447.

[49] Sir Gawein and the Green Knight vgl. unten S. %; Baudis, Josef: »Cú Roi and Cú Chulainn«, in: *Eriu*, 1914, S. 200–209; Coomaraswamy, Ananda: »Sir Gawein and the Green Knight: Indra and Namuci«, in: *Speculum* XIX, 1944, S. 104–125.

[50] Altirisch *sirite*. Nach Roider lässt sich *sirite* mit dem Verbum *sirid* zusammenstellen, das »einer, der durchwandert« bedeutet. »Einerseits die konkrete Bedeutung Strom (von Blut etc.). Andererseits die auf die Seelenwanderung bezogene Bedeutung: ein Wesen, das sich in die Vielheit der Gestalten verwandelt.« Roider, Ulrike: *De chophur in dá muccida, eine altirische Sage*, Diss. Innsbruck 1976, S. 106 f.

[51] Hier haben sich zwei Erzählstränge in der Figur des Simon vereinigt, die irische Variante von einer Flugmaschine und der magische Flug des Simon. Zum irischen Simon vgl. Rhys, John Hibbert: *Lectures on Celtic Heathendom*, London 1886, S. 210 f.

[52] Vgl. Spence, Lewis: a. a. O., S. 13.

[53] Diese Art der Wahrsagerei geißelt Burchard von Worms in seinen Poenitenzialien: »hast du das Neujahr auf heidnische Weise gefeiert oder irgend etwas anderes [...] hast du auf einer Ochsenhaut auf einem Kreuzwege gesessen, um die Zukunft zu schauen [...]«. libr. poenitent. libr. XIX *de arte magica* übers. v. Kiesewetter, Carl: *Faust in der Geschichte und Tradition*, Leipzig 1893, S. 95.

[54] Campbell, J. G.: *Superstitions of the Scottish Highlands*, Ndr. Glasgow 1960, S. 304 f.

[55] Stokes, W./Windisch, E.: *Irische Texte*, Leipzig, 1891 II, Teil 1, S. 51 f.

[56] Summers, Montague: *The History of Witchcraft*, London 1926, S. 86 f. Zur abwehrzauberischen Funktion des Eisens vgl. die Zusammenstellung der älteren Literatur im Detail bei Hünnerkopf:, »Eisen«, in: *HdA*, Bd. 2, Sp. 717–731 und R. Gerald Alvey: »Eisen, eisern«, in: *EM*, Bd. 3, Berlin 1981, Sp. 1294–1300; Diese drastische Darstellung der Gefährlichkeit eines Zauberbuches erinnert an bretonische Sagen von aus diesem Grunde angeketteten Zauberbüchern. Die sibirischen Schamanen tragen einen eisernen Schirm am Kopf, um ihre Umgebung vor der Gewalt ihrer Blicke zu schützen.

VII. Magie und Wissenschaft

Die Geheimwissenschaften

Die im 20. Jahrhundert geltenden Antagonismen, Magie und Wissenschaft, hat Bronislaw Malinowski folgendermaßen begründet: »Wissenschaft beruht auf der Überzeugung, dass Erfahrung, Anstrengung und Vernunft Gültigkeit haben; Magie auf dem Glauben, dass Hoffnung nicht fehlschlagen und der Wunsch nicht trügen kann. Die Theorien der Wissenschaft sind durch Logik bestimmt, die der Magie durch Assoziation von Ideen, die durch Wünsche beeinflusst sind.«[1] Falls es mir bisher nur ein wenig gelungen ist, die Meinungen der mittelalterlichen Gelehrten in ihren Grundzügen darzulegen, so wird der Leser dieses Zitat für das Mittelalter nicht gelten lassen.

Als Autoritäten der mittelalterlichen Mantik und Magie gelten die bereits besprochenen antiken Gewährsleute wie Pythagoras, Platon und Aristoteles, aber auch arabische Gelehrte wie al-Kindī, Avicenna und andere. Wie wir gesehen haben, mussten manche, die sich gegen Magie und Mantik aussprachen, als Autoritäten herhalten.

Sowohl griechische als auch arabische Texte, die Traditionen hellenistischer und chaldäischer Astrologie sowie altorientalische Buchstaben- und Zahlenmystik einbezogen und weiterentwickelten, wurden ins Lateinische und später ins Deutsche übertragen. Das wichtigste mantische System der Antike, dem Mittelalter durch Isidors Vermittlung zugänglich gemacht, entwickelte Varro. Übersetzungen griechischer und arabischer mantischer Texte galten der gelehrten Oberschicht als wissenschaftlich gesicherte Quellen.

Die Beschäftigung mit Mathematik, Musik, Grammatik und Astrologie brachte Gelehrte, deren methodisches Hauptgewicht im empirischen Experiment etc. lag, in den Geruch der Zauberei. Überhaupt lässt sich der Begriff im Mittelalter schwer von der Naturwissenschaft absetzen, was unter anderem auch die Entwicklung eines Traditionsstranges zur *Magia naturalis* der Renaissance beweist. Das Ziel der

Magie (hier passt Malinowskis Definition) ist es, eine Entwicklung herbeizuführen, also einen Zustand zu verändern, was sie (wie schon oft bemerkt) der Mechanik und Technologie annähert. Eine entscheidende Rolle in der Definition des mittelalterlichen Magiebegriffs spielt die Unterscheidung der Begriffe »natürlich« und »übernatürlich«. Die Gesetzmäßigkeiten der Natur galten nicht als unverrückbar, sondern wurden, in der Nachfolge des Aristoteles, als durch ihre Umstände bestimmt angesehen. Es war nicht vorstellbar, dass ein Naturgesetz absolute Geltung beansprucht, unabhängig von Bedingungen, Umständen oder Häufigkeiten. Trat etwas selten in Erscheinung, so fasste man es nicht mehr als natürlich oder normal auf, sondern rechnete es dem übernatürlichen Bereich zu. Daher ist es nicht weiter verwunderlich, dass z. B. der für unser Empfinden völlig natürliche, aber im Mittelalter unbekannte Wirkstoff einer Pflanze als magisch, als übernatürlich bezeichnet wurde. Daraus folgt, dass jedes Phänomen, welches mit seinem Bekanntheitsgrad an »Natürlichkeit« gewann, gleichzeitig seines magischen Charakters verlustig ging.

Die Scholastiker versuchten in der Nachfolge des Aristoteles[2] dessen Gesetze als Erklärungsmodelle heranzuziehen, wie z. B. Thomas von Aquin das aristotelische Prinzip von Ursache und Wirkung zum Erfassen der Wirkung von Zaubersprüchen, Talismanen, magischen Statuen beanspruchte. Phänomene wie den »bösen Blick« auf Grund des Kausalitätsprinzips als Walten von Dämonen zu beweisen, mutet heute eher kurios an.[3]

Das aristotelische Prinzip der Ähnlichkeit – dass etwas Ähnliches etwas Ähnliches bewirkt – bildet die Basis der vielen Formen der sympathetischen Magie. Damit soll nicht behauptet werden, dass Aristoteles die sympathetische Magie erfunden hat (er hat sie auf den Begriff gebracht), denn schon lange vor ihm lassen sich diese überaus beliebten Vorstellungen nachweisen.

Ab dem 13. Jahrhundert entwickelte sich bei den mittelalterlichen Naturwissenschaften die Neigung zum Experiment, und in der Magie und Alchemie trat die Neigung zur empirischen Praxis stärker hervor. Das Anwachsen der schriftlichen Aufzeichnungen der Ergebnisse dieser Operationen brachte es mit sich, dass diese an interessierte »Jünger« weitergereicht werden konnten.

Die Inquisition und kirchliche Restriktionen und möglicherweise auch das eigene »esoterische« Selbstverständnis führten vor allem in der Alchemie zu einer hermetischen Sprache, um die Lehre vor Zugriffen und Verfolgungen zu schützen. Sogar die Astrologie, eine fast immer akzeptierte und selten verfolgte Wissenschaft, präsentierte sich als Geheimwissenschaft.

Die Magie, im Mittelalter als dritte der Artes-Reihen ausgewiesen, galt also als Kunst und Wissenschaft, ihre verschiedenen Strebungen erhielten die Bezeichnung *artes magicae* bzw. *artes incertae*. Sie war illegal, eine *verpoten kunst*. Das mittelhochdeutsche Wort *kunst* mit der Bedeutung Wissenschaft bzw. Kunstfertigkeit löste das ältere Wort *list*, das im Neuhochdeutschen eine Bedeutungsveränderung bzw. -verschlechterung erfahren hat, ab. Die Scholastik hat den von Martianus Capella definierten *Septem Artes liberales* und dem seit Hugo von St.Victor geläufigen System der *Artes mechanicae* die dritte Reihe der *artes magicae* beigefügt. Ende des 12. Jahrhunderts erwähnt Wilhelm von Conches alle drei Systeme nebeneinander.[4] Das Schrifttum über die *artes incertae* nimmt einen nicht unbeträchtlichen Raum im Vergleich zu den anderen Artes-Reihen ein. Dazu zählen Texte magischen und mantischen Inhalts, aber auch z. B. Dokumente über das Verbrechertum. Die Astrologie, soweit es sich nicht um Astralmagie handelt, gehört wie die Astronomie zu den Eigenkünsten (*artes mechanicae*), zu denen auch die Alchemie zählt.[5]

Definiert als Tätigkeiten bzw. Fähigkeiten, lassen sich weder Mantik noch Magie einem bestimmten Berufsstand oder einer sozialen Schicht zuordnen. Die Praktiken konnten in allen Schichten und Berufsgruppen beheimatet sein. Fachliterarische Quellen über diese Praktiken finden sich meist bei den Eigenkünsten wie z. B. Berichte über Heilzauber oder mantische Praktiken der medizinischen Prognostik in medizinischen Traktaten. Athleten nahmen ebenfalls zu (bereits in der Antike beliebten) mantischen Methoden Zuflucht, um den Ausgang eines Wettkampfes vorherzuwissen, und wandten auch magische Mittel an, um den Kampf zu gewinnen. Unter das Kriegswesen fallen Praktiken des im Zusammenhang mit der nordischen Magie erwähnten »Festmachens«, in der Jagd wandte man meist Zaubersprüche an, die das Wild herbeilocken sollten.

Die von der Kirche nur widerwillig geduldeten geheimwissenschaftlichen Traktate, die Orakeltechniken beschrieben, waren immer wieder Verfolgungen und Verboten ausgesetzt, da die Theologen den Schicksalsglauben einerseits und die Beeinflussung der Wirklichkeit mit Hilfe der Magie andererseits als Ketzerei und Teufelsdienst verurteilten. Die widersprüchlichen Haltungen der einzelnen Autoren (Hartliebs im besonderen, siehe unten) beweisen, dass man nicht so einfach zwischen Gegnern und Anhängern der Magie zu unterscheiden vermag, da offenbar die Widersprüche in den Personen selbst ausgetragen wurden, was auch der Hang der Geistlichkeit zu den verbotenen Künsten beweist.

Für die einzelnen magischen Künste sind eine Reihe von mittelalterlichen Bezeichnungen überliefert. Im 15. Jahrhundert erfolgte eine Beschränkung auf ein siebenteiliges Schema, analog zur Artes-Reihe. Wilhelm von Conches hat z.B. sechs Einzelkünste unterschieden, und zwar: Nigromantie, Geomantie, Hydromantie, Aeromantie, Ornixomantie, Chiromantie. Obzwar es sich um verbotene verfemte Künste gehandelt hat, wurde doch demjenigen, der sie beherrschte, der Titel *maister* nicht vorenthalten, wie wir bei Hartlieb erfahren.

Das Anwachsen der magischen Literatur gegen Ausgang des Mittelalters beweist, dass der Stellenwert der Magie in der Wissenschaftsdiskussion nicht als ein untergeordneter angesehen wurde.

Hartliebs im 15. Jahrhundert deutsch geschriebene Abhandlung über die verbotenen Künste zeigt außerdem die Tendenz zur Eindeutschung von Fachschriften, was den besonders auf geheimwissenschaftlichem Gebiet interessierten Adel ansprach. Die Hocharistokratie konnte sich diese Schriften einerseits finanziell, andererseits auch ohne große Sanktionen von Seiten der Kirche fürchten zu müssen, also »weltanschaulich«, leisten und tritt deshalb oft als Auftraggeber in Erscheinung. Diese Fachliteratur stammt größtenteils von anonymen Verfassern, doch sind uns einige wenige Autoren namentlich bekannt, wie der bereits mehrfach erwähnte Hartlieb oder Hans Lobenzweig als Verfasser eines Traumbuches[6], die Autoren der Spätzeit sollen weiter unten besprochen werden.

Hartlieb ist als einer der führenden Autoren der magisch-mantischen Literatur des Spätmittelalters gerade für das zu behandelnde Thema von besonderem Interesse,[7] weshalb ich kurz auf seine Schriften eingehen will. Der ungeheuer vielseitige und produktive Autor schloss sein Studium mit einem Magisterium der Freien Künste und dem Doktor der Medizin in Wien ab (1440). Seine Übersetzungen von pharmazeutisch-medizinischen Texten sind erhalten. Er erlebte einen kometenhaften Aufstieg am Münchner Hof, wo er auch eine Schrift über Namenmantik verfasste. Als sein literarhistorisch bedeutendstes Werk darf seine Alexander-Übersetzung gelten. Später wandte er sich ganz der Religion zu, was auch seine Philippika gegen die verbotenen Künste und damit gegen einen Teil seiner eigenen Schriften beweist. Außer dem erwähnten Buch über die Namenmantik verfasste er ein Mondwahrsagebuch sowie einen geomantischen und chiromantischen Traktat. Sein berühmtestes Werk war wohl die Schrift *puoch aller verpoten kunst vnglaubens vnd der zaubrey* (1455).

Über die Geomantie oder Erdwahrsagekunst existierte im 15. Jahrhundert bereits ein umfangreiches lateinisches Schrifttum, aus dem er schöpfen konnte. Dieses Wahrsagen aus der Erde beinhaltet das bei vielen Völkern übliche Wahrsagen aus in den Sand gezeichneten Punkten. Der Stand der Geomantie des 15. Jahrhunderts war bereits zu einem überaus komplizierten System angewachsen, das antike Elementenlehre und astrologische Planetentheorien in die Interpretation einbezog. Die Fragen werden (ähnlich dem astrologischen Interpretationsmuster) verschiedenen Gruppen bzw. Häusern zugeordnet.

Die Onomatomantie oder die Kunst des Wahrsagens aus Namen, geht auf die griechische Antike zurück, eine semitisch-arabische Zutat stellt das System der Buchstaben–Zahlen–Relation dar.[8] Die älteste deutsche Namenmantik[9], dem Phisitor zugeschrieben, ist in einer Handschrift aus der zweiten Hälfte des 14. Jahrhunderts erhalten. Onomantie wurde bei Ordalen (Gottesurteilen) angewandt, um den Ausgang vorhersagen zu können; ihrer bedienten sich auch Fechtergesellschaften, was die häufige Erwähnung in Fechthandbüchern beweist.

Zur Hydromantie, Wahrsagerei aus dem Wasser, die in der Antike vielfach geübt wurde (vgl. die Abbildung Achatschale S. 35), rechnet Hartlieb rein mantische Verwendung wie Blei- bzw. Zinngießen, aber auch magische Operationen wie die Beschwörung von Wassergeistern zur Zukunftsschau.

Die Pyromantie, Wahrsagen aus dem Feuer, berücksichtigte das Verhalten der Flamme und des Rauches. Über die Spatulamantie, Wahrsagen aus dem unwillkürlichen Gliederzucken, ist wenig Literatur erhalten. Nur die Handlesekunst, die Chiromantie, in vielen lateinischen Traktaten behandelt, blieb eine (von der Antike) bis heute beliebte Wahrsagemethode. Hartliebs *puoch von der hannd* erläutert nur den Verlauf der verschiedenen Linien, gibt aber wenig zur Deutung an.

Die Bezeichnung »Nigramancia«, ursprünglich als Nekromantie, also als Totenbeschwörung zum Zwecke der Weissagung gefasst, galt bei Hartlieb bereits für Beschwörungspraktik allgemein. In diesen Zusammenhang stellt er das Totenkopforakel, den Dämonenpakt, den Hexenflug und die Hexensalbe, die Tierverwandlung und den Wetterzauber, was nicht gerade zur Klärung der Begriffe beiträgt.

Allein die Kirche hat sich berechtigt gefühlt, die Totenbeschwörungen unter Einhaltung aller nur möglichen Vorsichtsmaßnahmen und Warnungen auszuüben und auch zu beschreiben – wie Peter Assion bemerkt, mit der Betonung, dass einer solchen Abhandlung die Sorge um die unerlösten Seelen zugrunde liege.[10]

Der Hauptvertreter dieser kirchlich-nekromantischen Literatur war der Kartäusermönch Jakob von Jüterbogk (1381–1465) mit seiner lateinisch geschriebenen (später deutsch herausgegebenen) Abhandlung *Ain subtil vnd schön büchlin von den abgeschydnen selen oder gaysten vs den liben.*[11] Jüterbogk gibt an, dass Gott als Warnung für die Lebenden vor der Höllenstrafe bzw. als Aufforderung, dass diese den armen Seelen ein schnelles Verlassen des Fegefeuers durch Messen etc. ermöglichen, die Beschwörung der Totengeister erlaubt habe. Die Lebenden müssen allerdings erst auf die Kontaktaufnahme der Toten warten, doch in Ausnahmefällen können sie auch dazu gezwungen werden. Fragen an die Toten sollen nur geistiger Natur sein, sich also auf die arme Seele, die beschworen wird, beziehen. Um der Gefahr zu entgehen, die Beschwörung der Toten in irgendeiner Form zu missbrauchen, empfiehlt er, diese nur Priester vornehmen zu lassen.

Auch die Aeremancia, Wahrsagen auf Grund von Luftströmungen, erwähnt Hartlieb, weiters die Dämonenbeschwörung durch Vogelblutausspritzen und den Wachspuppenzauber (siehe S. 249), der in den Wind gehängte Wachspuppen verwendet.

Die rein astrologischen Texte, die dem Publikum das mühsame Losen und Orakeln ersparen wollten, boten Vorhersagen des persönlichen Schicksals und zukünftiger Ereignisse (Wetter- bzw. Ernteschaden, Krieg). Weit verbreitet war die lateinische, später hoch- und niederdeutsch geschriebene astrologische Literatur, die in der frühen Neuzeit in Massendrucken zugänglich war. Schon im 12. Jahrhundert deutsch belegt waren die Mondbücher (z. B. die *Tegernseer Prognostik*), die für jeden Tag zwischen Neu- und Vollmond die jeweiligen Chancen für etwaige Vorhaben verzeichneten.[12] Hartlieb hat für den Ritter Hans Kuchler das ältere, verschollene Lunar *Buch der Hl. Drei Könige* übersetzt (1433/35).

Das ihren Werken zugrunde liegende astrologische Wissen bezogen die Autoren aus den arabischen, in lateinischen Übersetzungen greifbaren Quellen, die in der Spätzeit von deutschen Drucken abgelöst wurden.

Bei den so genannten Mondorakeln handelt es sich meist ausschließlich um astrologische Abhandlungen, es finden sich aber auch solche mit magisch-mantischen Praktiken. Man nimmt an, dass bereits im Altertum Mischformen existiert haben, doch Texte sind uns erst aus dem Spätmittelalter erhalten.

Ebenso wie bei der Namenmantik lässt sich eine Kombination von Beschwörungen, Zeichen und Formeln feststellen. Anhänger solcher Künste mussten zunächst mit bestimmten Utensilien, beispielsweise einem Weihrauchkessel und eigens ausgewählten Opfertieren – wie Turteltauben, einem Hahn oder einer Gans – in vorgeschriebener Kleidung eine genau bezeichnete Landschaft – etwa ein Flussufer – aufsuchen. Dort sollten sie beim Opfer die im Text abgebildeten Geheimzeichen malen und den Mond anrufen, der dann die vorgetragenen Wünsche erfüllen würde. Die magischen Chiffren, die es aufzuzeichnen galt, waren Symbole für Planetenzeichen aus der hebräischen Malachimschrift.[13]

Zweck der Hartlieb'schen Schrift war es letztlich, seinen Auftraggeber, den Markgrafen Johann (genannt der Alchemist) von Brandenburg, der sich von den magischen Wissenschaften angezogen fühlte, von dieser gefährlichen Faszination und ihren etwaigen Auswirkungen abzubringen:

> O durchleuchtiger, hochgeborner fürst und swager, [...] ker dich von aller zauberey und von des tiuffels und ander verpoten künsten, die all des tewffels gespenst sind. Daran solt du, hochgelobter fürst, klein gelauben haben, es ist ain ketzrey vnd vast wider gott (75v/76r, S. 73).[14]

Der Widerspruch, dass der Autor einerseits den Markgrafen ängstlich vor der Gefahr der Magie und Mantik warnt, aber immer wieder detaillierte Schilderungen, die gerade die Neugierde wecken müssen, einschließt, ist auffällig.[15]

Aus drei Gründen verdammt er Wahrsagerei und Magie: aus religiösen, juristischen und naturwissenschaftlichen Überlegungen. Die erste ist schon hinlänglich oft besprochen worden, er warnt den Herzog vor Ketzerei und Teufelsdienst. Die juristische Begründung:

> Auch in weltlichen rechten sind die künst noch swärlicher verpoten, wenn die pücher sagen, das man sölich Zauberey vund abgötter mit glüenden zangen vnd kravppen zerreissen sol, on alle genad vnd parmhertzigkait, als geschriben stat in den rechtpüchern (78v, S. 76).

Als Naturwissenschaftler diffamiert er die Magie als Dummheit und verlogene Scharlatanerie, was er anhand von Beispielen zu beweisen sucht, wobei er etwa die abergläubische Deutung des Niesens erwähnt. Der abergläubischen Deutung von Flammen-, Schulterblattformen etc. setzt er eine medizinisch-naturwissenschaftliche Erklärung entgegen.

Man darf nun aber trotz der rationalen Entlarvung der Künste durch Hartlieb nicht glauben, der Antrieb für seinen Kampf gegen den Aberglauben sei aus einer aufklärerischen Illusionslosigkeit gegenüber jeglichem Mystizismus erwachsen.[16] Hartlieb war nicht weniger teufelsgläubig als seine Zeitgenossen oder die von ihm verdammten Zauberer, die er ja nicht deshalb für verrückt erklärte, weil ihnen die Einsicht in die naturwissenschaftlichen Mechanismen fehlte, sondern weil sie die Betrügereien des Teufels nicht als solche durchschauten. Das Wahrsagen aus Totenschädeln ist nicht deshalb zu verwerfen, weil es unmöglich ist, dass ein Totenschädel überhaupt wahrsagen kann, sondern weil die betrügerische Stimme eines Dämons aus ihm spricht.

In Hartlieb haben wir anscheinend einen bekehrten »Möchtegern-Magier«[17] vor Augen, der sich mit seinem Pamphlet von seinem eigenen Interesse absetzt und, wie Peter Assion formuliert, das Autodafé seiner eigenen Schriften bzw. Interessen veranstaltet.

Einen interessanten Versuch, die Magie und die magische Wissenschaft als echte Wissenschaft und deren Effekt, die Wunder, als nichtdämonisch darzustellen, unternahm Siger von Brabant (ca. 1240–ca. 1281).[18]

Als Vertreter einer rationalistischen Anschauung rekurriert er auf die aristotelische Metaphysik und stellt die Frage, welche Macht hinter einem magisch induzierten Wunder steht. Zwei Ursachen hält er für erwägenswert: immaterielle Wesen (Engel, Dämonen) oder Himmelskörper. Siger kommt zum Schluss, dass Planetenkonstellationen bei Wirkungen von Kräutern, Orten und Zeiten bei den magischen Operationen von Bedeutung sind. Theoretisches Wissen über andere Faktoren sei außerdem ausschlaggebend, wobei der Magier nicht auf die Hilfe von Dämonen und Engeln angewiesen ist. Der verbreiteten Ansicht, dass die magische Wirkung auf Zaubersprüche, Requisiten, Opfer etc. zurückzuführen sei, hält er entgegen, dass die Magier all das einbeziehen, weil sie die Bewunderung des Publikums erringen und diesem weismachen wollen, sie hätten Macht über Engel und Dämonen. Für Siger bedeutet Magie Kunst und Wissenschaft zugleich, die Wirkungsweisen der magischen Künste basieren auf dem Wissen um die Macht der Himmelskörper, nicht auf Grund von Dämonenbeschwörung oder Teufelspakt.

Magie als Trick- und Illusionskunst

Schon der Kirchenlehrer Hippolytus (gest. ca 236) machte den Versuch, Magie und Astrologie als Betrug zu entlarven. Im 4. Buch seiner *Philosophumena*, das den Untertitel »Widerlegung der Häresie« trägt, berichtet er, wie die Wahrsager mit Hilfe von unsichtbarer Tinte ihre sensationellen Ergebnisse erzielen, von ihren »falschen« Medien, die nur vorgeben, von Geistern besessen zu sein, und ihre Antworten durch verborgene Rohre erfahren. Weiters weiß er von chemischen Substanzen, die eigenartige Lichterscheinungen hervorrufen können, künstlichem Donnergetöse und Tricks, über Feuer zu gehen, ohne sich die Füße zu verbrennen, über Falltüren, die Personen verschwinden lassen, die angeblich die Fähigkeit des Unsichtbarmachens besitzen. Kristallo- und Hydromantie entlarvt er gleichfalls als Serie von Tricks. Die berühmten sprechenden Köpfe erklärt er als Sprechen durch verborgene Röhren, was den unheimlichen Eindruck durch den dumpfen, hohlen Ton noch verstärkt. Seine sachkundigen Enthüllungen lassen einiges technisches Verständnis vermuten, doch viele seiner Anmerkungen stehen den von ihm geschmähten Zauberkünstlern an Fantastik in nichts nach.

Weit wichtiger erscheint, dass er nicht, wie viele seiner Zeitgenossen und die späteren Generationen, Magie als Dämonenwerk erklärt, sondern den Versuch unternimmt, mechanisch-physikalische Erklärungsmodelle heranzuziehen.

Ein wichtiger Teil der Zauberkunst der Magier war, wie Hippolyt und auch andere Berichte, nicht zu vergessen die Belege aus dem höfischen Epos, beweisen, der Erzeugung von Illusionen gewidmet, was auf Jahrmärkten und vor adeligem Publikum der Belustigung diente sowie in der Kriegs- und Kampfstrategie etc. einzusetzen war.

In dem Renaissanceroman *Gargantua und Pantagruel* bezeichnet Rabelais Pantagruels Freund Paninge als Zauberkünstler, da dieser seine Scherze und Streiche mit Hilfe von eigens konstruierten Maschinerien und spezieller Kleidung (mit 26 Taschen) ausführt.

Seine Tricks erinnern eher an Taschenspielereien und Clownerien als an die von Hippolyt geschilderten, die bereits einer gehobeneren Klasse von Illusionisten anzugehören scheinen.

Wie Bruno Roy[19] betont, waren die literarischen Figuren nur die Übersteigerung der tatsächlich auf den Märkten auftretenden Akteure.

Das Publikum wusste sehr wohl über den Illusionscharakter der Vorführungen Bescheid, allerdings werden die weniger Gebildeten bei einem besonders kunstvollen Trick an Wunder geglaubt haben.

Die Scholastik hat ja auch mit der Illusionskunst der Dämonen argumentiert. Die Künste der Taschenspieler, Gaukler und Jahrmarktartisten scheinen sich auf anderem Niveau bewegt zu haben. Es ist zu vermuten, dass ebenso wie zur hohen Magie auch zur »niederen« Illusionskunst Anleitungen existiert haben müssen. Eine Handschrift aus dem 16. Jahrhundert trägt den Titel: *The Art of Jugling or Legerdemaine. Wherin is deciphered all the conveyances of Legerdemaine and Jugling... [...] All tending to mirth and recreation especially for those that desire to have the insight and private practice therof.*[20] Das Buch versprach bei Erfolgsgarantie, die Kunst vermitteln zu können, wobei man nur wenig üben musste. Die zweite Auflage trägt den Titel: *Hocus Pocus Junior. The Anatomie of Legerdemaine. Or the Art of Jugling set forth in his proper colors, fully plainly, and exactly for that an ignorant person may therby learn the full perfection of the same, after a little practise.*[21]

Nach Untersuchung von im Spätmittelalter und in der Renaissance beliebten Schriften mit dem Sammeltitel *Experimenta* bzw. *Secreta* stieß Roy[22] auf die Tatsache, dass ein hoher Prozentsatz dieser Rezeptsammlungen scherzhaften Unterhaltungen gewidmet ist – mit der Betonung des darstellerischen Unterhaltungswertes, d.h. auf den Zauberkünstler, Gaukler zugeschnitten, der ein Publikum fasziniert.

Reginald Scotus hat in seiner *Discoverie of Witchcraft* (1584) den Gaukelkünsten sogar 13 Kapitel gewidmet und bemerkt zynisch:

> Now because such occasion is ministered, and the matter so pertinent to my purpose, and also the life of Witchcraft and counsenage so manifestly delivered in the art of jugling. I thought good to discover it, together with therest of the other deceiptful arts.[23]

Er erwähnt auch den so genannten »Johannes der Täufer«-Trick, den er selbst beobachtet haben will: Der Zauberer köpft sich selbst (siehe Cú Roi, S. 178) und legt den Kopf in eine Schale.[24]

In dem Ende des 15. Jahrhunderts gedruckten *Kunst- und Ingenieur-Wunderbuch* befasst sich ein eigener Abschnitt mit höfischen Belustigungen und gewerblichen Tätigkeiten. Der Enthauptungstrick soll bereits 1272 in Kreuznach gezeigt worden sein.

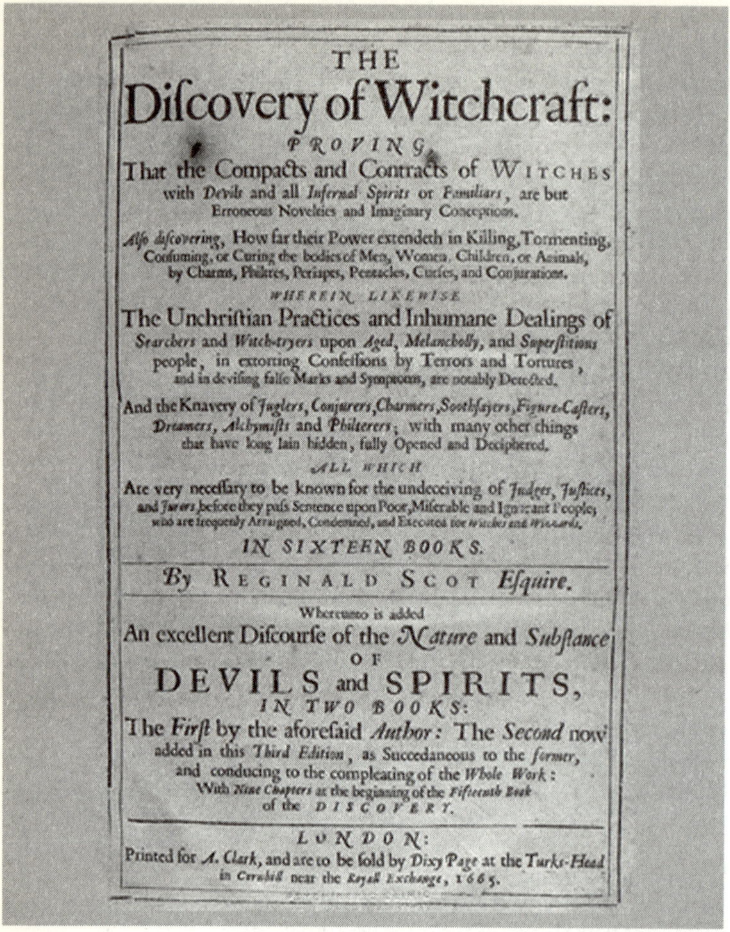

THE
Difcovery of Witchcraft:
PROVING,
That the Compacts and Contracts of WITCHES
with *Devils* and all *Infernal Spirits* or *Familiars*, are but
Erroneous Novelties and Imaginary Conceptions.
Also discovering, How far their Power extendeth in Killing, Tormenting,
Confuming, or Curing the bodies of Men, Women, Children, or Animals,
by Charms, Philtres, Periapts, Pentacles, Curfes, and Conjurations.
WHEREIN LIKEWISE
The Unchriftian Practices and Inhumane Dealings of
Searchers and *Witch-tryers* upon *Aged*, *Melancholly*, and *Superftitious*
people, in extorting Confeffions by Terrors and Tortures,
and in devifing falfe Marks and Symptoms, are notably Detected.
And the Knavery of *Juglers*, *Conjurers*, *Charmers*, *Soothfayers*, *Figure-Cafters*,
Dreamers, *Alchymifts* and *Philterers*; with many other things
that have long lain hidden, fully Opened and Deciphered.
ALL WHICH
Are very neceffary to be known for the undeceiving of *Judges*, *Juftices*,
and *Jurors*, before they pafs Sentence upon Poor, Miferable and Ignorant People;
who are frequently Arraigned, Condemned, and Executed for *Witches* and *Wizzards*.
IN SIXTEEN BOOKS.
By REGINALD SCOT *Efquire*.
Whereunto is added
An excellent Difcourfe of the *Nature* and *Subftance*
OF
DEVILS and SPIRITS,
IN TWO BOOKS:
The *Firft* by the aforefaid *Author*: The *Second* now
added in this *Third Edition*, as Succedaneous to the *former*,
and conducing to the compleating of the *Whole Work*:
With *Nine Chapters* at the beginning of the *Fifteenth Book*
of the DISCOVERY.
LONDON:
Printed for *A. Clark*, and are to be fold by *Dixy Page* at the *Turks-Head*
in *Cornhill* near the *Royall Exchange*, 1665.

Abb. 10: Titelseite von Scots »The Discovery of Witchcraft«, Ausgabe von 1665.

Augustin Lerchheimer erwähnt den Trick in seinem *Christlich Bedencken und Erinnerung von Zauberey* (Heidelberg 1585) unter anderen ihm verdächtig scheinenden Künsten:

> Das lose Gesinde, dass mit dem gaukelsack in den henden ymmher zihet, sein gewerbe damit treibet, auff den kirchweihen und anderen feiertagen in stetten flecken dörffern dem gemeinen Mann kurtzweil

> und gelächter machet vmms geld, das machet ein theil possen vnn wunders natürlicherweise, nur mit behendigkeit, die die zuseher nicht merken [...] Schliessen eim das maul zu, dass man meynt das schloss gehe jm durch beide lefftzen, die es doch nur vast zusammen truckt. Solche possen weren zu leiden, giengen wol hin, wanns darbey bliebe und sie nicht übernatürliche vnmenschliche spectacul erzeigen mit des teufels beystand, damit jm gefallen vnd ehr, gott ein missfallen vnd vnehr geschihet vnd den zusehern ärgerlich vnd gefehrlich ist dass sie sich den teufel ergetzen freud vnd gelächter machen lassen [...] Wann ein Gaukler mit blossen füssen auf eim scharffen schwert gehet, oder es verschlinget, dass ein Gaukler den anderen frist, das ist übermenschlich vermögen vnd kunst. Etwa hawet einer dem anderen den kopf ab, setzt jn jm wider auf, damit der mörderische geist nichts anderes suchet dann das eim in dem Schawspiel der Kopff einmahl recht abgehawen nicht wider wachse oder auffgesetzt werde.[25]

Das Wort Gaukler leitet sich ab von ahd. *gougalon*, mhd. *gougeln* bedeutet Zauberei, aber auch Narrenpossen treiben.[26] Gaukler arbeiteten oft mit Ärzten zusammen, was auch altslaw. *pali* mit der Bedeutung Arzt bzw. Medizinmann, Zauberer zu bestätigen scheint, wie Jakob Grimm bereits in Betracht gezogen hat.[27] Der frühmittelalterliche Arzt Desiderius trug einen Rock aus Ziegenhaaren, was manche Forscher veranlasst hat, von einer schamanistischen Komponente zu sprechen.[28] »Doch diese fahrenden Ärzte, Bruchschneider und Quacksalber, die zumeist mit prächtigem Tross an Dienern, Musikanten auftraten, wirkten oft noch immer als Gaukler, Seiltänzer und Komödianten. Die eigenartige häufig anzutreffende Verknüpfung von Akrobat (Springer) und Heilkünstler [...] lässt an die Gliederverrenkungen, die wilden Zuckungen, die symbolischen Höhenfahrten und realsymbolischen Weltbaum- oder Himmelstreppenbesteigungen heutiger nordasiatischer Schamanen denken.«[29]

Auch der Spielmann übernimmt ja gewisse Funktionen des Schamanen, und so übersetzen mittelalterliche Glossen *histrio* (Spielmann) mit *Hazus* (Hexer, Zauberer).[30]

Obwohl immer wieder Tendenzen zu konstatieren sind, sowohl die Wunder der Magier als auch ihrer kleineren Kollegen auf den Marktplätzen auf natürliche, physikalische Ursachen zurückzu-

Abb. 11: Gaukler und Wahrsager mit ihren Requisiten. Aus dem Kunst- und Ingenieur-Wunderbuch.

führen, bleibt dennoch immer in gleichem Maße das Erkärungsmodell des Teufelsbündnisses oder -dienstes bestehen. Im 12. Jahrhundert antwortet der Prediger Honorius von Autun in seinem fiktiven

Abb. 12: Mann in der Tracht eines gewerbsmäßigen »Zauberkünstlers«. Aus Conrad Kyesers »Bellifortis«. Manuskript des 15. Jhs.

Dialog zwischen Meister und Schüler auf die Frage des Schülers, ob die Jongleure Hoffnung auf die ewige Seligkeit hätten, mit »Nein«. Denn im Grunde ihrer Seele sind sie Gehilfen Satans.[31]

Die sprechenden Köpfe

Diese stehen motivgeschichtlich gesehen in der Tradition der sprechenden Idole bzw. Statuen, wozu auch die Vorstellung gehört, dass das Idol oder das Haupt von einem Dämon[32] bewohnt war, der aus seinem Munde sprach. Arthur Dickson[33] hat dieses Thema mit Bekehrungssagen in Zusammenhang gebracht. Nach Zerstörung der Statue bzw. des Kopfes schwört der Besitzer den magischen Praktiken ab und kehrt reuig in den Schoß der Kirche zurück bzw. bekehrt sich zum Christentum.

Sprechende Häupter wurden aber auch als Instrument der Wahrsagung verwendet. Für die Tradition der Schädelweissagung finden sich zahlreiche Belege unter anderem auch im christlichen Bereich.[34] Arabische Quellen wissen sogar vom Schädel Jesu[35] als Instrument der Weissagung. Die Heiligenlegendensammlung des Jacobus de Voragine schreibt dem hl. Macarius ebenfalls Schädelweissagung zu.

Für unsere Thematik ist von besonderem Interesse, dass ein Dämon die Antworten erteilt. Das bringt diese Haupt-Befragung in den Geruch der Zauberei und zwar der häretischen Zauberei.

Arabische und jüdische Quellen belegen auch das ältere Motiv des abgeschnittenen Kopfes[36], der weissagende Funktion erfüllt. Die in der Bibel erwähnten sprechenden Häupter, die *teraphim*[37], sollen mumifizierte und nach astrologischen Gesichtspunkten präparierte Menschenköpfe gewesen sein. Ob der Kopf tatsächlich spricht oder ob der Fragende die Antwort bloß in seiner Vorstellung vernimmt, darüber gehen die Meinungen auseinander.

Al-kindī bezieht die sprechenden Statuen in seine Strahlentheorie ein: »Every such figure emits rays having the peculiar virtue which has been impressed upon it by the stars and signs ... Images constructed in conformity with the constellation emit rays having something of the virtue of the celestial harmony.«[38]

Beide Elemente, das astrologische und das des Sprechens, bilden einen wichtigen Teil der bereits erwähnten Geschichte von Gerbert von Aurillac bzw. Papst Sylvester II. Die betreffende Stelle bei William von Malmesbury lautet folgendermaßen:

> [...] quod de gerberto, fama dispersit: fudisse sibi stauare caput certa inspectiare syderum, cum videlicet omnes planetare ex ordia cursus, sui meditarentur, quod non nisi interrogatum loqueretur, verum affirmative vel negative pronuntiaret. »Verbi gratia«, diceret Gerbertus, »ero apostolicus« responderet statua »Etiam« – »Moriar antequam cartem missam in Jerusalem?« – »Non.«[39]
>
> [...] was das Gerücht über Gerbert verbreitet: Er besaß ein Haupt, nach unzweifelhaften Zeichen der Sterne, die sich in ihre Bahn offenbar einstimmen, was noch niemals hinterfragt oder bezweifelt worden ist, sondern bestätigt ist. Mit freundlichen Worten sprach Gerbert: »Werde ich Papst sein?« worauf die Statue erwiderte: »Ja« – »Werde ich sterben nach der Messe in Jerusalem?« – «Nein.«

Es ist wahrscheinlich, dass diese Variante der Haupt-Erzählung in Gerberts Interesse an arabischer Astrologie und den mechanischen Erfindungen gründet. Nach einer anderen Version (ca. 1216) soll Gerbert einen Dämon in das goldene Haupt eingeschlossen haben, welcher ihm bei der Lösung mathematischer Probleme zur Seite stand.[40]

Um 1245 taucht das sprechende Haupt als einer der wunderbaren Automaten auf, die Vergil konstruiert haben soll. In Analogie zur Gerbert-Legende befragt Vergil den Kopf über seinen Tod, dieser antwortet ebenfalls zweideutig, und der Magier kommt zu Tode (siehe unten S. 216).

Im bereits erwähnten Templerprozess (1310) spielte ein Bronzehaupt eine zweifelhafte Rolle (siehe oben S. 102 f.). Ab 1310 scheinen übrigens die weissagenden Köpfe mit Vorliebe aus Bronze gefertigt zu sein, was damit zusammenhängt, dass das formbare Material als besonders exquisit galt. (Die dem Dichtermagier Vergil zugeschriebenen Statuen sollen ebenfalls zum Großteil aus Bronze gewesen sein.)

Um 1390 berichtet der englische Dichter Gower, dass Robert Grosseteste sich um die Herstellung eines weissagenden Bronzekopfes bemüht habe, aber kurz vor der Vollendung sei das Experiment auf Grund einer kleinen Nachlässigkeit gescheitert.[41]

Die Legenden um Albertus' sprechenden Kopf stammen vom

Ende des 13. Jahrhunderts. Ein Traktat des Matheo Corsini (1373) erwähnt eine von Albert nach astrologischen Gesichtspunkten geschaffene Metallstatue. Der Autor betont, dass es sich bei dieser Statue nicht um Teufelswerk gehandelt habe, sie sei aber von einem einfältigen Schüler dafür gehalten und in Abwesenheit des Meisters deshalb zerstört worden. Nach seiner Rückkunft erklärt Albertus, dass er nun 30 000 Jahre warten müsse, bis sich eine ähnliche Sternenkonstellation wiederhole, um eine solche Statue herstellen zu können. Ein späterer Dichter (Tostado, 15. Jahrhundert) identifiziert den ängstlichen Schüler mit Thomas von Aquin.[42]

Das Roger Bacon zugesprochene Bronzehaupt entspricht in allen Details dem des erwähnten Robert Grosseteste, es hat sich vermutlich um eine Übertragung gehandelt.

In späteren Jahrhunderten war die im Mittelalter so beliebte Vorstellung des magischen Hauptes durchaus noch lebendig. Cervantes' *Don Quixote* bekommt ein solches Haupt zu Gesicht und hält es für ein Werk der Magie, der Dichter selbst versichert, einen sprechenden Kopf in Madrid tatsächlich gesehen zu haben.[43]

Die Automaten

Zu Beginn des 17. Jahrhunderts schrieb der italienische Philosoph Tommaso Companella: »Alles, was die Wissenschaftler in Nachahmung der Natur oder um ihr zu helfen mit Hilfe einer unbekannten Kunst vollbringen, wird Magie genannt. [...] Denn Technologie wird immer als Magie bezeichnet, bevor sie verstanden wird, und nach einer gewissen Zeit entwickelt sie sich zu einer normalen Wissenschaft.«[44]

Die im Mittelalter vielfach sowohl in der Literatur als auch in der Fachprosa belegte Darstellung von Automaten hat ihren Ursprung in den Schriften des Philo von Byzanz (1. Jahrhundert v. Chr.) z. B. den *Pneumatica* sowie den späteren *Pneumatica* und *Automata* des Heron von Alexandria (1. Jahrhundert n. Chr.).[45] Ins Arabische übersetzt, fanden diese Schriften weite Verbreitung. Der erste Erfinder von technischen Wunderwerken war wohl Archytas von Tarent (428–347 v. Chr.), dem ebenso wie seinem mythischen Vorgänger

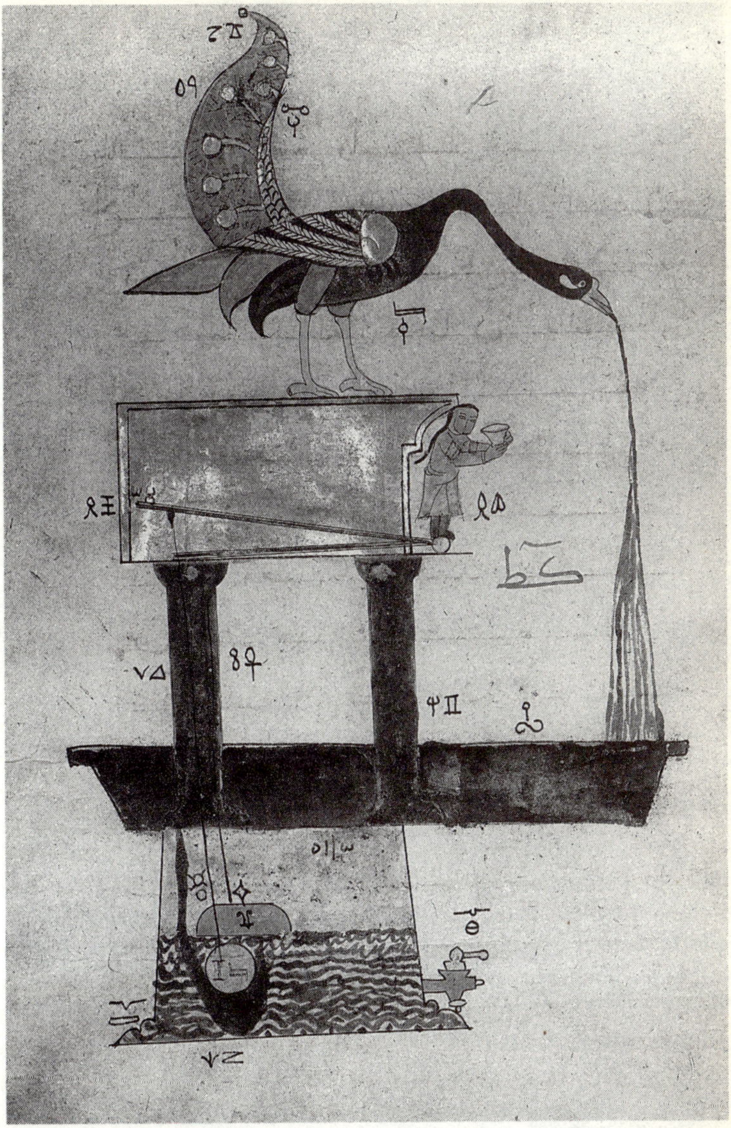

Abb. 13: Wasserautomat in Form eines Pfaus. Aus einem Manuskript des späten 12. Jhs. des Traktates über Automaten von al-Ġazālī.

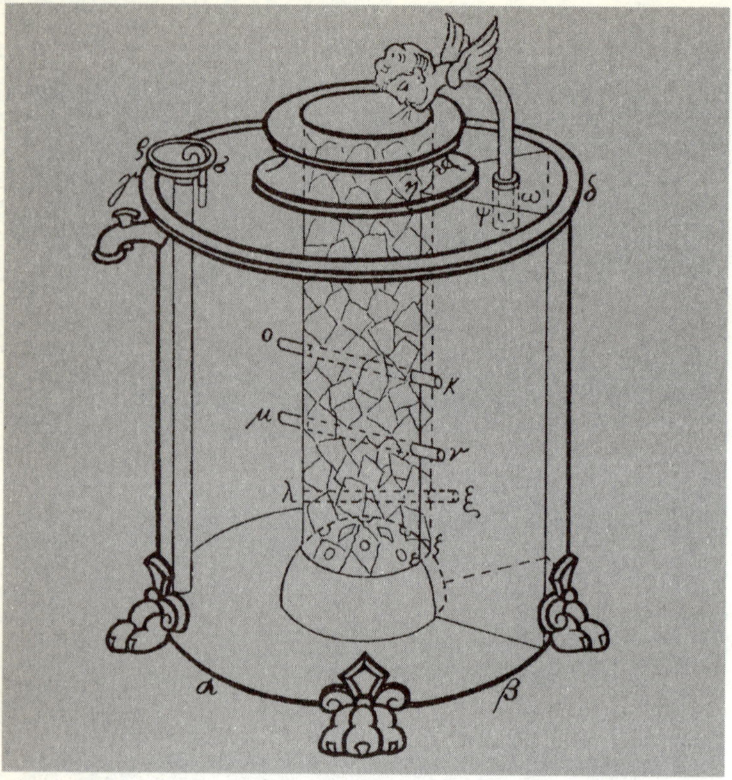

Abb. 14: Römischer Badeofen nach Heron von Alexandrien, um 110 n. Chr.

Daedalus eine Flugmaschine, die mit Hilfe eines Gegengewichtes und mit Kompression funktioniert haben soll, zugeschrieben wird. Dem römischen Erfinder Vetruvius, der zur Zeit des Julius Cäsar wirkte, betont den Einfluss der astrologischen Konstellationen auf die Maschinen und Automaten, die er mit Wasserkraft betrieben haben soll. Die Beschreibungen von Automaten muten wie die Trickkiste der Zauberkünstler an. Die arabischen Ingenieure haben sich von den Griechen inspirieren lassen, was ein 850 entstandenes Werk über geniale mechanische Erfindungen sowie die Übersetzung der Heron'schen Schrift durch Qustā ibn Lūqā 864 beweisen. Die drei Söhne des Musa bin Shakir gaben ebenfalls ein Werk

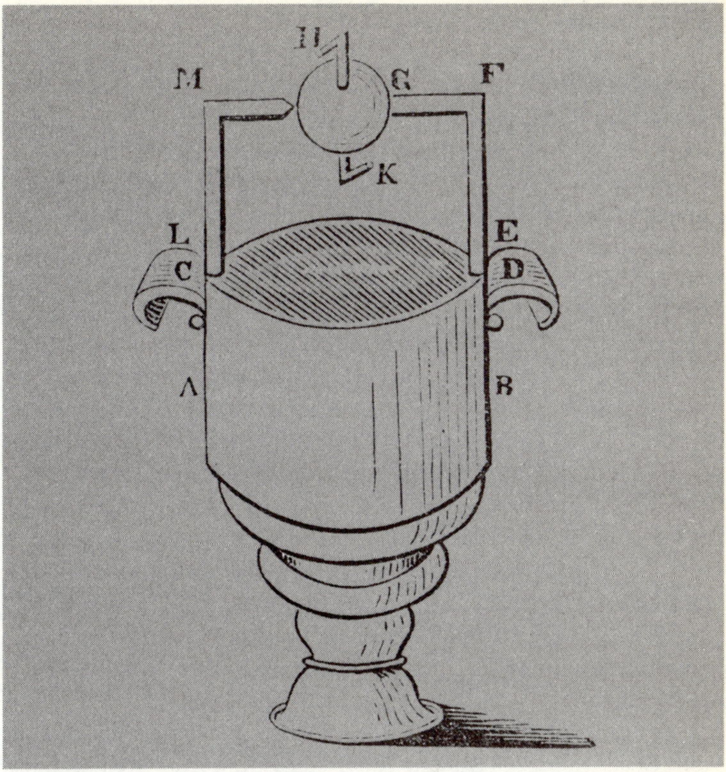

Abb. 15: Aeolipila, ein Dampfgebläse – eine Erfindung Herons von Alexandrien

über geniale Erfindungen heraus, das über hundert Maschinen beschreibt: Springbrunnen, nie verlöschende Lampen, nie versiegende Gefäße etc.

Die 1205 im Auftrag des Sultans Mahmud ibn Muhammad ibn Qara Arslān in Amid entstandene Schrift al-Gazālīs *Kitāb fi ma 'rifat al-hiyal-al-handasīya*[46] beschreibt Wasseruhren und Springbrunnen.

Eines der berühmtesten mechanischen Kunstwerke der alten Welt war der Thron Salomons, von dem wir durch den Augenzeugen Liutprand von Cremona, der als Botschafter in Byzanz tätig war (948 und 966), genauere Kenntnis haben.[47] Drei Arten von Automaten waren in den kostbaren Thron eingebaut: ein Baum oder mehrere Bäume, singende Vögel, brüllende Löwen und bewegliche (stumme) Tiere.

Das Prinzip der mechanischen singenden Vögel, bereits seit Herons und Philos Beschreibungen bekannt, ist höchstwahrscheinlich orientalischen Ursprungs. Der von Heron benützte Mechanismus presst die Luft durch eine Kammer, der sie durch eine enge Öffnung wieder entströmt und berücksichtigt, dass verschieden hohe und tiefe Töne von verschieden großen Röhren bzw. Pfeifen erzeugt werden können. Wichtig dabei ist, dass Wasser aus einem Behälter die Luft in die Pfeifen presst. Durch eine erweiterte Konstruktion mit Hilfe eines Gegengewichtes kann das Wasser aus dem einen Behälter in den nächsten fließen. Heron entwickelte eine dampfbetriebene Konstruktion, wobei Wasser erhitzt wurde und der entweichende Dampf Töne erzeugte. Der Großteil der Automatenkonstruktionen, sowohl arabische als auch byzantinische, gehen mit hoher Wahrscheinlichkeit auf Heron zurück. Jean de Mandeville, der selbst wohl nur in der Fantasie reiste, berichtet in Anlehnung an seine Quellen, dass der Alte vom Berge ebenfalls künstliche Singvögel besessen habe.[48]

Von Bedeutung ist auch der Brief des Priesterkönigs Johannes von Indien an den byzantinischen Kaiser, wo dieser die Herrlichkeiten seines Landes, u. a. auch Automaten beschreibt.[49]

Der Franziskanermönch Wilhelm von Rubruck berichtet über seine Reise zum Hof Mangu Khans im Karakorum wenige Jahre vor Marco Polo, dass er eine Art Getränkespender in Form eines Silberbaumes gesehen habe. Vier Löwen saßen an den Wurzeln und ließen Stutenmilch aus ihren Mäulern fließen. Im Baum selbst befanden sich vier Röhren, die zu Schlangenfiguren führten, welche sich um den Baumstamm ringelten und aus deren Mündern Wein, Met und Reiswein flossen. An der Spitze des Baumes stand eine Engelsfigur mit einer Trompete, die durch eine mit Blasebälgen verbundene Röhre im Stamm einen durchdringenden Ton erzeugen sollte. Dieser gewünschte Effekt trat nicht ein, deshalb verbarg man einen menschlichen Trompeter im Stamm, der die gewünschte Lautstärke aufbrachte.[50]

In einem Epos aus dem Kreis der Dietrichepik, dem *Wolfdietrich*, findet sich die Beschreibung eines künstlichen Baumes, einer golde-

Abb. 16: Kampfautomat in Katzen- bzw. Vogelform. Aus Conrad Kyesers »Bellifortis«. Manuskript des 15. Jhs.

nen Linde, auf der goldene Singvögel die durch Blasebälge hineinströmende Luft in Töne umwandeln. Der Held Wolfdietrich bekommt dieses Wunderwerk bei einem Abenteuer mit dem Besitzer, einem Zwerg, zu Gesicht. Der Mechanismus besteht aus Lederbälgen, die Luft in die hohlen Vögel pressen und so Töne erzeugen:

darinne was ein sidel von marmelsteine bereit
darobe stuont ein linde, diu was grüne unt breit.
Bî der selben linden stuont ein êrîner man,
der hete in sînen henden zwên blâsbelg wunnesam.
dâ giengen ûz der linden hundert rôr guldîn:
dâ sâzen obene ûfe wol hundert vogelîn. (v. 807,3 f.)[51]

Ein derartiger Goldbaum[52] mit durch (eine variierende Anzahl von) Bälgen betriebenen Singvögeln begegnet auch im *Großen Rosengarten*[53], im *Oswald*[54] und im *Jüngeren Titurel*[55].

Die in der Literatur beschriebenen Automaten befinden sich meist in fernen exotischen Ländern und im Besitz von zauberkundigen heidnischen Herrschern, was auch historisch gesehen zutraf. So soll der byzantinische Kaiser Theophilus (829–42) für seinen Palast einen solchen Wunderbaum in Auftrag gegeben haben. Ein Augenzeuge berichtet:

> So befinden sich in einer Abteilung des großen Kaiserpalastes im Heliakon des Magnauros goldene [wahrscheinlich nur übergoldete] Bäume in der Nähe des Thrones, deren Zweige künstliche Vögel trugen. Diese brachten, sobald der dazugehörige Mechanismus in Bewegung gesetzt wurde, genau den Gesang derjenigen Vögel hervor, deren Gestalt und Farbe sie hatten.[56]

Eine Ausnahme bilden die erwähnten Fassungen der Rosengärten, die den Baum als Besitz der Kriemhild in Worms angeben.

Nebenstehende Abbildung stammt aus einer illuminierten Handschrift des Alexanderromans aus dem 12. Jahrhundert aus St. Blasien, die bei einem Brand 1768 vernichtet wurde. Glücklicherweise hat sie M. Gerbert in seinem Traktat *De cantu et musica sacra* (1774) nachgezeichnet. Bei dieser Abbildung kann es sich nur um die rein fiktive Darstellung eines Automaten gehandelt haben, da er in dieser Form sicherlich nicht funktioniert hat.

Im *Alexanderlied* des Pfaffen Lamprecht findet sich die Beschreibung eines goldenen Hirsches, dessen tausendendiges Geweih mit tausend goldenen Vögeln besetzt war, die von zwanzig Paar Bälgen durch zwölf starke Männer betrieben wurden. Wenn die Luft ausströmte, sangen die Vögel. Ein Mann, der auf dem Rücken des Tieres saß, stieß ins Horn, sein Hund bellte, und dem Munde des Hirsches entströmten liebliche Düfte.[57]

Wie weit die mittelalterlichen Dichter ihre skurrilen Fantasien trieben, zeigen die Beschreibungen der Helmautomaten. Einen solchen Kopfschutz besitzt z. B. der Zwergenkönig Laurin:

> sîn helm was rôtguldîn
> [...]
> dar ûfe ein krône von golde
> sam si got selbe wünschen solde.
> ûf der krône obene
> sungen wol die vogele,
> in allen den gebaeren
> sam si lebende waeren.
> mit listen wart ez erdâht
> und mit zouber dar brâht (v. 211 f.).[58]

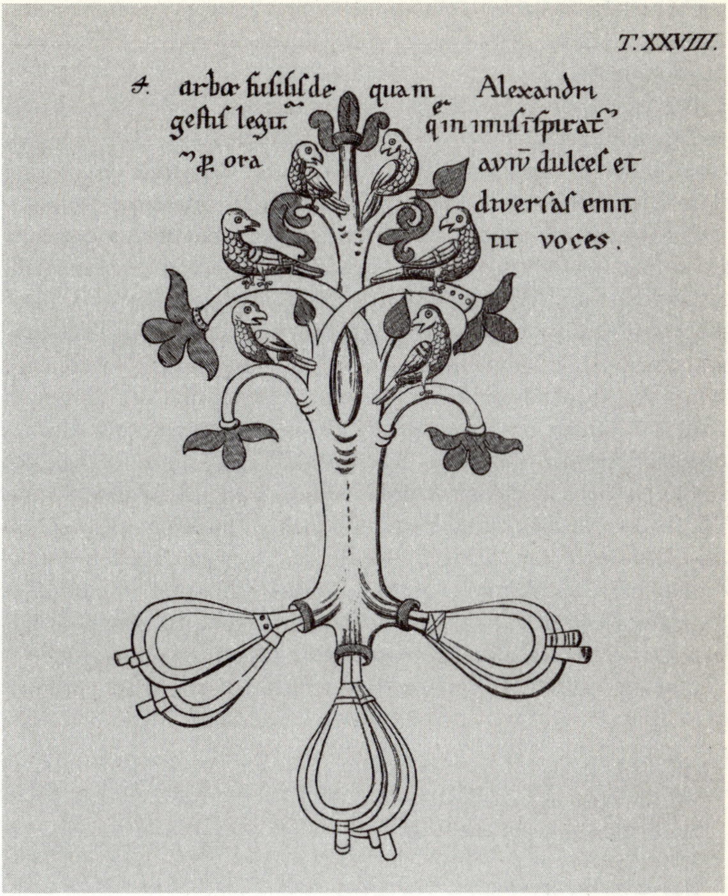

Abb. 17: Tönender Baum. Nach Gerbert: »De cantu et musica sacra«, Bd. II, Tafel XXVIII (Nachzeichnung).

Im *Orendel* hat der Dichter diese Krone noch mit dem Wunderbaummotiv verbunden.[59] Der Riese Mertwin trägt einen Helm, der so wie Laurins Helm noch eine Krone obenauf trägt. Allerdings ist dieser Krone noch eine Linde mit Vogelautomaten aufgesetzt. Er selbst kann den Vogelgesang mittels eines Blasebalgs ertönen lassen, wobei sich auf der Linde ein Rad mit goldenen Schellen, ebenfalls mit dem Blasebalg in Drehung gebracht, bewegt. Ähnliche rotierende Automaten, z. B. auf der Spitze eines Zeltes etc., sind so vielfach belegt.[60]

Die weiter oben erwähnten drei brüllenden Löwen des Throns Salomons[61], der gleichzeitig als Richterstuhl fungierte, wurden nach einer anderen Variante als Weissagende (die Wahrheit erwies sich durch bekräftigendes Löwengebrüll) im Ordal eingesetzt. Automaten in Gestalt von wilden Tieren hatten aber nicht nur weissagende Funktion, sondern dienten in der höfischen Epik in der Mehrzahl als Wächter und Warner.[62] In Strickers *Daniel von dem blühenden Tal* (1215–1230)[63] erscheint möglicherweise ein solcher Tierautomat zum ersten Mal. Ein goldenes Tier steht an der Grenze zwischen den verfeindeten Königreichen des Artus und des Matur. Es trägt ein Banner im Maul, zieht man es heraus, wird ein Mechanismus ausgelöst (fließendes Wasser und Luftkomprimierung), der ein lautes Gebrüll erzeugt. Durch Zurückstopfen des Banners kann Daniel den Mechanismus wieder abschalten. Im Roman *Garel von dem blühenden Tal* des Pleier[64] erfüllt ein Löwe eine ähnliche Funktion an der Grenze. Auch sein Mechanismus funktioniert ganz analog zum Tier im *Daniel*, was sicherlich auch darin seinen Grund hat, dass der *Garel* als Gegenroman zum *Daniel* zu werten ist.

Eine eigentümliche Variante bietet Heinrich von dem Türlin in der *Crône*:

Ein boum als ein tanne
Stuont mitten in dem castel,
Hôch, grôz, hol, sinewel.
Von êre gegozzen.
Dar ûf was beslozzen
Ein bilde ûf einem rade enbor,
Das was swarz als ein môr
Und hâte ein horn an der hant;
Dar umbe was ez sô gewant:
Als ein ritter in das hûs kam
Und nahtselde dâ genam,
Sô blies ez daz grôz horn,
Daz man es wohl mohte behorn
Von dannen vier mîle.
Sô westen an der wîle

Wol die zolnaere,
Daz ein vremder ritter waere
Komen gein
Ansgiure.
dâ muost diu âventiure
kosten vil tiure.
Ditz hâte gemeistert alsus
Ein guter nigromanticus (v. 6992 f.).

Automaten in menschlicher Gestalt begegnen in einem altfranzösischen Kurzepos aus dem Karlskreis um 1150, der *Pélerinage de Charlemagne*[65]:

De cuivre et de metal tres jetet dans enfanz.
Chascuns tient en sa boche un corn d'ivoire blanc.
se galerne ist de mer, bise ne altre renz
Qui fierent al palis dedevers occident,
Ille font, tarneier et menut et sovent,
come roe de char qui a terre descent.
Cil corn sonent et boglent et tonent ensemut
Com tabors o tarneires o granz cloche qui pent;
Li uns esquardet l'altre ensement en riant
Que ço vos fust viaire que tuit fussent vivant.

Die im Mittelalter sehr verbreitete Ansicht, dass hinter bzw. eigentlich in einem Automaten ein Dämon eingeschlossen wäre, steht mit der bereits besprochenen Vorstellung von der weissagenden Statue in Verbindung. Diese von der Antike übernommene Vorstellung des sprechenden Orakels, wobei der Gott durch den Mund der Statue spricht, wandelte sich im Mittelalter zum sprechenden Dämon. Eine Stelle des altfranzösischen *Roman de Thèbes* soll das verdeutlichen:

Encor n'erent pas crestiien
Mais par le siècle tot paiien:
L'un a ouroient Tervagen,
L'autre Mahomet Apolan;
L'un les etoiles et les signes,
Et li auquant les ymagines;
Li un gisent ymages d'or
Qu íl pendoient en leur tresor,
L'un de keuvre, d'estain d'argent,

Cèles de fust la povre gent.
De cou qui doirent avoir dans
Et li, dius lar donnast respons
Ce n'ert pas voirs, ains estoit fable.
Car cou erent li vif dable
Qui les resas a els donient
Et les caitis en cecevoient.[66]

Die »Chambre de Beauté« im altfranzösischen Trojaroman[67] hielt einige Überraschungen bereit. Insgesamt waren vier Automaten, zwei männliche und zwei weibliche, im Einsatz. Eine weibliche Figur hielt einen magischen Spiegel, die andere schlug Salti auf einer Säule. Die männlichen Automaten spielten verschiedene Musikinstrumente.

Diesem Zimmer soll der Statuensaal des *Tristan* des Thomas von Bretagne nachgebildet sein.[68] In seiner Sehnsucht nach Isolde ließ Tristan eine goldene Statue, die ihr glich, in der Mitte der Halle aufstellen. Die kostbar gekleidete Figur hält ein Zepter in der Hand, an dessen Spitze ein beweglicher Vogel angebracht ist. Der neben ihr sitzende Hund konnte den Kopf schütteln. An ihrer Seite saß die treue Brangäne mit dem Liebestrank in Händen.

Meist wird auch erwähnt, dass diese Statuen durch *fez por l'art de nigromance* geschaffen sind.

Dass sich die Statuen manchmal allzu menschlich benehmen, beweist eine Stelle aus dem frz. Gralsroman, wo Mordrain einen weiblichen Automaten als Bettgefährtin hat:

> Cele samblance estoit de fust la plus bele qui onques fust ueue enguise de fem sigisoit li rois olui carelment le uestoit al plus richement quil pooit et li auoit fait faire vne cambre dont il ne qui doit mie que nus hons morteus peust trouver luis.[69]

Vergil – Dichter, Magier und Meisterkonstrukteur

»Virgil blieb als hervorragendster Dichter des alten Rom ungeachtet einzelner Angriffe antiheidnischer Rigoristen und mancher Dämonisierungstendenzen (Vergil als Zauberer) Vorbild und Muster.«[70] Beispiele für die Umdeutung eines antiken Gelehrten und Dichters zu einem Magier gibt es nicht allzu viele. Vergil als Astro-

Abb. 18: Automatische Lautenspielerin.

nom, Astrologe, Magier und Erfinder in einer relativ geschlossenen Anzahl von Erzählungen steht ziemlich vereinzelt da. Der Dichter Vergil und die Rezeption seiner Werke scheinen einem anderen Traditionszusammenhang anzugehören als der Magier.

Vergils literarische Werke bieten keinerlei verlässlichen Hinweis für die Metamorphose. In den von legendenhaften Elementen durchwobenen Biografien lassen sich allerdings bereits Züge erkennen, die auf eine solche Entwicklung hindeuten. Die dem Donatius zugeschriebene Biografie berichtet von den prophetischen Träumen seiner Mutter vor seiner Geburt. Ein ungelöstes Rätsel bleibt nach wie vor, weshalb sich die erste Erwähnung des »Magiers« Vergil im *Policratius*[71] des Johann von Salisbury ca. 1159 findet, während die neapolitanischen Sagen um Vergil als Zauberer erst viel später zu datieren sind. Die Bemühungen verschiedener Forscher, Verbindungen und Abhängigkeiten festzustellen, Überlieferungswege auszumachen, führten bis jetzt zu keinem stichhaltigen Ergebnis.[72]

Bei Johann von Salisbury wird Vergil die Konstruktion einer Fliege, welche die Fliegenplage in Neapel beendet haben soll, zugesprochen. Johanns Version berichtet lediglich, dass die Fliege andere fernhalten könne. Conrad von Querfurt lässt sie Vergil am Eingang zu Neapel anbringen, mit dem Hinweis, dass alle Fliegen nur so lange ferngehalten würden, solange der Bronzetalisman intakt bleibe. Plinius hatte in seiner *Historia naturalis* die Verhinderung und Beseitigung von Fliegenplagen durch die Beschwörung des Fliegenverfolgers Myagros erwähnt. Die arabischen Schriftsteller erwähnen die Konstruktion von Insekten abwehrenden Talismanen[73] (siehe S. 157f.). Inwieweit Johann von Salisbury die betreffenden Stellen gekannt hat oder über andere Informationen verfügte, bleibt ungewiss.[74]

Cecco d'Ascoli stellte Vergils Fliege in den Rahmen seines astrologischen Erklärungsmodells und interpretiert die Fliege als Edelstein, in den ein astrologisches Zeichen eingraviert wurde, was wiederum an die arabische Talismankunst gemahnt. Eine Verbindung lässt sich auch zu den im *Reinfried von Braunschweig*[75], in Jans Enikels *Weltchronik*[76] und dem späten anonymen Gedicht *Von Virgilio dem Zauberer*[77] konstatieren, wo der Teufel bzw. die Teufel im Glas von Vergil entdeckt werden.[78] Gervasius von Tilbury erwähnt in seinen *Otia Imperialia* (1211)[79], dass Vergil auch andere Talismane gegen Schlangen und andere Schaden bringende Tiere und eine Bronzegrille errichtet habe.

Die Verbindung mit Neapel ist von besonderer Wichtigkeit. Conrad von Querfurt[80], Kanzler Heinrichs VI., beschrieb in einem Brief (1196) die magischen Künste des Vergil. Demnach soll er Neapel auf drei Eiern geschaffen haben. Auch Jean d'Outremeuses Chronik erwähnt die Legende, welche Vergil die Erbauung von Neapel auf einem Ei zuspricht. Als Schutz gegen Feinde ließ er sich etwas Besonderes einfallen: In einen Glaskasten schloss er ein Miniaturmodell der Stadt ein. Als die Stadt dann tatsächlich einmal eingenommen wurde, soll sich ein Sprung im Glas gezeigt haben. Im *Image du Monde*[81] findet sich der erste Hinweis, dass Vergil eine große Stadt auf einem Ei errichtet habe. Wenn jemand das Ei schüttelte, konnte er die ganze Stadt in Bewegung halten. Auch Enikel berichtet in seiner *Weltchronik*, dass Vergil Neapel auf drei Eiern erbaut habe. Der *Cléomadès* weiß von zwei auf Eiern erbauten Schlössern im Meer; wenn eines der Eier zerbricht, sinken beide. Wie schon Liebrecht bemerkte[82], gehen diese Erzählungen mit ziemlicher Wahrscheinlichkeit auf die bei Städtegründungen und auch bei Bauwerken beliebten Bräuche, ein Ei bzw. in früherer Zeit auch einen Menschen mit einzumauern, zurück.

Wolfram von Eschenbach erwähnt Vergil in Zusammenhang mit dem von ihm gestalteten Zauberer Klingsor, bringt ihn also in eine Zauberergenealogie:

> der ouch vil wunders het erkorn,
> von Nâpels Virgilîus.
> Clinschor des neve warp alsus (v. 656,16 f.)[83]

Alexander von Neckham erwähnt als Erster Vergil als Konstrukteur der *Salvatio Romae*[84], eines von hölzernen, die römischen Provinzen repräsentierenden Statuen umgebenen Palastes. Im Fall eines Aufruhrs in einer Provinz läutete die betreffende Statue mit einer Glocke, worauf ein Bronzemann auf einem Bronzepferd mit einem Speer auf die abtrünnige Provinz zielte und sogleich Truppen ausgesandt wurden, um die Ruhe wiederherzustellen. Conrad von Querfurts Brief berichtet von einem bronzenen Bogenschützen, dessen Pfeil auf den Vesuv gerichtet war. Einmal berührte ein Bauer die Sehne und sofort löste sich ein Pfeil, der den Vesuv traf und einen Vulkanausbruch auslöste. In dem Roman *Cléomadès* kommt ebenfalls ein bronzener Bogenschütze vor, der eine warnende Inschrift trägt. Wiederum berührt ihn ein Unvorsichtiger und der wegschnellende Pfeil löscht das Feuer in der Stadt aus.[85]

Gervasius von Tilbury erwähnt einen weiteren Automaten aus

Bronze, der mit einer Trompete ungünstige Winde wegbläst. Von den Wächterautomaten war bereits die Rede. Das *Image du Monde* berichtet von den Hammermännern, die den Eingang zu Vergils Grabmal bewachen. Im *Reinfried von Braunschweig* ist lediglich einer erwähnt und in der Chronik des Jean d'Outremeuse[86] halten die Wächter, die Vergils Schloss bewachen, Dreschflegel in den Händen.

Zeitmessende Automaten aus Vergils Werkstatt erwähnt der *Cléomadès*: Die Jahreszeiten werden durch Zuwerfen eines Apfels angezeigt.[87]

Das weissagende Haupt erwähnt erstmals das *Image du Monde* in Zusammenhang mit der Weissagung, Vergil solle sich vor der Sonne hüten. Die Antwort missverstehend, setzt er sich zu lange der Sonne aus und stirbt an den Folgen eines Sonnenstichs. Im *Roman de Renart le Contrefait*[88] besitzt er ein Bronzehaupt, in der italienischen *Cronica dei Partinope*[89] bereits vier.

Sein Zauberspiegel, im *Cléomadès* erwähnt, soll dem Leuchtturm von Alexandria nachgebildet sein. Jeder, der Rom mit Verrat im Herzen betritt, erscheint auf dem Spiegel, dieser hatte also ebenfalls Wächter- und Warnerfunktion.

Das Zauberpferd, im *Image du Monde* nur kurz angedeutet, wird im *Cléomadès* als heilkräftiges Metallpferd beschrieben, das auf einer Säule angebracht war. Alle kranken Pferde konnten dort Heilung finden.[90]

Auch dem Apollonios von Tyana schrieb sein Chronist aus dem 6. Jahrhundert einen Pferdetalisman zu, der außerhalb des Kaiserpalastes aufgestellt war und die dort abgestellten Pferde am Weglaufen hinderte.[91]

Gervasius von Tilbury bereichert die Legenden um Vergils Künste mit weiteren Beispielen seiner Fähigkeiten. Vergil, dessen Bronzefliege er auch erwähnt, konnte verhindern, dass das Fleisch am Markt verdarb. Als Wächter am Eingang zur Stadt platzierte er zwei Statuen, die das Schicksal des Ankommenden bestimmten: Lächelte die eine, so erwartete den Wanderer Glück, sah die andere ernst drein, so bedeutete das Unglück. Eine weitere Bronzestatue hatte die Funktion, die schädlichen Ausdünstungen des Vesuvs mittels eines Trompetenstoßes wegzublasen. Auf Grund seiner weit reichenden mathematischen Kenntnisse soll es Vergil auch möglich gewesen sein, einen Tunnel durch einen Berg zu graben.

Gervasius weiß von einem Engländer, der das Grab des Vergil entdeckt haben soll. Dieser war wie der Verstorbene ein Meister in den Sieben Freien Künsten und in Astronomie und Physik. Das Haupt des Toten ruhte auf einem Buch, welches von der *ars notoria* gehandelt habe. Der Engländer konnte lediglich das Buch an sich bringen, aber die Gebeine ließen ihn die Neapolitaner nicht wegnehmen. Gervasius bemerkt, er selbst habe eine Auswahl der Schrift gelesen, sogar ein paar der darin beschriebenen Experimente versucht, die sich als überaus wertvoll erwiesen.

Die Chronik des Jean d'Outremeuse erwähnt eine interessante Form der Zeitmessung mit Hilfe von Automaten: Zwei eiserne Männer werfen sich gegenseitig jeden Samstag eine Keule zu und zeigen so das Ende der Woche an. Über den zwölf Toren Roms stehen zwölf Kupferstatuen, die einen stählernen Apfel einmal im Monat weitergeben. Vier Statuen, welche die Jahreszeiten repräsentieren, sollen ebenfalls vier Mal im Jahr den Wechsel der Zeiten angegeben haben. Nicht nur die Zeitmessung soll Vergil revolutioniert haben, sondern auch eine Dauerstraßenbeleuchtung in Neapel eingeführt, eine Luftbrücke erbaut und einen weissagenden Kopf von der bereits erwähnten Art, außerdem einen »Mund der Wahrheit«, die *bocca della verità*[92], die dem Lügner die Hand abbeißt, in Rom aufgestellt haben. Praktische Konstruktionen wie ein Röhrensystem zwischen Rom und Neapel, das beide Städte mit Öl und Wein versorgte, Heilbäder etc. spricht die Chronik ihm gleichfalls zu.

Neben seinen technischen Wunderwerken berichtet die Chronik auch sein schmachvolles Erlebnis mit dem Korb. Das ist wohl das Detail, das am nachhaltigsten Eindruck hinterlassen hat. Dieses internationale Erzählmotiv, die »Zurückweisung eines unliebsamen Freiers«[93], in Zusammenhang mit dem Besuch des Liebhabers bei der eingeschlossenen Geliebten (*Floris und Blancheflor* u. a.) ist erst im 13. Jahrhundert in die Vergiliussage eingebunden worden. Der erste Beleg handelt von der schönen Tochter des Kaisers Nero, die

Vergil einlädt, nachts in ihrem Turm zu einem Stelldichein zu erscheinen. Sie lässt den Korb herunter, zieht ihn aber nur bis zur Hälfte hinauf und gibt ihn so dem Spott der Leute preis. Nero verhängt die Todesstrafe über ihn, der Vergil nur knapp mit Hilfe seiner magischen Künste entkommen kann. Das Motiv ist sicherlich orientalischen Ursprungs, wie Parallelen aus dem *Katha Sarit Sagara*[94], *1001 Nacht*[95] und dem *Jataka*[96] beweisen. Hier geht es allerdings nicht um eine List der betrügerischen Frau, sondern um ein Transportmittel zur Geliebten. Das Motiv der Weiberlist, welche die weisesten der Männer zu Narren machen kann, sowohl mit Hippokrates, Aristoteles (»der gerittene Aristoteles«) u. a. verbunden, war im Mittelalter überaus beliebt. Jans Enikels *Weltchronik* berichtet nicht von der Kaiserstochter, sondern von einer Bürgersfrau, die sich Vergils unstatthafter und lästiger Zuneigung ausgesetzt sieht. Wie in vielen Schwankerzählungen (z. B. in *Die drei Mönche von Kolmar*) gibt der Ehemann den Rat, wie sie sich den lästigen Freier vom Hals schaffen kann.[97]

Der Korb fungierte im Mittelalter als Strafinstrument, als »Schandkorb« bei Verstößen der Bäcker, der Ausschenker und anderer gegen das Maßgesetz.

In Jean d'Outremeuses Chronik will eine vornehme Dame, die ein Verhältnis mit Vergil hat, diesen zur Heirat zwingen. Deshalb gibt sie vor, ihr Vater habe ein Treffen verboten und er müsse sie heimlich besuchen, was er nur mittels des Korbes bewerkstelligen könne. Vergil, nichts Gutes ahnend, erscheint in der Nacht zusammen mit einigen Senatoren, die er vorher unsichtbar gemacht hat. Als die Dame sich von einem Fenster aus über ihn lustig macht, lässt er eine Puppe mit seinen Zügen im Korb. Der Vater kommt am Morgen und köpft die Puppe, die einen üblen Geruch ausströmt. Der in die Puppe gebannte Dämon vollbringt wunderbare Kunststücke zur Begeisterung der versammelten Menge.[98] Die Rache auf diese Schmach, das Auslöschen des Feuers und das noch schmachvollere Anzünden am Körper der Frau erwähnen das *Image du Monde*, Jans Enikel und Jean d'Outremeuse, in dessen Version die Dame sogar stirbt.

Sein weissagendes Haupt spielt Vergil durch zweideutige Aussagen einen ähnlichen Streich wie dem bereits erwähnten Papst Syl-

Abb. 19: Vergil im Korb. Aus Jans Enikels »Weltchronik« MS Perg, III.

vester. Vergil allerdings soll seinen Kopf vor der Sonne schützen, was er mit der Bedeckung seines sprechenden Hauptes glaubt erfüllt zu haben – und stirbt an Sonnenstich. Seinen Tod gestaltet die Chronik ähnlich spektakulär wie den Sylvesters. Er soll noch 59 Jahre später für lebend gehalten worden sein, bis ihn der Apostel Paulus für tot erklärt.

Enikel erwähnt, dass der Dichter eine weibliche Steinstatue erschaffen habe, welche alle, die sie anblickten, zu unkeuschen

Gedanken verführte. Enikel bringt die Geschichte seiner unkeuschen Liebe zur Gemahlin eines Bürgers in aller Ausführlichkeit, beschreibt das Rendezvous im Turm, das sie ihm gewährt, und das Heraufziehen des Korbes, der in der Mitte stehen bleibt. Die Abbildung auf Seite 217 zeigt den Unglücklichen, wie er am nächsten Morgen den schadenfrohen Augen der Bevölkerung ausgesetzt ist.

Auf der Abbildung 20 ist jene bronzene Statue zu sehen, deren ausgestreckter Arm auf den Berg weist. Nach jahrelangem erfolglosem Suchen zerstört sie ein Betrunkener. Sie zerbricht und der Schatz kommt zum Vorschein.

Im *Sängerkrieg auf der Wartburg* nimmt der Autor auf das Verwandtschaftsverhältnis Klingsors und Vergils Bezug. Nach dem Streitgespräch zwischen den Sängern Wolfram und Klingsor über Astronomie erzählt der Dichter die Geschichte von Zabulons Zauberbuch und die Fahrt Vergils zum Magnetberg. Vergil erscheint als Führer einer Anzahl von Gefährten, die zum Magnetberg aufbrechen, um das Buch Zabulons (bzw. Savilons) zu finden. Sie landen tatsächlich am Berg, und Vergil entdeckt eine in ein Glas eingeschlossene Fliege, die ihn um Hilfe anfleht:

> Si sprach: »hiulf mir, Virgilius, ez ist wol an der zît!«
> Ich wil dir offenlîch verjehen, du wirst noch künste rîch
> ein buoch hie nâhe bî mir lît,
> de wil ich wîsen dich, Virgilius, wizzez endelîch,
> dâ mit du allen pfaffen obe ligst,
> dâz bi mir bleip.
> Und an gesigst
> daz Zabulon mit sîner hende schreip (Str. 160–162).[99]

Der gewitzte Vergil, am Ziel seiner Wünsche, verlangt von dem Dämon in Fliegengestalt die Information, wie der Wächterautomat, der Schatzhüter, zu überlisten ist. Dieser »funktioniert« durch einen Brief oder Zettel, welcher in seinem Kopfe verborgen liegt.[100] Die aus der Flasche entkommene Fliege lockt er, wie im orientalischen Märchen vom Geist in der Flasche, wieder in diese hinein, indem er vorgibt, dass es unwahrscheinlich sei, dass ein so großer Dämon sich in so eine kleine Fliege verwandeln und wieder in die Flasche passen könne. Dieser Flaschengeist ist nicht das einzige orientali-

Abb. 20: Der Betrunkene zerstört die von Vergil geschaffene Bronzestatue. Aus einem Manuskript von Jans Enikels »Weltchronik«.

sche Motiv, es wird auch die aus *1001 Nacht* bekannte Episode von den Greifen erzählt, die den in eine Haut eingenähten Vergil entführen. Sie bringen ihn nicht wie im Märchen zum Diamantental, sondern zu dem Platz, wo sich das Zauberbuch befindet.[101]

Den Dämon macht er sich noch auf andere Weise zunutze, indem er ihn (vgl. die Sagen von Teufel bzw. Riesen als Baumeister) eine Brücke schaffen lässt, auf der er mit seinen gestrandeten Gefährten wieder in die Heimat gelangen könnte.

Der ominöse Zabulon wird als jüdischer Gelehrter bezeichnet, der 1200 v. Chr. lebte, Götzendiener (er betete ein Kalb an) war, Astrologie betrieb und auch den beschriebenen Automaten konstruierte. Im *Reinfried von Braunschweig* (nach 1291) besitzt er eine Keule, die er gegen seinen Schöpfer erhebt. In diesem Moment, so berichtet der Autor, wurde Christus geboren.

Die Exempelsammlung *Gesta Romanorum*[102] aus der ersten Hälfte des 14. Jahrhunderts fügt noch weitere Wundertaten und Erfindungen des Vergil zu der ohnehin schon reichhaltigen Sammlung hinzu. Auch hier ist der orientalische Einfluss spürbar, Vergil besitzt nämlich neben einem magischen Spiegel, mit dessen Hilfe er Brände bekämpfen und entfachen kann, auch einen fliegenden Teppich. Mit Hilfe seines Zauberspiegels kann er in einem Zauberwettkampf einen ihm feindlich gesinnten Magier vernichten. Im Fragment *Von Virgilio dem Zauberer*[103] findet Vergil den Dämon im Glas nicht beim Magnetberg, sondern ganz prosaisch beim Umgraben im Weingarten. Auch ist die Zahl der im Glas befindlichen Einwohner auf 72 angewachsen. Nebenstehende Abbildung zeigt uns auch ein dementsprechend großes Gefäß. Nach Zerbrechen des Glases und Befreiung der Dämonen lehren ihn diese die Zauberkunst, die er in Rom sofort auf die Probe stellt, indem er eine weibliche Steinstatue schafft, die die vorübergehenden Männer zu unreinen Gedanken verführt. Auch ihn scheint sie dazu angeregt zu haben, denn er verliebt sich in die Bürgerstochter, die ihn auf die bekannte Art und Weise im Korb demütigt.[104]

Die Medicina magica

Die mittelalterliche Medizin hat sich aus zwei verschiedenen Traditionssträngen entwickelt: aus der *Medicina magica* und aus der Weiterentwicklung der antiken Tradition seit Hippokrates von Kos (460-375 v. Chr.). Die *Medicina magica* baut gleichfalls auf antikem Wissen auf, das vor allem durch Plinius' Geschichte der Natur ins Mittelalter gelangte.

Diese Traditionsstränge verliefen parallel und kreuzten sich an gewissen Punkten. Die wissenschaftliche abendländische Medizin wäre allerdings ohne die von der griechischen Medizin geschaffene Basis (vermittelt durch arabische Übersetzungen und Exzerpte), die an den Hochschulen zu Salerno und Toledo unterrichtet wurde, nicht denkbar.[105]

Die magische Praxis in der Medizin hängt mit den Vorstellungen darüber zusammen, wie Krankheiten entstehen bzw. was oder wer diese verursacht. Besonders psychische Krankheiten wie Wahnsinn,

Abb. 21: Blick auf die antike Brunnenplatte »Bocca della Verità« (Mund der Wahrheit) in Rom.

Epilepsie, Impotenz etc., aber auch Fieber und Seuchen wurden vielfach als Dämonenwerk angesehen, obwohl immer wieder Versuche unternommen wurden, diese auf »natürliche« Ursachen zurückzuführen.[106]

Das antike Konzept, das hinter jeder Krankheit ein eigens dafür zuständiger Dämon stehe, hatten die mittelalterlichen Theoretiker übernommen und gingen deshalb den Krankheitsdämonen mit Exorzismen zu Leibe. Als weitere Ursachen der Krankheiten betrachtete man den »bösen Blick«, der Magiern und später den Hexen zugeschrieben wurde. (Über die magisch induzierte Impotenz, eine weithin gefürchtete Krankheit, siehe oben S. 121 f., 128 f.)

Therapeuten und Heiler rekrutierten sich aus allen möglichen Berufsständen, auch ihre Fähigkeiten waren sehr unterschiedlich, vom Jahrmarktsquacksalber bis zum professionellen Heiler war alles vertreten.

Die Volksheiler, wie z.B. der ungarische *táltos* (siehe unten S. 288), standen neben den Gesundbetern, Spruch- und Sympathieheilern. Es gab eine ganze Reihe von zur christlichen Magie gehörenden Praktiken. War man der Ansicht, dass die Krankheit von Gott kam, so folgerte man, dass auch die Heilung durch ihn erfolgen müsse, brachte also den Kranken z. B. in die Kirche. Zu den Hilfsmitteln zählen alle bereits beim Sakramentenzauber erwähnten Zaubermittel, die Bibel und heilige Schriften, die Namen Christi und der Heiligen als Amulette, die in diese eingeschrieben sind. Schon zur Zeit Christi galten alle mit ihm in Verbindung stehenden Dinge wie seine Kleidung etc. als heilkräftig. Er selbst heilte mit Handauflegen. Im Dunstkreis der Heiligen stehenden Gegenständen sprach man diese Wirkeigenschaften gleichfalls zu, außerdem heilten diese selbst auch durch Berührungen. Der Kuss eines Heiligen z. B. soll Leprakranke geheilt haben. Der Speichel als Heilmittel ist uralt. Vom hl. Severinus erzählt die Legende, dass er Lepröse durch Spucken in deren Hände gesund gemacht hätte.[107]

Speichel konnte Kopfweh, Schlangenbisse, Blindheit, Lähmungen, Taubheit u. a. kurieren.

Für das Waschwasser der Heiligen galt das ebenso, sogar für das Wasser, in dem der tote Heilige gewaschen worden war, oder ihm zugehörige Reliquien.

Der Glaube an die Heilkraft des Blutes ist gewiss sehr alt und war im Mittelalter wiederum besonders mit dem Blut der Heiligen verbunden. Auch die Erde, die ein Heiliger berührt hatte, war heilkräftig, an erster Stelle kam wohl die Erde vom Grab Christi, die man für Heilzauber und auch als Abwehrzauber gegen Unwetter verwendete.[108]

Bestimmte Krankheiten ordnete man bestimmten Dämonen als Verursacher, wie bestimmten Heiligen als Heiler zu.[109] Es sei hier nur an den hl. Blasius erinnert, der als für den Halsbereich zuständig angesehen wird.

Viele dieser Anrufungen an die Heiligen haben sich in Form von Sprüchen, die meist christianisierte Formen der alten heidnischen Heilzaubersprüche waren, erhalten.

Weyer berichtet, dass sich die Heiligen bei genügender Verehrung so großzügig erweisen, bestimmte Krankheiten schon von vornherein abzuwenden:

Hiezu solten billiu die gifftige bisse der wütende bösen hunde/welche mit natürlichen bewerte mittele d'Medicin wol geheilt werden können/gehören/doch wil man zu S. Hupert in Ardennen lauffen/un alda ein stuck von dem stul in die stirn kleben lasssen vn buß annemen/auch die macht empfange eine andem/so volgens auch gebissen werde mögte/die tag vn jare zu besuchung S.Huberts auß zu stelle/dan da dz nit geschehe muste sie toben und wüten (34/226/156).

Wurden die Heiligen jedoch nicht inbrünstig genug verehrt, so teilten sie Strafen aus wie z. B. St. Antonios der Eremit das St.-Antonios-Feuer. Die Hl. Drei Könige nahmen in der Verehrung und Heilkraft den höchsten Rang ein.[110]

Die Wirkung von Arzneien und Kräutern suchte man durch Hersagen von Segenssprüchen zu verstärken bzw. verwendete sie bereits beim Einsammeln der Kräuter.

Für die Entwicklung der eigentlichen Medizin war die so genannte *Magia naturalis* von Bedeutung. Die Beherrschung der natürlichen magischen Kräfte sollte den therapeutischen Erfolg sichern. Arnold von Villanova hat versucht, magisch induzierte Krankheiten als nicht von Dämonen bewirkte, sondern auf die Wirkungsweisen der natürlichen Magie zurückgehende zu erklären. Die Entwicklung des Begriffes ging Hand in Hand mit dem Aufschwung der arabischen Astrologie im Europa des 13. Jahrhunderts. Die Astrologie hatte besonders in der medizinischen Prognostik einen festen Platz erobert.[111]

Die Schrift des Ṯābit ibn Qurrā über die Herstellung von Siegeln (9. Jahrhundert), die Traumlehre des Razes und die Beobachtung der kritischen Tage flossen ebenfalls in Prognostik und Therapie mit ein. Den verschiedenen Mondphasen sprach man den höchsten Wichtigkeitsgrad zu. Bestimmte Tage betrachtete man als ungünstig für den Heilerfolg, außerdem waren bestimmte Tageszeiten bestimmten Körpersäften zugeordnet, was ebenfalls als wesentliches Kriterium hinzukam.

Villanova ging sogar so weit zu sagen, dass die Wirkung der Arzneien weitgehend nicht von ihrer Zusammensetzung, sondern von der astrologischen Konstellation beeinflusst würde. Es gäbe Substanzen, die ihre Heilkraft überhaupt erst bei bestimmten Planetenkonstellationen erhalten.[112]

Nach dem Vorbild Tabits fertigten die Ärzte Amulette an, in die bestimmte Planetenkonstellationen eingraviert waren. Villanova soll mit einem solchen goldenen Siegel, in das das Zeichen des Löwen eingraviert war, im August 1301 Papst Bonifaz VIII. von einer Nierenkolik geheilt haben.[113] Um die Wirkung dieser Siegel zu steigern, versah man sie, zusätzlich zu den astrologischen Gravuren mit Inschriften religiösen Inhalts.

Zwei wichtige Zeugnisse[114] der magischen medizinischen Praxis sind in angelsächsischen Manuskripten auf uns gekommen. Das ältere, *Laecboc*[115] oder *Leechbook* stammt aus der Mitte des 10. Jahrhunderts und enthält hauptsächlich medizinische Verschreibungen auf der Basis der antiken (Volks-)Medizin. Als christlicher Zusatz erscheint die Verwendung von Weihwasser, Gebeten, Sakramenten zur Steigerung der Wirkkraft von Arzneien und Heilpflanzen. Obwohl so manche der angegebenen Rezepte heutzutage als eindeutig abergläubisch und geradezu lächerlich erscheinen, verstand sich das Buch als Handbuch für Studenten der Medizin, die verächtlich auf die Quacksalber herabblickten.[116] Die etwas jüngere medizinische Handschrift des *Lacnunga* ist eine aus unterschiedlichen Elementen zusammengesetzte Kompilation von Texten, die in beliebiger Reihenfolge (im Gegensatz zum um Systematik bemühten *Leechbook*) Rezepturen, Arzneien und Heilmethoden bespricht. Zum Großteil gehören diese der magischen Praxis an. Christliche und heidnische Segens- und Zaubersprüche lateinischer, griechischer, hebräischer und nordischer Provenienz wurden frei kombiniert. Bezeichnet man das *Leechbook* als Handbuch für Medizinstudenten, so kann das *Lacnunga* als Manual für Medizinmänner gelten.[117]

Unter der großen Zahl der als zauberkräftig angesehenen Pflanzen[118] seien drei der bekanntesten als Beispiel ausgewählt.

Die Alraune gehört etymologisch zu got. *runa* = Geheimnis, ahd. *rûnên* = raunen, leise sprechen und anord. *run* = Geheimnis, Rune. Die Pflanze, die auch unter Mandragora bekannt ist, gehört zur Familie der Nachtschattengewächse. Sie besitzt eine gespaltene Wurzel, die an zwei menschliche Beine erinnert. Wie viele Nachtschattengewächse ist sie giftig, auf Grund des hohen Anteils an Alkaloiden, die Herzrasen, Zuckungen des Körpers etc. hervorrufen können. Die Pflanze war vermutlich im alten Ägypten bekannt, was Darstellungen zu bestätigen scheinen, und lässt sich auch bei den Juden nachweisen. Bei der in der Literatur als Mandragora bezeichneten Pflanze hat es sich möglicherweise nicht immer um die Alraune, sondern auch um andere Nachtschattengewächse wie z. B. die Tollkirsche oder um im Aussehen ähnliche Pflanzen gehandelt.

Der Bericht des Geschichtsschreibers Flavius Josephus erwähnt zum ersten Mal die Gefährlichkeit des Einsammelns der Mandragora.

> Das Tal, welches die Stadt Machärus auf der Nordseite einschließt, heißt Baara und erzeugt eine wunderbare Wurzel gleichen Namens. Sie ist flammend rot und wirft des Abends rote Strahlen; sie auszureißen ist sehr schwer, denn dem Nahenden entzieht sie sich und hält nur dann still, wenn man Urin und Blutfluss darauf gießt. Auch dann ist bei jeder Berührung der Tod gewiss, es trage denn einer die ganze Wurzel in der Hand davon. Doch bekommt man sie auf andere Weise, und zwar so: Man umgräbt sie rings so, dass nur noch ein kleiner Rest unsichtbar ist. Dann bindet man einen Hund daran und wenn dieser dem Anbinder schnell folgen will, so reißt er die Wurzel aus, stirbt aber auf der Stelle als ein stellvertretendes Opfer dessen, der die Pflanze nehmen will. Hat man sie einmal, so ist keine Gefahr mehr. Man gibt sich aber so viel Mühe um sie wegen folgender Eigenschaften: Die Dämonen d. h. böse Geister schlechter Menschen, welche in die Lebenden hinein fahren und sie töten, wenn nicht schnell Hilfe geleistet wird, werden von dieser Pflanze ausgetrieben, sobald man sie dem Kranken auch nur nahe bringt.[119]

Diese Stelle war im Mittelalter bekannt. Bildliche Darstellungen[120] beziehen sich darauf. Hildegard von Bingen (gest. 1179) war wegen der Menschenähnlichkeit der Pflanze überzeugt, dass der Teufel in ihr wohne. Sie gibt jedoch eine Methode an, wie man die Pflanze dennoch verwenden könne, nämlich indem man sie in frisches Quellwasser legt, weil da alles Böse schwindet. Sei weiß aber auch, dass die ungewaschene Pflanze zu zauberischen Zwecken verwendet wird. Als Abwehrzauber kann sie z. B. bei magisch induziertem übersteigertem Sexualtrieb eingesetzt werden, indem der Betroffene eine weibliche gewaschene Alraune zwischen Brust und Nabel befestigt, dann die Wurzel spaltet, einen Teil am Körper lässt und den anderen zerreibt und zusammen mit Kampfer einnimmt.[121]

Alraunen erfreuten sich im mittelalterlichen Europa großer Beliebtheit, aber der Großteil der auf Märkten feilgebotenen Wurzeln war nicht echt, sondern aus sich eignenden Wurzeln zurechtgeschnitzt. Man gab ihnen männliche oder weibliche Gestalt und bekleidete sie.[122]

Die Gewinnung der Alraune stellte man sich in den wesentlichen Punkten wie bei Flavius beschrieben vor, doch kam als Erschwernis die Vorstellung von dem furchtbaren Schrei, den die Pflanze beim Herausziehen ausstoßen soll, hinzu. Dieser Schrei konnte auf der Stelle töten, wenn man nicht Vorsorge traf, indem man sich die Ohren verstopfte und den angebundenen Hund auf der Stelle sterben ließ.

Mit der Alraune verband man auch die Vorstellung des Galgenmännleins, welches unter dem Galgen aus dem Samen der Gehenkten entstehen soll.[123]

Das Mittelalter übernahm die Meinung über die hervorragenden Eigenschaften der Springwurz, die Plinius in seiner *Historia Naturalis* beschreibt und von der er sagt, dass sich die Vögel diese Pflanze in ihren Nestern halten, um deren Zerstörung zu verhindern. Konrad von Megenberg (1309–14. 4. 1374) berichtet bereits über weitere, weitaus mächtigere Eigenschaften der Pflanze:

> Wenn man im (dem Specht) sein kint versleht mit ainem zwickel, sô pringt er ain kraut und helt daz für den zwickel, sô vert er her dan. daz kraut haizt ze latein herba meopis, daz spricht paumhäckelkraut und haizt in der zaubraer puch thora und waer nit guot, daz man ez gemainlech erkennet, wan ez gênt sloz gegen im auf.[124]

Wegen dieser aufschließenden Wirkung soll sie Dieben und Schatzgräbern als unentbehrliches Requisit gedient haben.[125]

Die besonders bei den germanischen und keltischen Völkerschaften zu Ruhm gelangte Mistel wurde im Mittelalter wegen ihrer Dämonen, Druiden und Hexen abwehrenden Wirkung sehr geschätzt. Vollführte z. B. eine Hexe einen Wetterzauber, bei dem sie sich auf einen Baum setzte, so konnte man sie festbannen, indem man Misteln rings um den Baum legte, worauf sich das magisch erzeugte Wetter sogleich verzog.

In der Volksheilkunde wandte man die Mistel als Heilmittel vor allem bei der Epilepsie auf Grund der Analogiebildung an: Die Mistel fällt nicht vom Baum, wer sie einnimmt, fällt gleichfalls nicht zu Boden. Nach Berthold von Regensburg (geb. ca. 1210) soll der König David diese Wirkkraft der Pflanze herausgefunden haben:

> der künig, der do huete des vichs seines vatters und im gehorsam was der sach, das ein Frau storczod und hät den hinvollunden siechtag. da pat er got, das er im kunt taet, was gut da fuer waer. do kam ein Engel von hymel und sprach: wer ein aichelmistel hat an der rechten hant in einem fingerlein das der mistel die hant peruert, der siechtage peruert das mensch nimermer.[126]

Bei den magischen Heilverfahren[127] haben sowohl Elemente der Nachahmung kranker Tiere, orale Tradition der Volksmedizin, heidnisch-kultisches Brauchtum und abgesunkenes, vielleicht umgedeutetes antikes medizinisches Lehrgut eine Rolle gespielt. Der zentrale Punkt der magischen Heilverfahren ist sicherlich der Glaube an das Wirken von unsichtbaren Kräften und Dämonen. Sichtbare Zeichen der Unsichtbaren sind im Auffälligen einerseits und in der Analogie andererseits auszumachen. Deshalb richtet sich das Heilverfahren nach dem Prinzip der Ähnlichkeit = Simile-Magie: Gleichartiges oder Ähnliches bewirkt Ähnliches. Bei Leberleiden etwa wird Tierleber genossen oder aber leberähnlich geformtes Kraut eingenommen. Es kann sich auch um Farbähnlichkeit oder -gleichheit handeln, weshalb z. B. bei Gelbsucht Safran eingenommen wird. Das zweite Prinzip ist die Einzelerscheinung, das Extraordinäre, dem deshalb heilkräftige Wirkung zugesprochen wird – dämonisierte Tiere wie Kröten, Fledermäuse, Katzen, Wölfe u. a., aber auch Zauber- und Heilsprüche.

Der Zauberheilspruch[128] nimmt Rücksicht auf die Veränderungen des Körpers in 1. Substanz, 2. Temperatur und Farbe, 3. den Empfindungen. Substanzveränderungen wie z. B. Geschwüre oder das Gegenteil, die Schwindsucht oder den Muskelschwund, bekämpft man mit Sprüchen, die sich einerseits auf das Wegschicken oder Wegholen, andererseits beim Schwund auf die Zunahme konzentrieren. Knochenbrüche, ebenfalls eine Strukturveränderung, werden mit Sprüchen analog zum 2. Merseburger Zauberspruch besprochen.[129]

Krankheiten wie Brand rückt man mit Analogiezauber zu Leibe, der Spruch bewegt sich sprachlich im Wortfeld des Feuers.[130] Bei Rotlauf geht man nach dem Ähnlichkeitsprinzip vor, der Spruch berücksichtigt die rote Farbe.

Fieber wurde als eigene Krankheit angesehen: mhd. *rite, ritte* als dämonisches Wesen, das den Menschen erfasst und schüttelt, deshalb bringt der Spruch Vergleiche mit dem Schütteln, z. B. der Tobiassegen *fur den ritten.*

Do unser her an die marter trat,
do er erbidmet alles was do was.
Ain jude in seinem spotte sprach:
»Herr maister, hastu den Ritten?«
Unser lieber Here sprach:
»Den ritten ich nit enhan,
noch ie nie gewan;
es sei wip oder man,
der diese wort gesprechen kan,
das in der ritte nymer kun an«. Amen.[131]

Persönlichkeiten mit magischer Bedeutung

Albertus Magnus[132], eigentlich Albrecht Graf von Bollstädt (1193–1280) wurde in Schwaben geboren, studierte in Padua und galt als *Doctor universalis*, als der größte Gelehrte des Mittelalters. Nach Abschluss seiner Studien trat er in den Dominikanerorden ein, lehrte 1228–45 in Köln, Hildesheim, Freiburg, Regensburg und Straßburg.

Albertus bemühte sich um die Anerkennung der aristotelischen Philosophie, die er unter Heranziehung von arabischen Kommentaren seinen Zeitgenossen zugänglich machen wollte. Er widmete sich in seinen Studien auch der Zoologie und der Botanik, dem wissenschaftlichen Experiment mit Pflanzen und der Tierbeobachtung. Die Autorität des Aristoteles im wissenschaftlich-experimentellen Bereich festigte er durch seine Modifikation der aristotelischen Prinzipien im Sinne der christlichen Dogmatik. Einschlägige Schriften verfasste er auch auf dem Gebiet der Mineralogie, Geografie, Pharmazie und Medizin und mühte sich um eine Sammlung der verstreuten aristotelischen und pseudo-aristotelischen (ihm zugeschriebenen) Schriften.

Die Sagenbildung um seine Person setzte bei seiner bekannten experimentellen Methode ein, die als sinistre magische Operationen gedeutet wurden. Sein Lieblingsschüler, Ulrich von Straßburg, bezeichnete Albertus als Experte in Sagen und Magie, wie sein Biograf, Peter von Preußen, überliefert. Die Biografie zeichnet Albert als frommen Gelehrten, dessen Interesse an der Magie lediglich in der Widerlegung der falschen magisch induzierten Wunder begründet gewesen sei. Die angeblichen Wundertäter bezeichneten sich als Astronomen, Astrologen oder Alchemisten. Albert als Meister dieser Künste hätte daher seine »Kollegen« lediglich unter die Lupe genommen.

Albert hat in seinen theologischen Werken auch über die magischen Künste gesprochen, und seine Ansichten unterscheiden sich nicht von den Meinungen der Kirchenväter. Allerdings hat er auch einige Zitate aus Avicenna niedergeschrieben, die sich nicht mit seiner Anschauung decken. Er hat weder in seinen wissenschaftlichen noch religiösen Schriften an der Möglichkeit gezweifelt, Wunder mit Hilfe von magischen Operationen hervorzubringen.

Er unterscheidet zwischen Astrologen und Magiern, die er als Nekromanten ausweist. Die persischen *Magi* bezeichnet er zwar als Magier, aber nicht als *Malefici*. Weit mehr als Thomas von Aquin scheint Albertus die Magie von der naturwissenschaftlichen Perspektive aus betrachtet zu haben, und er unterscheidet klar zwischen dämonischer Magie und der *magia naturalis*.

Um Roger Bacon[133] rankten sich bereits im Mittelalter Legenden, die ihn als Erzzauberer auswiesen. Das in Dubrovnik geschriebene Rezitativ des Franziskaners Peter von Trau (1383–85) hat ihn allerdings noch nicht als Magier bezeichnet, während John Bale (1548) ihn als Gaukler und Nekromanten, der in Oxford große Wunder mit dämonischer Hilfe vollbracht haben soll, auswies.[134] Eine zweite Quelle ist *The Famous History of Fryer Bacon Containing the Wonderful Things that he did in His Life: also the Manner of his Death with the Lives and Deaths of the two Conjurers Bunge and Vandermast* (1594).[135] Die Gelehrten der Renaissance betrachteten Roger Bacon als Vertreter der *Magia naturalis*, wie aus Giambattista della Portas Kuriositätensammlung (1558) mit dem nämlichen Titel *Magia Naturalis* hervorgeht. In seiner Apologie der Magie nennt bereits Pico della Mirandola (1487) Bacon als Gelehrten der ehrbaren natürlichen Magie.

Bacon selbst scheint eine ambivalente Haltung zur Magie eingenommen zu haben, sonst hätte er nicht eine seiner Schriften mit dem Titel *Brief über die geheimen Werke der Kunst und Natur und die Nichtigkeit der Magie* überschrieben.

Es scheint, als hätte er Magier und auch Zauberkünstler aus persönlicher Anschauung gekannt, da er »solche Leute« relativ oft erwähnt. Außerdem legt er wichtiges Zeugnis ab von den zu seiner Zeit in Umlauf gewesenen geheimwissenschaftlichen Schriften. Er polemisiert gegen diese mit der Begründung, dass man sie zu Unrecht den Weisen der Antike zuschreibe. Der Inhalt dieser Schriften bestehe nur aus Lügen und sie sollten deshalb gesetzlich verboten werden. Der Versuch, die Nichtigkeit der Magie zu beweisen, zieht sich durch sein gesamtes Werk, obwohl er die Möglichkeit, Wunder mit dämonischer Hilfe zu erzeugen, nicht abgestritten hat.[136]

Anders als Augustinus stört ihn an der Magie nicht in erster Linie die antichristliche, antireligiöse Seite, sondern der Betrug und die Wertlosigkeit.[137] Er kritisiert den naiven Glauben der Magier an die Wirkungen von Beschwörungen und behauptet, die menschliche Stimme habe niemals die Gewalt, die man ihr zuspräche.

In einigen seiner Werke räumt er ein, dass nicht alles unrichtig sei, was die magischen Schriften behaupten bzw. handle es sich bei manchen als »magisch« ausgewiesenen Schriften eigentlich um naturwissenschaftliche Werke. Letztlich müsse die experimentelle Naturwissenschaft endlich der Magie, die die Menschheit durch ihre Wunder verblendet und getäuscht habe, durch größere Wunder die Stirn bieten.

Dass Bacon später in den Ruf eines Magiers gelangt ist, hat sicherlich seinen Ursprung in seinen Schriften, die sich als geheime Werke der Kunst und Natur bezeichnen und (aus heutiger Sicht) magische Praktiken beschreiben. Ungleich Albertus leugnet er jedoch die Nähe seiner Experimente zur Magie. Sein eigenartiges

Konglomerat von Magie und Wissenschaft zeigt sich besonders an der von ihm aufgestellten Doktrin der Vervielfachung der Spezies. Er nahm an, dass die okkulten Einflüsse der Planeten auf die Natur und den Menschen etwa analog zu den Sonnenstrahlen gesehen werden müssten, so auch die Wirkung des »bösen Blicks«. Lynn Thorndike hat diese Doktrin als magische in mathematisch-physikalischer Verkleidung bezeichnet.[138]

Auch Bacon soll ein sprechendes Haupt besessen haben, wie wir es bereits bei Albertus und Gerbert kennen gelernt haben (siehe oben S. 198 f.). Er ist niemals der Zauberei verdächtigt oder angeklagt worden, scheint sich aber davor gefürchtet zu haben, was einige seiner Aussagen vermuten lassen. Im Zusammenhang mit der Astronomie spricht er von der Weisheit derer, die über Wissen auf diesem Gebiet verfügen, das nichts mit Magie gemein hat und die dennoch als Magier bezeichnet werden.[139]

Michael Scot oder Scotus sprach sich gleichfalls vehement gegen die Zauberei aus, konnte sich aber offenbar ihrer Faszination nicht entziehen. Er wusste nicht nur mit offenbarem Vergnügen von Magiern und Nekromanten zu erzählen, sondern hatte auch detaillierte Kenntnis von den umlaufenden Zauberbüchern. Er betont immer wieder, dass die Magie einen verderblichen Einfluss auf die Moral ausübe und den Glauben zerstöre. Der Zauberer bleibt immer ein Bösewicht, doch gesteht er ihm das Wissen um die Geheimnisse der Natur zu. Die Wahrsagerei, von der er 28 verschiedene Arten erwähnt, verdammt er zwar, räumt aber ein, dass es sich dabei um eine effiziente Methode handelt. Auch die dem Simon Magus zugeschriebenen Wunder hält er für real.[140]

Er betont den experimentellen Charakter der Zauberei und scheint sich selbst, wenn nicht mit Zauberei, wie die Legende ihm nachsagt, so doch mit naturwissenschaftlichen Experimenten beschäftigt zu haben. Es ist daher nicht verwunderlich, dass ein Manuskript aus dem 15. Jahrhundert, das ein nekromantisches Experiment beschreibt, dieses auf sein Konto gehen lässt. Dabei hat es sich offenbar um eine Hilfsgeistbeschwörung gehandelt zum Zwecke der Dienstbarmachung eines Dämons, der als Wissensvermittler und Prophet eingesetzt werden soll. Der Zeitpunkt der

Beschwörung wird nach astrologischen Gesichtspunkten ausgewählt, das Opfer ist eine weiße Taube, deren Blut in einem Glasbehälter aufgefangen und den Dämonen angeboten wird, da die Dämonen Blut über alles lieben, wie Scotus selbst erwähnt hat.[141] Mit dem blutenden Taubenherz zieht der Adept einen Kreis, betet zu Gott in Psalmen, aber es ist ihm verboten, das Kreuz zu schlagen.[142]

Mit erstaunlicher etymologischer Klarheit argumentiert Michael Scot, dass der Begriff *Magus* die dreifache Bedeutung 1. »Zauberkünstler« und »Illusionist«, »Illusor«, 2. »Schadenstifter«, also *maleficus* und als Drittes *sapiens*, also »Weiser« in sich birgt. In seiner Zeit fielen der *Maleficus* und der *Illusor* den Verboten anheim, nur der *Magus sapiens* konnte sich relativ ungestraft behaupten. Der *Maleficus* hat die Funktion des Zeichendeuters, Beschwörers und Talismanisten übernommen, während der Illusionist zum verdammenswürdigen Gaukler herabgesunken ist.

Wilhelm von Auvergne[143], einer der berühmtesten Theologen des Mittelalters, vom Papst geweihter Bischof von Paris (ca. 1180–1249), war einer der ersten mittelalterlichen Gelehrten, der sich rühmen konnte, mit den dem Hermes Trismegistos zugeschriebenen Werken vertraut zu sein.

Seine Schrift *De Universo* beschäftigt sich u. a. mit der Zauberei. Das Hauptziel der magischen Wissenschaft sei es, Wunder hervorzubringen, die aber nur mit dämonischer Hilfe geschehen können. Er unterscheidet zwischen einem Wunder, das in Wirklichkeit die gelungene Illusion eines Zauberkünstlers/Gauklers darstellt, einem durch Dämonen hervorgebrachten und jenem, das von (geheimen) Naturkräften hervorgebracht wird, die es noch zu erfahren gilt. Diese dritte Gruppe nennt er die natürliche Magie, ein Begriff, der vor allem bei Paracelsus und in der Renaissance eine große Rolle spielt.

Er erwähnt ein Zauberbuch, das Anleitungen zur Dämonenbeschwörung enthält, mit dem Titel *Der große Kreis*. Vier Könige der Dämonen aus vier Teilen der Welt vermag das Buch zu beschwören, die mit all ihren Scharen erscheinen, worunter sich auch Geisterreiter, Gaukler und Musiker befinden, deren Füße auf dem Boden keine Spuren hinterlassen. Es erscheint ein wunderbares Zauberschloss, welches für die Zuschauer innerhalb des magischen Kreises sichtbar wird und dann wieder verschwindet. Diese Illusion vermochten die Zauberer aber nicht in Gelehrtenkreisen zu wiederholen, was sie in Wilhelms Augen sicherlich diskreditiert hat.

Skeptisch zeigte er sich auch in Bezug auf die dienstbaren Dämonen, die dem Zauberer seine Macht verleihen. Hätten die Chaldäer, Ägypter und Araber tatsächlich so viel Macht, also so viele Dämonen in ihrem Dienst, so könnten sie doch längst die ganze Welt beherrschen.

Seine Unterscheidung zwischen den *Magi* und den *Malefici* basiert auf seiner Annahme, dass sich das Wort aus *magna agentes* ableite, welche er als Adepten der natürlichen Magie ansah.

Cecco d'Ascoli[144], eigentlich Francesco Stabili (1257–1327), war Hofastrologe im Dienste des Herzogs von Kalabrien. Wegen seiner radikalen Äußerungen klagte ihn die Inquisition der Häresie an und ließ ihn trotz seines Widerrufs hinrichten. Angeblich soll ein neidischer Kollege namens Dinus die Sache ins Rollen gebracht haben. Der zentrale Grund für seine Anschuldigung war die Schrift *Commentarii in Sphaeram Joannis de Sacrobosca.* »Ein aufgeworfener Haufen gelehrten Wustes von Astrologie, Physik, Naturgeschichte und so genannter Philosophie. Es konnte der Inquisition nicht schwer fallen, aus diesem mit Fantasien und Träumereien reichlich versehenen Lehrgedicht Stellen aufzusuchen, die der katholischen Dogmatik widersprachen. In den Kommentaren über die Sphären soll vorzüglich die Lehre von den Einflüssen böser Geister auf die Welt und die Menschen Anstoß erregt haben.«[145]

Dass vor allem die Erwähnung des Einflusses der bösen Geister ihm diesen Strick gedreht haben soll, glaube ich kaum, da doch die vielfältigen Formen der dämonischen Einflussnahme und deren Verhinderung seit dem Frühmittelalter Gegenstand der theologischen Diskussion waren.

Es ist zu vermuten, dass eher seine radikalen astralmagischen Ansichten zu seiner Verurteilung geführt haben. So behauptet er in seinem Kommentar zu den *Sphären*, dass es möglich wäre, die Planetendämonen aus den oberen Sphären herabzuziehen und dienstbar zu machen.

> Durch die Herrschaft der Quarte der achten Sphäre würden göttliche Menschen geboren, die sich Dii de Nabcoh (= erhabene Götter) nennen, und die Gesetze und Meinungen der Welt ändern wie Moyses, Merlin und Simon der Magier gethan.[146]

Ähnlich erging es Petrus Aponensis, besser bekannt als Peter von Abano, der 1257 in Abano geboren wurde und 1316 dort auch starb. Der erfolgreiche Mediziner kam wegen seines Studiums der neoplatonischen Lehren mit der Kirche in Konflikt, die ihn der Zauberei beschuldigte. Er starb noch vor seiner Verurteilung im Gefängnis.

Seine medizinisch-philosophischen Schriften benutzten noch die Renaissancegelehrten, was die zahlreichen Ausgaben belegen.

Seine *Geomantia* erschien erst 1549 in Venedig. Ein Handbuch der Astronomie von 1310 blieb ungedruckt. Der Neffe des Renaissancegelehrten Pico della Mirandola, Gianfresco, führte die »Irrwege« des Peter von Abano auf dessen Lektüre des *Picatrix* (siehe S. 154) zurück. Der Hinweis ist nicht so ganz von der Hand zu weisen, da auch Peter ein Anhänger der radikalen Astrologie und des astralen Determinismus gewesen sein muss. Einige Schriften astralmagischen Inhalts schrieb man ihm zu, wie z. B. *Elucidarium necromanticum, Elementa magica, Heptameron* u. a.[147]

Dieser »Faust des Trecento« wurde posthum für schuldig erklärt, man grub sogar seine Gebeine aus und verbrannte sie auf dem Marktplatz in Padua.

Die Jungfrau von Orléans[148] kam aus Lothringen, das für seine häufigen Zaubereianklagen berüchtigt war. Sie wurde des Kontaktes mit Feen bezichtigt, welche im lothringischen Volksglauben besonderen Stellenwert einnehmen. Auch legte man ihr Dämonenbeschwörung und Teufelspakt zur Last. Die Stimmen, die sie angab zu hören, identifizierte man mit dämonischen, nämlich mit Belial, Satan und Behemoth, nicht mit Stimmen der Engel, wie sie vermutet hatte. Sie wurde zwar öffentlich als Zauberin und Hexe bezeichnet, aber die offizielle Anklage lautete auf Häresie.[149]

Der berühmt-berüchtigte Marschall von Frankreich, Gilles de Rais, wurde sicherlich nicht nur wegen seiner Gräueltaten verurteilt, sondern hier spielten auch politische Erwägungen eine Rolle. Die Spekulationen seiner Feinde auf die der Anklage und Verurteilung folgende Konfiskation seiner Güter gingen auf.

Er beschäftigte sich angeblich mit Alchemie und nahm dazu die Hilfe des Priesters Gilles de Sillé von St. Malo in Anspruch. Da sich der Erfolg nicht einstellen wollte, suchten sie die Hilfe des Teufels und eines Zauberers namens du Memie, der ihn zum Blutkontrakt überredete. Jean de la Rivière und du Mesnil taten noch ein Übriges, um ihn bankrott zu machen. 1439 soll ein anderer Nekromant, Peter Francesco Prelati aus Florenz, mit drei weiteren Italienern einen Dämon namens Baron beschworen haben, dem sie auch Kinder geopfert haben sollen. Die Anklage konzentrierte sich im Wesentlichen auf drei Hauptpunkte: Übergriffe gegen einen Geistlichen (Jean le Ferron), den Gilles de Rais ungerechtfertigterweise hatte einkerkern lassen, Dämonenbeschwörungen und perverse sexuelle Handlungen mit Kindern.

Anklagepunkt 16 lautete, dass ...

> [...] in a certain low room of the castle or fortress of Tiffauges, in the diocese of Nantes, belonging to the wife of the aforesaid Gilles, about five years ago, Monsieur Francesco Prelati, selfstyled expert in the prohibited art of geomancy, and Jean de la Rivière, made many magic signs, circles and characters. Also in a certain wood near the said fortress of Tiffauges, Antoine de Palerme, of Lombardy and one named Louis, with other magicians and conjurers of demons, practiced divinations and summons to evil spirits named Orien, Beelezebub, Solon, and Belial, with fire, incense, myrrh, does and other fragrant substances.[150]

Die grauenvollen Kindermorde, die er auch gestanden hat, ließen sogar seine Ankläger an seiner Wahrhaftigkeit zweifeln. Sein erstes Opfer soll er zur nekromantischen Beschwörung gebraucht, das Blut des Opfers zu magischen Tränken verarbeitet und zur Erstellung eines Grimoires (Zauberbuch, das hauptsächlich Beschwörungen enthält) gebraucht haben.[151]

[1] Malinowski, Bronislaw: *Magie, Wissenschaft und Religion*, Frankfurt a. M. 1983, S. 71.

[2] Vgl. Ott, N. H.: »Aristoteles«, in: *Lexikon des Mittelalters*, Bd. 1, Sp. 934–948.

[3] Roger Bacon benutzte ebenfalls Erklärungsmodelle, die heutzutage etwas kurios anmuten. Vgl. dazu Thorndike, Lynn: a. a. O., Bd. II, S. 659 f.

[4] Vgl. Thorndike, Lynn: a. a. O., Bd. II, S. 50 ff.

[5] Vgl. Eis, Gerhard: »Mittelalterliche Fachprosa der Artes«, in: *Deutsche Philologie im Aufriss*, hrsg. v. Wolfgang Stammler, Bd. 2, Berlin 1960, Sp. 1103–1216.

[6] Vgl. Schmitt, Wolfram: »Das Traumbuch des Hans Lobenzweig«, *AfKg* 48 (1966), S. 181–218.
Die Möglichkeit, dass es neben den ganz normalen Träumen, Tagesresten, wie Freud sie bezeichnet, noch prophetische Träume gibt, ist im Mittelalter häufig diskutiert worden. Zu den mittelalterlichen Traumbüchern vgl. Wittmer-Butsch, Maria Elisabeth: »Zur Bedeutung von Schlaf und Traum im Mittelalter«, in: *Medium Aevum Quotidianum*, Sonderband 1, Krems 1990.

[7] Ausführlich besprochen bei Schmitt, Wolfram: *Hans Hartliebs mantische Schriften und seine Beeinflussung durch Nikolaus von Kues*, Diss. Heidelberg 1963; neuerdings ausführlich Frank Fürbeth: *Johannes Hartlieb: Untersuchungen zu Leben und Werk*, Tübingen 1992.

[8] Hartlieb erwähnt auch die Zuordnung von Zahlen zu Buchstaben, um so aus den Quersummen Interpretationen anstellen zu können.

[9] Vgl. Eis, Gerhard: *Wahrsagetexte des Spätmittelalters*, Berlin 1956; ders.: »Probleme der mittelalterlichen Onomatomantie«, in: *Atti e Memorie del VII Congresso Internazionale dei Scienze Onomastiche*, Bd. 3, Florenz 1961, S. 153 ff.; Telle, Joachim: »Beiträge zur mantischen Fachliteratur des Mittelalters«, in: *Studia neophilologica* 42, 1970, S. 180 ff.

[10] Assion, Peter: *Altdeutsche Fachliteratur* (= Grundlagen der Germanistik, Bd. 13), Berlin 1973, S. 168.

[11] Fasbender, Christoph: *Von der Wiederkehr der Seelen Verstorbener: Untersuchungen zu Überlieferung und Rezeption eines Erfolgstextes Jakobs von Paradies*, mit einem Abdruck des Autographs, Jenaer germanistische Forschungen; N. F., Bd. 12, zugl.: Jena, Univ. Diss. 1998. Zu Jakob von Jüterbogk genannt von Paradies vgl. Mertens, Dieter: »Jakob von Paradies«, in: *VL* Bd. 4, Berlin 1983, Sp. 478–487.

[12] Assion, S. 166 f.

[13] Müller, Ute: *Mondwahrsagetexte aus dem Spätmittelalter*, Diss. Berlin 1971, S. 53.

[14] *Johann Hartliebs puoch aller verpoten kunst*, hg. v. Dora Ulm, Halle 1914, 11r/v, S. 13; vgl. neuerdings die Übertragung von Frank Fürbeth: *Das Buch aller verbotenen Künste*, mit einer Einführung, einem Nachwort und zeitgenössischen Holzschnitten hrsg. und ins Neuhochdt. übertr, 1. Aufl. Frankfurt a. M. 1989; weiters die Untersuchungen zu Johannes Hartlieb von Wolfram Schmitt und Frank Fürbeth (siehe Anm. 7).

[15] Vgl. Schmitt, Wolfram: a. a. O., S. 227.

[16] ibid., S. 233.

[17] In Heidelberg trachtete er z. B. danach, von einer Hexe die Kunst des Wettermachens zu erlernen, hat sich dann aber nicht auf deren teuflische Bedingungen ein-

gelassen. Die Handlesekunst studierte er bei den Zigeunern, die er aber nachträglich als Scharlatane durchschaut haben will. Vgl. Schmitt, a. a. O., S. 242 f.

18 Vgl. Maurer, Armand: »Between Reason and Faith: Siger of Brabant and Pomponazzi on the Magic Arts«, in: *Medieval Studies*, Bd. 18 (1956), S. 1–18.

19 Roy, Bruno: »The Household Encyclopedia as Magic Kit: Medieval Popular Interest in Pranks and Illusions«, in: *Popular Culture of the Middle Ages*, hg. v. Josie P. Campbell, Bowling Green 1986, S. 29–39.

20 Melbourne, Christopher: *The llustrated History of Magic*, London 1975, S. 23.

21 ibid.

22 ibid., S. 35.

23 zit. n. Roy, ibid., S. 32.

24 Scott, Reginald: *The Discoverie of Witchcraft*, hrsg. v. John Rodker, Bungay 1930, S. 182.

25 zit. n. Volkmann, Kurt: *Der Zauberer in der bildenden Kunst*, Berlin 1956, S. 35.

26 Kluge, Friedrich: *Etymologisches Wörterbuch der deutschen Sprache*, 22. Aufl. Berlin 1989, S. 247; Semantisch zu lat. *ioculare*, »scherzen«, »schäkern«.

27 Grimm, Jakob: *Deutsche Mythologie*, Berlin 1870, Bd. II, S. 964.

28 Danckert, Werner: *Unehrliche Leute*, München 1963, S. 21.

29 ibid., S. 219.

30 Vgl. Ogilvy, J. P. A.: »Mimi, Scurrae, Histriones. Entertainers of the early Middle Ages«, in: *Speculum* 38 (1963), S. 603–619.

31 Faral, Edmond: *Les Jongleurs en France au Moyen Âge*, Nachdruck New York 1970, S. 12.

32 In der afrz. Perceval-Fortsetzung gelangt Perceval in ein Kupferschloss: *il avoit dedanz le chastel mout de gent qui le cor de cuivre aouroient et qui ne créoient en autre Dieu.* Potvin, Charles (Hrsg.): *Perceval Le Gallois*, Mons 1866, I, 201 f. In diesem Bild sollen böse Geister hausen, die als Orakel angesehen werden.

33 Dickson, Arthur: *Valentine and Orson*, New York 1929, S. 194 f.

34 Ibid., S. 201, Anm. 97. Ein Bronzelöwe, der als Orakel fungiert in: Friedwagner, Mathias (Hrsg.): *La Vengeance Raguidel*, Halle a. d. S. 1909, v. 4400, 4862.

35 Basset, R: *Mille et un contes, récits et légendes arabes*, III, Paris, 1926, S. 171 ff. zit. n. Dickson, a. a. O., S. 202.

36 Vgl. in diesem Zusammenhang Coomaraswamy, Ananda: »Sir Gawein and the Green Knight: Indra and Namuci«, in: *Speculum* XIX, 1944, S. 104–125.

37 Bei den *teraphim* hat es sich anscheinend um Götterfiguren der Hausgötter gehandelt, die dann als heidnische Idole verbannt wurden. Vgl. Hastings, J.: *Dictionary of the Bible*, IV, New York 1902, 718; Vgl. neuerdings zum Götzenhaupt Hergemöller, Bernd-Ulrich: *Krötenkuß und schwarzer Kater. Ketzerei, Götzendienst und Unzucht in der inquisitorischen Fantasie des 13. Jahrhunderts*, Warendorf 1996, S. 384 ff.

38 Thorndike, Lynn: a. a. O., I, S. 645 f.

39 Stubbs, W. (Hrsg): *De gestis regum Anglorum*, 2 Bde., London 1887–89, II, S. 172.

40 Vgl. Thorndike, a. a. O., Bd.I, 705; Dickson, Arthur: a. a. O., S. 207, Anm. 120.

41 *Confessio Amantis*, Buch IV, 234 f. zit. n. Dickson, ibid. S. 211.

42 ibid. S. 214, Anm. 147.

43 ibid., S. 215.

[44] Briersi, Antonio (Hrsg): *Tommaso Companella: Del sense dello cose e della magia*, 1925, S. 241–242.

[45] Vgl. Drachmann, A. G.: *Ktesbios, Philon and Heron. A Study in Ancient Pneumatics*, Kopenhagen 1948; Schmidt, U: (Hrsg. u. Übers.): *Heron von Alexandria: Druckwerke (Pneumatica) und Automatentheater (Automata), griechisch und deutsch*, Leipzig 1899.

[46] Hill, Donald R. (Übers.): *The Book of Ingenious Devices (Kitab al-Hiyal)*, Dordrecht 1979; Coomaraswamy, Ananda: »The Treatise al-Jazari on Automata«, in: *Museum of Fine Arts, Boston Communication to the Trustees*, VI, 1924.

[47] Brett, Gerard: »The Automata in the Byzantine Throne of Salomo«, in: *Speculum* 29 (1954), S. 477–487; Hansen, Bert: »Science and Magic«, in: *Science in the Middle Ages*, hg. v. David C. Lindberg, Chicago 1981, S. 483–515; Bedini, Silvio, A.: »The Role of Automata in the History of Technology«, in: *Technology and Culture* 1964, 24–42; Eamon, William: »Technology as Magic in the Late Middle Ages and the Renaissance«, in: *Janus* 1983, S. 171–212; Heckmann, Herbert: *Die andere Schöpfung. Geschichte der frühen Automaten in Wirklichkeit und Dichtung*, Frankfurt a. M. 1982.

[48] Bremer, Ernst/Ridder, Klaus (Hrsg.): *Jean de Mandeville, Reisen*, Hildesheim 1991, S. 162 f. Auch einen Getränkeautomaten, wie ihn Rubruck beschreibt, habe der Alte vom Berge in einem paradiesischen Garten aufgestellt.

[49] Zarncke, F.: »Der Priester Johannes«, in: *Abh. der phil.-hist. Klasse der königl. sächs. Gesell. der Wiss.* 7, Leipzig 1876; vgl. Dietrich Huschenbett: »Priesterkönig Johannes«, in: *VL* Bd. 7, Berlin 1989, Sp. 828–842.

[50] Risch, F. (Übers.): *Rubruck, W. von, Reise zu den Mongolen 1253–1255*, Leipzig 1934.

[51] *Ortnit und die Wolfdietriche*, hrsg. v. Arthur Amelung/Oskar Jänicke, (= Deutsches Heldenbuch 3.Teil), Nachdruck Berlin 1968.

[52] Im frz. Roman d'Escanor verfertigt die Fee Esclarimonde, die bei Virgil diese Kunst erlernt hat, ein Betthaupt, in das ein solcher Wunderbaum eingearbeitet war, der auch Früchte trug und in dem Vögel sangen, außerdem einen Engel mit einer Trompete, der einen Ton ausstieß, worauf alle Vögel zu singen begannen. Michelant, H. (Hrsg.): *Girard d'Amiens: Escanor*, Tübingen 1886, v. 15983.

[53] Holz, Georg (Hrsg.): *Die Gedichte vom Rosengarten zu Worms*, Halle a. d. S. 1893, Rosengarten D II, 29–34.

[54] Steinger, H. (Hrsg.): *Orendel*, ATB 36, 1935, v. 1237, v. 989 f.

[55] Hahn, K. A. (Hrsg.): *Der Jüngere Titurel*, Quedlinburg und Leipzig 1842, v. 372 f.

[56] Zit. n. Schultz, Alwin: *Das höfische Leben zur Zeit der Minnesinger*, Bd. I, Leipzig 1879, S. 93; vgl. auch Brett, a. a. O., S. 481.

[57] Kinzel, Karl (Hrsg.): *Lamprechts Alexander*, Stuttgart 1884, v. 6001 f. Vgl. auch in der Oswaldlegende Ausg. M. Curschmann 1974 v. 2278, 2297 f.

[58] *Laurin und Walberan*, hrsg. v. Oskar Jänicke (= Deutsches Heldenbuch, 1.Teil), Berlin 1963.

[59] V. 1237 f.

[60] Im *Orendel* singen automatische Vögel in einem Speer (Ausgabe Hagen, a. a. O., v. 989), ebenso im *Laurin* v. 154 f. als Objekt des Staunens und wahrscheinlich auch des Neides als Zeltzierde. Lanzelet besitzt einen Automaten, Menschen und Tiere

und einen goldenen Adler, der singt, wenn man an einer Kette zieht. v. 4795–4888 in: Hahn, K. A. (Hrsg.): *Ulrich von Zatzikhofen*: *Lanzelet*, Berlin 1965.

[61] Vgl. Brett, a. a. O., S. 477–487.

[62] Wächter mit Trompete im *Cléomadès* v. 1587 f. Strickers *Daniel* v. 738 f. In der *Crone* als Wächter auf einem Schild v. 10542 f. (Scholl, Gottlob, H. F. (Hrsg.): *Diu Crône von Heinrich von dem Türlîn*, Stuttgart 1852.) Besonders bewacht ist das Schloss in *Les Merveilles de Rigomer*, wo zwei kupferne Riesen die Burg bewachen, die 100 Bögen, Armbrüste, Flegel etc. besitzen Diese Wächter werden durch Wasser in Gang gesetzt. v. 14425–14504. Ein Warntrompeter auch in Girard d'Amiens' *Méliacin*. Aebischer, Paul (Hrsg.): *Girard d'Amiens: Le Roman du Cheval de Fust ou de Meliacin*, Genf 1974, v. 285 f.

[63] Rosenhagen, Gustav (Hrsg.): *Daniel von dem Blühenden Tal von dem Stricker*, Breslau 1894, v. 2894 f.

[64] Der Pleier benutzte als Vorlage Strickers *Daniel* und konzipierte seinen *Garel* als »Anti-Daniel«. Vgl. besonders: Kern, Peter: *Die Artusromane des Pleier*, Berlin 1981, S. 158 f.

[65] Koschwitz, Eduard (Hrsg.): *Karls des Großen Reise nach Jerusalem*, 7. Abdr. d. 5. Aufl. Leipzig 1923, v. 350 f.

[66] Constans, Léopold (Hrsg.): *Roman de Thèbes*, II, Paris 1890, S. 106 f.

[67] Constans, Léopold (Hrsg.): *Benoît de Sainte-More, Le roman de Troie* (= SATF 51), 6 Bde., Paris 1904–12, Bd. II, v. 14657 f.; im afrz. *Floire et Blancheflor* stehen im Grabmal der Blancheflor die beiden Liebenden repräsentierende Statuen. Sie halten Rosen und Lilien in Händen, und wenn der Wind bläst, spricht Floire zu seiner Geliebten: »Küss mich.« Diese antwortet mit einem Kuss: »Ich liebe dich mehr als alles auf der Welt.« v. 585 f.

[68] Bedier, Charles (Hrsg.): *Thomas Tristan*, 2 Bde., Paris 1902–5, Bd. I, v. 399 f.

[69] Sommer, Oskar H.: *Vulgate Version of the Arthurian Romances* I, S. 83. Vgl. Hertz, W: *Gesammelte Abhandlungen*, hg. v. Friedrich von der Leyen, Stuttgart/Berlin 1905, S. 270 f. Im *Ocean of Story* verfertigt ein einsamer Holzschnitzer eine ganze Stadt voller Automaten aus Holz. In: Tawney/Penzer: *The Ocean of Story*, 10 Bde., Repr. Delhi 1968, Bd. III, S. 281 f.

[70] Ebenbauer, Alfred: »Antike Stoffe«, in: *Epische Stoffe des Mittelalters*, hrsg. von Volker Mertens und Ulrich Müller, Stuttgart 1984, S. 253; reiche bibliografische Angaben bei Spargo, John Webster: *Virgil the Necromancer*, Cambridge 1934, S. 317 f.

[71] Well, C. C. J. (Hrsg.): *John of Salisbury: Policratius*, Oxford 1909.

[72] Comparettis These, dass neapolitanische Lokalsagen diesen Motivkomplex um Vergil hervorgebracht hätten, konnte nicht verifziert werden. Comparetti, Domenico: *Virgilio nel medio evo*, 2 Bde., Florenz 1896.

[73] Wurde Apollonios zugeschrieben, vgl. Weinreich, Otto: *Antike Heilungswunder*, Gießen 1909, S. 162 f.

[74] Spargo führt den Fliegentalisman u. a. auf ein unbekanntes Werk des Vergil mit Namen *culex* (Insekt, Gelse), zurück. Ibid., S. 74 f.

[75] Bartsch, Karl (Hrsg.): *Reinfrit von Braunschweig*, Tübingen 1871; vgl. Ebenbauer, Alfred: »Reinfried von Braunschweig«, in: *VL* Bd. 5, Berlin 1985, Sp. 1173–1176; Vgl. auch *The world of John of Salisbury*, hg. v. Michael Wilks, Oxford 1984.

[76] Hagen, Friedrich von (Hrsg.): *Gesammtabenteuer*, 3 Bde., Ndr. Darmstadt 1961, Bd. 2, S. 509–527.

[77] Der Germanist und Volkskundler Johannes Bolte entdeckte ein bis dahin unbekanntes Fragment in der gedruckten Fassung von 1520 mit dem Titel *Von Virgilio dem Zauberer*. Abgedr. bei Bartsch, Karl, in: Germania IV (1859), S. 237–239.

[78] In der berühmtesten dieser Erzählungen, der »Geschichte des Fischers Chalife« aus 1001 Nacht, hatte Salomon den Dämon in der Flasche eingesperrt, im *Wartburgkrieg* schließt Aristoteles den Teufel in Fliegengestalt in einen Rubin ein.

[79] Liebrecht, Felix (Hrsg.): *Des Gervasius von Tilbury, Otia imperialia*, Auswahl, Hannover 1856; Maaz, Wolfgang: »Gervasius von Tilbury«, in: *EM*, Bd. 5, Berlin 1987, Sp. 1109–1122. Neuerdings ins Englische und Französische übersetzt: *Le livre des merveilles: divertissement pour un empereur*, übers. v. Annie Duchesne, Paris 1992 und die *Otia imperialia: Recreation for an emperor*, hg. v. u. übers. v. E. Banks, Oxford 2002.

[80] Conrad von Querfurt: *Epistola*, in: Monumenta germaniae historia, scriptores XXI, Hannover 1869, S. 192–196.

[81] Prior, O. H. (Hrsg.): *L' Image du Monde de Maître Gossouin*, Lausanne 1913.

[82] Liebrecht, Felix: »Zur Vergiliussage«, in: *Germania* 10, Wien 1865, S. 406 f.

[83] Wolfram von Eschenbach: *Parzival*, hrsg. v. Karl Lachmann, 6.Ausgabe, Leipzig 1926.

[84] Hammerstein, Reinhold: *Macht und Klang. Tönende Automaten als Realitäten und Fiktion in der alten und mittelalterlichen Welt*, Bern 1986, S. 129 f.

[85] Henry, Albert: (Hrsg.): *Les œuvres d'Adenet le Roi*, Bd.V: *Cléomadès*, Brüssel 1971, v. 1649–1824; in: Jean d'Outremeuses *Ly Myreur des Histors*, ca. 1400, weitere Zeugnisse Spargo, a. a. O., S. 120.

[86] Borgnet, A./Bormans S.: *Ly Myreuer des Histors, Chronique de Jean des Preis dit d'Outremeuse*, Paris 1864–1887, I, 197–435, II, 34–243.

[87] V. 1649-1824; in Girard d'Amiens *Méliacin* zeigt eine Henne mit Küken durch Gesang die Stunden an.

[88] Raymond, G./Lemaître, H. (Hrsg.): *Le Roman de Renart le Contrefait*, 2 Bde., Paris 1914, Bd. 2, v. 29351–29662.

[89] Vgl. Comparetti, a. a. O., Bd. 2, S. 246–257.

[90] Das Pferd ist auch ein Flugautomat, das mittels eherner Hebel zu lenken ist. (v. 1611 f.) Bei Conrad von Querfurt, im *Image du Monde*, *Renart le Contrefait*, *Cronica die Partenope* heißt es, dass die Tierärzte, um ihr Geschäft betrogen, die Statue zerstörten.

[91] Spargo, a. a. O., S. 354.

[92] Kommt auch in dem Gedicht *Klingsor* aus dem 14. Jahrhundert vor.

[93] Stith Thompson, K1211. *Vergil in the Basket*. Das Motiv gehört zu K1210. *Humiliated or baffled lovers*.

[94] Tawney-Penzer, a. a. O., Bd.V, S. 147.

[95] Die 551. und 552. Nacht.

[96] Cowell, E. B. (Hrsg.): *Jataka Tales*, I, No. 62, S. 151–155.

[97] Reinfried von Braunschweig, v. 15175–15179; *Roman de Renart le Contrefait*, hrsg. v. G. Raymond u. H. Lemaître, 2 Bde., Paris 1914, Bd. 2, v. 29351–29662.

[98] Vgl. Jean d'Outremeuse, a. a. O. Vgl. Spargo, a. a. O., S. 337.

[99] Siebert, Johannes: »Virgils Fahrt zum Agetstein«, in: *Beitr. z. Gesch. d. dt. Sprache u. Literatur*, Bd. 74, 1952, S. 206.

[100] Erinnert an die Golemsage, vgl. Biedermann, a. a. O., Bd. 1, S. 189.

[101] Siebert, a. a. O., S. 197f.

[102] Dick, Wilhelm (Hrsg.): *Die Gesta Romanorum und die Innsbrucker Handschrift vom Jahre 1342*, Erlangen/Leipzig 1890 (= Erlanger Beitr. z. engl. Phil. VII), S. 167.

[103] Bartsch, a. a. O.

[104] Die Überlieferungsgeschichte kann nur in geraffter Form geboten werden, ausführlich bei Spargo, Joh. W.: *Virgil the Necromancer*, Cambridge 1934, S. 60f.

[105] Schipperges, Heinrich: *Die Assimilation der arabischen Medizin durch das lateinische Mittelalter*, Wiesbaden 1964 (Sudhoffs Archiv, Beih. 3.).

[106] Vgl. Magnus, Hugo: *Der Aberglauben in der Medizin*, Breslau 1903, S. 65f.; Harmening, a. a. O., S. 217f.; Biedermann, Hans: *Medicina magica*, Graz 1972. Eine interessante Entwicklung machten Dämonen wie Alp und Bilwis durch, die sich von Krankheitsdämonen zu bösen Menschen wie Zauberern und Hexen entwickelt haben. Vgl. Mackensen, Lutz: »Bilwis«, *HdA*, Bd. 1, Sp. 1308–1324 und Ranke, Kurt: »Alp«, HdA, Bd. 1, Sp. 281–305. Als Krankheitserreger traten Zwerge und Riesen auf. Die Riesen erwähnen zwei urgermanische Runensprüche als Erreger des Wundfiebers. Vgl. Genzmer, Felix: »Germanische Zaubersprüche«, in: *Germanisch-romanische Monatsschrift* 32, N. F. 1 (1950/51), S. 21–35, S. 24f.

[107] Loomis, C. Grant: *White Magic. An Introduction to the Folklore of Christian Legend*, Cambridge/Mass. 1948, S. 103f.

[108] ibid., S. 105.

[109] Wallfahrtsorte waren u. a. vom Mittelalter bis heute Ziele von Kranken, die sich dort Heilung erhofften. Der Arzt Johann Weyer war besonders aufgebracht, wenn die Heiligen für Heilungen herangezogen wurden. Hatte es nicht funktioniert, dann war das der Einwirkung bzw. eigentlich Nicht-Einwirkung des Heiligen zuzuschreiben. Der Heilige war imstande, die Menschen mit Krankheiten zu schlagen und sie auch wieder davon zu befreien. Vgl. Nahl, a. a. O., S. 98.

[110] ibid. S. 103.

[111] Viele Ärzte nannten und verstanden sich als *medicus astrologici* bzw. *iatromathematici*.

[112] Vgl. Diepgen, Paul: *Geschichte der Medizin*, Bd. I, Berlin 1949, S. 221.

[113] Ibid.

[114] Storms, G.: *Anglo Saxon Magic*, Gravenhage 1948, S. 12ff.

[115] mhd.*lachenaere*, ahd. bei Notker *lacheanarra* = Ärztin; *lahhi/lachner* zu idg.*leg = zusammenlegen, sammeln. Germanisch *lekje* = Besprecher; got. *lekeis* = Arzt, ahd. *Lachin* = Heilung, ags. *laece*, ae. *leechdom*, an. *laeknir*. Vgl. Zusammenstellung des Wortfeldes bei Reier, Herbert: *Leben, Krankheiten und Heilungen im Mittelalter*, Kiel 1987, S. 221f. Das Wort *lahhi* bedeutete vom 8.–13. Jahrhundert Arzt, doch die alte magische Nebenbedeutung ging nicht verloren. Im Grimm'schen Wörterbuch mit der Bedeutung *lachner* = Besprecher, Zauberer, Quacksalber, Loswerfer ausgewiesen. Ab dem 16. Jahrhundert zielt das Wort auf alles, was mit

Zauberei, Gaukelei zusammenhängt, ähnlich erging es dem Wort *luppi* = Gift, *luppari* = Magier, das die Bedeutung Gift aber auch Gegengift, Heilmittel hatte. Reier, ibid., S. 223 f.

116 Storms, a. a. O., S. 12 f.

117 ibid., 16 f.

118 Vgl. auch Marzell, Heinrich: *Zauberpflanzen und Hexentränke*, Stuttgart 1964.

119 *Bellum judaicum* VII, 6,3; übers. v. Cotta u. Glörer, Philadelphia 1838, S. 762. Der griechische Philosoph Theophrastos hatte in seinen botanischen Werken die komplizierten Zeremonien beschrieben, die beim Kräutersammeln zu beachten waren. Vgl. den Aufsatz von Maria Patera: »Les rites d'extraction des plantes dans l'Antiquité. Magie, botanique et religion. L'exemple de la mandragore«, in: *Revue des Archéologues et Historiens d'Art*, Bd. 20 (1994), S. 21–34.

120 Nationalbibliothek, Wien: Tacuinum sanitatis, fol. 40 recto.

121 Hildegard von Bingen: Physica I, 56, zit. n. Pitra, J. B.: *Analecta sacra* VII, 1882, S. 468–482.

122 Vgl. Marzell, Heinrich: »Alraun«, in: *HdA*, Bd. I, Sp. 312–324.

123 Das Glück bringende Element der Alraune ließ diese auch mit den Sagen von den hilfreichen Glück spendenden Kobolden zusammenfließen. Vgl. ibid., Sp. 324.

124 Pfeiffer, Friedrich (Hrsg.): *Das Buch der Natur von Konrad von Megenberg. Die erste Naturgeschichte in deutscher Sprache*, Leipzig 1861, S. 380. Ruberg bezeichnet das Werk als »das erste systematisierte deutschsprachige Kompendium des Wissens über die geschaffene Natur.« Ruberg, U.: »Allegorisches im Buch der Natur Konrads von Megenberg«, in: *Frühmittelalterliche Studien* 12 (1978), S. 310–325. Vgl. die Studie von Gerold Hayer: *Konrad von Megenberg: »Das Buch der Natur«: Untersuchungen zu seiner Text- und Überlieferungsgeschichte*, Tübingen 1998 (= Münchener Texte und Untersuchungen zur deutschen Literatur des Mittelalters, 110); teilw. zugl.: Habil.-Schr., Salzburg, 1992.

125 Vgl. Marzell, Heinrich: »Springwurz«, in: *HdA*, Bd. 6, S. 381–393.

126 Schönbach, A.: »Studien zur Geschichte der altdeutschen Predigt: Zeugnisse Bertholds von Regensburg zur Volkskunde«, in: *Wiener Sitzungsberichte der Akademie der Wissenschaften* 142, 1900, VII, S. 147 f.

127 Vgl. besonders Rothschuh, Karl: *Iatromagie, Begriff, Merkmale, Motive, Systematik* (= Rheinisch-Westfälische Akademie d. Wiss. 225) Düsseldorf 1978, S. 9 f.

128 Hampp, Irmgard: *Beschwörung, Segen, Gebet*, Stuttgart 1961.

129 ibid., S. 34 f.

130 ibid., S. 47 f.

131 Schönbach, Anton: »Zum Tobiassegen«, in: *ZfdA* 24, N.F. 12 (1889), S. 182–191, S. 188.

132 Literatur zu Albert kann hier aus Platzgründen nicht beigebracht werden. Zur Sekundärliteratur der Albertsage vgl. Petzoldt, Leander: »Albertus Magnus«, in: *EM*, Bd. 1, Berlin 1977, Sp. 255–261; Peuckert, Will-Erich: »Albertus Magnus«, in: *Handwörterbuch der Sage*, Göttingen 1963, Sp. 256–258; Thorndike, a. a. O., II, S. 720–750; Sarton, George: *Introduction to the History of Science*, New York 1975, Bd. 2, S. 934.

133 Sarton, a. a. O., S. 959 f.

134 Bale, John: *Illustrum maiores Britanniae Scriptory... summarium*, Ipswich 1548,

fol. 114 v. zit. n. Molland, G.: »Roger Bacon as Magician«, in: *Traditio* 30 (1974), S. 447.

135 Thomas, W. J. (Hrsg.): *Early English Prose Romances*, Bd. I, London 1858, S. 179–250.

136 Bacon, Roger: Opus Tertium, Cap. 26.

137 An zwei Stellen verwendet er die Begriffe »falsch« und »magisch« als Synonyma.

138 Thorndike, Lynn: a. a. O., II, S. 661.

139 *Statim enim vocantur magici, cum nomen sint sapientissimi, qui haec sciunt.* Vgl. Thorndike, Lynn: a. a. O., S. 676.

140 Thorndike, Lynn: a. a. O., II, S. 319.

141 ibid., S. 320, fol. 22v.

142 ibid., MS. gedr. v. Brown, 1897, zit. n. Thorndike, Lynn: a. a. O., II, S. 231–234.

143 Thorndike, a. a. O., Bd. II, S. 338–372.

144 Vgl. Busetto, G: »Cecco d'Ascoli«, in: *Lexikon des Mittelalters*, Bd. 2, München 1987, Sp. 1599–1600; Sarton, George, a. a. O., Bd. II, S. 643–645; Thorndike, a. a. O., II, 948–968.

145 Müller, W.: »Cecco d'Ascoli«, in: *Enzyklopädie der Wissenschaft und Künste*, Bd. 16, 1827, S. 4.

146 Görres, Joseph von: *Die christliche Mystik*, Regensburg 1879–90, Bd. 3, S. 515.

147 Vgl. Thorndike, Lynn: *The Writings of Peter of Abano*, Baltimore 1944.

148 Die Literatur über die Jeanne d'Arc ist Legion.

149 Prozessverlauf, Bibliografie bei Robbins, a. a. O., S. 282–287; vgl. auch Kieckhefer, Richard: *European Witch Trials*, London 1976, S. 23, 123 f., 171.

150 Robbins, a. a. O., S. 404.

151 Valois, Noel: *Le Procès de Gilles de Rais, Extrait de l'Annaire Bulletin de la Société de l'Histoire de France*, Paris 1913.

VIII. Die magische Praxis

Das Ritual

Die Beschwörung der Geister verlangte bestimmte Zeremonien und Riten, die sich im Laufe der Jahrhunderte immer mehr verdichteten.

Der Zweck der Beschwörung einer oder mehrerer Dämonen, die durch Nennung ihrer geheimen Namen herbeigezwungen wurden (daher später z. B. *Fausti Höllenzwang*), war es, sie jene Aufgaben bewältigen zu lassen, die auf normalem Wege nicht zu vollbringen waren.

Der deutsche Mönch Caesarius von Heisterbach beschreibt in seinem *Dialogus Miraculorum* eine Beschwörungszeremonie:[1] Ein Ritter, der nicht an Dämonen glaubt, wird von einem Priester namens Philipp auf drastische Weise eines Besseren belehrt. Der Priester zieht um die Mittagszeit mit einem Schwert einen Kreis und verlangt von dem Ritter, dass er sich hineinstellt und darauf achtet, keinen Körperteil aus dem Kreis hinauszustrecken. Bald darauf erscheinen dem Ritter alle möglichen Dämonen, am Schluss der größte und gräulichste von allen, der Teufel selbst. Er fordert als Gunstbeweis zuerst den Mantel des Ritters. Als dieser ablehnt, seinen Gürtel, dann ein Schaf aus seiner Herde und schließlich den Haushahn. Der Ritter weigert sich standhaft, da versucht ihn der Teufel aus dem Kreis zu ziehen, doch kommt ihm Philipp zu Hilfe, und der Teufel flüchtet.

Derselbe Philipp ließ in einer anderen Geschichte[2] einen Priester in den Bannkreis, den der Teufel dermaßen erschreckte, dass er ihn aus dem Kreis ziehen konnte, bevor Philipp zur Stelle war. Der Priester starb an den Folgen der Misshandlungen, die ihm der Teufel hatte angedeihen lassen.

In einer dritten Geschichte erzählt Caesarius die Jugendzeit Philipps, die dieser in Toledo zusammen mit anderen Studenten der Zauberei verbrachte. Die Studenten forderten ihren Lehrer auf, eine praktische Demonstration einer Beschwörung zu vollziehen, die dieser auch gewährte. Auf freiem Feld zog er mit dem Schwert einen

Kreis und ermahnte sie, den Kreis unter keinen Umständen zu verlassen, weder Geschenke zu versprechen noch welche anzunehmen. Er selbst rief die Dämonen, die in Rittergestalt erschienen und auch Ritterspiele vorführten, mit der Absicht, die Studenten aus dem Kreis zu ziehen. Als das nicht gelang, versuchten sie es in Gestalt schöner junger Mädchen, wobei eines der Mädchen einem Studenten einen Ring ansteckte[3] und ihn aus dem Kreis zog. Er verschwand zusammen mit den triumphierenden Dämonen. Der auf ihr Geschrei herbeieilende Lehrer sagte den Studenten, dass sie ihren Kollegen, der die Warnung in den Wind geschlagen hatte, nie wieder sehen würden. Erbost forderten die Studenten den Lehrer auf, den Verschwundenen herbeizuschaffen, sonst würden sie ihn auf der Stelle töten. Abermals beschwor der Lehrer den Teufel, bei dem er all seine Überredungskünste einsetzte und auch seine Verdienste aufzählte. Der Teufel ließ das Dämonentribunal entscheiden, worauf diese den Jüngling herausgaben. Der Gerettete »bewies noch mehr durch sein Beispiel als durch seine Erzählung, wie gottlos und verdammenswürdig jene Wissenschaft sei. Er verließ Toledo und wurde in einem der Klöster [...] Mönch.«[4]

Ungefähr ein halbes Jahrhundert später beschrieb Arnold von Villanova, dass er erfahren habe, dass manche Magier Dämonen mit Hilfe von Idolen, aber auch Worten und Sprüchen beschwören.[5]

Der Hofastrologe Friedrichs II., Michael Scotus, verfasste für den Kaiser eine Abhandlung über Astrologie, in der er Dämonen nicht nur namentlich nannte, sondern auch beschrieb, wie man diese in Ringe, Gläser etc. einschließt, welche Opfer angemessen sind (wie z. B. Leichenteile oder am besten Teile des eigenen Körpers.[6]

Viele der Zauberbücher (siehe S. 265) geben auch Anleitungen zu einem Beschwörungsritual (Grimoire).

Sowohl die Antike als auch das Mittelalter zollte dem Meistermagier Salomon Respekt, indem ihm zahlreiche magische Schriften zugeschrieben wurden. Im 11. Jahrhundert erwähnt ihn Psellus[7] als Verfasser einer Schrift über Steine. Wilhelm von Auvergne berichtet von einem dem Salomon zugeschriebenen Buch, das Beschwörungsanleitungen enthalten haben soll, was Roger Bacon bestätigt, der sich über das Ausmaß der zu seiner Zeit produzierten pseudosalomonischen Beschwörungsliteratur entsetzt zeigt.[8]

Als Verbindungsglied zwischen antiker und mittelalterlicher Zeremonialmagie kann das *Testament des Salomon* (100–400 n. Chr.) gelten. Die Schrift präsentiert sich als Autobiografie, basiert auf den Berichten des Alten Testaments über König Salomon und die über ihn kursierenden Volkslegenden.[9]

Es beginnt mit dem Tempelbau, der, wie auch anders, mit Hilfe von Dämonen vonstatten geht. Dann folgt der Besuch der Königin von Saba, die als Zauberin bezeichnet wird. Salomons Götzendienst löst seinen Sturz und somit den Verlust seiner Macht aus.

Er gewinnt seinen berühmten magischen Ring, nachdem der dämonische Vampir Ornias einen seiner Sklaven getötet und er deshalb Gott um Hilfe angefleht hatte. Er erhält einen Ring, in dessen Stein das Pentalpha eingraviert ist, das alle Dämonen zwingen kann. Salomon beginnt mit dem bösen Ornias und erfährt auch, dass er mit der Kenntnis der Namen die Dämonen unterwerfen könne. Die Pikanterie bei der Sache ist, dass sie ihm auch ihre jeweiligen Gegenspieler, die Engel, mitteilen müssen. Salomon beschäftigt sie alle bei seinem Tempelbau. 32 Dämonen stellen sich als die Beherrscher der verschiedenen Körperteile heraus, die auch die Krankheiten verursachen.

Der babylonische Talmud setzte einen Mythos in Umlauf, demzufolge Moses außer den Zehn Geboten noch andere geheime Lehren empfangen habe, in die die siebzig Alten eingeweiht worden seien. Daraus hat sich im Wesentlichen die *Kabbalah* entwickelt. Die Kabbalisten suchen geheime Wahrheiten aus dem *Pentateuch*, dem wahrscheinlich in der babylonischen Gefangenschaft entstandenen *Sefer Jezirah*[10] und *Zohar*[11], herauszuarbeiten. Dazu verwenden sie drei Hauptmethoden: *Gematria*, *Notarikon* und *Temura*. Alle drei entstanden aus der Gewissheit, dass die Schriften als Chiffren für geheime göttliche Namen anzusehen seien. Die Entdeckung und der richtige Gebrauch dieser Namen ist die praktische Kabbalah.

Ein Meister vermochte sich alle Geister untertan zu machen, Dämonen und Engel. Man verband z. B. einen speziellen Gottesnamen mit jeder seiner Emanationen, die da sind: Jah, Jehaveh, Elohim, El, Jehod, Eloha, Sabaoth, Shadai, Adonai. Diese sollten von besonderer Wirkkraft sein. Den Namen Jehovah oder Jahwe, geschrieben JHVH, da das Hebräische keine Vokale schreibt, paraphrasierten die Kabbalisten mit *Tetragrammaton* (= vier Buchstaben), ein Name, der bis in die heutige Zeit eine besondere Position in allen Beschwörungsritualen einnimmt.

Der Dichter Hartlieb kannte noch *Siegel* und *Schlüssel Salomons.* (*Sigillum Salomonis, Clavicula Salomonis*).[12] Letzteres war vom 14. Jahrhundert an das beliebteste Ritualwerk. Die dort beschriebenen Rituale stellten alles bisher Bekannte in den Schatten. Unzählige aufwändige Vorbereitungs- und Reinigungszeremonien waren erforderlich. Die für die Operation benötigten Requisiten wie Schwert, Dolch, Lanze mussten selbst geschmiedet, die Griffe mit entsprechenden Buchstaben und Symbolen ausgestattet werden, die Schreibgeräte sollten aus eigener Herstellung, das Wachs von jungfräulichen Bienen stammen, die Tinte selbst gemischt sein etc. Der Stahl des Schwertes und des Dolches musste in Elstern- bzw. Maulwurfsblut gekühlt, die Operation zur richtigen Planetenkonstellation angesetzt werden. War das alles geschafft, zog der Magier einen Kreis und beschwor mit Hilfe der Namen die Dämonen. Sollten sie sich widersetzen, konnte er ihrer durch eine Feuerbeschwörung Herr werden, indem er ihnen drohte, sie zu verbrennen.

Der *kleine Schlüssel Salomons*, auch bekannt unter *Lemegeton* kann als Anleitung zum *Maleficium* gelten. Er enthält Anleitungen, wie Krankheiten und Tod hervorgerufen und nekromantische Beschwörungen vorgenommen werden können.

Der magische Kreis musste mit bestimmten Inschriften, vor allem den göttlichen Namen, versehen sein. Ein Dreieck außerhalb des Kreises war für die ungehorsamen Geister gedacht. Der Magier trug das vorgeschriebene weiße Gewand, auf dem sich Doppelsiegel und Pentagramm und auch das Siegel des Geistes, der beschworen werden sollte, befanden. Dieses spezielle Siegel sollte den Dämon zwingen, in menschlicher Gestalt zu erscheinen. Auf jungfräulichem Pergament schrieb man das Siegel Salomons mit dem Blut eines schwarzen Hahnes. Die magische Operation sollte an einem Donnerstag oder Samstag um Mitternacht bei zunehmendem Mond im Zeichen der Jungfrau unter Verbrennen von Aloe oder anderen aromatischen Hölzern stattfinden.[13]

Dem Dämonen Belial weist das *Lemegeton* einen besonderen Platz zu, denn er war der Erste, den Luzifer erschaffen hatte: König Salomon hatte 72 Oberdämonen in einem Bronzekessel eingeschlossen und diesen in einem tiefen See versenkt. Die Chaldäer hoben den Kessel und brachen ihn auf, worauf die Dämonen an ihre angestammten Plätze zurückkehrten. Nur Belial suchte sich einen Platz in einem Götterbild und erhob seine Stimme aus diesem zum Zwecke der Weissagung im Austausch gegen Opfer und Anbetung. Der Magier, der den schrecklichen Belial oder Luzifer selbst beschwor, tat dies stets im Namen Gottes, was die Kirche sicherlich als noch größere Verhöhnung aufgefasst hat.

Über das mehrfach erwähnte Einschließen von Dämonen in Ringe etc. hat Reginald Scotus in seiner Schrift *Discoverie of Witchcraft* (1584) gehandelt, die von ihm beschriebene Technik ist aber sicherlich wesentlich älter. Er betont die Wichtigkeit des vorbereitenden Reinigungsrituals durch Fasten und Beten. Danach sollen vier Dämonen mit Namen Thamaor, Falaur, Malantha und Sitrami im Namen der Dreifaltigkeit, der hl. Maria und aller Heiligen, Apostel und Patriarchen angerufen werden.[14]

Bildzauber

Der Begriff Bildzauber[15] taucht als Benennung Anfang des 20. Jahrhunderts zum ersten Mal auf. Nach Anwendung in verschiedenen Disziplinen der Rechts- und Religionsgeschichte setzt sich als Bedeutung »analogiezauberische Praktik« durch. Der Glaube, dass ein plastisches Abbild des Menschen mit diesem selbst in sympathetischer Beziehung steht, liegt der magischen Praxis zu Grunde. Die Herstellung dieser meist aus Wachs gefertigten Abbilder, der so genannten Rachepuppen oder Atzmänner[16] (engl. *magical images*, frz. *envoûtements*), verurteilte das Kirchenrecht als Idolatrie (Götzenverehrung), und die weltlichen Gerichte vollzogen die dafür vorgesehenen Strafen. Beim Delikt der Idolatrie spielt immer auch die Vorstellung vom dämonischen Helfer mit hinein, was die aus Plotinismus und islamischer Tradition übernommenen Wahrsagefigürchen und Bildtalismane beweisen.

Im angelsächsischen Recht des 9. Jahrhunderts tauchen Strafandrohungen für das Delikt des *stacan*, lat. mit *defixerit* bzw. *punctura* wiedergegeben, auf. Im normannischen Recht ist von der *invultuacio* die Rede.[17] Ob diese Corpora delicti mit den Wachspuppen, die bei den in der Folge zu besprechenden Prozessen eine Rolle spielen, identisch sind, ist sehr wahrscheinlich, aber nicht mit Sicherheit erwiesen.

Die so genannten Atzmänner oder Atzelmänner verwendete man im Liebes- und Todeszauber. Bei diesen Figuren handelt es sich um ein sehr altes Requisit, das bereits 3830 v. Chr. in Ägypten zur Regierungszeit des Neb-hau-Ra für liebesmagische Zwecke eingesetzt wurde.[18]

1200 v. Chr. wurde in einem Hochverratsprozess ein hoher Beamter beschuldigt, mit Hilfe eines Zauberbuches kleine Wachsmodelle von lebenden Personen hergestellt zu haben, die er auf diese Weise krank gemacht habe. Der Angeklagte wurde zum Selbstmord gezwungen.

Die 8. Ekloge des Vergil bezeugt ebenfalls den Einsatz von Puppen in einem Liebeszauber. Horaz beschreibt die Machenschaften der Zauberin Canidia mit Hilfe zweier Puppen (siehe oben S. 30).

Der christliche Schriftsteller Sophronios erwähnt eine Legende um den hl. Theophilos. Er ist plötzlich ohne erkennbare Ursache an Händen und Füßen gelähmt. Im Traum erscheinen ihm der hl. Kyros und Johannes, die ihm den Rat geben, aufs Meer hinauszufahren und ein Netz auszuwerfen. Tatsächlich zieht der Fischer eine an Händen und Füßen durchbohrte Bronzefigur aus dem Meer. Die Entfernung der Nägel bringt Theophilos sofortige Heilung.

Im 7. Jahrhundert sollen zwei Zauberinnen bei einem Anschlag auf den schottischen König Duffus[19] ein Wachsmodell, das den König repräsentierte, am Spieß gebraten, dazu Zaubersprüche rezitiert und die Figur noch mit Gift beschmiert haben. »Als sie nun in der Hexen hauß mit gewalt ein brachen, haben sie eine gefunden, welche ein wächsernes Bild des Königs Duffi an eim Spieß briet [...]«.[20]

1066 wurde der Bischof von Trier Opfer eines solchen Anschlages, bei dem mehrere Zauberinnen ein Wachsmodell auf seinen Namen tauften, während er selbst gerade das Sakrament der Taufe zelebrierte. Als das Modell verbrannt war, soll er gestorben sein.[21]

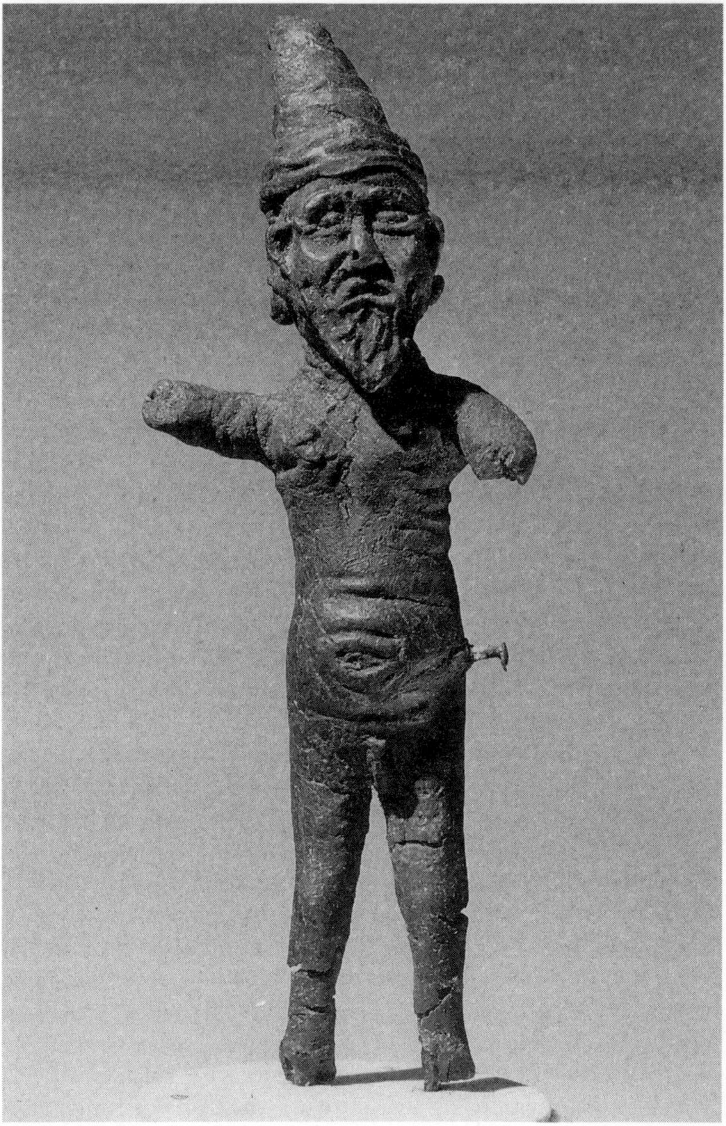

Abb. 22: Atzmann aus rotbraunem Wachs mit Nagel an der linken Hüfte, Köln 15./16. Jh.

1304 bis 1314 wurde ein Prozess gegen den Bischof Guichard von Troyes geführt, der angeblich die Königin Johanna von Navarra vergiftet hatte. Mit Hilfe einer Zauberin und eines Einsiedlers verfertigte er aus Wachs ein Modell, welchem sie weibliche Gestalt verliehen haben sollen.[22] Vor dieser Anklage hatte sich der einflussreiche und mächtige Mann bereits in einem anderen Prozess, den seine Neider inszeniert hatten, verantworten müssen, hatte aber seine Unschuld beweisen können. Als nun seine Gönnerin Johanna starb, kam er in den Verdacht des Maleficiums. Das Vorgehen gegen den Bischof erinnert stark an die Art und Weise, mit der zur selben Zeit Philipp der Schöne und sein Günstling Nogaret den Schlag gegen die Templer führten. Der schwache Papst Clemens, obzwar den Templern nicht feindlich gesonnen, wurde gezwungen, auch den Fall des Bischofs zu verfolgen. Die bereits im ersten Prozess erfolglos gegen ihn angetretenen Ankläger verbündeten sich mit anderen Feinden des Bischofs und verbreiteten Anschuldigungen wie z. B., dass er den Teufel anbete, Wachsmodelle gegen die Königin verwende etc. Als Prior habe er einen weissagenden Privatdämon besessen, unzählige Morde begangen etc. Bei dem Prozess traten über 200 Zeugen auf. Auch dass er ein Sohn des Teufels sei, warf man ihm vor, was er bestritt; er gab allerdings zu, dass sich ein Succubus (allerdings nach seiner Geburt) in seinem Elternhaus herumgetrieben habe. Es scheint, dass der ambitionierte Bischof durch seine politischen Entscheidungen, seine offen zur Schau getragene Weltlichkeit, seine vielfältigen Interessen auf wissenschaftlichem Gebiet einer Intrige zum Opfer fiel. Seine Unschuld erwies sich erst nach einem langwierigen, zehn Jahre dauernden Prozess.[23]

Nach dem Tod Papst Johannes' XXII. klagte man zwei Personen an, den Papst mit Wachspuppen getötet zu haben. Unter den Angeklagten befand sich ebenfalls ein Bischof, Hughes Géraud von Cahors. Dieser gab an, ein Jude habe für die Verschwörer die Statuen verfertigt, welche dann in der Kapelle des Bischofs gesegnet worden seien.[24]

Genaue Angaben über das Aussehen des Modells kamen im Prozess während der Regierungszeit Philipps VI. von Valois zur Sprache. Es ging im Einzelnen um eine unberechtigte Anklage des

Königs und der Königin gegen Robert d'Artois. 1333 beschuldigte er seinerseits vor seinem Kaplan (den er für seine Rachepläne einspannen wollte) die Königin, ihn mit Hilfe einer Wachspuppe vernichten zu wollen. Diese war äußerlich einem jungen Manne nachgebildet, von eineinhalb Fuß Länge und hatte Haare auf dem Kopf. Als der Kaplan des Robert diese zu berühren versuchte, hielt ihn dieser zurück, da die Figur bereits auf den Namen Johann von Frankreich getauft sei, eine für die Königin wolle er noch verfertigen lassen. Seinen Kaplan habe er dazu ausersehen, diese zu taufen. Dieser lehnte ab und legte auch beim König Zeugnis darüber ab. Robert musste nach England fliehen.[25]

Durch die Bulle Johannes' XXII. *Super illius specula* von 1326 wurden die zauberischen *imagines* und ihre Verwendung im ganzen Abendland bekannt.[26]

Wie ein solches Bild gemacht werden soll, ist aus dem *Codex Latinus Monacensis* 7021 überliefert. Dazu braucht man »ain wenich geweichtes Wachs«[27] und beschwört dieses mit folgenden Worten:

> du bist es, herre, der da michelen Wunder tat, herre tu durch dein wunderleichen und din vil heiligen namen Tetragramaton, daz chrut envalbe nicht, und durch den aller höchten namen Anefeneton gib diesem chrut alle tugent und die chraft, swen ich mit ir treut und chusse si, daz si in miner minne prinn, und also daz wachs zerfleuzzet bei dem min minne und mueg weder schlaffen noch wachen, si gedench an mich; noch chain dinch sei, daz mich von ir hercen muge bringen oder benemen; so minne mich ze aller zeit, meines willens vergezze si nicht, si muezze ymmer lieb und in meinem willen alzo gestercht sein.[28]

Ein Fall von 1329 betraf die Verwendung einer Wachspuppe im Liebeszauber. Der Karmelitermönch Peter Ricardi hatte das Wachs mit seinem eigenen Blut und Speichel sowie Krötenblut vermischt und die Figur unter die Hausschwelle einer spröden Frau gelegt, deren Liebe er sich auf diese Weise sichern wollte.[29] Die Verurteilung zu lebenslangem Kerker erfolgte, »weil du fünf Wachsbilder (*imagines cereas*) zu verschiedenen Zeiten angefertigt und über sie Dämonenbeschwörungen gesprochen hast. Du hast diese Bilder mit Krötenblut und andren Extrakten gefüllt und dann mit deinem Nasenblut und durch Anspucken ihrer Bäuche teuflisch geweiht und heimlich unter die Hausschwelle derjenigen Frauen vergraben, die du fleischlich begehrtest.«[30]

In drei Fällen soll Peter Erfolg gehabt, sich sodann der Wachsbilder entledigt und dem Teufel einen Schmetterling geopfert haben.

Den Waldensern sagte man ebenfalls nach, diese magische Praxis zu üben, um ihren Feinden zu schaden, wiewohl oft stereotype Eigenschaften von unliebsamen Gruppierungen sehr bald auf andere verschoben wurden.[31]

In Johannes Hartliebs *puoch aller verpoten kunst* (Kap. 79) erfahren wir von Zauberinnen, die Bilder und Atzmänner aus Wachs in den Wind hängen. Bewegen sich die Puppen, so finden die Menschen, deren Namen in diese eingraviert sind, keine Ruhe. Auch Johann von Nürnberg wusste Bescheid:

mit wunderlichen sachen
ler ich sie denne machen
von wahs einen kobolt,
wil sie, daz er ir werde holt,
und »töufen in dem brunnen,
und legen an die sunnen«.[32]

Dieses Phänomen hat nicht nur Könige und Bischöfe beschäftigt, auch die Theologen trugen dazu bei, diesen Glauben zu festigen. Wilhelm von Auvergne, der Bischof von Paris (1228–1249), schrieb in seinem Werk *De Universo*, dass Wachspuppen nur dann ihren Zweck erfüllten, wenn der Magier dem Modell das antue, was die Dämonen der betroffenen Person antun sollten, d. h. er verband die Vorstellung mit den dem Magier zur Verfügung stehenden Dämonen.

Mit der Schädigung des Gegners und dem Versuch, Indifferenz in Liebe umzuwandeln, sind die Verwendungsmöglichkeiten der Wachspuppen noch nicht erschöpft. So ließen sich mit Hilfe eines Bildes Diebe ermitteln[33] oder auch verborgene Schätze finden, wie bereits Johann von Salisbury, Bischof von Chartres, erwähnt.[34] Die Methode sei ganz einfach, man müsse nur wissen, wie man die Figuren zum Reden bringe. Obwohl dies eigentlich niemandem zum Schaden gereichte, verurteilte die Inquisition derartige Fälle.[35]

Die bei den Hexenprozessen erwähnten Zauberhandlungen mit Bildern verstanden die Richter allerdings nicht als Nachbildungen der Opfer, die aus der Ferne getroffen werden sollten.

Der Bildzauber scheint sich manchmal mit Alter-Ego-Vorstellungen zu decken, wenn es z. B. heißt, aus den Wachsmännlein sei beim Durchstecken eines Nagels Blut geflossen.

Agrippa von Nettesheim hat rückblickend aus seiner neuzeitlichen Sicht bemerkt, dass der Magier mit Hilfe dieser Figuren seinen Beschwörungstext bildlich sichtbar macht und so verdeutlicht, was auf Grund bestimmter astraler Konstellationen und dadurch bestimmter sympathetischer Beziehungen geschehen soll.

Liebeszauber

Die durch den alttestamentarischen Engel mit dem Schwert inaugurierte Feindschaft zwischen den Geschlechtern ordnete Mann und Frau die Rollen Verführer und Verführte bzw. umgekehrt zu. Dies setzt eine gesellschaftliche Ordnung voraus, in der die natürlichen Möglichkeiten der Begegnung der Geschlechter begrenzt sind und die erotische Vereinigung gleichbedeutend mit Liebe-bewirken bzw. Ehe-begründen ist.

Historisch gesehen ist der Liebeszauber schon in der Antike nachgewiesen, nicht aber im keltisch-germanischen Kulturkreis. Vermutlich handelt es sich bei den meisten seit der römisch-griechischen Antike überlieferten und ins Mittelalter weitertradierten Formen des Liebeszaubers um ursprünglich orientalische Praktiken.

Die nordischen Belege bezeugen lediglich eine bestimmte Form, die sich auf die Verwendung des magischen Wortes (Liebeslied, Runenzauber) beschränkt. Sonst bieten die Sagas keinerlei Darstellung eines plötzlichen unvermittelten emotionalen Umschwungs in Geschlechterbeziehungen, die auf einen Liebeszauber hindeuten. Die mittelalterlichen Praktiken des Liebeszaubers lassen sich also nicht aus dem Heidentum herleiten, sondern entstammen »einer dem Heidentum und seiner einfachen Moral fremden, neuen Sentimentalität und ›doppelten‹ Moral; nicht Ritus, sondern Sexus ist hier maßgebend«.[36]

Auch sprachlich ist die Kluft zwischen der nordischen Sagaliteratur und Ovids *Ars amandi* bzw. den germanischen Volksrechten und den Poenitenzialien erkennbar. »Geben wir die Möglichkeit derartiger Bräuche in heidnischer germanischer Zeit bis zu einem gewissen Grade zu, so müssen wir umso mehr die Unmöglichkeit von amtlichen Sexualerörterungen im Stile der Bußbücher vor altisländischen Bauersfrauen betonen.«[37]

Die Verbote und Strafen, die sich gegen solche magischen Aktivitäten richten, waren jeweils unterschiedlich. Seneca erwähnt, dass bereits im altgriechischen Sparta und Athen die Hersteller von Liebe evozierenden Mitteln ausgewiesen wurden.

Die Philtra oder Liebestränke identifizierte das Gesetz früh mit dem *Veneficium*, der Giftmischerei, und bestrafte die Herstellung mit den für Giftanschläge vorgesehenen Strafen. Die Bußbücher fordern die Todesstrafe.

Burkhard von Worms und Berthold von Regensburg wettern in ihren Predigten dagegen. Die Bischöfe berichteten König Ludwig dem Frommen am Reichstag zu Worms 829, dass es keinen Zweifel geben könne, dass gewissenlose Menschen mit Hilfe von Liebestränken bzw. -speisen die Gemüter der Menschen dem Wahnsinn überantworteten.[38]

1180 erwähnt Peter von Blois die Praktiken des Bildzaubers, bei denen Frauen auf Anraten des Teufels aus Lehm oder Schlamm Bilder herstellen, um ihre Feinde zu quälen und ihre Geliebten für sich zu entflammen.[39]

Das groß angelegte Werk des Anselm von Besate (um 1050) über Rhetorik, die *Rhetorimachia*[40], wurde vielfach als bizarr, monströs und heutzutage unlesbar erklärt. Von Interesse sind jedoch einige Stellen, die sich auf magische Praktiken beziehen.

Der Autor studierte Rhetorik und Logik in Parma und Reggio, diente Heinrich II. als Schreiber und starb im Dienste des Bischofs von Hildesheim um 1060.

Eines der Ziele eines guten Rhetorikers war, seine Fähigkeit, eigenartige und unverständliche Begebenheiten möglichst anschaulich und authentisch darstellen zu können. Was eignete sich besser als ein Stoff, der die Leserschaft der Zeit besonders faszinierte, wie z. B. die Rituale und Praktiken der Magier oder die Umtriebe der Ketzer?[41]

Als Stilmittel dient der Dialog mit fiktiven Personen, die oft detailreich und grotesk ausgemalt werden. Anselm nahm seinen (fiktiven?) Cousin Rotiland als Beispiel, den er als Magier und Teufelsdiener beschrieb. Der fiktive Dialog geht sicherlich auf klassische antike Vorbilder zurück, nicht aber die magischen Praktiken. Allerdings ist schwer zu sagen, welche Elemente der tatsächlichen Gelehrtentradition der damaligen Zeit entsprachen. Marie-Therèse d'Alverny nimmt sogar an, dass auch »certain amateurs of occultism did not hesitate to organize such formidable ceremonies, when love moved them«.[42]

Das beschriebene Ritual hat den Zweck, Mädchen und verheiratete Frauen zur Liebe zu zwingen. Dazu muss der Magier drei Nächte zusammen mit einer Katze und einem Hahn wachen. Die Tiere verbrennt er nach Ablauf dieser Frist und bereitet aus der Asche ein Pulver, das die gewünschte Leidenschaft auslöst.

Im zweiten Buch der *Rhetorimachia* erscheint der Onkel, also Rotilands Vater, Anselm im Traum, um ihm die ganze Schlechtigkeit dieses *Maleficiums* des Sohnes zu enthüllen. Er berichtet, dass Rotiland die Stadt Parma verlassen habe, in Begleitung eines Knaben, den er außerhalb der Stadt bis zur Taille eingegraben habe. Rund um den Knaben habe er ein Feuer entzündet und den Hilflosen die ganze Nacht den Dämpfen ausgesetzt, während er einen Liebeszauber in Hebräisch oder einer anderen teuflischen Sprache gesungen habe. Dem Knaben sei es jedoch gelungen, Rotilands nigromantisches Zauberbuch an sich zu bringen, worauf dieser einen Dämon beschwören musste, mit dessen Hilfe er das Buch wiedererlangen konnte.[43]

Rotiland rächt sich in der Folge und beschuldigt in der Diskussion nun seinerseits den Anselm, ein ähnliches Pulver aus einem Maultierhuf hergestellt zu haben, was dieser aber brillant abschmettert. Im dritten Buch hören wir von Rotiland als Verführer, Dieb, Teufelsbündler und vollendetem Magier, der die Kunst bei den Sarazenen erlernt habe.[44]

Die Zahl der Verurteilungen und Bestrafungen von liebesmagischen Praktiken nahm bis ins 14. Jahrhundert stetig zu. Die Anschuldigungen gingen dann in den Komplex des Hexenbildes als weiteres

Delikt ein. Neben der Todesstrafe oder Ausweisung drohte den Verurteilten noch die Aussetzung am Pranger, wo sie mit einer Mütze auf dem Kopf, auf der der Teufel abgebildet war, öffentliche Schmähungen erdulden mussten.

Verschiedene Formen der magischen Praxis können unter dem Begriff Liebeszauber subsumiert werden. Ziel des Zaubers war es, den Willen der geliebten Person für sich selbst günstig zu beeinflussen und sie auch für die Zukunft an sich zu binden.

Als Mittel gegen diesen Zauber dienten Schutzamulette; Befreiung aus der unliebsamen Bindung erhoffte man sich durch Verbrennen von mit dem Menschen in Verbindung stehenden Dingen.

Zu den Methoden des Liebeszaubers gehört der im vorherigen Kapitel behandelte Bildzauber: »Wie dies wächserne Bild ich schmelze, vom Dämon besessen, so soll Eros verzehren sogleich den Myndier Delos.«[45]

Damit offenbar verwandt ist der auch in der Neuzeit geübte Volksbrauch des »Lichtstechens«, der ebenso wie der Wachspuppenzauber die immer gegenwärtige Verbindung von Liebe und Tod bezeugt. Mit einer Nadel sticht man in die Kerzenflammen und spricht: »Ich steche das Licht wie das Herz, das ich liebe.« Sollte sich ein so angesprochener Mensch als untreu erweisen, bedeutet das seinen Tod.[46]

Bei Liebestränken und -speisen war die Anwendung des magischen Grundsatzes *pars pro toto* bedeutsam.[47] Haare, Nägel, Schweiß, Blut und anderes, das mit dem Körper in Verbindung steht, müssen dem Geliebten einverleibt werden, um ihn zu zwingen. Die Bußbücher führten mit Abstand die ekelerregendsten und unappetitlichsten Ingredienzen in ihren Beichtfragen an.

Dass für den Liebeszauber auch Sakramentalien wie Hostien und heiliges Öl etc. verwendet wurden, ist bereits erwähnt worden (siehe oben S. 95).

Oft kamen Teile der Kleidung als Zaubermittel zum Einsatz. Ein Beispiel möge den Vorgang illustrieren: Der Verfasser der Trierer Bistumschronik berichtet, dass 1012 der Trierer Erzbischof Poppo durch die Stiefel, die eine der Nonnen in seinem Auftrage angefertigt hatte, einem Liebeszauber zum Opfer gefallen sei. Die in den Bischof verliebte Nonne hatte die bestellten Stiefel verzaubert, und der Bischof verspürte die Wirkung sogleich nach dem Anlegen. Um ganz sicher zu gehen, veranlasste er auch andere, die Stiefel anzuprobieren, die die gleiche Wirkung verspürten. Der Bischof ließ darauf die sündige Nonne aus dem Konvent werfen und streng bestrafen.[48]

Zum Brauch des Nestelknüpfens und der *Impotentia ex malefico* siehe oben S. 78 f., 128.

Zuletzt sei noch die Zitation des Liebesobjektes erwähnt, das den zwanghaften Charakter dieser Praxis verdeutlicht. Der Geliebte muss nach Aussprechen einer bestimmten Formel etc. wie unter Hypnose vor seinem »Meister« erscheinen. Dieses Motiv hat auch in die Volkssage Eingang gefunden. Die meisten dieser Sagen enden tragisch, was meiner Meinung nach weniger als Mahnung für die Zuhörer, sich den magischen Künsten fernzuhalten, gedacht ist, sondern eher den neuzeitlichen Zweifel an der Sicherheit der magischen Methodik zum Ausdruck bringt.[49]

Der magische Spruch

Von der frühchristlichen Zeit an waren die Bemühungen der Theologen darauf ausgerichtet, eine begrifflich klare Unterscheidung zwischen Gebet und Zauberformel zu leisten. Es zeigte sich jedoch, dass, je mehr sie gegen den Zauberspruch polemisierten, sich die alten Formeln in immer neuer Verkleidung bis ins 20. Jahrhundert retten konnten. So sollen angeblich in den zwanziger Jahren in Mariazell in den Devotionalienläden weit weniger approbierte Segenssprüche und Gebetszettel verkauft worden sein als vielmehr eindeutig magische Beschwörungsformeln, die in der Tradition der Merseburger Zaubersprüche stehen, wie Gichtsegen, Gewittersegen u. a.[50]

Als ältesten deutschen Zauberspruch bezeichnet man den althochdeutschen *Wurmsegen*, dessen Überlieferungen bis ins 9. Jahrhundert zurückgehen, die der *Merseburger Zaubersprüche* bis ins 10. Jahrhundert. Es kann mit Sicherheit angenommen werden, dass die Entstehungszeit viel früher als die Niederschrift anzusetzen ist. Altindische Zaubersprüche[51] sind ganz analog zum *Wurmsegen* und den *Merseburger Zaubersprüchen* gebaut, weshalb man die Entstehungszeit in die urgermanische bzw. sogar indogermanische Zeit zurückverlegt. Felix Genzmer hat sie als »steinzeitliche Urformeln« bezeichnet.[52] Die altsächsische Fassung des Wurmsegens lautet:

Gang ut, nesso, mid nigun nessiklinon,
ut fana themo marge an that ben,
fan themo bene an that flesg,
ut fan themo flesge a thia hud,
ut fan thera hud an thesa strala!
Drohtin, vethe so!

(Übersetzung von Gerhard Eis: Geh hinaus, Nesso, mit neun Nesslein, hinaus von dem Mark an den Knochen, von dem Knochen an das Fleisch, hinaus von dem Fleisch an die Haut, hinaus von der Haut, in diesen Pfeil (?), Herr es werde so.)[53]

Allgemein akzeptiert wurde die Deutung, dass der Wurm mit seinen neun Jungen an einer kranken Stelle sitzt, sich herausbegeben soll bis an die Oberhaut und dort in einen an die Stelle gehaltenen Pfeil abgeleitet wird. Den Pfeil mit dem Wurm schießt man in den Wald, wo die (Krankheits-)Dämonen hausen. Der Wald war im Mittelalter jener Platz, der wegen seiner unheimlichen Einwohner wie Riesen, Drachen, wilde Leute und auch Dämonen, von den Menschen als nicht ganz geheuer angesehen wurde.[54]

Die Wurmbeschwörungen nehmen einen breiten Raum ein, da die Krankheitsdämonen vielfach als Würmer vorgestellt und viele Krankheiten durch Würmer verursacht gedacht wurden. Viele Wurmsagen schlossen sich an die Gestalt des Hiob an.[55]

Beim zweiten *Merseburger Zauberspruch* geht es bekanntlich um die Heilung der Verrenkung von Balders Pferd[56], die mehrere namentlich genannte Götter besprechen:

P(h)ol ende Uuôdan vorun zi holza,
dû uuart demo Balderes uolon sîn uuoz birenkit.
Thû biguolen Sinhtgunt, Sunna era suister,
thû biguolen Frija, Volla era suister:
thû biguolen Uuôdan, sô hê uuola conda.
Sôse bênrenkî, sose bluotrenkî,

sôse lidirenkî:
bên zi bêna, bluot zi bluoda,
lid zi giliden, sôse gelîmida sîn.

Zuerst erfolgt ein epischer Bericht, wie das Leiden, in dem Falle die Verrenkung, geschehen ist. Dann folgt die Vorbildhandlung. Alle versuchen sich im Heilzauber, doch nur Wotan, dem Herrn des Zaubers, gelingt die Heilung. Der Spruch weist auf die Jetztzeit: wie damals – so heute.

Der streng durchgeführte zweigliedrige Aufbau aus epischer Einleitung (*historiale*) und Beschwörung (*incantatio*) ist in den späteren Sprüchen mit ähnlicher Thematik nicht gegeben.

Genzmer nimmt an, dass es sich bei dem Merseburger Spruch um die Vollform handelt, daneben aber noch eine einfachere, von dem sich die nachfolgenden abgeleitet haben, existiert habe.[57]

In den christlichen (Nachfolge-)Sprüchen wurde Wotan durch Christus ersetzt. Tritt nur eine Person im Spruch auf, so ist sie zugleich Leidende und Handelnde; wenn zwei oder mehrere Personen im Spiel sind, heilt die stärkere. Der zweite *Merseburger Zauberspruch* hat eine zweigliedrige Form, die Beschwörung ist in die Erzählung einbezogen. Eine eingliedrige Fassung erzählt nur die Handlung oder bietet den Spruch allein:

Blut zu blut
Bein zu Bein
Ader zu Ader
im Namen Gottes.[58]

Der erste *Merseburger Zauberspruch* behandelt einen Lösezauber:

Eiris sâzun idisi sâzun hera duoder
suma hapt heptidun suma heri lezidun
suma clûbôdun umbi cuoniouuidi
insprinc hapt bandun inuar uîgandun

(Einst setzten sich Frauen nieder, setzten sich nieder hier und dort. Einige banden Fesseln, einige hielten das Heer auf, einige nestelten an den Fesseln. Entspring Gefangener, den Banden, entschlüpf den Feinden.)[59]

Dieser Löse- und Bindezauber erinnert an das Nestelknüpfen (vgl. S. 284).

Über die idisi[60] hat man vielfach gerätselt. Andreas Heusler hat sie als Gegenstück zu den Walküren bezeichnet, aber es handelt sich vermutlich um mächtige Zauberfrauen, die imstande waren, ein ganzes Heer aufzuhalten.

Die magische Bedeutung des Namens, die schon in der Antike eine nicht unwesentliche Rolle gespielt hat, soll auch folgender Abwehrzauber illustrieren:

> uuola, uuiht, taz tu uueist, taz tu uuiht heizist.
> Taz tu nevveist noch nechanst cheden chnospinci.[61]

(Wohl, Dämon, dass du weißt, dass du Dämon heißt, dass du [aber] nicht weißt und vermagst Zerschmetterung [Zerstörung], [durch Worte] herbeizuführen.)[62]

Die angeführten Beispiele haben verschiedene Formen der magischen Praxis zum Inhalt. Die formale Struktur des Zauberspruchs an sich war ebenfalls von Bedeutung. Aus der vorchristlichen Epoche sind die Stilformen des Zauberspruchs erhalten, die in der christlichen Zeit beibehalten wurden, den heidnischen Inhalt, die Götternamen, ersetzte man durch Christi und der Heiligen Namen. Aber oft geschah diese Übernahme in Form einer Geschichtsklitterung, der alte heidnische Sinn schimmerte durch. Diese Umwandlung war ungefähr um das 11. Jahrhundert abgeschlossen. Es entstanden neue Sprüche christlichen Inhalts, von Mönchen und Priestern meist in lateinischer Sprache verfasst. Durch Übersetzungen in die verschiedenen Volkssprachen wurden sie von Kloster zu Kloster, auch von Land zu Land verbreitet. Damit einher ging allerdings eine Art Profanierung, da das Volk die Sprüche nicht nur kürzte, sondern auch wiederum als Zaubersprüche, also als Befehlsformeln für Heilige und Gott einsetzte.

Um Zaubersprüche christlicher Provenienz handelt es sich beim *Jordan*- und beim *Longinussegen*. Der Jordansegen wird als Analogiezauber verwendet: So wie der Jordan bei der Taufe Christi zu fließen aufhörte, so soll jetzt der Blutfluss enden.[63] Die Legende vom blinden Soldaten Longinus, der Christus in die Seite stach und durch das herabströmende Blut seine Sehkraft wiedererlangte, bildet den Hintergrund für diesen Typus des Segens. Ursprünglich wurden mit diesem Segen Augenkrankheiten besprochen, doch meist trat ein anderes Detail der Legende in den Vordergrund: Genauso wie der Speerstich die Wunde Christi nicht anschwellen und nicht eitern lässt, so soll die jetzt besprochene Wunde sich auch verhalten.[64]

Inhaltlich zu untergliedern sind die Sprüche in Beschwörungen, Segenssprüche und Gebete. Als Beschwörung kann der zitierte Wurmsegen gelten, der einen Krankheitsdämon zum Ausfahren bewegt. Als Objekt des Segens kann ein vom Bösen bedrohter Mensch, der der Hilfe bedarf, angesehen werden. Im Gegensatz zur Beschwörung, die in Befehlsform gesprochen wird und daher einem Zwang gleichkommt, bedarf es beim Segen nicht dieser kräftigen Sprachgestalt, das Gebet ist eine demütige Bitte. »Poetisch überstrukturierte Zaubersprüche leben aus der frühen gattungsgeschichtlichen Entdeckung eines strukturalen Arrangements, das, unsichtbar hinter den sprachlichen Erscheinungen als selbstaktive Möglichkeit wirksam ist und durch poetische Bastelei ins Licht des sprachlichen Ausdrucks gestellt werden kann.«[65]

Die Sprüche sollten nicht nur die Abwehr von Krankheiten, sondern auch von Feinden bewirken: deren Waffen stumpf machen, sich selbst »fest«, also unverwundbar, machen und vor zukünftigem Unglück bewahren. Ein weiteres wichtiges Ziel des magischen Spruches war auch die Abwehr gegen Zauberei, Gegenzauber, vor allem gegen Beschreien von Speisen und Getränken. Sprüche zum so genannten »Festmachen«, von dem bereits in der Sagaliteratur die Rede war, dienten ebenso zum Schutz gegen Feinde wie der Spruch, der angeblich unsichtbar machen konnte.[66]

Es gab auch Sprüche, die Liebe bewirken bzw. die verlorene Liebe wiederherstellen sollten oder die Gunst der Richter bei einer Rechtstreitigkeit sicherten. Die Wünschelrute beschwor man, um Diebe auszuforschen, aber auch, um verborgene Schätze zu entdecken.[67] Das Gegenteil der Liebe, den Hass und die Feindschaft, sogar den Tod des Feindes suchten die Menschen mit Sprüchen zu bewirken. Das Eigentum, Haus und Hof sollten mit Sprüchen wie mit einem Schutzwall umgeben sein. Die an der obersten Spitze der Hierarchie der Heiligen stehenden Heiligen Drei Könige waren prädestiniert als Schutzpatrone für Haus und Hof, ein Brauch, der heute noch durch Anschreiben der Namen mit geweihter Kreide und einem Spruch geübt wird. Der Schutz der Haustiere war ebenso von Bedeutung, wobei Pferde und Rinder an erster Stelle gestanden haben; es sind auch Sprüche zum Schutz der Hirtenhunde erhalten wie z. B. der *Wiener Hundesegen*:

> Christ uuart gaboren, êr uuolf ode diob.
> dô uuas sancte Martî Christas hirti.
> der heilige christ unta sancte Martî
> der gauuerdô uualten
> hiuta dero hunto
> dero zohôno,
> das in uuolf noh uulpa za scedin uuerdan ne megi,
> sô uuora se gehloufan
> uueges ode uualdes
> ode heido.
> der heiligo Christ unta Sancti Martî,
> de fruma mir sa hiute all heim gasunta.

Auch Schweinekrankheiten wollte man durch Sprüche bekämpfen, und die Bienenzucht, die mit der Christianisierung, durch den Wachsbedarf der christlichen Kirchen, einen ziemlichen Aufschwung erlebte, suchte die Bienen durch Sprüche vor dem Ausschwärmen zu bewahren, wie z. B. der *Lorscher Bienensegen*:

> Kirst, imbi iz hûze! mufhinc du, vihumhas, hera fridu frôno in gotes munt heim zi comonne fisunt.[68]

Der Runenmeister z. B. warf die Runen, nahm sie auf, las sie und formte daraus ein sprachlich-poetisches Deutungsmuster. »Was nie geschrieben wurde lesen. Dies Lesen ist das älteste: das Lesen vor aller Sprache, aus den Eingeweiden, den Sternen oder Tänzen. Später kamen Vermittlungsglieder eines neuen Lesens, Runen und Hieroglyphen in Gebrauch. Die Annahme liegt nahe, dass dies Situationen wurden, über welchen die mimetische Begabung, die einst das Fundament der okkulten Praxis gewesen ist, in Schrift und Sprache ihren Eingang fand. Dergestalt wäre die Sprache die nächste Stufe des mimetischen Verhaltens und das vollkommenste Archiv der unsinnlichen Ähnlichkeit.«[69]

Hermes war bereits in der Spätantike zum Gott der Zauberei avanciert und als der »dreimal Größte« bezeichnet worden. Die mittelalterliche geheimwissenschaftliche arabische Literatur betrachtete ihn als Alchemisten und als Quelle aller Weisheit überhaupt.[70] Roger Bacon bezeichnete ihn als Vater der Philosophie. Verschiedene Schriften geheimwissenschaftlichen (hermetischen) Inhalts wurden ihm zugeschrieben, wobei es sich meist um alchemistische und astrologische Traktate handelte.

Das *Mondbuch*, das Albertus Magnus und Wilhelm von Auvergne erwähnen, auch unter dem Namen *Merkurs magische Illusionen* bekannt, beschäftigt sich mit der Magie, welche mit der Kraft der göttlichen Namen arbeitet. Ein weiteres unter dem Namen *Thot*, der mit Hermes identifiziert wurde, gibt eine Reihe von magischen Experimenten zum Zwecke des Liebes- und Todeszaubers an und enthält detaillierte Angaben über für den jeweiligen Zweck passende Zaubersprüche, Exorzismen, Beschreibungen der notwendigen Requisiten des Magiers, Vorbereitungs- und Reinigungsrituale, magische Kräuter, Angabe der Beschaffenheit der notwendigen Paraphernalia und die richtige Wahl des Ortes und der Zeit nach astrologischen Gegebenheiten.[71]

Nicht nur Hermes, sondern auch andere Personen waren entweder durch ihre Weisheit oder durch ihre Verbindung zum Okkulten als Pseudoautoritäten und Pseudoautoren für Werke magischen Inhalts prädestiniert. So mancher Verfasser gab diese unter dem Namen einer solchen Pseudoautorität heraus, sei es, um sich selbst vor möglichen Verfolgungen zu schützen, oder sei es, um die Schrift aufzuwerten.

Aristoteles, der im mittelalterlichen Geistesleben eine äußerst wichtige Position einnahm[72], wurde stets in Verbindung mit dem Alexanderstoff gesehen, der im Osten wie im Westen in der Spätantike und im Mittelalter einen großen Eindruck hinterließ, wie die zahlreichen literarischen Bearbeitungen zeigen (siehe S. 299 f.).

Die herausragende Bedeutung des Aristoteles (tatsächlich eine Zeit lang Lehrer des Alexander) für die Bildung und Reisen des Alexander wurde durch Plinius' Bericht in seiner *Historia Naturalis* noch überhöht. Plinius führt aus, dass Alexander es Aristoteles auch ermöglicht habe, 2000 Menschen auf Expedition in unerforschte Gebiete zu entsenden, um so seine wissenschaftlichen Studien erweitern zu können.

Die Überlieferung der aristotelischen Schriften war im Frühmittelalter noch eher spärlich zu nennen und geschah über dubiose Abschriften und verfälschende Übersetzungen. Da man ihn für den größten Gelehrten aller Zeiten hielt, schrieb man ihm auch Werke philosophischen Inhalts, deren Autor unbestimmbar war, zu.

Ende des 12. Jahrhunderts behauptete Alexander Neckham, dass Aristoteles jene seiner Werke, die sich mit magischen Phänomenen befassten, dazu bestimmt hätte, mit ihm begraben zu werden. Außerdem habe er deshalb seine Begräbnisstätte vor Zugriffen geschützt, lediglich der Antichrist könne diese Schriften an sich bringen.[73]

Das bekannteste der Werke, die ihn als angeblichen Verfasser ausweisen, waren die *Secreta Secretorum*, die weite Verbreitung fanden, da Anfang des 20. Jahrhunderts noch über 200 Handschriften gezählt werden konnten. Bei dieser in fast alle Sprachen übersetzten Schrift handelt es sich um ein aus verschiedensten Quellen stammendes Konglomerat. Die bis heute erhaltene Form ist ungefähr im 7. oder 8. Jahrhundert entstanden. Einer der Übersetzer, der Patriarch Guido von Antiochia, schreibt im Vorwort, dass Alexander von Aristoteles gefordert habe, dass er entweder persönlich zu ihm komme oder ihm die Geheimnisse der Bewegung, den Einfluss der Sterne, die Alchemie, Geomantie und die Kunst der Geisterbeschwörung in einer Schrift enthüllen solle. Da Aristoteles zum damaligen Zeitpunkt für eine solche Reise bereits zu alt gewesen sei, habe er Alexander diese Schrift gewidmet. Die zur leichteren Lesbarkeit in Kapitel unterteilte Schrift gibt Auskunft über die magische Wirkung von Edelsteinen, Kräutern, Amuletten, Arzneien. Das Werk ist außerdem von einigen motivgeschichtlich interessanten Erzählungen durchsetzt, z. B. enthält es einen der ersten Belege der Geschichte vom Giftmädchen.[74]

Über einige dem weisen Salomon zugeschriebenen Zauberbücher ist oben bereits gesprochen worden (siehe S. 246 f.).

Wilhelm von Auvergne und Albertus Magnus bezeugen in ihren Auflistungen der verdammenswerten Bücher auch ein dem Salomon zugeschriebenes mit dem Titel *Sacratus*. Dieses Werk wird aber nicht nur dem Salomon, sondern auch Honorius zugeschrieben, weshalb es auch unter dem Titel *Schwurbuch des Honorius* bzw. *Juratus* bekannt ist.

Die lange Einleitung hat offenbar die Funktion einer Apologie der Magie, die obzwar von der Kirche verdammt und verfemt, dennoch in Wahrheit keine sinistre Kunst darstellt. In Wahrheit kann die Magie nicht von einem unreinen oder bösen Charakter ausgeübt werden, da sich die Geister nur von reinen Menschen zwingen lassen. 89 Meister der Kunst haben Honorius von Theben dazu ausersehen, die magische Kunst in einer Schrift zusammenzufassen. Obschon die Kirche, die Könige und Fürsten übereingekommen waren, die Bücher der Magie zu verbrennen, die Hochschulen der Zauberei aufzulösen, haben die Adepten dieser Kunst einen Eid geleistet, dieses Buch nur an ihrem Totenbett an Menschen reifen Alters und einwandfreier Lebensführung zu übergeben. Der Übernehmende leistet gleichfalls einen Schwur.

Der vielfach ungeordnet präsentierte Inhalt des Buches enthält Gebete in unverständlicher Sprache, die möglicherweise Verstümmelungen des Chaldäischen bzw. Hebräischen sind. Detailliert ausgearbeitete Beschreibungen geben Anleitungen zu Herstellung und Gebrauch von Siegeln, Proportionen von magischen Kreisen, die Einteilung in Segmente und Zuordnung von Namen und Symbolen.

Eine Passage befasst sich mit den drei Arten der Geisterbeschwörung. Die Schrift unterscheidet zwischen einer heidnischen, jüdischen und christlichen Methode. Die Heiden opferten den Naturgeistern, wären aber nicht fähig gewesen, diese zu beherrschen. Die beschworenen Geister gaben bloß vor, sich zu unterwerfen, um Opfer zu erhalten. Die Juden wiederum verstanden sich auch nicht besonders darauf. Allein Christus war imstande, die Geister wirklich zu bezwingen. Alle drei hatten das gleiche Ziel, mit ihren magischen Kräften das Böse zu unterjochen. Der Name *Magus* bedeutet im Griechischen Philosoph, Schriftgelehrter im Hebräischen und Weiser im Lateinischen.[75]

Über die schwarzen Bücher, die *libri nigri*, berichtet vor Albertus der 4. Ekkehard von St. Gallen im 11. Jahrhundert und behauptet, dass sie die Zauberer zur Nachtzeit lesen. Von den den zauberischen Päpsten zugeschriebenen Büchern war bereits die Rede.

Der Großinquisitor Eymericus[76] berichtet 1376 in seinem *Directorium* über einige Zauberbücher, die er in seiner Inquisitionspraxis zu Gesicht bekommen hatte.

Hartliebs Traktat über die verbotene Kunst (siehe oben S. 254) besitzt gerade in Bezug auf das magische Schrifttum erheblichen Quellenwert. Die ins Lateinische übersetzten orientalischen Zauberbücher fanden nicht allzu große Verbreitung und sind nur vereinzelt in Handschriften erhalten bzw. zwar erwähnt, aber mittlerweile verschollen. Hartlieb hat die wichtigsten aufgelistet. Die zum Teil hebräisch abgefassten Schriften wie der *Schemhamphorasch* und das *Liber Raselis* entwickelten sich aus der *Kabbalah*. Aus Griechenland stammt der von Raymund Lullus bearbeitete *Kiranis*. Verloren ist die *Magia caeremonialis* des um 1300 verstorbenen Schülers Roger Bacons, Robert Perscrutator. Das *Heptameron* des Petrus von Abano, neben dem *Picatrix* und den pseudoaristotelischen *Secreta Secretorum* das berühmteste Zauberbuch der älteren Zeit, kursierte bis ins 16. Jahrhundert nur in Handschriften. Um 1600 fügte man es der gedruckten Gesamtausgabe des Agrippa bei. Das Buch beschäftigt sich vor allem mit der Herstellung des magischen Kreises. Dieser besteht eigentlich aus drei Kreisen; in den mittleren wird der Name der Stunde des Jahres, mit Rücksicht auf die zu dieser Stunde herrschenden Engel und deren Siegel, eingetragen. Im äußeren Kreis sollen die Namen der an diesem Tag aktiven Luftgeister, die Namen der vier Weltgegenden und vier Pentagramme angebracht sein. Im inneren Kreis stehen die göttlichen Namen wie Adonai, Eloy, Agla und Tetragrammaton. Detaillierte Anweisungen über Räucherwerk, geeignete Kleidung des Adepten und die notwendigen Vorbereitungszeremonien, die neun Tage dauern und immer bei zunehmendem Mond vonstatten gehen sollen, sowie eine Auflistung sämtlicher Engelsnamen beschließen die Schrift.

Michael Scotus soll auf Anregung Kaiser Friedrichs II. auch ein Kompendium über die *magia nigra* verfasst und Arnold von Villanova ein *Liber sigillorum*, eine Schrift über die Herstellung und Wirkungsweisen von Siegeln und Amuletten, geschrieben haben.

Viele dieser Schriften kursierten ausschließlich in höfischen Kreisen, die dem Zugriff der Kirche und der weltlichen Gerichtsbarkeit in wesentlich geringerem Maße ausgesetzt waren als die unteren Schichten, deren abergläubische, magische und mantische Praktiken von Anfang an verfolgt wurden.

Die theoretische Basis dieser Verfolgung bildete nicht die erwähnte Zauberliteratur, sondern die theologischen Abhandlungen, deren Umfang das magisch-mantische Schrifttum weit übertraf und auch wesentlich schlimmere Konsequenzen hatte als alle magische Anleitung.

Zwei weitere Traditionsstränge der geheimwissenschaflichen Literatur, bei denen allerdings der Bezug zur Praxis nicht eindeutig festgelegt war, obschon Orakelverfahren beschrieben werden, bildeten die Los- und die Traumbücher.

Die Geomantie oder Sandkunst kommt aus dem vorderen Orient. Das älteste arabische Losbuch, das *Liber Alfadhol*, soll aus der Zeit Harun al Rashids stammen. Mit einem Stab wurden Punkte in den Sand oder auf Pergament gezeichnet, die dann zu Gruppen zusammengefasst und nach einem bestimmten Verfahren gedeutet wurden, wobei man 16 mögliche Deutungen unterschied. Gerhard von Cremona (gest. 1187) bearbeitete u. a. das *Liber Alfadhol*, das dann ins Deutsche übersetzt wurde.[77]

Die meisten Losbücher beschrieben in der Einleitung das Verfahren, nach welchem gelost wurde. Der Hauptteil enthielt die Antwortlisten, die nach einem bestimmten Schlüssel befragt werden konnten. Die beliebte *Sandkunst der 16 Richter* war in lateinischer Sprache abgefasst und wurde im Spätmittelalter deutsch bearbeitet.[78]

Zuletzt soll kurz auf die noch heute beliebten Traumbücher eingegangen werden. Hinter der Wahrsagung aus Träumen steht der Glaube, dass es neben den normalen Träumen, die Tageserlebnisse verabeiten, auch solche gebe, die durch göttliche Eingebung hervorgebracht werden. Gewerbsmäßige und durch »Begabung« prädestinierte Traumdeuter hatten eine nicht zu unterschätzende Bedeutung sowohl in der Antike als sicherlich auch im Mittelalter. Die mittelalterliche Bearbeitung des spätgriechischen Apollonios-Romans durch Heinrich von Neustadt in seinem *Apollonius von Tyrlant* zeigt uns die Schattenseiten des Gewerbes: Der König

Nabuchodonosor lässt seine Traumdeuter verbrennen, da sie einen Traum, den der König selbst vergessen hatte, nicht zu deuten vermögen.[79]

Die lateinische Überlieferung, angereichert durch orientalische Quellen, brachte die Traumoffenbarungen mit zwei biblischen Gestalten in Verbindung, mit Daniel und dem ägyptischen Joseph. Die *Somnile Danielis*[80] waren nach Sachbegriffen geordnet, in Anlehnung an die spätgriechischen Traumbücher, die auch von arabischen Schriftstellern bearbeitet wurden und über diese Vermittlung Eingang ins Mittelalter fanden. Die *Somnile Joseph* stellten eine Verbindung zwischen Losorakel und Traumdeutung dar. Die Deutung kam durch Punktieren oder Würfeln zustande.

Das Traumbuch des Armen Nikolaus von Prag steht ebenso in der danielischen Tradition wie das des Hans Lobenzweig, der bereits eine Differenzierung der Interpretationsschemata anstrebte. In die medizinisch-diagnostische Richtung geht die arabische Traumlehre des Rhazes, der die Träume nach Krankheitssymptomen untersucht hat.[81]

1 Hellinghaus, O.: *Hundert auserlesene, wunderbare und merkwürdige Geschichten des Zisterziensers Caesarius von Heisterbach*, Aachen 1925, S. 105.

2 ibid., S. 107.

3 Diese Stelle erinnert an die von Vincent von Beauvais mitgeteilte Geschichte vom römischen Magierpriester Palumbus, der einen Jüngling, der leichtsinnigerweise einer Venusstatue seinen Trauring angesteckt hatte, aus den Besitzansprüchen der Göttin befreien kann (Speculum hist. Lib. XXVI). Vgl. Kiesewetter, a. a. O., S. 117f.

4 ibid. S. 109.

5 Thorndike, Lynn: a. a. O., II, S. 848.

6 vgl. ibid., Kap. 51.

7 Michael Constantin Psellus, ein byzantinischer Philosoph und Staatsmann, schrieb einen griechischen, in Dialogform gekleideten Traktat über die Operationen der Dämonen (ca. 1050).

8 Bacon, Roger: *Epistola Fratris Rogeri Baconis de secretis operibus Artis et Naturae, et de nullitate Magiae*. Vgl.Thorndike, Lynn: a. a. O., II, S. 616f. Um 1350 soll ein Buch mit dem Titel *Das Leben des Salomon* im Umlauf gewesen sein, das nach Anweisung von Papst Innozenz VI. verbrannt worden sein soll.

9 Vgl. McCown, C. C.: *The Testament of Solomon*, Leipzig 1922, S. 15f., 108.

10 Der grundlegende Text der Kabbalah ist ca. im 9. Jahrhundert entstanden. Der Kosmos leitet sich aus dem göttlichen Urgrund (En-Soph) ab, aus welchem sich zehn Emanationen oder Sephirot herauslösen. Der Jezirah ist aus dem Bestreben

entstanden, die jüdische Philosophie und den Neoplatonismus zu vereinigen. Vgl. Biedermann: a. a. O., Bd. I S. 238 f.

[11] Im 13. Jahrhundert brachte Moses Leon angeblich den Zohar nach Spanien. Vgl. Scholem, G: *Ursprünge und Anfänge der Kabbalah*, Berlin 1962; Bertholet, W.: »Sohar«, in: *Wörterbuch der Religionen*, Stuttgart 1985, S. 572. Als Kommentar zum Pentateuch enthält es aber dem A. T. fremde Elemente. Die zentrale Lehre ist die Unerkennbarkeit des göttlichen Urgrundes und die stufenweise Offenbarung seiner Emanationen.

[12] Vgl. Kiesewetter, a. a. O., S. 324 f. Was erreicht der Adept mit Hilfe eines im Salomonischen Schlüssel beschriebenen Rituals: »Daß es regnet, daß es schneit, daß es blitzt, daß wir nicht frieren, daß wir nicht von übergroßer Hitze gequält werden. daß wir Schlösser öffnen, die Liebe eines Mädchens gewinnen und des Beischlafs der Geliebten teilhaftig werden können; daß wir Geld nach Belieben haben, daß wir uns unsichtbar zu machen vermögen; daß unser Feind sterbe, daß wir die schönste Musik hören, daß uns die Toten erscheinen und reden« (S. 328).

[13] Vgl. Butler, Elias Marian: *Ritual Magic*, Cambridge 1949, S. 47 f. u. 52 f. und Waite, A. E.: *The Book of Ceremonial Magic. The Secret Tradition in Goetia*, New York 1965. Zur Ritual-Magie vgl. die neueren Arbeiten von Kieckhefer, Richard: *Forbidden Rites*, Stroud 1997 und das von seiner Schülerin Claire Fanger herausgegebene Sammelwerk: *Conjuring Spirits: Texts and Traditions of Medieval Ritual Magic*, Stroud 1998.

[14] Vgl. Cohn, Norman: a. a. O., S. 171.

[15] Vgl. Pfister, F.: »Atzmann«, in: *HdA* I, 671 f. Besonders Brückner, Wolfgang: »Bildnisstrafe«, in: *Hwb. zur dt. Rechtsgeschichte*, hrsg. v. A. Erler und E. Kaufmann, Bd. I, Berlin 1972, S. 424–428; ders.: »Bildzauber«, in: ibid., S. 428–430; ders.: *Bildnis und Brauch*, Berlin 1966; ders.: »Der Zauber mit Bildern«, in: *Magie und Religion* (= Wege der Forschung 337). Im mhd. Gedicht *De vita vagorum* erteilt der fahrende Student Anweisungen zum Liebeszauber mittels Wachspuppen.

[16] Als Atzmann bezeichnet man am Mittelrhein die Pultträgerfiguren der großen Domkirchen. Es handelte sich um kleine böse Geister, die in hilfreiche umgewandelt werden können. Wolfgang Stammler konnte nachweisen, dass es sich bei dem Begriff Atzmann um eine Diminutivbildung von Adolf handelt. Vgl. Stammler, Wolfgang: »Der Atzmann«, in: *Wort und Bild*, Berlin 1962, S. 130–135; vgl. meinen Aufsatz »Die Darstellung des populären Zauberwissens in Gebrauchstexten am Beispiel des Wachspuppenzaubers und der Dämonenbeschwörung«, in: *Hexenverfolgung in Mecklenburg. Regionale und überregionale Aspekte*, hg. v. Dieter Harmening und Andrea Rudolph, Dettelbach 1997, S. 247–268 (= Quellen und Forschungen zur europäischen Ethnologie Bd. XXI).

[17] Vgl. Brückner, Wolfgang: »Bildzauber«, a. a. O., Bd. 1.

[18] Vgl. Summers, Montague: *The Geography of Witchcraft*, New York, 1927, S. 7 f. Weitere Belege in Wundt, Wilhelm: Völkerpsychologie II, 2, S. 191 f. Frazer, Sir James: *The Golden Bough*, 2. Aufl., London 1981, I, S. 281 f.

[19] Villeneuve, Roland: *L'Envoûtement*, Genf und Paris 1963, S. 12.

[20] zit. n. Bartels, Max: »Zur Aberglaubensliste in Vintlers Pluemen der Tugend«, in: *Zeitschrift für Volkskunde* 23 (1913), zu v. 7734–44; zu dem bis ins 19. Jahrhun-

dert belegten Brauch des Bildzaubers mit den Corp Creadh vgl. Hole, Christina: »Some Instances of Image Magic in Great Britain«, in: *The Witch Figure*, hg. v. Venetia Newall, London 1964, S. 80–94.

21 De Cauzons, Theophile de: *La magie et la sorcellerie en France*, Paris 1910–11, S. 166 f.

22 Rigault, Abel: *Le Procès de Guichard évêque de Troyes, 1308–1313*, Paris 1896.

23 Cohn, a. a. O., S. 185–192.

24 De Cauzons, a. a. O., S. 326.

25 Ricardo-Gil, Joan: *The Practice of Witchcraft and Magic in Fact and Fiction during the French Middle Ages*, Boston 1980, S. 102.

26 Vgl. z. B. Amman, Karl: »Ein Mordversuch durch Zauberei im Jahre 1372«, in: *Kleine Mitteilungen des Instituts für Geschichtsforschung*, 1889, S. 136 f.

27 Über die Verwendung der verschiedenen Wachsarten vgl. Brückner, Wolfgang: »Cera – Cera Virgo – Cera Virginea«, in: *Zeitschrift f. Volkskunde* 59, 1963, S. 233–253.

28 Schönbach, Anton: »Studien zur altdeutschen Predigt«, in: *Sitzungsber. d. Akademie d. Wiss. phil.-hist. Kl.*, Bd. 142, Wien 1900, VII, S. 144.

29 Summers, a. a. O., S. 379; Soldan-Heppe, a. a. O., I, S. 201; Hansen, a. a. O., S. 312 f.

30 Brückner, Wolfgang: »Über den Zauber mit Bildern«, in: *Magie und Religion*, hrsg. v. Leander Petzoldt (= Wege der Forschung 337), Darmstadt 1978, S. 412 f.

31 Hansen, Joseph: *Quellen und Untersuchungen zur Geschichte des Hexenwahns und der Hexenverfolgung im Mittelalter*, Bonn 1901, S. 193.

32 Johann von Nürnberg: »De vita vagorum«, in: *Lyrik des späten Mittelalters*, hg. v. Hermann Maschek, Leipzig 1939, S. 194–202.

33 Vgl. Ebel, Karl: »Allerlei Todes- und Liebeszauber«, in: *Hessische Blätter für Volkskunde*, Bd. III, Leipzig 1904, S. 8 f.

34 De Cauzons, a. a. O., S. 360.

35 1323 in Toulouse. Vgl. Hansen, Joseph: a. a. O., S. 14, 447.

36 Kummer: in: *HdA*, Bd. 5, Sp. 1282.

37 Boudriot, W.: *Die altgermanische Religion in der amtlichen kirchlichen Literatur des Abendlandes vom 5.–11. Jahrhundert*, Bonn 1928, S. 47 f.

38 Vgl. Hansen, Joseph, a. a. O., S. 67.

39 ibid., S. 119.

40 Vgl. Peters, Edward: *The Magician, the Witch and the Law*, Philadelphia 1978, S. 21 f.

41 Anselm mag es auf ein Publikumsinteresse zugeschnitten haben, aber weit verbreitet scheint das Werk nicht gewesen zu sein, da es nur in zwei Handschriften überliefert ist.

42 D'Alverny, zit. n. Peters, a. a. O., S. 25.

43 Manitius, Karl (Hrsg.): *Gunzo Epistola ad Augiensis und Anselm von Besates Rhetorimachia. Monumenta Germaniae Historia, Quellen zur Geistesgeschichte des Mittelalters*, Bd. II, Weimar 1958, S. 145.

44 Er verwendet z. B. abgetrennte Leichenhände zu magischen Zwecken. Über den Zauber mit Leichenteilen vgl. in: *HDA* Bd. 5, Geiger: Leiche, Sp. 1024–1060; vgl. bes. Sp. 1040 f.

[45] Theokrit, 2, 28.

[46] Kummer, a. a. O., in: *HdA*, Sp. 1287.

[47] Vgl. Schulz, S. 114 f., 152, 223 u. ö.

[48] Hansen, S. 116 f.

[49] ibid., Sp. 1296 f.

[50] Es kann hier nur ein kurzer Abriss zur Thematik geboten werden. Zur Sekundärliteratur zu den Merseburger Zaubersprüchen Steinhoff, Hugo: in: *VL*, Bd. 6, Berlin 1987, Sp. 106 f. Schon Ende des 19. Jahrhunderts wurden alle bekannten deutschen Handschriften auf Zaubersprüche untersucht. Spamer hat über 22 000 gesammelt. Vgl. Müllenhoff, Karl/Scherer, Wilhelm: *Denkmäler deutscher Poesie und Prosa aus dem 8.–12. Jahrhundert*, 3. Ausg. Elias Steinmayer, 2 Bde., 1892; Wilhelm, Friedrich: *Denkmäler deutscher Prosa des 11. und 12. Jahrhunderts*, München 1960; Spamer, Adolf: *Romanusbüchlein, Kommentar zu einem deutschen Zauberbuch*, Berlin 1958; vgl. vor allem zwei neuere Arbeiten: Monika Schulz: *Magie oder die Wiederherstellung der Ordnung* (= Beiträge zur Europäischen Ethnologie und Folklore. Reihe A: Texte und Untersuchungen hg. v. Leander Petzoldt Bd. 5), Bern 2000, zu pars pro toto vgl. bes. S. 231 f. und Verena Holzmann: *»Ich beswer dich wurm und wyrmin…«: Formen und Typen altdeutscher Zaubersprüche und Segen*, Bern [u. a.] 2001 (= Wiener Arbeiten zur germanischen Altertumskunde und Philologie 36); zugl.: Wien, Univ. Diss., 1997. Beck, Wolfgang: »*heraduoder*: Zum *Ersten Merseburger Zauberspruch*«, in: *Archiv* 237 (2000), S. 338. Der Autor hatte auch den Abschluss seiner Dissertation über die Merseburger Zaubersprüche für 2001 angekündigt.

[51] Vgl. Kuhn, A.: »Indische und germanische Segenswünsche«, in: *Zeitschrift f. vergleichende Sprachforschung* 13 (1864), S. 58.

[52] Genzmer, Felix: »Germanische Zaubersprüche«, in: *GRM N. F.* 1 (1950), S. 21–35. Er setzt sie ca. 500–200 v. Chr. an.

[53] Eis, Gerhard: *Altdeutsche Zaubersprüche*, Berlin 1964, S. 10.

[54] Le Goff, Jacques: *La Civilisation de l'Occident Médiéval*, Paris 1984, S. 154 f. Die Sprüche verbannten die Krankheiten entweder an keinen bestimmten Ort oder an den Ort, wo sie hergekommen waren, und wie man sich vorstellte, aus der Luft, dem Wasser oder der Erde, wobei als der häufigste Ursprungsort der Wald in Frage kam. Vgl. Hampp, Irmgard: *Beschwörung, Segen, Gebet*, Stuttgart 1961, S. 78 ff.

[55] Müllenhof/Scherer, a. a. O., S. 181; Hälsig, Friedrich: *Der Zauberspruch bei den Germanen bis um die Mitte des XVI. Jahrhunderts*, Leipzig 1910, S. 92 f.

[56] Die Rossarzneikunde und Besprechung von Pferdekrankheiten war naturgemäß besonders wichtig; Pferde konnten sich nicht nur selbst verletzen, sondern auch durch einen ungeschickten Hufschmied Verletzungen davontragen, litten auch an allerlei Parasiten. Vgl. Eis, Gerhard: *Altdeutsche Zaubersprüche*, Berlin 1964, S. 48 f.

[57] Genzmer, a. a. O., S. 32.

[58] Ebermann, O.: »Blut- und Wundsegen in ihrer Entwicklung dargestellt«, in: *Palaestra* 24, S. 23. zit. n. Hampp, Irmgard: »Zum Wesen des Zauberspruchs«, in: *Der Deutschunterricht* 3 (1961), S. 73.

[59] Wipf, K. A.: »Die Zaubersprüche im Althochdeutschen«, in: *Numen* 22, 1975 S. 51.

[60] Vgl. Wallner, A: »Eiris sazun idisi«, in: *ZfdA* 50 (1908), S. 214–218; Ohrt, F.: »Merseburger Sprüche«, in: *HdA*, Bd. 6, Sp. 182–187.

[61] Steinmayer, Elias von: *Die kleineren althochdeutschen Sprachdenkmäler*, Berlin 1916, S. 389.

[62] Wipf, K. A., a. a. O., S. 64 f.

[63] Müllenhof/Scherer: a. a. O., II, S. 275.

[64] Hälsig, a. a. O., S. 81 f.

[65] Geier, Manfred: »Die magische Kraft der Poesie«, In: *DVjS* 56 (1982), S. 381.

[66] Hälsig: a. a. O., S. 52.

[67] Eis, Gerhard: a. a. O., S. 145 f.

[68] Müllenhof/Scherer: a. a. O., I, S. 16.

[69] Benjamin, Walter: »Über das mimetische Vermögen«, in ders.: *Angelus Novus*, Berlin 1966, S. 99.

[70] Vgl. Ullmann, a. a. O., S. 368 f.

[71] Vgl. Thorndike, Lynn: a. a. O., II, S. 214 f.

[72] Die Bedeutung des Aristoteles sowohl in der islamischen als auch der christlichen mittelalterlichen Welt ist kaum zu überschätzen. Vgl. Ott, N. H.: »Aristoteles«, in: *Lexikon des Mittelalters*, Bd. 1, Sp. 934–948.

[73] Erinnert an die eine Stelle in der mittelalterlichen Vergilsage, wo er Zabulons Zauberbuch ebenfalls aus dem durch einen Wächter geschützten Grab des Meisters erringen muss.

[74] Vgl. auch Gier, Albert: »Giftmädchen«, in: *EM*, Bd. 5, Berlin 1987, Sp. 1240 f.

[75] Thorndike, Lynn: a. a. O., S. 288: Jakoby, Adolf: »Die Zauberbücher vom Mittelalter bis zur Neuzeit«, in: *Mitteilungen der Schlesischen Gesell. f. Volkskunde* 31 (1931), S. 264 f.

[76] Vgl. Alan Charles Kors/Edward Peters (Hrsg.): *Witchcraft in Europe, 400–1700: A Documentary History*, 2., rev. Aufl., Philadelphia 2001, S. 120 f.

[77] Erhalten im Wiener Cod. Pal. 2804 Bl. 22r–101r.

[78] Bolte, Johann: »Geschichte der Losbücher«, in: *Georg Wickrams Werke*, Bd. 4, 1903, S. 276–348; vgl. Thorndike: a. a. O., Bd. II/IV; Eis, Gerhard: *Wahrsagetexte des Spätmittelalters*, Berlin 1956, S. 7 f.

[79] Singer, S. (Hrsg.): *Heinrichs von Neustadt Apollonius von Tyrlant*, Dublin/Zürich 1967, v. 47–53; vgl. Ochsenbein, Peter: »Heinrich von Neustadt«, in: *VL*, Bd. II, Berlin 1981, Sp. 838–845; vgl. auch Fischer, Steven: »Dreambooks and the Interpretation of Medieval Literary Dreams«, in: *Archiv f. Kulturgesch.* 65, 1983, S. 1–20; ders.: *The Dream in the Middle High German Epic* (= Australian and New Zealand Studies in German Language and Literature 10), Bern 1978; Speckenbach, K.: »Von den troimen. Über den Traum in Theorie und Dichtung«, in: *Sagen mit Sinne*, Fs. M. L. Dittrich (= Göppinger Arbeiten zur Germanistik 180), Göppingen 1976, S. 169–201; maßgeblich: Alfred Ebenbauer: »Der ›Apollonius von Tyrlant‹ des Heinrich von Neustadt und die bürgerliche Literatur im spätmittelalterlichen Wien«, in: *Die österreichische Literatur. Ihr Profil von den Anfängen bis zum 18. Jahrhundert* (Mittelalter bis frühe Neuzeit), hg. v. H. Zemann unter Mitwirkung von F. P. Knapp, Graz 1986, Teil 1, S. 311–347 und neuerdings Helmut Birkhan im Nachwort zu: *Heinrich von Neustadt: Leben und Abenteuer des großen Königs Apollonius von Tyrus zu Land und zur See: ein Abenteuerroman von Heinrich von Neustadt verfaßt*

zu Wien um 1300 nach Gottes Geburt, übertr. mit allen Miniaturen der Wiener Hs. C, mit Anm. und einem Nachw. von Helmut Birkhan, Bern u. a. 2001, S. 393 ff.

80 Schmitt, Wolfram: »Ein deutsches Traumbüchlein aus dem späten Mittelalter«, in: *Studia Neophilologica* 37, 1965, S. 96–99; ders.: »Das Traumbuch des Hans Lobenzweig«, in: *Archiv für Kulturgesch.* 48, 1966, S. 181–218; Vgl. auch die Studie von Nigel Palmer und Klaus Speckenbach:. *Träume und Kräuter: Studien zur Petroneller »Circa instans«-Handschrift und zu den deutschen Traumbüchern des Mittelalters*, Köln u. Wien 1990. »Flugträume im Mittelalter«, in: *Hundert Jahre ›Die Traumdeutung‹: Kulturwissenschaftliche Perspektiven in der Traumforschung*, hg. v. Karl-Heinz Kohl u. Burkhard Schnepel, Köln 2001 (Studien zur Kulturkunde 119), S. 66–82. Zwischen Wissensvermittlung und Traumbuch: Zur Überlieferung von Konrads von Megenberg *lere Rasis von den traymen,* in: *»Als das wissend die meister wol«. Beiträge zur Darstellung und Vermittlung von Wissen in Fachliteratur und Dichtung des Mittelalters und der frühen Neuzeit.* Walter Blank zum 65. Geburtstag, hg. v. Martin Ehrenfeuchter u. Thomas Ehlen, Frankfurt/M. u. a. 2000, S. 261–273. Art. »Losbuch«, in: *Reallexikon der deutschen Literaturwissenschaft*, 3. Aufl., Bd. 2, gemeinsam mit Harald Fricke, Klaus Grubmüller, Jan-Dirk Müller, Georg Braungart hg. v. Friedrich Vollhardt, Berlin/New York 2000, S. 493–495. Artikel »Traumbücher«, in: *Deutschsprachige Literatur des Mittelalters. Studienauswahl aus dem ›Verfasserlexikon‹ (Bd. 1–10)* besorgt von Burghart Wachinger, Berlin/New York 2001, Sp. 935–950. *Träume im Mittelalter. Ikonologische Studien,* hg. v. Agostino Paravicini Baggiani u. Giorgio Stabile, Stuttgart/Zürich 1989.

81 Vgl. Hoffmeister, Gerhart: »Rasis Traumlehre, Traumbücher des Spätmittelalters«, in: *Archiv f. Kulturgesch.* 51, 1969, S. 137–159.

IX. Schamanen und Hexen im Mittelalter

Hexen im Mittelalter?

Die weit verbreitete irrige Meinung, dass Hexen[1] und Hexenverfolgungen im »finsteren« Mittelalter stattgefunden haben, ließ sich auch nicht durch die groß angelegten Untersuchungen der letzten Jahrzehnte ausrotten.[2] Gewisse Modifikationen sind zwar in der letzten Zeit sogar in populärwissenschaftlichen Werken zu beobachten, indem sie die echte Hexenverfolgung ins Spätmittelalter verlegen. Der Terminus Hexe wird aber nach wie vor auf alle weiblichen Personen, die in irgendeiner Form mit übernatürlichen Kräften zu tun haben, angewendet bzw. für sie verwendet. Dass das nicht gerade zu einer Klärung der Begriffe beiträgt, liegt auf der Hand, weshalb ich vorerst für das Mittelalter je nach Zeugnis entweder den Begriff Zauberin oder den in der jeweiligen Quelle ausgewiesenen spezifischen Begriff verwende.

In der Antike finden wir die Vorstellung von der *strix* oder *striga* als Bezeichnung für nachtfahrende Frauen schon bei Schriftstellern wie Plinius dem Älteren, Apuleius, Petronius u. a.[3]

Die Luftfahrt, bereits bei Apuleius anschaulich geschildert (siehe oben S. 32), geschieht mittels einer Salbe oder auf dem Rücken eines Tieres bzw. durch Verwandlung in einen Vogel. Jacob Grimm erwähnt in seiner *Deutschen Mythologie*, dass der Göttin Freja Besen geweiht wurden, eine Vorstellung, die bereits die Assyrer gekannt haben sollen.[4]

Die antiken Nachtfahrerinnen waren eigentlich Gespenster, Verbindungen zum Vampirglauben lassen sich auch bei den Lamien[5] und Empusen nachweisen.

Auch bei den erwähnten mittelalterlichen Zeugnissen von Holden und Unholden hat es sich offenbar nicht um menschliche Wesen, sondern ebenfalls um Gespenster gehandelt. Die Volkssitte, diesen Nachtfahrerinnen Speiseopfer darzubringen, um dem Haus Glück zu gewährleisten, ließ sich in Italien, Gallien und Germanien nachweisen.[6] Damit gekoppelt ist auch der Verwandlungsmythos[7], der ja auch in Zusammenhang mit den Zauberkünsten auftritt. Bereits bei Apuleius ging ja die Verwandlung der Zauberin ihrem Flug voraus. Simon Magus wird neben seinen Flugkünsten auch der Gebrauch einer verwandlungskräftigen Zaubersalbe nachgesagt.[8]

Die Herstellung der Salbe gehört in den Bereich des *Veneficiums* und damit auch des *Maleficiums*, wodurch die Verbindung *Maleficium* – Verwandlung hergestellt ist.

Die spätere Vorstellung der Verfolgungszeit, dass die Hexen mit dem Teufel geschlechtlich verkehren bzw. dass sich der Teufel in Frauengestalt Männern nähert, um sie zu verführen, ist im Mittelalter erst ab dem späten 13. Jahrhundert nachgewiesen. »Es ist bis zu diesem Zeitpunkt keiner Instanz eingefallen, einem Zauberer vorzuwerfen, dass er mit Dämonen Unzucht übe.«[9]

Die Vorstellung des Verkehrs von Menschen mit elbischen bzw. göttlichen Wesen war im Altertum weit verbreitet, stand aber nicht in Zusammenhang mit Zauberei. Im Altertum und auch später rühmten sich viele Adelsgeschlechter aus einer Verbindung mit halbgöttlichen bzw. elbischen Wesen hervorgegangen zu sein.

Diese Vorstellungen wandelten sich zuerst zu Vorurteilen, die in der Spätzeit zu den bekannten Aburteilungen führten. Der älteste Beleg einer Erwähnung der Teufelsbuhlschaft stammt aus den Prozessakten des Inquisitors von Carcassonne (1275).

Die Bibel (Genesis 6,1) lässt die Riesen aus der Verbindung der Söhne Gottes, die mit gefallenen Engeln gleichzusetzen sind, mit den Töchtern der Menschen entspringen.

Burkhard von Worms leugnet, dass es elfenartige Wesen gebe, die sich mit den Menschen verbinden.[10] Doch im 13. und 14. Jahrhundert treten diese Legenden gehäuft auf, nicht zuletzt wegen der Popularität des Merlinstoffes. Guibert von Nogent (ca. 1120) berichtet nicht nur, dass sein Vater durch Zauberei am Vollzug der Ehe gehindert worden, sondern auch, dass seine Mutter vom Teufel in Gestalt eines Incubus besucht worden sei. Dieser konnte jedoch von einem Engel vertrieben werden.[11] Wilhelm von Auvergne hält diese Erzählungen für von Dämonen hervorgerufene Träume, in welchen ein erzwungener Verkehr stattfinde. Er bestreitet auch, dass Dämonen Nachkommen zeugen können. Um ein Vorurteil handelt es sich bei dem Bericht des Goten Jordanis, der überzeugt ist, dass die Hunnen der Verbindung von Dämonen und Zauberinnen entstammen:

> Magae mulieres, Halirunnae [...] quas spiritis immundi per heremum vagantes dum vidissent et eorum complexibus in coitu miscuissent, genus hoc ferocissimum ediderunt.[12]

Auf die langwierige etymologische Diskussion, die das Wort Hexe ausgelöst hat, sei nur kurz eingegangen. Nach heute vielfach akzeptierter Meinung stellt das Wort ein Kompositum dar: *hag*, verwandt mit gallisch *caium*, kymrisch *ke*, angelsächsisch *haga*, altnordisch *hagi*, in althochdeutschen Glossen mit lateinisch *indago* zusammengestellt, gleichzusetzen mit Einfriedung, abgeschlossenem Weideplatz und *zussa*. Diese Bezeichnung bringt Jacob Grimm mit *lodix* = Decke bzw. *cingulum* = Gürtel in Zusammenhang. Nach Kluge geht *zussa* auf die indogermanische Wurzel **dheuos/dhus* = Dämon zurück. Im angelsächsischen Raum ist das Wort *haegetesse* schon im 8. Jahrhundert bezeugt und wird lateinisch mit *striga*, *furia* und *pythonissa*, *filia noctis* wiedergegeben.

Ein Zauberspruch des *Lacnunga* rückt den Begriff in die Nähe der Elfen. Die Etymologie ist weiterhin auch noch nicht ganz geklärt. Wie Claude Lecouteux betont, scheint nur der erste Teil des Kompositums, also *hag*, als Bestimmungswort zahlreicher Termini festzustehen, die der Beschreibung von Zaubereiunwesen dienen[13], da dem Haag als Einfriedung kultische Bedeutung zukam. »Alle Glaubensvorstellungen und Aberglauben, die der Einfriedung gelten, beweisen, dass dieser Ort – heilig für die alten Germanen – die Wohnstätte eines genius loci (an. *landvaettr*) ist.«[14]

Diese durch einen Zaun geschützte Einfriedung deutet auch eine Verbindung zwischen Hexe und Zaun an. Altnordisch *tunrda* = Zaunreiterin, *hagazussa* wird aus diesem Grund auch oft mit Zaunreiterin übersetzt. Lecouteux führt weiter aus, dass es sich bei diesem Genius loci um den gallischen *Dusius* (Waldgeist) handeln müsse. Dazu zieht er eine Augustinusstelle heran[15], wo der Dusius mit einem Incubus und Faunus gleichgesetzt wird. Auch bei Hinkmar von Reims lässt sich diese Gleichsetzung belegen. Dieser

Dusius oder Waldgeist lebt im heutigen bretonischen Volksglauben als *Dus* weiter.[16]

Thomas von Cantimpré (gest. 1273) hat sich ebenfalls mit dem Dusius beschäftigt. Allerdings gibt er als dessen Heimat Preußen an und hält ihn für einen Teufel in Menschengestalt, der unter anderen verwerflichen Künsten auch die Nekromantie ausübt.

Lecouteux kommt zu dem Schluss, dass das Wort *hagazussa* auf eine *Dusia* der Einfriedung, also auf einen verweiblichten Genius loci hindeute und zeige, »dass die Hexe im heutigen Sinne des Begriffs keine deutsche Vorstellung ist, was schon die Vielfalt der Bezeichnungen nahe legt. Die alten Germanen kannten Zauberer, Hellseher, Wahrsagerinnen, Traumdeuter usw. Es ist anzunehmen, dass diese Anhänger der weißen wie der schwarzen Magie bei den Christen malem partem gedeutet wurden und sich folglich in Hexen und -meister verwandelten, also in die römische Striga.«[17]

Stefan von Bourbon stellte sich die Holden Frauen auf Besen reitend vor, die Unholden auf Wölfen. In Gervasius' von Tilbury *Otia Imperialia* hat die Vorstellung bereits ambivalenten Charakter: Einerseits nimmt er an, dass die Nachtfahrenden nicht-menschliche Wesen sind, aber an einer anderen Stelle spricht er davon, dass die Nachtfahrerinnen doch fliegende Menschen sind. Er habe eine Frau gekannt, welche an den Nachtfahrten teilgenommen habe. Diese hatte nicht beachtet, dass sie dabei den Namen Christi nicht aussprechen dürfe, und wäre deshalb nach diesem Tabubruch in die Rhône gestürzt.[18] An die Tierverwandlung, vorzugsweise in Katzen, glaubt er ebenfalls: »Scimus quasdam (feminas) in forma cattarum a furtiva vigilantibus de nocte visas ac vulneratas in crastino vulnera truncationesque membrorum ostendisse.«[19]

Die Antikerezeption führt zu einer Vermischung der römischen *Striga* mit der volkstümlichen Nachtfahrerin, wodurch die unholden Aspekte ein gewisses Übergewicht erhielten. In der mehrfach erwähnten *Legenda Aurea* des Jacobus de Voragine begegnen wir dieser Mischform. Er erzählt die Geschichte des Germanus von Auxerre, der Herberge in einem fremden Haus nimmt und nach dem Abendessen bemerkt, dass der Tisch neuerlich gedeckt wird. Als er verwundert nach den neuen Gästen fragt, gibt man ihm zur Antwort:

> do seitent si, es were eine gewonheit, daz die frowen die des nahtes farent gewonlich in daz hus koment; den were der tisch bereit. Hie von wachet Sant Germanus. do sach er daz vil túfel in menschen personen koment und sattent an den tisch.[20]

Aus dem Gesagten geht also hervor, dass die volkstümliche Vorstellung von den nachtfahrenden Frauen mit den Zauberinnen vorerst nur am Rande zu tun hatte.

Die *Lex Salica*[21] und die alemannischen und langobardischen Rechtsvorschriften erwähnen einen Volksglauben von vampyrartigen Frauen, die Menschen innerlich verzehren können. Der *Edictus Rothari* (643) weiß ebenfalls von dieser Vorstellung und erklärt, dass Christen, die solches glauben, dem Wahn verhaftet wären und jene Frauen, die man als *Strigen* denunzierte, nicht zu bestrafen seien. Im alemannischen Recht gab es sogar eine Bestimmung gegen diese »wahnhaften« Denunziationen.

Der *Canon Episcopi*[22] (siehe S. 126 f.), der das erste detaillierte Zeugnis über Nachtfahrerinnen beinhaltet, beschäftigt sich gleichfalls mit diesem Volksglauben. Er ermahnt die Bischöfe, den Wahn auszurotten, den der Teufel verwirrten Frauen im Traum eingebe, dass diese in der Nacht auf Tieren mit der Göttin Diana durch die Luft reiten. Diese Vorstellungen sollen als Wahngebilde bekämpft und als Vorspiegelungen des Teufels entlarvt werden.

Burkhard von Worms (1020) hebt durch die Bezeichnung »Holde« den freundlichen Charakter dieser Wesen hervor. Burkhard erwähnt aber auch die unholden nachtfahrenden Frauen, welche die Christenmenschen mit unsichtbaren Waffen töten[23], deren Fleisch kochen und essen und anstelle des Herzens einen anderen Gegenstand dafür einsetzen. Am nächsten Tag beleben sie ihre Opfer wieder.

Der Dichter Stricker[24] widmet ihnen eine eingehende Beschreibung:

> Ich bin gewesen ze Portigâl
> und ze Dolêt sunder twâl,
> mir ist kunt Kalatrâ daz lant,
> […]
> waz ein unholde waere?
> daz gehôrt ich nie gelesen,
> waz ein unholde müge werden.

daz ein wip ein chalp rite,
daz waeren wunderliche site,
ode rit ûf einer dehsen,
ode ûf einem hûspesem
nâch slaze ze Halle füer;
[...]
daz en wip ein man über schrite
und im sin herze ûz snite,
wie zaeme daz einem wibe,
daz sie snite ûz einem lîbe
ein herze, und stieze dar in strô,
wie möhter leben ode werden frô?
[...]
Ich wil iu sagen maere,
waz sin rechte unholdaere:
daz sint der herren râtgeben [...][25]

Herbort von Fritzlar verwendet in seinem Trojaroman *Liet von Troye*[26] das schauerliche Herausnehmen des Herzens als Metapher für die Liebeskrankheit:

Ich han nicht in dem lîbe,
Da mîn herz solde wesen,
Da trage ich ein lîhte vesen, oder ein stro oder eine wisch (v. 9418).[27]

Jacob Grimm hat zu dieser Vorstellung auch die serbische *vjechtitza* gestellt, die den schlafenden Männern mit einer Rute die Brust öffnet, das Herz herausnimmt und es aufisst. Die offene Brust schließt sie wieder. Einige leben darauf noch weiter, sterben aber bald. Im alpenländischen Volksglauben erzählt man Ähnliches von der Berchta, welche den Körper aufschneidet und mit Heckerling auffüllt.[28]

Johann von Salisbury hat beide Vorstellungen, die Holden und die Unholden, als Träume von Ungebildeten bezeichnet. Walter Map will beweisen, dass die Nachtfahrerinnen nicht mit den Frauen identisch seien, die schlafend im Bett liegen und dennoch behaupten auszufahren. Es handelte sich dabei vielmehr um Dämonen, die in Gestalt jener Frauen Böses tun. Er führt ein Beispiel an, wo ein Dämon in der Gestalt einer alten Frau bereits drei Kinder erwürgt habe. Als er ein viertes bedroht habe, habe man ihn mit seinem

Ebenbild konfrontiert. Der Dämon sei daraufhin durch ein offen stehendes Fenster geflüchtet.[29] Die Wettermacherei, welche die so genannten *Tempestari* ausübten, ist bereits aus der Antike bekannt. Agobard, Bischof von Lyon, berichtet in seiner Schrift *Gegen die törichte Volksmeinung über die Entstehung vun Unwettern* (9. Jahrhundert), dass in seiner Heimat sowohl Adelige als auch einfache Leute glaubten, dass Wetterzauberer einen Sturm entfachen und somit die Ernte gefährden bzw. zerstören könnten. Sie drohten den Bauern, dass sie, wenn diese die geforderten »Schutzgelder« nicht zahlen wollten, nicht nur Sturm und Hagel senden, sondern auch die Ernte rauben würden, die sie dann in ihren Wolkenschiffen nach Magonia verfrachten würden, um sie dort zu verkaufen.[30]

> Ich selbst habe mehrere dieser Narren gesehen, die so absurde Behauptungen für Wahrheit hielten. Sie zeigten der versammelten Menge drei Männer und eine Frau, die angeblich aus diesen über den Wolken fliegenden Schiffen gestürzt waren und seit mehreren Tagen in Ketten gehalten wurden. Jetzt wurden sie vor mich gebracht und sollten gesteinigt werden.[31]

Agobard konnte diese Strafe verhindern. Die Teilnehmer der Synode zu Paris von 829 hingegen gehörten offenbar zu den Strafbefürwortern:

> Man sagt, dass die Zauberer auch Sturm und Hagelschlag verursachen können, die Zukunft vorhersagen, Feldfrüchte und Milch dem einen wegnehmen und einem anderen zukommen lassen und zahllose ähnliche Dinge vermögen. Wenn Männer oder Frauen entdeckt werden, die solche Taten begangen haben, muss man sie ganz besonders streng bestrafen, weil sie sich nicht scheuen, ganz offen dem ruchlosen Teufel zu dienen.

Die Anschuldigungen der Spätzeit, dass sich die Hexe an Ernte und Vieh vergreife und Wetterzauberei übe, bringt sie nicht nur mit den *Tempestari* in Zusammenhang, sondern auch mit einem Korndämon.[32] Es handelt sich dabei um den *Bilwiz*, den schon Berthold von Regensburg zusammen mit den Nachtfahrerinnen erwähnt: »non debes aliquo modo credere nec hulden nec unhulden nec pilwiz, nahtvare, nahtvrowen [...] Totum sunt demones.«[33]

Bei Berthold handelt es sich bei den Nachtfahrerinnen noch um Dämonen, während aus ihnen später im Gefolge der Diana, Herodia Abundia oder Berchta plötzlich Frauen werden. Auch der Bilwiz entwickelt sich im letzten Viertel des 14. Jahrhunderts zum Zauberer bzw. wird mit den Hexen gleichgesetzt:

Auch wellen und gebieten wir, dass alle Zauberer, weydeler, pilwitte, Schwarzkünstler undt wie diese Gotteslesterer megen genandt werden [...].[34]

Claude Lecouteux führt noch weitere Gemeinsamkeiten des Korndämons mit dem Hexenbild an. Den Bilwiz fasste man ab 1400 als weibliches Wesen auf, das in Zusammenhang mit dem Flug zum Brocken Erwähnung findet. Es zeigt sich, dass ebenso wie bei der *Hagazussa* ein ursprünglich der niederen Mythologie angehöriges Naturwesen antropomorphisiert und zugleich dämonisiert wurde. »Wenn die Entwicklung des Bilwiz zwischen dem 13. und dem 15. Jahrhundert parallel zu der Hagazussa verläuft, so kann man vermuten, dass sich eine kleine Gottheit hinter dem Bilwiz versteckt, wie eine hinter der Hagazussa stand.«[35]

Eine weitere bereits in der Antike bekannte Vorstellung, die man auf die Hexen übertrug, stand ursprünglich nicht in Zusammenhang mit den Strigen, sondern mit dem Schadenzauber: das berüchtigte Nestelknüpfen, ein Brauch, der sich noch bis in unser Jahrhundert belegen lässt.[36] Das Ritual besteht darin, dass während einer Trauungszeremonie ein Knoten geknüpft bzw. ein Schloss zugesperrt wird. Dann wirft der Magier Knoten oder Schloss ins Wasser. Hinkmar von Reims (siehe oben S. 128) erwähnt den Brauch, und Vintler[37] listet ihn in seinem Aberglaubenskatalog auf. Als Abwehrzauber empfiehlt sich, ein bereits verschlossenes Schloss in der Tasche zu tragen.[38] Nestelknüpfen ist ein Analogiezauber, den Handlungen bei der Kastration von Tieren nachgebildet.[39]

Der *Hexenhammer* gibt an, dass die Hexen

die Erektion des Gliedes, die zur Befruchtung nötig ist, unterdrücken [...] und die Sendung der Geister zu den Gliedern [...] verhindern, indem sie gleichsam die Samenwege versperren, dass er nicht zu den Gefäßen der Zeugung gelangt, oder nicht ausgeschieden oder ausgeschickt wird [...] durch die geheime Kraft der Dämonen, die derartige Hexen täuschen, können sie durch solche dann die Zeugungskraft behexen, dass nämlich der Mann der Frau nicht beiwohnen und die

Abb. 23: Katzenverwandlung. Aus Ulrich Monitors »Hexen Meysterey ...«

Abb. 24: Hexenritt. Aus Ulrich Monitors »Hexen Meysterey ...«

Abb. 25: Teufelsbuhlschaft und Wetterzauber. Aus Ulrich Monitors »Hexen Meysterey ...«

> Frau nicht empfangen kann. Und der Grund ist, weil Gott bei diesem Akte, durch den erst Sünde verbreitet wird, mehr zulässt, als bei den anderen Handlungen der Menschen.[40]

Überhaupt verdächtigte man besonders die Hexen, Übles gegen die Männlichkeit und die Fruchtbarkeit im Sinne zu haben. Der *Hexenhammer* verleumdete auch die Hebammen und stellte sie in die Nähe der Hexen, aber auch der Giftmischerinnen, die Liebes- und Abtreibungstränke brauen könnten. Diese angebliche Spezialität der Hexen war schon seit der Antike ein Zaubereidelikt.

Eine weitere sicherlich sehr alte Vorstellung, die dann gleichfalls auf die Hexen übertragen wurde, ist die Gabe der Verwandlung. Die Fähigkeit der Tierverwandlung wurde Ende des Mittelalters mit den Flugvorstellungen gekoppelt. Die Hexe vermag sich in alle Tierarten zu verwandeln, außer in eindeutig christlich-religiös besetzte Symboltiere wie Taube oder Lamm. Eine der beliebtesten Verwandlungsmöglichkeiten war die in eine Katze, aber auch in Kröte, Hase, Pferd, Schwein, Kuh etc. Als Maus oder Ratte frisst sie die Feldfrüchte, in Katzengestalt hat sie es auf die Milch abgesehen. Die

Katze gilt auch als besonderer Schutz- oder Hilfsgeist der Hexe, als Familiar, weshalb diese Tiere auch zusammen mit den Frauen verurteilt und hingerichtet wurden.[41]

Katzen sind unter anderem auch eines der Indizien, die viele Forscher die Hexen mit schamanistischen Vorstellungen in Zusammenhang bringen lassen. Die Erzählungen, dass in Katzen verwandelte Frauen verletzt wurden und am nächsten Tag dieselben Wunden am Menschenkörper sichtbar waren, bringt sie deutlich in den totemistischen schamanistischen Bereich, wie auch die Tranceerlebnisse, in denen sie zu fliegen meinen bzw. in Tiergestalt umherstreifen, weiters die Hinweise auf die Hexe als Herrin der Tiere.

Ein weiterer gewichtiger Vorwurf in den Prozessen war die Teufelsbuhlschaft, die gleichzeitig als Teufelspakt angesehen wurde. Der älteste Beleg von 1275 stammt aus den Akten des Inquisitors von Carcassonne. Die Vorstellung des Verkehrs zwischen Menschen und Dämonen war vor dem 13. Jahrhundert nicht mit der Zaubereivorstellung verbunden.

Bis zu Carlo Ginzburgs Untersuchungen über die *Benandanti*[42] ging die Forschung davon aus, dass der Schamanismus, abgesehen von eindeutig bestimmbaren Beispielen aus dem finno-ugrischen Raum, im europäischen Volksglauben und der Religion des mittelalterlichen und neuzeitlichen Europa keine Rolle spielt. Ginzburgs »Entdeckung« der guten Zauberer in Friaul, die gegen die bösen, die Fruchtbarkeit der Felder gefährdenden Hexen kämpfen, folgten weitere Untersuchungen, die zu ähnlichen Ergebnissen kamen. Weit reichende Studien der jugoslawischen und ungarischen Volkskundler konnten Parallelen zu den jugoslawischen *kresnik* und den ungarischen *táltos* aufzeigen.

Die *kresnik* kämpften nachts in verwandelter Gestalt gegen die Hexen, die in Gestalt eines weißen Tuches flohen.[43] Diese Kämpfe vollführten sie in Trance: Während der schlafende Körper bewegungslos dalag, focht die Seele in Tiergestalt Kämpfe gegen die Hexen aus. Ein anderer Gegenspieler der *kresnik* war *vucodhak*, ein Werwolf, der ebenso wie die *kresnik* und die *Benandanti* mit einer Glückshaube geboren war und deshalb die Fähigkeit zur Verwandlung besaß. In Serbien, Bosnien und Herzegowina heißt der Zauberer *zduhac* und besitzt ebenfalls eine Glückshaube, die ihn zur Verwandlung befähigt. Die Glückshaube scheint auch mit dem Konzept der Seele außerhalb des Körpers (external soul) in Relation zu stehen.[44]

Die ungarische Variante, der *táltos*, wurde wie seine jugoslawischen Kollegen der Zauberei und Hexerei bezichtigt, konnte genauso den Vorwurf zurückweisen, indem er angab, den Schadenzauber der Hexen wieder rückgängig gemacht bzw. geheilt zu haben. Bei den Prozessen betonten die angeklagten *táltos* immer wieder, dass sie nicht infolge diabolischer Fähigkeiten, sondern durch die Kraft »gottgefälliger Wissenschaft«[45] zu heilen vermögen. Diese Gewalt erlangt der *táltos* durch Trance. Die Inquisition sah in den Berichten von diesen Seelenreisen Beweise für Hexerei. Vielen der *táltos* gelang es, diesen Vorwurf zurückzuweisen und sich der Verurteilung zu entziehen. Im Unterschied zu den *Benandanti* und auch den *kresnik* kämpfen die *táltos*-Zauberer nicht gegen Hexen, sondern gegen andere *táltos*, was sie als die archaischere Form der im europäischen Volksglauben auftretenden Schamanen ausweist.

All diese »Protagonisten der ekstatischen Kulte« stellten sich als Wohltäter, als der Gemeinschaft dienende Menschen dar. Die *táltos*, die zuweilen die Bauern erpressten, indem sie drohten, Gewitter zu entfesseln, die *Benandanti*, die angaben, die in der Gemeinschaft lebenden Hexen identifizieren zu können, zogen oft den Unmut ihrer Mitmenschen auf sich. Sie betätigten sich als Heiler, die Kranke von weit entfernten Gegenden versorgten, da sie die unmittelbare Umgebung als »Hexer« fürchtete. Vergeblich beteuerten sie, ihre Kräfte dem Enthexen zu widmen; man war der Meinung, dass jemand, der enthexen könne, auch das Hexen beherrschen müsse. »Wenn also eine schamanenähnliche Figur die Rolle des Heilers übernahm, wie es die Benandanti taten, geriet sie unweigerlich in die Falle, von ihrer eigenen Gemeinschaft als Hexe betrachtet zu werden.«[46]

Die typische Ausformung des Hexensabbats war wie auch die Ketzerbewegung zuerst auf Südfrankreich konzentriert. Hier mischte sich die jüdisch-mystische Bewegung mit islamisch-maurischen und häretischen Strömungen. Die Fülle der Quellen ist fast unübersehbar und die Protokolle der Inquisition ergeben die immer gleichen Erörterungen. Als Beispiel sei ein relativ später Bericht angeführt, der jedoch einige sehr interessante Details enthält:

Nun komme ich uff ein ketzerei und sect, davon ich will schreiben, und ist die allergroste und heisset ein irsall und sect Gazariorum, das ist der unholden, und die bei der Nacht faren uff besamen, offengabeln, katzen, bocken oder uff andern dingen darzu dienend [...] Zum ersten, wer in die verflucht sect wil komen, so man ine uffnimpt, muss er schweren, als offt er berufft wirt von einem der sect, so soll er von stund an alle ding ligen lassen und mit dem beruffer in die sinagog und samelung gehen, doch also, das der verfurer salben besame oder stecken mit ime neme, das er dem verfurten antworten sol. Item wie si in die singoga komen, so antwort man den verfurten armen menschen, dm deuffel, dre zu stund erscheint in einr gestalt einr schwartzen katzen oder bock, oder in einr anderen gestalt des menschen. Darnach fragt der deuffel oder der verfurer den verfurten, ob er in der gesellschaft wol bleiben und gevolgig wol sein dem verfurer, und so antwort der arme verfurt mensch: ja. Darnach muss er schweren, als hernach steht. Item er schwerdt, das er getreuw wol sein dem ketzermeister und alle seinr gesellschaft; zum anderen, das er alle, die er moge zu solcher gesellschaft bringen, das er fleis dazu thun wollt; zum dritten, das er bis in den dot die heimlichkeit verschwigen wolt; zum vierten, das sie alle die kind, die under drein jarn sint, wollen doten und in die gesellschaft bringen; [...] das sie alle eheleut verwirren wollen und darvor woln sein, das inen ire gemacht verhalten werden mit zauberei oder sunst sachen. Un wenn der arme die artickel also geschwert, so kniet er nider und betet den ketzermeister an und ergibt sich ime und kust ine in den ars, und sie sagen, es sei der deuffel selbs, der uff dem stul sitzt in eins menschen wise und gibt im zins ein glidt von seinem leibe, so er gestirbt. Darnach so sint die in der gesellschaft frolich und freuwen sich des neuen gesellen und ketzers und essen, das sie haben, gebraten und gesodten kinder. Wen sie gessen haben so schreit der deuffel oder der ketzermeister: »Meselet, Meselet« und lescht die liecht aus; darnach lauffen sie undereinander und vermischen sich fleischlich und der vatter mit der dochter, desgleich bruder mit der schwester etc. und halten nit naturlich ordenung in dem werck [...] Item wenn der arme verfurte mensch sich dem deuffel zu lehn hot gegeben, so gibt im der meister ein buchsen mit salben, ein stabe, besame oder was dazu gehort. Uff den muss der verfurt in die schule gehn und lert ine, wie er den stab sol schmeren mit der salbe, und die salbe wirt deuffelisch gemacht von der feistigkeit der kinde, gebaten und gesodt sein, und mit anern vergifften dingen, als schlangen, eidessen, krotten, spinnen. Die salben brauchen sie auch dazu, so sie iematen domit beruren oder bestreichen einmale, muss der mensch eines bosen dots sterben zustunde gehlingen. Item sie machen pulver aus dem inngeweide, aus der lungen, leber, hertz etc. und so es neblichte ist, so werffen sie das pulver in den nebel, der zeucht es uff in die lufft. Derselbig lufft ist vergifft, also das die leut gehlihng sterben oder sunst ein ewig krankheit gewinen, und das ist die ursach, das in ettlichen dorffern pestilentz regiert und zu allernechst dobei ist man frisch und gesundt [...].[47]

Diese Vorstellungen sind uns bereits als Anschuldigungen gegen die Urchristen, Juden und Ketzer begegnet und zwar genau in dieser Form: sexuelle Orgie, Lichterverlöschen, Kindestötung und Kannibalismus, Verehrung eines tiergestaltigen Gottes.

Carlo Ginzburg hat mit seiner Studie über den Sabbat versucht, verschiedenen Vorurteilen gegenüber dem Stoff, die sowohl von der Seite der Forscher als auch in den Quellenzeugnissen selbst zum Ausdruck kommen und die Interpretation erschweren, mit einem anderen Ansatzpunkt zu begegnen. Er konzentrierte sich nicht auf die Geschichte der Verfolgung, wie das Gros der Forscher vor und nach ihm[48], sondern versucht den dahinter liegenden Mythos freizulegen, also die Problematik religionsgeschichtlich-phänomenologisch anzugehen. Das Ergebnis von Ginzburgs Untersuchungen der Verfolger und der Verfolgten ist die Definition des Hexensabbats als »kulturelle Kompromissgestalt« und als das »hybride Resultat eines Konfliktes zwischen Volkskultur und Gelehrtenkultur«.[49]

Seit ca. 1114 (siehe S. 99 f.) waren die Kannibalismusanschuldigungen aus der antihäretischen Propaganda verschwunden, und nun taucht in den letzten Jahren des 14. Jahrhunderts ein Bericht über eine namenlose Sekte mit dualistischen Vorstellungen auf, die Luzifer, den sie als verstoßenen Bruder Gottes betrachtet, anbetet, die Sakramente ablehnt, sexuelle Orgien feiert und die eigenen Kinder tötet[50] (siehe Gnosis S. 56 ff.). Ginzburg regt an, den katharischen Dualismus in Zusammenhang mit der Herausbildung des Hexensabbats zu überdenken.[51] Er betont abschließend: »Im Bild vom Sabbat hatten wir zwei kulturelle Schichten verschiedener Provenienz unterschieden: Zum einen das von Inquisitoren und Laienrichtern ausgebreitete Thema vom Komplott, dass eine Sekte oder feindliche soziale Gruppe geschmiedet haben soll; zum anderen Elemente schamanistischer Provenienz, die in der Volkskultur bereits fest verwurzelt waren, so etwa den magischen Flug und die Tierverwandlung.«[52]

Zwischen beiden besteht eine untergründige Affinität. Den chronologischen Ablauf der Entwicklung kann man sich folgendermaßen vorstellen: Von der international nachgewiesenen Vorstellung, dass bestimmte Tiere den Kühen oder Ziegen die Milch abziehen, die in Europa mit den Feen und später den Hexen verbunden wurden, können die ebenfalls recht alten Vorstellungen von den Nachzehrern, den eifersüchtigen Toten, die Blut saugen, in Analogie gesetzt werden. In der Antike bezeichnete *strix* ursprünglich einen Nachtvogel, der Säuglingsblut trinkt, doch schon Ovid identifiziert *strix* mit den skythischen Zauberinnen, die sich in Vögel verwandeln und Säuglinge rauben. Stefan von Bourbon übernahm den Begriff, um damit einen Dämon zu bezeichnen, der in Gestalt eines alten Weibes auf dem Rücken eines Wolfes kleine Kinder ermordete. Den letzten Entwicklungsschritt des Stereotyps stellten jene Frauen dar, die, vom Teufel verblendet, ihre eigenen Kinder töteten.

Die historischen Vorläufer der Hexen – Juden, Leprakranke, Ketzer, *Benandanti*, *táltos* u.a. – können ebenso wie diese als Grenz- bzw. Schwellengänger bezeichnet werden.

Zusammenfassend ist zu sagen, dass der Hexenbegriff des Spätmittelalters nicht mit dem der Zauberin oder Magierin identisch ist, obwohl sich einige Gemeinsamkeiten feststellen lassen. Mit dem Begriff Hexe sind ganz bestimmte, klar definierte Attribute verbunden, die sowohl aus den älteren Zauberei- und Aberglaubensvorstellungen, als auch aus anderen Bereichen des Volksglaubens, aber auch aus der Definitorik der Theologen stammen. Auch der Ketzeraspekt spielt eine bedeutende Rolle, insbesondere bei der Entwicklung der Ketzersabbatvorstellung zum Hexensabbat. Die Gleichung Zauberin = Hexe geht nicht auf. Auch das bündische Element, Hexen in Geheimgesellschaften, Hexensekten, organisiert, unterscheidet sie von den Zauberern, die stets als Einzelpersonen auftreten. Evans-Pritchards Hexenbegriff, aus der Feldforschung bei den Azande gewonnen, könnte auch auf die Hexen des Spätmittelalters zutreffen: »Azande believe, that some people are witches and can injure them in virtue of an inherent quality. A witch performs no rite, utters no spell and possesses no medicines. An act of witchcraft is a physic act. They believe also that sorcerers may do them ill by performing magic rites with bad medicine.«[53]

Auch MacFarlanes Studie fasst die Hexe als passive Gestalt im Gegensatz zum aktiven Ritualzauberer auf: »Witchcraft is a supernatural activity, believed to be the result of power given by some external force (for instance, the Devil), and to result in physical injury to the person or object attacked by it. There is not necessarily any outward action or words on the part of the ›witch‹. It is basically an internal power. The opposite to this is ›white witchcraft‹ which is the reverse [...] Between these two terms lies a third, ›sorcery‹. This combines the explicit means of ›white witchcraft‹ – for instance a sorcerer makes an image of his enemy in wax – with the evil ends of witchcraft: he sticks bits into the image to cripple his victim.«[54]

Zwei in der höfischen Literatur geschilderte Gerichtsverfahren mögen den Paradigmenwechsel von Zauberei zu Hexerei illustrieren. Im wahrscheinlich nach 1314 entstandenen Minneroman *Friedrich von Schwaben*[55] geht es um die Verurteilung der Stieftochter Angelburg, die von ihrer bösen Stiefmutter, der Zwergenkönigin Jerome für die magisch erzeugte Blindheit des Königs verantwortlich gemacht und zur Strafe in verwandelter Gestalt leben muss.

In dem 1480, also sehr viel später, entstandenen und kaum beachteten Hauptwerk des Johannes von Soest[56] *Die Kinder von Limburg*[57], wird die Heldin Margaretha zu Unrecht zauberischer Handlungen beschuldigt, in den Kerker geworfen und soll verbrannt werden. Der Schultheiß, der sie zur Richtstätte führt, der sie begleitende Beichtiger, der gemeine Henker, die ihre Unschuldsbeteuerungen ignorieren, werden detailliert und erschreckend realistisch geschildert. Das Volk steht auf der Seite der Heldin, hat aber nicht den geringsten Einfluss. Die Jungfrau widerspricht der Anklage, sie hätte den jungen Grafen Echites durch Liebeszauber geneigt gemacht; er liebe sie und wolle sie heiraten. Die Gräfin befiehlt sogleich, das Feuer zu schüren, denn sie hält sie nicht nur für eine Hexe, sondern wirft ihr auch vor, sie habe sich, obwohl von niederer Herkunft, den adeligen Stand angemaßt. Überhaupt wird im Spätmittelalter die Frage der Standesgleichheit bzw. Ungleichheit von entscheidender Bedeutung. Die Szenerie erinnert an den Fall der bayerischen Baderstochter Agnes Bernauer[58], die des Liebeszaubers am Bayernherzog Albrecht bezichtigt und 1435 bei Straubing ertränkt wurde, wobei man im Falle der Bernauerin meines Erachtens nach noch von einem Zaubereiprozess (so überhaupt stattgefunden), nicht von einem Hexenprozess wie im vorliegenden Roman sprechen muss.

Zur Unterscheidung der Begriffe Zauberei und Hexerei

Der von der Hexenforschung bislang wenig beachtete Bericht des Ethnologen Joachim Sterly[59], der die Kumo-Hexerei auf Neuguinea untersucht hat, enthält brauchbare Definitionen des Hexenbegriffs, die sich auch zum frühneuzeitlichen Phänomen stellen lassen: »Hexen scheint es überall zu geben, und in allen Sprachen haben die Menschen ein Wort dafür. Der Unterschied zwischen Hexerei und Zauberei mag für uns unkenntlich sein, doch ist er eindeutig dort aufzuweisen, wo beides noch geübt wird.«[60]

Die Protagonisten der Kumo-Hexerei zeigen auffällige Parallelen zu den mittelalterlichen Hexen wie Trance, Flug und auch Kannibalismus.

Daneben existiert aber noch eine andere Gruppe, die zu den Kumo-Leuten in antagonistischem Verhältnis steht, was wiederum mit den von Ginzburg, Klaniczay u. a. untersuchten Vorstellungen in Analogie zu setzen ist. »Nach Auffassung der Simbu muss ein Zauberer nicht schon ein Kumo-Mann sein. Dass Tabu-Zauber[61] mit Hexerei nichts zu tun hat, [...] zeigt, dass es sich um zwei unterschiedliche Phänomene handelt. Aber nicht nur in der sozialen bzw. asozialen Gerichtetheit unterscheiden sich die Hexen von den Zauberern, auch ihre Trance ist unterschiedlich: Verglichen mit diesen Praktiken (der Zaubererschamanen eines anderen Stammes) haben die Trance-Zustände der Simbu-Hexen etwas Unmittelbares und Unprofessionelles.«[62]

1 Hier eine Bibliografie bieten zu wollen, wäre ein undankbares Unterfangen, da kaum ein Gebiet der Volks- und Völkerkunde in den letzten Jahrzehnten mehr Aufmerksamkeit gefunden hat. Für dieses Kapitel habe ich außer der zitierten Lite-

ratur vor allem folgende Werke benutzt: Russell, Jeffrey, B.: *Witchcraft in the Middle Ages*, Ithaca 1972; Kieckhefer, Richard: *European Witch Trials*, London 1976; Kors, A. C./Peters, Edward: *Witchcraft in Europe 1100–1700, a Documentary History*, Philadelphia 1978; Labouvie, Eva: *Zauberei und Hexenwesen*, Frankfurt 1991; Ziegeler, Wolfgang: *Möglichkeiten der Kritik am Hexen- und Zauberwesen im ausgehenden Mittelalter*, Wien 1973; Leutenbauer, Siegfried: *Hexerei und Zaubereidelikte in der Literatur von 1450–1550*, Berlin 1972; Marwick, Max (Hrsg.): *Witchcraft and Sorcery*, London 1982; Biedermann, Hans: *Hexen*, Graz 1984; McFarlane, A.: *Witchcraft in Tudor and Stuart England – A Regional and Comparative Study*, London 1970; Michelet, Jules: *Satanism and Witchcraft, a Study in Medieval Superstition*, London 1965; Russell, Jeffrey B.: *A History of Witchcraft, Sorcerers, Heretics, Pagans*, London 1980; Schormann, Gerhard: *Der Krieg gegen die Hexen*, Göttingen 1991. Mittlerweile existieren einführende und gut gegliederte Bibliografien zur Hexenforschung, die ständig aktualisiert werden: so z. B. die Dresdner Auswahlbibliografie (Dabhex), die Gerd Schwerhoff betreut. Mitglieder der Hexenliste Klaus Graf stellen auf ihren homepages ebenfalls zahlreiche bibliografische Hinweise zur Verfügung. Nicht zuletzt muss man die unermüdliche Arbeit des Administrators Klaus Graf und seine Verdienste für die Errichtung eines Netzwerks der deutschen Hexenforschung (der Sonderforschungsbereich der Universität Trier publiziert regelmäßig neueste Forschungsergebnisse) besonders herausstreichen, obzwar seine Kommentare zuweilen mit Vorbehalt wahrzunehmen sind. Die anglo-amerikanische Hexenforschung unter der Herausgeberschaft von Bengt Ankarloo und Brian Levack (die Athlone Series, das vielbändige *Articles on Witchcraft* und 2001 das 6-bändige *New Perspectives on Witchcraft*) publiziert laufend Sammelwerke, die weit verstreute Aufsätze zum Thema zugänglich machen.

2 Oft wird in der volkskundlichen Forschung, die mit der frühen Neuzeit ansetzt, nicht zwischen der mittelalterlichen Zauberin und den tatsächlich angeklagten Frauen unterschieden bzw. ohne Einsehen der mittelalterlichen Zeugnisse einfach zurückgeschlossen.

3 Vgl. Luck, Georg: *Hexen und Zauberei in der römischen Dichtung*, Zürich 1962.

4 Vgl. Hansen, Joseph: a. a. O., S. 15, Anm. 4.

5 Vgl. Lecouteux, Claude: »Lamia«, in: *Euphorion* 75 (1981), S. 360–365.

6 Hansen hat sie als keltische Vorstellung angesehen. Vgl. Hansen, a. a. O., S. 17.

7 Zu den Verwandlungskulten vgl. bes. Höfler, Otto: *Verwandlungskulte, Volkssagen und Mythen* (= Sitzungsberichte der phil.-hist. Kl. d. Österr. Akademie der Wiss., Bd. 279), Wien 1973; zum Konzept der Verwandlung im Mittelalter vgl. die neuere Arbeit von Caroline Walker Bynum: *Metamorphosis and Identity*, New York 2001. Der Fokus der Studien Bynums liegt auf dem Körperbewusstsein in seiner jeweiligen epochalen Ausformung und Wahrnehmung.

8 Kraus, in: *Realenzyklopädie der christlichen Altertümer* II, S. 1001; Döllinger, Johann: *Christentum und Kirche*, S. 322; Ferckel, Siegbert: »›Hexensalbe‹ und ihre Wirkungen«, in: *Kosmos*, Bd. 50, Stuttgart 1954, S. 414 f. Peuckert, Will-Erich: »Hexensalben«, in: *Medizinischer Monatsspiegel*, Heft 8, Darmstadt August 1960; Neuerdings diskutiert man über die Hexensalbe als gelehrte »Erfindung«, obzwar dennoch vieles für den Gebrauch von Halluzinogenen zu sprechen scheint.

Vgl. die unterschiedlichen Standpunkte bei: Ute Horlitz, in: *Hexen und Hexer in Miltliberg und der Cent*, 1989, S. 227–243, und Gunther Franz: »Hexensalbe – was Sie schon immer über Herstellung und Gebrauch wissen wollten«, in: *Alltagsleben und Magie*, Weimar 2003, S. 57–63.

9 Hansen, a. a. O., S. 19.

10 ibid., S. 83.

11 ibid., S. 142.

12 Jordanis, *Getica* c. 24, zit. n. Hansen, a. a. O., S. 20.

13 Lecouteux, Claude: »Hagazussa, Striga, Hexe«, in: *Hessische Blätter für Volks- und Kulturforschung*, Neue Folge 15 (1989), S. 57–70.

14 ibid.

15 De civitate dei XV, 23.

16 Sébillot, Paul: *Le Folk-Lore de France*, 4 Bde., Paris 1904–1907, Ndr. 1968, Bd. I, S. 456.

17 Lecouteux, Claude: a. a. O., S. 66.

18 Vgl. Hansen, Joseph: a. a. O., S. 139 f. Leibniz, G. W.: *Scriptores rerum Brunsvicensium*, I, Hannover 1701, 3 c. 93; die König Otto IV. gewidmete Schrift vermischte antike Lamienvorstellungen mit dem Alp, der Männer und Frauen drücken, aber auch die Gebeine der Menschen zerstückeln und wieder zusammensetzen kann.

19 Gervasius von Tilbury: *Otia imperialia* I, c. 93, zit. n. Hansen, a. a. O., S. 140.

20 Aus Krapp, William (Hrsg.): *Die Elsässische Legenda Aurea*, Tübingen 1980, Bd. I, S. 480.

21 Ward, John, O.: »Witchcraft and Sorcery in the Later Roman Empire and the Early Middle Ages«, in: *Prudentia* 12 (1980), S. 93–100.

22 Unverhau, Dagmar: »Volksglaube und Aberglaube als glaubensmäßig nicht sanktionierte Magie auf dem Hintergrund des dämonologischen Hexenbegriffs der Verfolgungszeit«, in: *Volksreligion im hohen und späten Mittelalter*, hrsg. v. Peter Dinzelbacher und Dieter Bauer, S. 375–397.

23 Hexenschuss vgl. Schmitz, C. A.: »Todeszauber in Nordost-Neuguinea«, in: *Religionsethnologie*, hrsg. v. Schmitz, Frankfurt 1964, S. 335–374, bes. S. 353 f.

24 Der aus dem südlichen Rheinfranken stammende und in der ersten Hälfte des 13. Jahrhunderts lebende Erzähler trat sowohl mit seiner Schwankdichtung als auch mit höfischen Romanen hervor.

25 Wiener Hs. 428,154 d; vgl. Schwab, Ute: *Die bisher unveröffentlichten geistlichen Bîspelreden des Stricker*, Göttingen 1959; Zöllner, Walter/Gloger, Bruno: *Teufelsglaube und Hexenwahn*, Wien 1985, S. 47 f.

26 Die Popularität des Trojastoffes im Mittelalter beruht nicht auf der Rezeption von Homers Dichtung, sondern auf den spätantiken Darstellungen der Pseudogeschichtsschreiber Dares Phrygius und Dictys Cretensis. Herbort verfasste seine Version des Stoffes nach der französischen Fassung des Benoît de Sainte-More im Auftrag des Landgrafen Hermann von Thüringen. Die Datierung schwankt zwischen 1190 und 1210.

27 Frommann, G. K. (Hrsg.): *Herbort von Fritzlar: Das Liet von Troye*, Quedlinburg/Leipzig 1837.

28 Grimm, Jacob: *Deutsche Mythologie*, II, S. 902 f.; Waschnitius, Viktor: *Perht,*

Holda und verwandte Gestalten, ein Beitrag zur deutschen Religionsgeschichte (= Sitzungsberichte der Kais. Akademie der Wiss. Wien, phil-hist. Kl. Bd. 174), Wien 1913.

29 Hansen, a. a. O., S. 137.

30 Boshof, Egon: *Erzbischof Agobard von Lyon*, Köln 1969. Cohn, Norman: *Europe's Inner Demons. An Enquiry Inspired by the Great Witch Hunt*, New York 1975, S. 152 f. Schon in der Antike Zusammenhänge zwischen Ernte stehlen und Wolfsverwandlung ein römisches Motiv in Vergils 8. Ekloge; vgl. Fritz Graf S. 55 f.

31 Agobard: *Liber contra in salsam vulgi opinionem de Grandine*, PL 104, Sp.,148, übers. v. Riché, Pierre, in: ders.: *Die Welt der Karolinger*, Stuttgart 1981, S. 221.

32 Gerlach, Hildegard: »Hexe«, in: *EM*, Bd. 6, Berlin 1990, Sp. 973.

33 Schönbach, A. E.: *Studien zur Geschichte der altdeutschen Predigt II: Zeugnisse Bertholds von Regensburg zur Volkskunde,* Wien 1900, S. 18.

34 Zitat aus den Gesetzen des Hochmeisters Konrad von Jungingen (1394) nach Mackensen, Lutz, in: *HdA* I, S. 1317.

35 Lecouteux, a. a. O., ibid.

36 Vgl. Aly, Wolf: »Nestelknüpfen«, in: *HdA*, Bd. 6, Sp. 1014–1016.

37 Der Südtiroler Hans von Vintler hatte 1411 das italienische Exempelbuch Fiori di virtù eines gewissen Tommaso Leoni übersetzt und in Versform gebracht. Vintler listet die zu seiner Zeit gebräuchlichsten abergläubischen Praktiken auf. Vgl. Ziegeler, Wolfgang: *Möglichkeiten der Kritik am Hexen- und Zauberwesen im ausgehenden Mittelalter*, Köln 1973, vor allem Kap. II, S. 34–61.

38 ZfVk 14, S. 119.

39 Vgl. Delumeau, Jean: *Die Angst im Abendland*, Hamburg 1989, S. 81.

40 Sprenger, Jakob/Institoris, Heinrich: *Der Hexenhammer*, München, 3. Aufl. 1983, I, S. 175.

41 Vgl. Dale-Green, P.: *The Cult of the Cat*, London 1963, S. 74–143.

42 Ginzburg, Carlo: *Die Benandanti. Feldkulte und Hexenwesen im 16. und 17. Jahrhundert*, Frankfurt 1980 (in italienischer Sprache bereits 1966 erschienen). Zum Werwolf Elmar Lorey, Willem de Blécourt.

43 Klaniczay, Gábor: *Heilige, Hexen, Vampire. Vom Nutzen des Übernatürlichen*, Berlin 1990, S. 31.

44 Vgl. Tuczay, Christa: *Der Unhold ohne Seele*, Wien 1982, S. 173 ff.

45 Klaniczay, Gábor: a. a. O., S. 36.

46 ibid., S. 49 f.

47 Aus der Chronik des Mathias Widman von Kemnat, Hofkaplan des Kurfürsten Friedrich von der Pfalz in Heidelberg. Zit. n. Becker, Gabriele/Bovenschen, Silvia/Brackert, Helmut u. a.: *Aus der Zeit der Verzweiflung. Zur Genese und Aktualität des Hexenbildes*, Frankfurt a. M. 1977, S. 336 f.

48 Vgl. Ginzburg, Carlo: *Der Sabbat*, bespricht die Forschungsgeschichte S. 1 ff.

49 Ginzburg, Carlo: »Nächtliche Zusammenkünfte. Die lange Geschichte des Hexensabbat«, in: *Freibeuter* 25 (1985), S. 20.

50 Ginzburg, Carlo: *Sabbat*, S. 82 f. Der Passus Errores haereticorum Waldensium, wonach ein gewisser Bruder Peter 600 Waldenser bekehrte, wobei er neben den Irrtümern dieser auch die einer unbekannten Sekte erwähnt.

51 ibid., S. 84.

[52] ibid., S. 293.

[53] Evans-Pritchard, E.: *Witchcraft, Oracles, and Magic among the Azande*, Oxford 1937, S. 21.

[54] MacFarlane, Alan: *Witchcraft in Tudor and Stuart England. A Regional and Comparative Study*, London 1970, S. 4.

[55] Vgl. Welz, Dieter: »Friedrich von Schwaben«, in: *VL* Bd. 2, Berlin 1980, Sp. 959–962; der Text hg. v. M. J. Jellinek, Berlin 1904 (= DTM 1).

[56] Vgl. Bonath, Gesa: »Johann von Soest«, in: *VL* Bd. 4, Berlin 1983, Sp. 744–755.

[57] Klett, Manfred (Hrsg.): *Johannes von Soest: die Kinder von Limburg,* ediert nach Cod. Pal. Germ. 87, Wien 1975 (= WAGAPH 4).

[58] Maßgeblich in Aufbereitung des Quellen- und Bildmaterials ist Werner Schäfer: *Agnes Bernauer. Geschichte, Dichtung, Bild*, Straubing 1995.

[59] Turner, Victor: »Witchcraft and Sorcery«, in: *Africa* XXXIV (1964), S. 314; neuerdings entdeckt man die Bedeutung Turners für die Kulturwissenschaften vgl. Bobby C. Alexander: *Victor Turner revisited. Ritual as Social Change*, Atlanta 1991.

[60] Sterly, Joachim: *Kumo. Hexen und Hexer in Neuguinea*, München 1987.

[61] Unter Tabu-Zauber versteht man Abwehrzauber, der sich besonders gegen Diebstähle, Verführung von Frauen etc. richtet. Ibid., S. 163.

[62] ibid, S. 165; »Wichcraft is done by means of an inherent or implicit power possessed by the witch, whereas sorcery is performed by means of explicit technique learned or acquired by the sorcerer.« Horsley, Richard: »Who were the Witches«, in: *Journal of Interdisciplinary History* 9 (1976), S. 696; vgl. auch Middleton, J./Winter F. H.: *Witchcraft and Sorcery in East Africa*, London 1963 2–4, S. 8.

X. Die Magie in der höfischen Literatur des Mittelalters

Der Trug des Nectanebos[1]

Viele Zeitgenossen Alexanders des Großen hielten Alexander seit seinem Besuch im Ammoneion für einen Sohn des Gottes Ammon. Der Alexanderroman berichtet, dass ihn der ägyptische König Nectanebos in Gestalt des Gottes zeugte. Deshalb ist die Forschung schon früh zu dem Schluss gekommen, dass die Erzählung ihren Ursprung in Ägypten habe. Kallisthenes berief sich auf ägyptische Quellen. Der griechische Alexanderroman gestaltet den ägyptischen König zu einer dubiosen Figur, einem Illusionskünstler, um.

Valerius' lateinische Übersetzung (320 n. Chr.) und die spätere des Archipresbyter Leo von Neapel (951–968) bildete die Basis der mittelalterlichen Alexanderdichtung. Valerius' Erzählung berichtet von Nectanebos als letztem König von Ägypten, der ein großer Zauberer und Astrologe war. Auf seiner Flucht gelangte er nach Makedonien. Die bislang kinderlose Königin Olympias rief ihn in Abwesenheit ihres Gatten Philipp zu sich, um zu erfahren, ob sie ein Kind gebären werde.

Nectanebos verliebt sich in die Königin. Er stellt ihr ein Horoskop, das er mit seinem eigenen vergleicht. Dann verkündet er zu ihrer Freude, dass sie einen Erben von einem Gott empfangen werde. Auf die Frage, um welchen Gott es sich handle, antwortet er, dass der lybische Ammon in Gestalt eines grauhaarigen Mannes im mittleren Alter mit Widderhörnern sie bereits in der folgenden Nacht im Traum umarmen werde.

Der Zauberer begibt sich daraufhin auf die Suche nach zauberkräftigen Kräutern und formt aus Wachs einen Frauenkörper, in den er den Namen der Königin einritzt. Er legt das Wachsmodell in ein Bett, gießt den Kräutersud darüber und beschwört die für diesen Zauber zuständigen Dämonen mit Hilfe des passenden Zauberspruchs. Die Königin vernimmt alles, was er zu dem Bild spricht, im Traum.

Abb. 26: Nectanebos zerstört seine Feinde durch Magie. Aus einer Handschrift des Alexanderromans.

Am nächsten Morgen lässt sie den Schöpfer des Traumgebildes rufen und will, dass der Traum Wirklichkeit werde. Nectanebos verspricht, die nötigen Vorkehrungen zu treffen, und fordert ein Zimmer neben dem der Königin, um ihr beistehen zu können, wenn der Schock über die Tiergestalt des Gottes sie übermanne. Er bereitet sie darauf vor, dass der Gott in verschiedenen Verwandlungen kommen werde, zuerst in Schlangengestalt[2], dann als Ammon mit Widderhörnern, in Gestalt des Dionysos und des Herakles und als Letztes in Menschengestalt mit den Zügen des Nectanebos. Es geschieht, wie es der schlaue Zauberer geplant hat, der auch Philipp von der Geschichte überzeugen kann. Dem Knaben Alexander dient er als Lehrer. Als er diesen im Alter von zwölf Jahren in die Kunst der Astrologie einführen will und ihm ein Horoskop stellt, sieht er, dass es Alexander bestimmt ist, den eigenen Vater zu töten. Alexander glaubt ihm nicht und stürzt ihn in einen Graben, da er nicht weiß, dass Nectanebos sein Vater ist.[3]

Alberic von Besançon verfasste die erste volkssprachliche Bearbeitung des Alexanderstoffes in frankoprovenzalischer Sprache im ersten Drittel des 12. Jahrhunderts. Als Vorlage verwendete er die Übersetzungen des Valerius und des Leo. Allerdings lehnt er die Geschichte vom Ursprung Alexanders auf Grund der zauberischen Betrügereien des Nectanebos strikt ab, so wie alle französischen Bearbeiter nach ihm.[4]

An Alberic schließt sich das älteste deutsche Alexanderlied an, das der Pfaffe Lamprecht ungefähr in den sechziger Jahren des 12. Jahrhunderts verfasste. Auch er leugnete die Vaterschaft des Nectanebos, *daz er eines goukelares sun ware* (v. 72)[5], erwähnt jedoch den Tod des Nectanebos:

> Wie wol einem sînem meister daz erschain:
> er stîz in ze tal uber einen stein,
> daz ime sîn hals enzwei prast,
> wande er im ein luge zû sprach.
> nû sprechent bôse lugenâre,
> daz der sîn vater ware (v. 229 ff.).

Die Basler Bearbeitung erzählt die Nectanebos-Episode in ganzer Breite:

> Zu Egiptten Nectanibus küng was,
> als ch von im geschriben las;
> in astronimy sinem rich
> was er und sin gelich
> niendert noch in nigramacye,
> die wont im eigentlichen by (v. 1–6).

Der Magier prophezeit der Königin, dass ihr ein Gott in Drachengestalt und in Gestalt des gehörnten Ammon im Traum erscheinen werde.

> Frouwe, ich wil dich wissen lan,
> wie er ist getan:
> er ist ze jung, noch ze alt,
> in rechter mos gestalt.
> er hat an der stirne sin
> zwie horn widrin. (v. 191 f.)
> den selben got zeigi ich dir,
> den selben got wilt.
> in eines traken bild
> kumet er geslichen zu dir (v. 232 f.).[6]

Das unvollendete Gedicht des Rudolf von Ems (um 1235–50) erzählt gleich zu Beginn von den Zauberlisten des Nektânabus:

wan ez im von wârheit giht
er waer al der liste vol
die man von wîsheit wizzen sol.
von nigromanzîe
und von astronomîe
kunde er waz er wolde (v. 124 f.).

Ulrich von Etzenbach schuf die umfangreichste deutsche Alexanderdichtung (1271–86) mit 28 000 Versen zur Ehre des Königs Ottokar II. von Böhmen. Die Nectanebos-Episode behandelt er ganz im Stil einer Minneerzählung. Der Zauberer handelt unter dem Zwang der *suezen minne* und verfällt der Königin beim ersten Blick. Er schreibt ihr einen Liebesbrief, den sie allerdings empört zurückweist. Verzweifelt greift er zur Zauberkunst. Er verwandelt sich in einen Drachen und erscheint der Königin im Traum. Am nächsten Tag nähert er sich ihr während des Mahles in Drachengestalt mit einem Brief[7] im Maul. Der Königin gelingt es, das Schriftstück, vorgeblich von Gott gesandt, unbemerkt zu lesen. Darin wird ihr versprochen, dass sie ausersehen wäre, mit einem Gott ein Kind zu haben.

Mit zouberlîchen sachen
macht er sich ze eime trachen:
als in die küniginne sach
in irm slâfe sît ez geschach
aber von zoubers gewalt
kam er in der selben gestalt
dô die küniginne saz
mit dem künege und az
er brâhte an der stunde
einen brief in sînem munde (v. 635 f.).[8]

Die Prosafassung des Dichters Johannes Hartlieb folgt im Handlungsverlauf Ulrichs Dichtung, die er möglicherweise kannte. Den Ursprung der Magie setzt er in Ägypten an und der Ägypter Nectanebos ist ein Meistermagier, aber auch ein Betrüger:

Abb. 27: Nectanebos in Drachengestalt verführt Olympia. Aus einer Handschrift des Alexanderromans.

Dye aller weisisten von Egipten die verstunden, westen und kunden die weitt, lenge, praitt und tüeff der erden. Sy kunden auszlegen die undn und twnn des mers; sy westen zu rechen die ordnung des hymlischen gestirnes. Sy haben erheppt und in aller welt getail und gelernt die kunst dr zawbry und swarczen puecher.[9] Er grub mangerley würcz un kreütter und stiess die zusamen, als in sein kunst lernet und trug die mit im und pflag damit zu machen zawberlist, wie er die künigin Olympiades betrieben mocht. Mit söllichen seine listen prach[t] er zu wegen, das die künigin Olympiades gar aygentlich in dem schlaff sach den got Amon, der kam zu ir als ir maister gesagt hett und beschlyff sy gar zartlichen und schon.[10] Olimpiades, die künigin, sprach: »lieber prophet, wir süllen gen in ain haimlichen pallast und der ding wartten und wann das geschicht, so will ich dich haben und eren als ainen vater des kindes.« Als sy komen in den pallast, da verwandelt sich Nectanabus durch sein zauberlist in ainen grausamen tracken und gieng gen der frawen […][11]

Den tragischen Tod des Magiers erzählt er folgendermaßen:

> »lieber mayster, sag mir durch die kunst, wie sol ich sterben, oder wie sol ich ain end nemen.« Der maister sagt im, das er alle welt mit gewalt zwingen wurd, und das im in sein jungen jaren vergeben wurd und mit vergift sterben solt. Darab erschrack haimlich Alexander und sprach: »lieber mayster, wie wert ir sterben?« Der maister Nectananbus schweig lang. Alexander lag im an mit fleiss flehen und wolt in des nicht vertragen. Dr maister sprach: »Alexander, aich sag dir, das mich mein sun töten wird.« Do nun Alexander das erhort, er gedacht in seinem sinne: wie mag ich das gewenden? und gedacht: ich will dich selber tötten; so dann dein warsagen dir gefällt hat, so fält ach das, das du mir gesagt hast. [...]
>
> Da sties in Alexander uber den perg abe, das er halb totter fiel und lag und hett sein genick und hals tötlichen zu vallen.[12]

Erwähnenswert erscheint, dass dieser Betrug des Nectanebos inhaltlich in Zusammenhang mit den Berichten über den Missbrauch religiöser Vorstellung von der *unio mystica* steht. Unzählige Beispiele in literarischen historischen Quellen und Volkserzählungen meist schwankhaften Inhalts belegen, dass gewissenlose Priester den frommen Glauben von Gottesdienerinnen zu ihren lüsternen Zwecken ausgenutzt haben. Einige Fälle, und zwar jene, die eine Strafe der Priester nach sich zogen, sind bezeugt.

Der Geschichtsschreiber Flavius Josephus berichtet in seinen *Jüdischen Altertümern* über die Zerstörung des Isistempels in Rom (19 n. Chr.), dass der Anlass ein ähnlicher Vorfall, wie wir es im Trug des Nectanebos vor uns haben, gewesen sei.

Wie in den Erzählungen um Cyprian und Justina geht es auch hier um die Sprödigkeit einer Frau, die einen lüsternen Jüngling zurückweist. Er gewinnt sie durch einen Trick: Mit einer großen Summe besticht er die Isispriester, da er die Verehrung der Frau für die Göttin kennt. Unter der Vorspiegelung, dass der Gott Anubis sie auserwählt habe, begibt sie sich mit der Erlaubnis ihres Gatten in den Tempel, wo der betrügerische Jüngling ihre Liebe genießt. Die einfältige Frau prahlt mit ihrem Erlebnis, worauf ihr der Jüngling triumphierend die Wahrheit enthüllt. Ihr Gatte bringt den Fall vor Caesar, der die Priester kreuzigen, den Isistempel zerstören und den Jüngling verbannen lässt.

Diese Geschichte kehrt auch in mittelalterlichen Erzählungen wieder. Unter anderem nimmt sie der kritische Arzt Johannes Weyer[13] in seiner Schrift *De praestigiis daemonum* (1513) zum Anlass, gegen die Machenschaften der betrügerischen Priester zu Felde zu ziehen. Doch nicht allein die betrügerischen Aktivitäten von gewissenlosen Priestern bilden den Hintergrund der Erzählung, es sind sicherlich auch Incubus-Vorstellungen mit eingeflossen.

Klingsor, Morgana und andere zauberkundige Gestalten

Zauberkundige Gestalten treten in der frühhöfischen Literatur nur marginal in Erscheinung. Man kann sie noch nicht als *Malefici* auffassen, da die Bezeichnung *zouberer* zum Großteil Sternkundige meint. Als *zouberer* genannt werden u. a. Adam, Abraham, Nimrod, Zoroaster, Atlas, Zabulon, Pythagoras, Plato, Julius Caesar, Amphiaras[14], um nur einige zu nennen.[15]

Das Interesse an Astrologie und Wahrsagerei nimmt vom 13. Jahrhundert an deutlich zu, und die Passagen, die astrologisch gebildete Personen und deren Instrumentarium beschreiben, werden in der Literatur immer breiter gestaltet.

Besonders arrogant gebärdet sich der (erstmals im *Parzival* eingeführte) Magier Klingsor im zweiten Teil des *Wartburgkrieges*. Er behauptet, mit seinen Künsten sogar dem babylonischen Alchemisten Basiant überlegen zu sein.[16]

Die mittelalterliche Antikerezeption brachte auch die antiken Zauberinnen wie Medea, Circe (Kirke) und Erictho in die Literatur ein. Während Letztere lediglich namentlich als Meisterinnen der Magie erwähnt werden[17], widmet Herbort von Fritzlar[18] in seinem *Liet von Troye* den Zauberkünsten der Medea eine ausführlichere Beschreibung:

> Sie kunde arzedigen
> und von nygromancien
> Daz man heizzet swarze buch
> Da man ane findet fluch
> Und beswernisse
> Wie man in ubelnisse

Die ubeln geiste beschwert
Daz man an in ervert
Allez daz da ist geschehen
Und wie man vor kan besehen
Manig ding daz kunftig ist
Noch so lernet man die list
In einer stat zu tolet
Die in yspanigen stet
die maget hiz Medea
Iz were ferre oder na
In dem lande uber al
swaz von menschen wizzen sal
Daz mochte sie wol wizzen
Sie hette siz so geflizzen
Sie beswur daz wazzer daz iz ginc
Wider an sin urspring
Und zu bergewert schoz
[...]
Daz kunnen zouberere
Und zouberinnen
Von susgetanen sinnen
Kunde die frouwe vile
Beide zu ernste und zu spile (v. 551–584).[19]

In echt antiker Tradition beherrscht Medea Heil-, Wetter- bzw. Elementenzauber, vermag Dämonen zu beschwören, die ihr die zukünftigen Dinge erhellen, doch die Kunst hat sie angeblich, wie viele mittelalterliche Magier, in Toledo[20] studiert.

Die Wetterzauberer oder *Tempestari* hatten im Römischen Reich und auch bereits im Frühmittelalter mit empfindlichen Strafen zu rechnen.

In Hartmanns von Aue *Iwein* löst der Herr Kâlogrêant durch Zufall und gegen den Rat des Waldmenschen einen Wetterzauber[21] aus, indem er aus einem Becken Wasser über einen Stein gießt:

do erlasch diu sunne diu ê schein,
und zergienc der vogelsanc,
als ez ein swaerez wetter twanc (v. 637–640).[22]

Als Schreckmittel verwendet ihn der zaubermächtige Dampnas, der Hüter des Waldes Broceliande im Artusroman *Claris und Laris*[23], während die Gewalt der Elemente in dem altfranzösischen Epos *Girart de Roussillon*[24] zur Unterhaltung des Kaisers Karl beschworen werden.

Als Illusionskunst wird die Zaubermacht oft zur Unterhaltung, aber auch als (Kriegs-)List eingesetzt. In *Les Enfances Guillaume*[25] greift Orable, die mit dem ungeliebten Sarazenen Thibaut verlobt ist, zu einer List. Durch Zauberei lässt sie schon bei der Hochzeitstafel allerlei schreckliche Monster auftreten und etliche seiner Gefolgschaft vernichten. Als er trotzdem die Hochzeitsnacht mit ihr genießen will, vermag sie ihm auch das vorzugaukeln.

Besonders infam handelt der Zauberer Aroés im *Perceforest*[26] an seinen Untertanen. Er blendet sie mit Himmels- und Höllenvisionen, um selbst göttliche Verehrung zu genießen, verspricht ihnen die Heilung der Kranken, wobei er in Wirklichkeit die hoffnungslosen Fälle ins Meer stürzt und den Hinterbliebenen erzählt, sie wären bereits im Paradies. Bloßen Versprechungen wäre keine lang anhaltende Wirkung beschieden, doch er weiß um die Wirkung von Visionen:

> Le peuple commença par vision a
> recognoistre l'un son pere, l'autre
> sa mere et ses parents, et les
> monstroient l'un a'autre disans:
> ve mon pere, ma mere ou ma sereur (III, 175).

Alle dämonischen Eigenschaften scheinen sich in seiner Gestalt zu vereinen, ihn erfüllt die Superbia und Apostasie des Ketzers.

Der Ritter Gadifer kann mit Hilfe eines Zauberringes, der ihm alle Gegenstände in seiner wahren Form zeigt, diese eindrucksvollen Visionen als ein Arsenal von mit Flüssigkeit gefüllten Phiolen und Flaschen, in denen sich das Licht spiegelt, entlarven. Aroés hat die Gefäße rund um seinen Turm aufgehängt, und die Lichtbrechungen evozieren die Illusionen. Das zeichnet ihn nicht als Scharlatan, sondern als geschickten Optiker[27] aus, doch der wahre Grund seiner Fähigkeiten ist, dass er über die Teufel herrscht. Er droht Gadifer an, ihn von den Dämonen zerreißen zu lassen: *Te feray incontinent desmembrer par les deables que sont mes sujets.* (III, 184).[28] Diese teuflischen Diener holen ihn dann auch in die Hölle ab, bei der es sich nicht um eine Illusion handelt.[29]

In Chaucers *Franklin's Tale* lässt ein Zauberer bewegliche Bilder in einer großen Halle erscheinen. Die gebannten Zuschauer sehen Jagdszenen, Ritterspiele, Tänze[30] und sich selbst daran teilnehmen. Mit einem Händeklatschen kann der Magier diese Illusion wieder zum Verschwinden bringen.[31]

Heilerische Fähigkeiten besitzt die Isolde von Irland[32] (v. 7673–7941) ebenso wie das Mädchen mit den weißen Händen (*La Pucele as Blances Mains*) im Artusroman *Le Bel Inconnu*, die noch dazu die Sieben Freien Künste, Magie und Astronomie[33] beherrscht (v. 1931–43).

In einer Episode setzen zwei Zauberer ihre Fähigkeiten zum Schrecken und Ärgernis einer verwaisten Königstochter ein, die sie mit der Berührung durch ein (Zauber-)Buch in eine Schlange verwandeln und ihr bei passenden Gelegenheiten wieder menschliche Gestalt zurückgeben. Der Held macht ihnen den Garaus.

Wie Schröder[34] und Kalb betont haben, scheinen die Autoren der *Chansons de Geste* von Orientalinnen, schönen wie hässlichen, mit vielfältigen Fähigkeiten, darunter auch der Zauberei, besonders fasziniert gewesen zu sein. Es liegt auch die Vermutung nahe, dass die Gralsbotin Cundrîe, die Wolfram als *surziere* bezeichnet (Parzival vv. 317, 27), einer Figur aus dem *Roman de la Violette*, einer hässlichen, aber mächtigen Zauberin namens Gondree, nachgebildet ist. Schröder vermutet sogar gewisse Verbindungen mit einem zauberkundigen Geschwisterpaar, Kund und Kundi, aus dem altpersischen *Buch der Schöpfung*.[35]

Die Zauberin Thessala[36] in Chrétiens de Troyes Artusroman *Cligés* stammt, wie schon aus ihrem Namen hervorgeht, aus dem Land der Magier, Thessalien, wo die Zauberei traditionell betrieben und gelehrt wird.[37] Ihre Künste[38] beschränken sich allerdings lediglich auf das Brauen von Tränken, die dem ungeliebten Bräutigam der Fénice im Traum vorgaukeln, diese zu besitzen. Ein anderer Trank lässt Fénice in einen totenähnlichen Schlaf versinken, aus dem selbst drei Ärzte aus Salerno sie nicht zu wecken vermögen.

Im Gegensatz dazu wendet der Zauberer Eliavrés im *Livre de Caradoc* seine Künste nicht zur Verhinderung der, sondern zur Verführung zur Liebe an, wie es uns schon aus den Paktgeschichten vertraut ist. Er verführt und gewinnt die frisch vermählte Ysave, während er deren Gemahl bei einer Windhündin, Sau und Stute in Menschengestalt liegen lässt (II, v. 6759–6784).[39] Auffallend sind die Parallelen zu Gwydions Bestrafung in der Erzählung des Mabinogion *Math ap Mathonwy* (siehe oben S. 175) Der aus dieser sündigen Verbindung mit dem Zauberer stammende Caradoc begibt sich an den Hof des Königs Artus, wo ihn ein fremder Ritter zum Köpfspiel, wie wir es ebenfalls in der altirischen Literatur aus der Geschichte des Cú Roi und auch aus dem englischen Versroman *Sir Gawein and the Green Knight* kennen, auffordert. Der Herausforderer gibt sich als sein wirklicher Vater zu erkennen (II, v. 7137 f.) Der erboste Ritter berichtet seinem (Pflege-)Vater davon, der die ungetreue Königin in einen Turm sperren lässt. Dieser stellt für die Künste des Eliavrés kein allzu großes Hindernis dar. Er vergnügt sich weiterhin mit der Königin und sorgt auch für ziemlich geräuschvolle Unterhaltung (II, v. 9616–9683). Daher gelingt es auch Caradoc, den Zauberer gefangen zu nehmen und diesen zur Strafe ebenfalls bei Tieren liegen zu lassen. Eliavrés rächt sich für die Schmach, indem er Caradoc eine Schlange an den Körper zaubert, die sich nur mit List wieder von ihm lösen lässt.

In dem ca. 1190–1220 entstandenen altfranzösischen Abenteuerroman *Amadas et Ydoine*[40] geht es wiederum um die Verhinderung einer Verbindung mit einem ungeliebten Freier. Die Titelheldin engagiert drei Zauberinnen, deren vielfältige Künste ihr sehr zupass kommen. Nicht nur, dass sie imstande sind, durch Türen und Fenster wie Rauch einzudringen, sie können auch die Mannschaft des Grafen und ihn selbst bewegungsunfähig machen. So bereiten sie den Geschockten auf ihren Auftritt als die drei Parzen vor, die ihm in dieser Rolle auch prompt prophezeien, dass eine Heirat mit Ydoine nur Unglück und Tod bringen werde. Interessant sind ihre weitgefächerten Fähigkeiten wie Nachtfahren, Wetter- und Elementenzauber, Fruchtbarkeitszauber (sie lassen die Saat aufgehen), Wiedererweckung von Toten, Verwandeln von Menschen in Tiergestalt, sie sind Herrinnen der Tiere und üben Traumzauber.

Trois sorcieres, sans demorance,
A quises, qui de ingremance
Sevent etr' eles toute l'oevre;
[...]
De sa part cascune li dist
Que tant sevent d'art et d'engin
Que toute li trairont a cief
Sa volenté a terme brief.
[...]
Qu'eles sevent de nuit voler
Par tout le mont, et de la mer
Faire les ondes estre em pais
Comme la tere, et puis aprés
Defors de la graine venir
Arbres, naistre, croistre et florir,
Et sevent par encantement
Resuciter la morte gent,
Des vis l'une a l'autre figure,
Houme faire asne devenir,
Houme faire asne devenir,
Et ceus qu'il voelent endormir
Et puis songer çou que leur plaist,
Bestes orgener en forest,
Murs remüer et trembler tours,
Et les euwes courre a rebours (v. 2007–2038).

Diese Beschreibung deckt sich mit den im *Canon Episcopi* bzw. dem *Corrector* des Burkhard von Worms beschriebenen »Holden« (siehe S. 126 f.). Es ist dies einer der wenigen literarischen Belege, die diesen Vorstellungskomplex in solcher Detailtreue wiedergeben.

Der berühmteste Magier der deutschen Literatur des Mittelalters war wohl Klingsor. Eingeführt wird der Name Clinschor in Wolframs *Parzival*, der die Figur aus dem namenlosen und anders akzentuierten Zauberer in Chrétiens *Conte du Graal* entwickelt hat. Wolfram führt ihn im zehnten Buch ein und lässt ihn im dreizehnten verschwinden. Gawan entdeckt eine wunderbare Burg, an deren Fenstern 400 Frauen stehen, erst später erfahren wir, dass Clinschor der Landesherr ist (Pz. 548,3–10 f.). Gawan besteht die bekannten Abenteuer: das fahrende Bett[41], die selbsttätigen Steinschleudern und den Kampf mit dem Löwen. Diese Wunderwerke, als Tapferkeitsproben für ihn gedacht, stammen von Clinschor, genauso wie seine Wundersäule[42], von der aus man alles, was im Umkreis von sechs Meilen geschieht, beobachten kann (Pz. 590,5–14). Gawan entdeckt Orgeluse von der Säule aus und eilt zu ihr, die über Clinschor sagt:

Clinschore ist staeteclîchen bî
der list von nigrômanzî,
daz er mit zouber twingen kan
beidiu wîb unde man (v. 617, 11–14).

Weiter erfährt er über den Burgherrn des Schastel marveile, dass dieser aus Terre de Lâbûr stamme (v. 656,14) und ein Nachkomme des Zauberers Virgil sei (v. 656,17). Zuerst lebte er als ein vorbildlicher Landesherr, bis er zu Iblis, der Gemahlin des Königs von Sizilien, in sündiger Liebe entflammte. Der König rächt sich für den Ehebruch, indem er Clinschor entmannt: »ze eim kapûn mit eim snite wart Clinschor gemachet« (v. 657, 8–9).

Diese Schande versucht er auszugleichen, indem er sich dem Studium der magischen Künste widmet:

ein stat heizet Persidâ,
dâ êrste zouber wart erdâht.
dâ fuor er hin und hât dan brâht
daz er wol schaffet swaz er wil,
mit listen zouberlîchiu zil (v. 657, 28–32).

Die misanthropische Seite des Clinschor betont auch der um 1270 entstandene *Jüngere Titurel* des Albrecht von Scharfenberg.[43]

von dem nigromanticeoer in sin lant der vart betwungen waere:
'Zwelf tusent miner vrowen het er sich under wunden,
an manheit der verhowen, so daz er von der minne wart entbunden
durch spot der wibe und durch der manne schelten.
daz dolt er von in beiden. des wolt auch er sie hie nu lan engelten.
Er varet wan der liebe, die weiz er wol von kunste.
da wirt er zeinem diebe und verstilt die vrowen von urbunste,
wan er truc der minne grozen willen,
und siner minne mangel kund er mit anders nicht an im gestillen
(v. 2476,4–2478,4).[44]

Doch die Verbitterung ist groß, deshalb vergönnt er auch anderen nicht mehr die Freuden des Lebens, erbaut Schastel marveile und setzt viele Frauen und Männer in Gefangenschaft, die er durch Zauber in Schach hält.

Die späteren Dichter wissen von diesen Eigenschaften nichts mehr, Klingsor wird zum Weisen, Meister der Sieben Freien Künste, Berater des Landgrafen von Thüringen und Astrologen, der die Geburt der heiligen Elisabeth voraussagt.[45]

Eine Generation später stellt der Autor des *Wartburgkrieges*[46] Klingsor im Rätselwettkampf seinem eigenen Erfinder Wolfram von Eschenbach gegenüber. Interessanterweise befragt Klingsor Wolfram meist über christliche Inhalte, die dieser auch alle zu lösen vermag. Am Ende des Rätselspiels ruft der Zauberer den Teufel Nasion auf, der astronomische Rätselfragen stellt. Wolfram kann sie nicht beantworten, setzt aber das Kreuzzeichen als Teufelsbann ein.[47]

Das britische Gegenstück zu Klingsor, der Magier Merlin, hat mit diesem zwar vieles gemeinsam[48], die Figur bleibt aber trotz einiger Verdunklungsversuche – immerhin ist er ein Sohn des Teufels – durchaus positiv besetzt. In der französischen und englischen Literatur nimmt er eine ähnlich zentrale Position ein wie König Artus. Die Forschung hat sich schon in der Mitte des vorigen Jahrhunderts mit dieser Gestalt auseinander gesetzt und die Sekundärliteratur über Merlin ist Legion.[49]

Nennius erzählt in seiner *Historia Britonum* von den Schwierigkeiten eines Königs, eine Zitadelle zu errichten. Seine Weisen raten ihm, ein vaterloses Kind zu opfern und damit die Festigkeit des Baues zu gewährleisten. Man findet einen Knaben mit Namen Ambrosius, der dem König die wahren Hintergründe seiner Schwierigkeiten enthüllt, nämlich die unter der Baustelle wohnenden Drachen. Geoffrey von Monmouth gestaltete die Figur des Propheten und Magiers Merlin in der *Historia Regum Britanniae* (zwischen 1136–1148) und der *Vita Merlini* (ca. 1148) auf ziemlich unterschiedliche Weise. In der *Historia* berichtet er von dem prophetischen Knaben als dem Sohn des Teufels und einer Nonne und von dessen Fähigkeiten, die er von seinem Vater von Geburt an besitzt, wie die Weissagung und die Gabe der Verwandlung. In der *Vita Merlini* erscheint er im Wesentlichen als Prophet, doch werden diese Fähigkeiten angezweifelt, und er lebt als Wahnsinniger im Wald[50], ein Motiv, das in den meisten Artusromanen an zentraler Stelle vorkommt.

Waces *Roman de Brut* (1155) erwähnt die Tafelrunde und weicht, wie auch der Merlinroman des Robert de Boron (zwischen 1170–1190) nicht wesentlich von der Erzählstruktur des Geoffrey von Monmouth ab. Auch der *Merlin* des Albrecht von Scharfenberg[51] in der Bearbeitung von Ulrich Fueterer bleibt dieser Tradition treu. Seine Fähigkeiten wie Gestaltwandel, Verwandlung von anderen, Heilkraft sind aus anderen Bearbeitungen bekannt.

Im französischen *Huth-Merlin*[52] beendet er den Zauber zweier Magier, die durch ihre Musik bewegungsunfähig machen können. Merlin hält sich an das Vorbild einer Schlange, welche der Wirkung der hypnotischen Zauberworte entging, indem sie ein Ohr an den Boden presste und sich das andere mit der Schwanzspitze verstopfte (II, S. 154–159).

In der *Vulgate Merlin* verwandelt er sich einmal in ein kleines Kind (II, S. 42), einmal in einen alten Mann (II, S. 180), und als schöner Jüngling gewinnt er Viviane.[53]

Tolstoy hat in seiner Merlin-Monografie viele Belegstellen untersucht, die zwingend nachzuweisen scheinen, dass wir in Merlin einen Schamanenmagier vor uns haben. Die Zaubererschamanen, die mit Hilfe von Fasten, asketischen Übungen u. a. magische Kräfte aktivieren, finden wir in der Antike, in den frühmittelalterlichen Anti-Heiligen, in der Sagaliteratur und in keltischen Erzählungen. Der Typus des gelehrten Magiers scheint mit diesem archaischen Element nicht vereinbar zu sein. Merlin hat die Magie nicht studiert, sondern von Natur aus, als Erbe seines teuflischen Vaters, entwickelt. Seine prophetischen Fähigkeiten steigert er durch Askese.

Einen Propheten schamanistischen Gepräges gestaltete Konrad von Würzburg in seinem *Trojanerkrieg*: Calcas, befragt, wo sich Achilles aufhalte, bringt sich in Trance, indem er sich auf die Brust schlägt:

die brust begunde er villen
vil starke mit der fiuste
duz dar an dû siuste
der wâren lâchenîe geist,
und aller göte volleist,
die nütze wâren zuo der kunst (v. 27232–237).

Er verfärbt sich, wird blass und rot, der Geist nimmt von ihm Besitz, und er sinkt ohnmächtig zu Boden.

âmehticlichen seic er nider,
als im geswunden waere.
der Alte lâchenaere lac dâ stille sam ein stampf (v. 27246–49).

Sein Haar sträubt sich, er schwitzt und wirft sich herum, bis er den Hilfsgeist beschworen hat.

biz im dâ lîp, herz unde sin
der geist mit sîner craft erfuor,
den er mit worten ê beswuor,
daz im sîn helfe würde schîn (v. 27268–271).

Der Dichter weiß, dass es sich um eine archaische[54] Methode der Weissagung handelt:

von noeten muoste er switzen
und als ein eber schûmen.
sich wolt an in niht sûmen
der wîssagunge meisterschaft
man seit, daz er dâ von ir craft
vil wunderlîche swaere lite.
ez was der lâchenaere site
wie vor alten jâren
daz man sie sach gebâren
alsus nâch wildelicher art (v. 27278–287).

Ganz anders präsentiert sich Merlin in Johanns von Würzburg Abenteuerroman *Wilhelm von Österreich* (ca. 1314). Der zaubermächtige Riese mit Namen Merlin, ein Sohn des Teufels, hat die Königin Crispin von Belgalgan gefangen und ihr Reich so abgeschirmt, dass niemand, außer durch die Luft, eindringen kann.

Als Wächterfiguren stellt er von Blasebälgen betriebene Windmühlen und Feuer speiende Drachen an der Grenze des Reiches auf

(v. 11, 852 f.). Die Dienerin der Königin, Parklyse, Tochter des Magiers Dedelus und selbst zauberkundig, gewinnt den Helden Wilhelm zur Befreiung der Königin (v. 10 861 f.). Er kämpft mit dem mit allerlei außerordentlichen Schutzrüstungen (Haut eines Meerwunders, v. 11 965 f.) angetanen Riesen und tötet ihn.[55] Danach wird bekannt, dass Merlin fünf Königinnen gefangen und verführt hat. Auch hier zeigt sich eine gewisse Parallelität zur Misogynie des Klingsor.[56] Die Zeichnung des Merlin im *Wilhelm von Österreich* ist das einzige Beispiel eines durch und durch dämonischen Merlin, der in der übrigen Literatur als perfekter Gentleman und loyaler Berater des Königs auftritt und seine magischen Fähigkeiten in dessen Dienst stellt.

Eine zaubermächtige, doch nicht wirklich dämonische Figur ist der Magier Gansguoter in der *Crône* (ca. 1230) Heinrichs von dem Türlin[57].

In einem seiner Abenteuer reitet Gawein zu einem Schloss, dessen Mauern so glatt wie Glas und auf dessen Mauerzinnen Köpfe gesteckt sind.[58] Eine Zinne ist noch leer. Der Herr dieses Schlosses, der Magier Gansguoter von Michelolde, ist der Liebhaber der Îgerne, der Mutter des Königs Artus. Gawein betritt das Schloss und trifft Gansguoter, der sich von einem stattlichen Mann in ein gräuliches Monster verwandelt.

Der Schlossherr erfüllt vorbildlich alle Pflichten des Gastgebers, doch stellt er am Abend an Gawein eine eigenartige unheimliche Anforderung, er soll ihm den Kopf abschlagen[59], am nächsten Morgen käme dann Gawein an die Reihe. Der Ritter schlägt ihm tatsächlich den Kopf ab, Gansguoter nimmt ihn und geht davon. Am nächsten Tag begrüßt er ihn, seinen Kopf trägt er an seinem angestammten Platz, und gibt vor, Gawein enthaupten zu wollen. Im letzten Moment erklärt er das Ganze für eine Tapferkeitsprobe, die der Ritter bestanden habe.

> Er was ein pfaffe wol gelêrt,
> Der sich alsô hâte verkêrt:
> Daz hâte er von listen gar:
> Swie er wolte sîn gevar,
> Daz kunde er wol geschaffen (v. 13 007 f.).[60]

Gansguoter trägt alle Attribute des Magiers, ist Herr über Dämonen, die alle seine Befehle erfüllen, doch setzt er seine Kraft stets im Dienste des Guten bzw. als Abwehrzauber ein. Gawein versorgt er mit einer Rüstung, die er »festgemacht« hat (v. 27344 f.).

Um eine wohltätige, aber dennoch etwas zwiespältige Figur handelt es sich beim Magier Malduk im *Lanzelet* des Ulrich von Zatzikhoven.[61] Seine zauberkundige Tochter ist an magischen Fähigkeiten Morgana ebenbürtig (v. 7182 f.). Malduk[62] hilft König Artus bei der Befreiung der Königin, die der böse Valerîn vom verworrenen Tann in ein von monströsen Tieren bewachtes Schloss eingeschlossen hat. Nach Konsultation seiner schwarzen Bücher lässt er alle lebenden Dinge im Schloss in die Luft steigen und über die Schlossmauer fallen. Die Königin und deren Damen versenkt er in Schlaf, damit diese bei den Kämpfen nicht verletzt werden.

> Er begunde an den swarzen buochen
> sîne liste versuochen
> und schuof daz die würme
> liezen ir gestürme
> [...] Malduc der wîse man
> der enswebete gar (da enist niht wider)
> ûf der burc un der nider
> allez daz dâ lebete (v. 7357 f.).

Einen höchst eigentümlichen Charakter präsentiert der Stricker in seinem *Daniel von dem blühenden Tal*. Der namenlose Magier von der grünen Aue terrorisiert alle Menschen, die in seinem Gebiet leben, er verwandelt sie in Steine oder Tiere. Seine magischen Fähigkeiten hat er mit des Teufels Hilfe erworben. Er verstümmelt die Leute mit Hilfe seiner hypnotischen Stimme, indem er sie taub, lahm oder blind macht. Er selbst leidet an einer Krankheit, die er mit einem Bad aus Menschenblut[63], das er durch Hinschlachten von unschuldigen Jünglingen erlangt, zu heilen versucht. Der Artusritter Daniel kann mit Hilfe einer List – er verstopft sich die Ohren, gibt aber vor, hypnotisiert zu sein – den Zauberer vernichten.

> sînes gewaltes ist sô vil,
> den er von den tîvelen hât. (v. 4606 f.)

[...]
An der stat tôte er hundert man
und als vil, unz er gewan
bluotes eine bütene vol,
ez geviel in übel oder wol;
darinne wolde er sich baden,
im kunde nieman niht geschaden,
des begie er michel mort,
swer gehôrte sîniu wort,
der wart tumber dann ein huon (v. 4421 f.).

Der heidnische Zauberer Roaz von Glois im Artusroman *Wigalois*[64] des Wirnt von Gravenberg[65] trägt alle Attribute des dämonischen Teufelsbündlers.

Er hât durch sînen zouberlist
beidiu sêle und leben
einem tievel gegeben;
der tuot durch in wunders vil:
er vüeget im allez daz er wil (v. 3656 f.).

Sein »Schutzteufel« bleibt, eingeschlossen in eine Wolke, stets in seiner Nähe.

vor im mit zouber ein wolken gie;
daz wolken sâhen alle die
vor im giengen unde nâch;
her Gwîgâlois sîn niht ensach.
dar inne vuor er der sîn pflac
beidiu naht unde tac
und dem er sêle und leben
im sîn gebot hêt gegeben.
daz was in tievel, der im ie
half unde riet wie
er im verlür die sêle gar (v. 7317–7327).

Wigalois kann den dämonischen Zauber mit christlichem Gegenzauber abwehren: mit dem Kreuzzeichen[66] und einem Abwehramulett in Form eines Schutzbriefes, das er um sein Schwert schlingt (v. 7335 f.). Am Ende des Abenteuers wird Roaz[67] von den Teufeln geholt (v. 8136 f.).

Abb. 28: Kampf des Wigalois gegen den Zauberer Roaz.

Im 12. Jahrhundert beginnen sich die Vorstellungen von Feen und Magiern zu vermischen, Feengestalten erfreuen sich zunehmender Beliebtheit, und der Zauber der Feenwelt drängt allmählich die christlichen übernatürlichen Motive zurück bzw. vereinnahmt sie.[68]

Die Fee[69] entstammt der keltoromanischen Tradition, genauer der Verbindung des antiken und germanisch-indoeuropäischen Schicksalsglaubens mit dem Naturgeistmythos und der Tradition der prophetischen Priesterinnen (Sibyllen). Die in der Artustradition und in kultischen Erzählstoffen auftretenden Feen können also nicht allein auf eine irokeltische Tradition reduziert werden, denn Feengestalten treten häufig auch in germanischen, slawischen und semitischen Erzählstoffen in Erscheinung.

Die Ableitungen von mittellat. *Fata*, altfrz. *fae*, *fei*, engl. *fay*, mhd. *feie* gehen allgemein in Richtung »Zauber«, »verzaubern«. Im deutschen Sprachraum ist der Begriff nur dann vertreten, wenn es Schnittstellen mit dem romanischen Bereich gibt. Schon im Frühmittelalter vermischten sich antike und nordeuropäische Mythologie, sowohl in der Literatur als auch im Volksglauben. Möglicherweise hat auch der Dianakult auf die Feenvorstellung eingewirkt. Die Göttin Diana war bereits in der Spätantike mit Hekate identifiziert worden. In der *Vulgate Estoire de Merlin*[70] erscheint Diana ähnlich den Feen im Dornröschenmärchen als Gabenspenderin und prophezeit dem Kind Viviane, dass es den weisesten aller Männer lieben werde (Merlin). Viviane (Niviene) selbst tritt im *Huth-Merlin*[71] im Gewand der Diana auf und als Dame du Lac erzieht sie den Lancelot. Ableitungen sowohl des Namens als auch der Gestalt der Viviane vom Dianakult sind sehr wahrscheinlich.[72]

Die Zauberin Morgana ist eine überaus schillernde widersprüchliche Figur, die aber in ihrer Rolle als Zauberin in der französischen, englischen und deutschen Literatur des Mittelalters ebenso bekannt ist wie Merlin oder Klingsor. »Ihre herausragende Funktion in der keltischen Sage von der Wiederkunft Arthurs machte Morgane (frz. Morgue, Morgain) zur zentralen Feengestalt des Mittelalters. Dabei entwickelte sich die ursprüngliche Herrin des keltischen Jenseits- und Totenreiches immer mehr zur Verkörperung der Luxuria (Venusberg) und – als Schwester Arthurs (seit der 2. Hälfte des 12. Jahrhunderts) – auch zu dessen Gegenspielerin, die am Untergang des Artusreiches mitschuldig wird.«[73]

Ihre Darstellung ist ziemlich unterschiedlich.[74] Das erste Mal tritt sie im *Roman de Troie* als eifersüchtige Helferin des Hector auf.[75]

In seiner *Vita Merlini* hat sie Geoffrey von Monmouth mit dem Artusstoff verbunden, als Zauberin Morgan bewohnt sie die Insel der Seligen, die Apfelinsel.[76] Im *Erec* des Chrétien de Troyes ist sie die Geliebte des Guigomar[77] und tritt ebenso wie im *Jaufré* lediglich als Gabenfee in Erscheinung.[78] Wolfram von Eschenbach kennt sie als Geliebte Mazadâns, des Ahnherrn Parzivals, ihre Nähe zu Venus und zum Venusberg scheint er in seinen Berg mit dem Namen Fâmurgân und dem Land Feimorgân anzu deuten. In Hartmanns von Aue *Erec* heißt sie Fâmurgân.[79] Ihre Fähigkeiten gibt Geoffrey von Monmouth in der *Vita Merlini* preis, sie kann die Gestalt wechseln und fliegen. Außerdem erfahren wir von einer ihrer wichtigsten Fähigkeiten, der Heilzauberei.[80] Ihre Kenntnis der Gifte, die sie im *Lancelot* weidlich ausnützt, indem sie dem Helden nachts mit einem silbernen Röhrchen ein zauberisches Gift durch die Nase ins Hirn bläst, lässt sie in einem eher schlechten Licht erscheinen.[81] Diese Ambivalenz ihres Bildes als Zauberin und als heilkundige Fee zieht sich durch die gesamte Artusliteratur. Die spätere epische Tradition kennt sie als Schwester des König Artus.[82]

Hartmann von Aue bezeichnet sie im *Erec* als Göttin, was in diesem Zusammenhang sicherlich Fee oder übernatürliches Wesen bedeutet, und vergleicht sie mit der heidnischen Sybilla und der Erichtho. Sie ist imstande, die ganze Welt in Minimalzeit zu umrunden, bewegt sich in einem Augenaufschlag von einem Platz zum nächsten. Die Elemente durchdringt sie, fliegt in der Luft, kann unter Wasser überleben und auch das Feuer kann ihr nichts anhaben. Menschen verwandelt sie in Tiere und Steine, hat Gewalt über alle bösen Geister, und der Teufel als ihr Liebhaber erfüllt ihr jeglichen Wunsch.

sie lebete vaste wider gote,
wan ez warte ir gebote
daz gevügel zuo dem wilde
an walde und an gevilde,
und daz mich daz meiste
dunket, die übelen geiste,
die dâ tiuvel sint genant,
die wâren alle under ir hant.
si mohte Wunder machen,
wan ir muosten die trachen

von den lüften bringen
stiure zuo ir dingen,
die vische von dem wâge.
ouch hâte si mâge
tiefe in der helle:
der tiuvel was ir geselle (v. 5155 f.).

Doch ihre Heilkraft vermag vielen zu helfen[83], sie versteht sich auch auf Heilsalben, die sogar den Wahnsinn vertreiben können[84], ihre Liebhaber macht sie unverwundbar.

Ihre Feenpersönlichkeit zeigt sich aber auch bei jenen Stellen, wo sie ein eigenes Reich besitzt, in das sie die Menschen lockt und das diese dann schwer wieder verlassen können. Sie bietet ihnen Unterhaltung und ein herrliches Leben. In *Claris und Laris* fängt sie, die Feenherrin von Broceliande, die Protagonisten und hält sie in ihrem Reich fest. Erst durch den Rat der Madoine können diese ihr Reich wieder verlassen.[85]

Die Feenritter bzw. Feenschützlinge besitzen ihre magischen Fähigkeiten von Geburt an. Maugis im *Renaud de Montauban*[86] ist der Patensohn einer Fee, die ihm diese wunderbaren Eigenschaften verliehen hat. Er kann sich durch Wände bewegen, andere in Zauberschlaf versetzen etc. Meistens stellt er jedoch seine Heilerfähigkeiten in den Dienst Kaiser Karls. Philippe Verelst sieht in Maugis die Verkörperung eines Typus, der später Held einer eigenen Chanson de Geste wird, was auch Spuren in den Ortsnamen zu bestätigen scheinen.[87]

Ein anderer Roman aus dem Kreis der Karls-Epik, *Huon von Bordeaux*, erzählt die Geschichte von dem ritterlichen Feenkönig Auberon, einem Sohn des Julius Caesar und der Fee Morgana. Seine magischen Kräfte stammen von Gott:

Je ne fui ongues anemis ne maufés
Ains te di bien, se me puist Dix salver
Jesu uns hom uns autres carné (v. 3364 f.).

Seine übernatürlichen Eigenschaften zeichnen ihn als Wesen einer anderen Welt aus: Er altert nicht, kann große Entfernungen in einem Augenblick zurücklegen, kennt alle Geheimnisse. Er gebietet über die Naturgewalten und die Tierwelt und beherrscht die Illusionskunst (v. 3316–19). Seine Beschwörungen stehen ebenfalls unter christlichen Auspizien:

Encor vous vien ge de Jhesu saluer;
De cank'il a et fait et estoré
De sa vertu et de sa poosté,
Et de tel poir ge Jhesus m'a donné,
vous conjur jou que vous me salués (v. 3455–59).

Seine berühmten wunderbaren Requisiten wie Becher und Horn hat er von Gott. Die Eigenschaften dieser Gegenstände sind durchaus wohltätiger Natur, doch gegen Feinde eingesetzt kann das Horn die Tanzwut hervorrufen.

Die Feenritter im Artusroman erfahren eine ähnliche Charakterisierung. Sie sind niemals wirklich dämonisch, obwohl sie dieselben Fähigkeiten wie Klingsor oder Roaz besitzen.

Der Feenritter im Artusroman *L'Âtre périlleux* (Mitte des 13. Jahrhunderts)[88] ist von Geburt an im Besitz magischer Fähigkeiten. Als er im Kampf mit Gauvain unterliegt, verpflichtet ihn dieser, den von ihm getöteten Courtois d'Huberlant wieder zum Leben zu erwecken. Tristan hat auf seiner Burg die Körperteile des Getöteten verwahrt, die der Feenritter wieder zusammenfügt, auch gibt er einem jungen Mann durch bloßes Darüberstreichen das Augenlicht wieder (v. 6526 f.).

Im *Jaufré* (1225–28)[89] demonstriert ein zauberkundiger Ritter sein magisches Können (getreu seinem Abkommen mit König Artus, der ihm Geschenke versprochen hat, falls er seine Metamorphosen nicht durchschaut) zum Schrecken aller, indem er sich in ein Monster und einen riesigen Raubvogel verwandelt (v. 222–484). Artus bleibt in seiner Absicht, das Tier zu besiegen, an dessen Hörnern kleben. Als es mit Artus in den Abgrund springen will, entkleiden sich die Ritter, um Artus' Fall zu bremsen, worauf sich das Tier in einen Ritter verwandelt und die Artusritter in ihrer Blöße dastehen. In einer anderen Gestalt, als Riesenraubvogel, entführt er Artus, lässt diesen fallen, fängt ihn wieder auf und trägt ihn schließlich wieder ins Schloss zurück, wo er sich vor aller Augen in einen Ritter verwandelt.

Nicht immer liegen die magischen Fähigkeiten in den Personen selbst begründet, oft sind sie an die Verwendung magischer Requisiten gebunden. Unter diesen stehen die kraftgeladenen Steine, die meist in Ringe gefasst sind, in der Beliebtheit an erster Stelle. Inventarlisten königlicher und anderer Schatzkammern führen unzählige solcher Ringe an. Die dem Stein innewohnende Kraft suchte man durch Eingravieren von astrologischen Zeichen oder Bibelstellen zu verstärken. Legenden von Zauberringen kursierten bereits im Altertum. Die Fachschriften, die Lapidarien, kamen dem Interesse an den vielfältigen Eigenschaften und Wirkungsweisen der Steine entgegen. Die *tugend der edlen stain* wurde in speziellen Steinbüchern abgehandelt. Das wichtigste mittelalterliche Lapidarium war das *Liber lapidum* des Marbod von Rennes aus dem 12. Jahrhundert. Um 1250 schrieb ein als Volmar bekannter Autor ebenfalls ein Buch über die Eigenschaften der Steine. Diese Fachliteratur erlangte im Spätmittelalter zunehmende Bedeutung und war besonders beim höfischen Publikum beliebt. Die Wirkungsweisen der Steine waren besonders in der Medizin als Antidote gegen Gifte oder gewisse Krankheiten von Bedeutung, weshalb sie auch in den medizinischen Rezeptbüchern zusammen mit den Kräutern behandelt werden. Marbod betont in seiner Schrift, dass Gott den Steinen ihre Wirkkraft verliehen habe. Möglicherweise waren auch weniger untadelige Wirkungen bekannt, denn es finden sich vielfach Hinweise auf die Verwendung von Steinen wie z. B. des *diadochus*, mit dessen Hilfe Dämonen und Tote beschworen werden konnten.

Dieses Interesse an den inhärenten Kräften der Edelsteine[90] schlägt sich unter anderem als literarisches Motiv nieder. Die magischen Eigenschaften der Steine ermöglichen den Flug[91], die zerstörerische Kraft der Elemente kann dem Menschen nichts anhaben, denn die Steine gewähren Schutz vor Ertrinken[92], vor Feuer[93], spenden Reichtum und bewahren sogar vor Mordanschlägen.[94] Bei der Beschreibung des Astrolabiums des Nectanebos findet sich auch ein Hinweis auf die Kraft der Edelsteine, die mit den sieben Planeten in Zusammenhang stehen.[95]

Bereits aus dem 4. Jahrhundert[96] ist die praktische Wirkung des Unsichtbarmachens, wie sie etwa in den höfischen Romanen vorkommt, bekannt. Iwein erhält einen mit einem zauberkräftigen Edelstein versehenen Ring von Lunete auf Ascalons Burg (v. 1202 f.).[97] Diese Wirkung des Unsichtbarmachens, wofür besonders der Opal in Frage kam, beruht auf der Täuschung des Auges, das durch die Strahlen des Steines abgelenkt wird. Unsichtbar machende Ringe kannte bereits das Altertum, wofür das berühmteste Beispiel die tragische Geschichte von Gyges darstellt.

Wolframs *Parzival* bietet die umfangreichste Sammlung aus dem Bereich der *Medicina magica* und erwähnt u.a. 58 heilkräftige Edelsteine.[98] Die Kraft der Steine bewirke aber nicht nur eine Veränderung der Physis, sondern auch der Psyche – Liebe, Hass, Glücksgefühle, Mut, um nur die häufigsten Gefühlsregungen zu nennen, die die Edelsteine hervorrufen können.[99] Schutz gegen die Versuchungen des Teufels und Betrug[100] und weitere Schutz- bzw. Abwehrfunktionen sind bekannt.

1 So lautet auch der Titel der Untersuchung von Otto Weinreich: *Der Trug des Nectanebos*, Leipzig 1911.

2 Dies soll seinen Ursprung in den orphischen Mysterien haben. Vgl. Weinreich, Otto: a. a. O., S. 10. Belege für schlangengestaltige Götter gibt es zur Genüge. Roskoff erwähnt, dass in der Lehre der Bogumilen Satanel in Gestalt der Schlange mit Eva Kain gezeugt habe. Roskoff, *Geschichte des Teufels*, Leipzig 1869, S. 128; 1984 f. verfasste Jeffrey Burton Russell einige Arbeiten über den abendländischen Teufel; siehe auch Alfonso di Nola: *Der Teufel: Wesen, Wirkung, Geschichte*, München 1990; Eine gute Aufbereitung der Teufelsgestalt in der Darstellung der mittelalterlichen Literatur bietet Brigitte Spreitzer: *»Wie bist du vom Himmel gefallen …«: Einschlagstellen des Diabolischen in der Literatur des späteren Mittelalters*, Wien 1995; für die englische mittelalterliche Literatur vgl. C. W. Marx: *The Devil's Rights and the Redemption in the Literature of Medieval England*, Cambridge 1995. Die Vorgeschichte des mittelalterlichen Teufels zeichnet Elaine Pagels: *Satans Ursprung*, Berlin 1996 nach; Alberto Ferreiro (Hrsg.): *The Devil, Heresy and Witchcraft in the Middle Ages: Essays in Honour of Jeffrey B. Russell*, Leiden 1998.

3 Auf die Überlieferungsgeschichte kann hier nicht eingegangen werden. Vgl. Frenzel, Elisabeth: *Stoffe der Weltliteratur*, 6. Aufl., Stuttgart 1983 und die betreffenden Artikel im *Verfasserlexikon*, hrsg. v. W. Stammler u. K. Langosch, Berlin 1933–1955; 2. Aufl. hrsg. v. K. Ruh, Berlin 1978 f. Gary, G.: *The Medieval Alexander*, Cambridge 1956; und die neueste Studie: *Alexanderdichtungen im Mittelalter. Kulturelle Selbstbestimmung im Kontext literarischer Beziehungen*, hg. v. Jan Cölln, Susanne Friede und Hartmut Wulfram, Göttingen 2000.

4 Nur eine Handschrift der Pariser Nationalbibliothek erwähnt die Verwandlung des Nectanebos in eine Schlange bzw. einen Drachen. Vgl. Meyer, Paul: *Alexandre le Grand dans la littérature française du moyen-âge*, Paris 1886, Bd.I, S. 120 v. 135 f.

[5] Kinzel, K.: *Lamprechts Alexander nach den drei Texten mit dem Fragment des Alberic von Besançon und den lateinischen Quellen*, Stuttgart 1884.

[6] Werner, Richard Maria (Hrsg.): *Die Basler Bearbeitung von Lambrechts Alexander*, Tübingen 1881.

[7] Es handelt sich bei diesem Brief um den im Mittelalter beliebten »Himmelsbrief«. Vgl. Weinreich, Otto: a. a. O., S. 59 f. Literatur bei Bernhard Schnell zur Textsorte in: *VL* Bd. 4, Berlin 1983, Sp. 28–33.

[8] Toischer, W. (Hrsg.): *Ulrich von Etzenbach: Alexanderlied*, Stuttgart 1888.

[9] Lechner-Petri, Rudolf (Hrsg.): *Johann Hartliebs Alexanderroman. Edition des Cgm 581* (= Germanistische Texte und Studien, Bd. 9), Hildesheim 1980, S. 5.

[10] ibid., S. 12.

[11] ibid., S. 13.

[12] ibid., S. 31.

[13] Vgl. *Johann Weyer, Witches, Devils and Doctors in the Renaissance: De Praestigiis Daemonum*, hg. und übers. v. George Mora, Benjamin Kohl, John Shea, et al, New York 1991 (= Medieval & Renaissance Texts and Studies); Bechtel Guy: *La Sorcière et l'Occident.: la destruction de la sorcellerie en Europe, des origines aux grands bûchers,* Paris 2000, S. 792 f. Weyer reflektierte den Zusammenhang zwischen der Hexenvorstellung und psychischen Störungen vornehmlich von Frauen. Mit Recht darf er als »Begründer der modernen Psychiatrie« bezeichnet werden. Vgl. Schulte, Rolf: *Der Hexenmeister*, Frankfurt a. M. 2001, S. 160 f. Vgl. auch Daxelmüller, Christoph: *Zauberpraktiken*, Zürich 1993, S. 205 f. und Stuart Clark: »Glaube und Skepsis in der deutschen Hexenliteratur von Johann Weyer bis Friedrich Spee, in: Lehmann, H./Ulbricht, O. (Hrsg.): *»Vom Unfug des Hexen Prozesses.« Gegner der Hexenverfolgung von Johann Weyer bis Friedrich Spee*, Wiesbaden 1992, S. 23.

[14] Eine Gestalt aus dem *Roman de Thèbes*. Er sagt den ungünstigen Verlauf des Zugs gegen Theben voraus, wobei er selbst in einer Erdspalte versinken wird, doch werden die Konsequenzen aus dieser Prophezeiung nicht gezogen. Vgl. Raynaud de Lage, Guy (Hrsg.): *Roman de Thèbes*, Paris 1966–68, v. 2055 ff.

[15] Vgl. Bauer, Karl-Georg: *Sternkunde und Sterndeutung der Deutschen im 9.–14. Jahrhundert* (= Germanische Studien 18), Berlin 1937, S. 108–121. Vgl. die präzisen Artikel Bernhard Dietrich Haages: »Aberglauben und Zauberei in der mittelhochdeutschen Dichtung«, in: *Mannheimer Berichte* 30 (1986) S. 54 f. und ders.: »Dichter, Drogen und Hexen im Hoch- und Spätmittelalter«, in: *Würzburger medizin-hist. Mitteilungen* 4, 1986, S. 63–83.

[16] Das zwischen 1230 und 1260 entstandene Gedicht lässt den Dichter Wolfram von Eschenbach im Rätselwettstreit gegen seine eigene, im *Parzival* eingeführte, Magiergestalt Klingsor antreten. Simrock, Karl (Hrsg.): *Der Wartburgkrieg*, Stuttgart 1858, S. 103, Nr. 75, 1–2, S. 131, Nr. 103, 1–5. Vgl. *VL*, 1. Aufl.
Ausführlicher behandelt Klingsors Fähigkeiten das ca. um 1300 vollendete Gedicht von der heiligen Elisabeth. Rieger, Max (Hrsg.): *Das Leben der heiligen Elisabeth*, Stuttgart 1868, v. 201–218. Vgl. Wolf, Ludwig/Lomnitzer, Helmut: »Das Leben der hl. Elisabeth«, in: *VL*, 2. Aufl., Bd. 5, Sp. 632–635 Zur Gestalt des Zauberers in der höfischen Literatur Stephan Maksymiuk: *The Court Magician in the Medieval German Romance*, Bern u. a. 1992 (= Mikrokosmos.

Beiträge zur Literaturwissenschaft und Bedeutungsforschung hg. v. Wolfgang Harms Bd. 44).

17 Leitzmann, Albert (Hrsg.): *Hartmann von Aue, Erec*, 3. Aufl. v. L. Wolf (= ATB 39) Tübingen 1963, v. 5215 ff.

18 Zu Herbort vgl. S. 282. Siehe auch Steinhoff, Hugo: »Herbort von Fritzlar«, in: *VL*, 2. Aufl., Bd. 3, 1981, Sp. 1027–1031.

19 Frommann, Karl (Hrsg.): *Herbort von Fritzlar, Liet von Troye*, Quedlinburg und Leipzig 1837.

20 Vgl. oben Geheimwissenschaften S. 245. Toledo als Zaubereihochschule erwähnt bei: Lachmann, Karl (Hrsg.): *Wolfram von Eschenbach, Parzival,* Berlin/Leipzig, 6. Auflage 1926, Pz. IX 454,9 ff; Singer, Samuel (Hrsg.): *Der Tannhäuser*, Tübingen 1922. Lied V, v. 62–65. Rückert, Heinrich (Hrsg.): *Thomasin von Zirclaria: Der Wälsche Gast*, Quedlinburg/Leipzig 1852, v. 8955 –58; Perdisch, Adolf (Hrsg.): *Der Laubacher Baralaam*, Tübingen 1913, v. 690–99. Pfeiffer, Franz (Hrsg): *Rudolf von Ems. Barlaam und Josaphat*, Leipzig 1843, v. 806–837.

21 Ritual beschrieben bei Thorndike, Lynn: a. a. O., I, S. 780 f.

22 Benecke, G. F. (Hrsg.)/Thomas Cramer (Übers.): *Hartmann von Aue. Iwein,* Berlin, 3. Aufl. 1981; vgl. auch Mertens, Volker: »Artus« 2 in: *Epische Stoffe des Mittelalters,* hrsg. v. Ulrich Müller, Stuttgart 1984, S. 290–340. Cormeau, Christoph: »Hartmann von Aue«, in: *VL*, 2. Aufl., Bd. 3, Sp. 514 f.

23 Alton, J.(Hrsg): *Claris und Laris*, Tübingen 1884, v. 3347 f.
Vgl. GRLMA IV/2, 107/108.

24 Hackett, W. Mary/Picard, A. G. J.: *Girart de Roussillon* (SATF 28), Paris 1953–1955.

25 Vgl. Ricardo-Gil, Joan: *The Practice of Witchcraft in Fact and Fiction in the French Middle Ages*, Boston 1980, S. 250 f.
Aus einer ähnlichen Zwangslage befreit sich Beatrix in *Raol de Cambrai*, die, da ihr Mann vermisst ist, den ungeliebten Herchimboult heiraten soll. Sie vermag allerdings nicht selbst zu zaubern, sondern erhält ein Mittel von einem Wanderdoktor. Colin, W. C.: *The old French Epic of Revolt: Raol de Cambrai, Renaut de Montaubon, Garmud et Isembert*, Genf 1964. v. 6859–88.

26 Lods, Jeanne: *Le Roman de Perceforest, Origines – Composition – Caractères – valeur et influence*, Geneve 1951, S. 102.

27 Taylor vermutet, dass der Autor Fachliteratur zur Optik gekannt habe. Vgl. a. a. O., S. 34.

28 Lods, ibid., S. 103.

29 Vgl. Taylor, Jane, H. M.: »Aroes the Enchanter – an Episode in the Roman de Perceforest and its Sources«, in: *Medium Aevum* Bd. 47, S. 30–39.

30 Magische Tänze bzw. Zauberreigen finden sich z. B. auch in Raoul de Houdenc *Méraugis de Portlesguez*: Friedwanger, M. (Hrsg.): *Raoul de Houdenc, Méraugis de Portlesguez,* Bd. I, Halle 1897, v. 3662 f. Der Protagonist findet seinen Feind in einem Zauberreigen wieder, zieht ihn heraus, worauf er selbst in den Bann gezogen wird und alles vergisst. In *Les Merveilles de Rigomer* befreit Engrevain eine Dame, die, von einem Sturmwind entführt, in einem Berg an einem Zauberreigen teilnehmen muss (v. 8265–8436). Vgl. u. a. auch *Livre d'Artus*, frz. Prosa-Lancelot. Vgl. Krappe, A. H.: »Über die Episode des Château des Caroées im Méraugis de Portlesguez«, in: *Zs. f. frz. Spr.* 57 (1933), S. 156–162.

[31] Loomis, Laura Hibbard: »Secular Dramatics in the Royal Palace, Paris 1378,1389 and Chaucer Tregetours«, in: *Speculum* 33, S. 242 f.

[32] Ranke, F. (Hrsg.): *Gottfried von Straßburg, Tristan und Isold*, 1930. Vgl. Kuhn, Hugo: »Gottfried von Straßburg«, in: *VL* Bd. 3, Berlin 1981, Sp. 153–168.

[33] Williams, G. P. (Hrsg.): *Renaut de Beaujeu, Le Bel Inconnu*, Paris 1929. Übers. v. M. Perret/I. Weil, Paris 1991.

[34] Vgl. Schröder, F. R.: »Cundrîe«, in: *Beiträge z. Gesch. der dt. Sprache u. Lit.*, Bd. 95, Tübingen 1973, S. 188 f.

[35] ibid., S. 191.

[36] Wagner macht darauf aufmerksam, dass Chrétien mit seiner Thessala nicht dem antikisierenden Bild der Zauberin, wie Sibylle, Medea und Circe folgt, sondern das Porträt einer zeitgenössischen Giftmischerin zeichnet. Vgl. Wagner, Robert-Léon: *»Sorcier« et »Magicien« Contribution à l'Histoire du Vocabulaire de la Magie*, Paris 1939, S. 70.

[37] Der zwischen 1176 und 1177 entstandene höfische Roman gehört zum Artuskreis. Micha, A. (Hrsg.): *Chrétien de Troyes, Cligès* (1. Aufl. 1957), (CFMA 84) Paris 1982. v. 2662 ff.

[38] Ihre Fähigkeiten werden zwar den Künsten der Medea gleichgestellt (v. 2988 f.), doch erfahren wir nur von ihrem heilzauberischen und medizinisch-pharmazeutischen Wissen (v. 2980 f.).

[39] Roach, W./R. H. Ivy/L. Foulet (Hrsg.): *Le Livre de Caradoc,* in: *Continuation du Perceval, Continuation Gauvain*, Bd. I (Kurzfassung), Bd. II (Langfassung), Philadelphia 1949–56.

[40] Reinhard, J. R.: *Amadas et Ydoine*, Paris 1926, v. 2007–2310; Aubailly, Jean-Claude (Übers.): *Amadas et Ydoine, Roman du XIIIe siècle*, Paris 1986, S. 42 f.

[41] Das lît marveile konstruiert Clinschor zur Abwehr von Eindringlingen. Solche Betten kommen auch im *Chevalier de la Charette* des Chrétien vor; vgl. Roques, M. (Hrsg.): *Les Romans de Chrétien de Troyes, III: Le Chevalier de la Charrete*, Paris 1958, v. 459 f.; in seinem *Conte du Graal*, vgl. Roach, W. (Hrsg.): *Ch. d. T., Le roman de Perceval ou Le conte du Graal*, 2. Aufl., Génève/Paris 1959, v. 7692 ff., 7821 ff.

[42] Walter Blank hat diese Wundersäule mit Merlins »Weltwarte«, dem Haus mit den siebzig Fenstern und Türen, von dem aus er die ganze Welt beobachten kann, in Verbindung gebracht. Dessen Ehebruchsgeschichte in der Darstellung der *Vita Merlini* des Geoffrey von Monmouth zieht er als weitere Gemeinsamkeit zur Gestalt des Klingsor heran. Vgl. Blank, Walter: »Der Zauberer Clinschor in Wolframs ›Parzival‹«, in: *Studien zu Wolfram von Eschenbach* (Fs. für Werner Schröder), hrsg. v. K. Gärtner u. J. Heinzle, Tübingen 1981, S. 321–332.

[43] Zur Diskussion des Verfassers des J. T. vgl. Huschenbett, Dietrich: »Der Jüngere Titurel«, in: *VL*, Bd. 1, Sp. 200–201.

[44] Wolf, Werner (Hrsg.): *Albrechts von Scharfenberg Jüngerer Titurel*, 2 Bde., Bd. 2, Berlin 1964.

[45] Zur weiteren Wirkungsgeschichte vgl. Wolf, Richard: »Die Gestalt Klingsors in der deutschen Literatur des Mittelalters«, in: *Südostdeutsche Semesterblätter*, 19. Heft, 1967, S. 1–19; Wachinger, B.: »Klingsor«, in: *VL*, Bd. 4, Berlin 1983, Sp. 1220–1221.

46 Vgl. Krogmann, Willy: »Der Wartburgkrieg,« in: *VL*, 1. Aufl., Bd. 4, Berlin 1953, Sp. 843–864.

47 Weitere Erwähnungen im *Lohengrin* und *Lorengel*. Rükert, H. (Hrsg.): *Lohengrin*, Quedlinburg/Leipzig 1858, v. 229,4–10; Buschinger, D. (Hrsg.): *Lorengel. Edité, avec introduction et index*, 1979; vgl. Cramer, Thomas: »Lorengel«, in: *VL*, Bd. 5, Berlin 1985, Sp. 907–909; ders., ibid. *Lohengrin*, Sp. 899–904.

48 Vgl. Blank, Walter: a. a. O., S. 323 f.

49 Es ist hier nicht der Ort, auf die Forschungsgeschichte einzugehen, aber es sei hier auf die konzise Darstellung von Zumthor, Paul: *Merlin le Prophète, un thème de la Littérature polémique de l'Historiographie et des Romans*, 1. Aufl. Lausanne 1943, 2. Aufl., Genf 1973 und die neuere Monografie von Tolstoy, Nikolai: *The Quest for Merlin*, London 1985 verwiesen. Einschlägige Artikel vgl. *Bibliografical Bulletin of the International Arthurian Society* 1949 f. Vgl. Ulrich Müller: »Merlin«, in: *Mythen des Mittelalters*, hg. v. Ulrich Müller und Werner Wunderlich, Bd. 3, St. Gallen 2001, S. 663–682.

50 Vgl. Mauritz, Hans Dieter: *Der Ritter im magischen Reich, Märchenelemente im französischen Abenteuerroman des 12. und 13. Jahrhunderts*, Frankfurt a. M. 1974, 107 f.

51 Vgl. Huschenbett, Dietrich: a. a. O., Sp. 202–203.

52 Paris, G./Ulrich, J.: *Huth-Merlin*, Paris 1886.

53 Sommer, H. Oskar: *The Vulgate Version of the Arthurian Romances*, Washington 1909–13, 7 Bde.

54 Nennt er ihn deshalb *lâchenaere*, wie die Volksheiler? Zitate aus Konrad von Würzburg: *Der Trojanische Krieg*, hg. v. A. v. Keller (= BLVS, S. 44), Stuttgart 1858. Zur Etymologie vgl. Richter, Gerlinde (1967): »Bezeichnungen für die Heilkundigen«, in: *Beiträge zur Geschichte der deutschen Sprache und Literatur*, 88, S. 258–275; Zur Geistbesessenheit in diesem Kontext neuerdings Martha Kleinhans: »Gotterfülltheit oder Teufelsbesessenheit? Cumäische Sibylle und Pythia Phemonoe in altfranzösischen Texten«, in: *Romania una et diversa. Philologische Studien für Theodor Berchem zum 65. Geburtstag*, hg. v. Martine Guille und Reinhard Kiesler, Tübingen 2000, S. 654–678.

55 Regel, E.: *Johanns von Würzburg Wilhelm von Österreich*, (DTM 3) Berlin 1906. Vgl. Glier, Ingeborg: »Johann von Würzburg«, in: *VL*, 2Bd. 4, Berlin 1983, Sp. 824–827.

56 Vgl. Weiss, Adelaide Marie: *Merlin in German Literature*, Washington 1933, S. 46. Verweist auch auf eine parallele Stelle im Prosa-Merlin, wo ein Riese, der eine Jungfrau eingeschlossen hatte, den Artus besiegt.

57 Cormeau, Christoph: *Heinrich von dem Türlin*, in: VL, Bd. 3, Berlin 1981, Sp. 896 f.

58 Vgl. Hartmanns *Erec*, v. 8768 f., *Le Bel Inconnu*, a. a. O., v. 1955 f.; Friedwanger, Mathias: *Raoul de Houdenc: La Vengeance Raguidel*, in: Sämtliche Werke, Bd. II, Halle 1909, v. 622 ff., 713 ff.; Orlowski, Boleslas (Hrsg.): *Pain de Maisières, La Mule sans Frain*, Paris 1911, v. 774 f.

59 vgl. oben *Le Livre de Caradoc*; Paien de Maisières. La Demoiselle à la Mule, ibid. v. 573 f.

60 Scholl, G. H. F. (Hrsg.): *Diu Crône von Heinrich von dem Türlîn*, Stuttgart 1852.

61 Hahn, K. A. (Hrsg.): *Ulrich von Zatzikhofen, Lanzelet*, Frankfurt a. M. 1845.

[62] Vgl. Lichtblau, Karin: »Maduc«, in: *Mythen des Mittelalters*, hg. v. Ulrich Müller und Werner Wunderlich, Bd. 3, St. Gallen 2001, S. 567–580.

[63] Über die Bedeutung des Blutes im Zauber vgl. Stemplinger, Eduard, *HdA*, Bd. 1, Sp. 1438 f. Es sei nur daran erinnert, dass man im Mittelalter besonders die Juden beschuldigte, magische Operationen mit Christenblut auszuführen. Vgl. oben S. 132 f.

[64] Kürzlich hielt Sabine Heimann-Seelbach beim Symposion *Die Hexe. Historische Realität, Ideologie und Fiktion*, einen brillanten Vortrag mit dem Titel: *des tîfels genôz. Zur Rationalisierung des Dämonischen im nachklassischen Artusroman.* Die gesammelten Vorträge werden in einem Sammelband erscheinen.

[65] Kapteyn, J. M. N. (Hrsg.): *Wigalois der Ritter mit dem Rade*, 2 Bde., Bonn 1926. Vgl. Wehrli, Max: *Geschichte der deutschen Literatur vom frühen Mittelalter bis zum Ende des 16. Jahrhunderts*, 2. Aufl., Stuttgart 1984, Bd. I, S. 296 f., 480 f.

[66] Auch Wolfdietrich kann sich in der Falkenisepisode mit dem Kreuzzeichen gegen die dämonische Prinzessin zur Wehr setzen. Vgl. *Der große Wolfdietrich*, Str. 26.

[67] Auch er besitzt misogyne Züge: Ähnlich wie Klingsor lässt er aus Eifersucht keine Ritter in seine Burg, da er fürchtet, die Königin könnte sich von ihm abwenden (v. 8040 f.).

[68] Vgl. Wilson, Anne: *The Magical Quest, The Use of Magic in Arthurian Romance*, Manchester 1988.

[69] Vgl. den äußerst konzisen und detaillierten Aufsatz von Wolfzettel, Friedrich: »Fee, Feenland«, in: *EM*, Bd. IV, Berlin 1984, Sp. 945–964; Paton, L. A. (Hrsg.): *Studies in the Fairy Mythology of Arthurian Romance*, New York 1960, S. 280–307; Harf-Lancner, L.: *Les Fées au Moyen Âge*, Paris 1984.

[70] Sommer, H. Oskar (Hrsg.): *The Vulgate Version of the Arthurian Romances, Bd. II: Lestoire de Merlin*, Washington 1908, S. 208 f.

[71] Paris, Gaston/Ulrich, Jacob (Hrsg.): *Merlin, Roman en prose du XIIIe siècle*, Paris 1883, Bd. II, S. 101 f.; vgl. Wolfzettel: a. a. O.,Sp. 953.

[72] ibid., Sp. 953.

[73] Wolfzettel: a. a. O., Sp. 956.

[74] Vgl. Loomis, R. S.: »Morgain la Fée in Oral Tradition«, in: *Romania* 80 (1959), S. 337–367; ders.: »Morgain la Fée and the Celtic Goddesses«, in: *Speculum* 20, (1945), S. 183–203; Jennings, M. C. S. J.: »›Heaven defend me from a Welsh Fairy‹: The Metamorphosis of Morgain la Fée in the Romances«, in: *Court and Poet*, hrsg. v. G. L. Burgess, Liverpool 1981, S. 197–206; Mertens-Fonck, Paule: »Morgan, Fée et Déesse«, in: *Mélanges R. Lejeune*, Bd. II, Crembloux 1969, S. 1067–76.

[75] Hier heißt sie Orva (möglicherweise aus Morva?). Constans, Léopold (Hrsg.): *Le Roman de Troie par Benoît de Sainte-Maure*, Bd. I, Paris 1904, v. 7989.

[76] Vielhauer, Inge (Übers.): *Das Leben des Zauberers Merlin, Geoffrey von Monmouth Vita Merlini*, Amsterdam 1964, v. 908–940.

[77] Kasten, Ingrid (Hrsg. u. Übers.): *Chrétien de Troyes, Erec und Enide*, München 1979, v. 1957 f.

[78] Vgl. Foulon, Charles: »La fée Morgue chez Chrétien de Troyes«, in: *Mélanges J. Frappier*, Bd. 1, S. 283–290.

[79] Wolff, L. (Hrsg.): *Erec*, Stuttgart 1972 (= ATB 39). Hier ist sie eine Herrin der Tiere, v. 5189 f.

[80] Heilsalbe der Morgana in: Chretiens de Troyes *Erec*, v. 4220 f.
Roques, Mario (Hrsg.): *Les Romans de Chrétien de Troyes, Bd. IV: Le Chevalier au Lion (Yvain)*, Paris 1982, v. 2949–50.

[81] Micha, Alexandre (Hrsg.): *Lancelot*, Paris 1980, Bd. 75, 49 ff.

[82] Über weitere Belege vgl. Sparnaay, H.: *Zur Sprache und Literatur des Mittelalters*, Groningen 1961, S. 231 f.

[83] Leitzmann, Albert (Hrsg.): *Hartmann von Aue, Erec,* 1939, v. 5127 f., Benecke, F./ Lachmann, K. (Hrsg.): *Iwein. Ein Erzählung von Hartmann von Aue,* Berlin 1827, 7. Aufl. neu bearb. v. Ludwig Wolff, Berlin 1968, v. 3420 f.

[84] *Erec* v. 4218–19, *Yvain* v. 2952–55.

[85] *Claris und Laris* (siehe Anm. 23) v. 3557 f.

[86] Vgl. Colin, W. C., a. a. O.

[87] Vgl. Verelst, Philippe: »L'enchanteur di épopée, Prolégomènes à une étude sur Maugis«, in: *Romanica Gandensia* 6 (1976), S. 119–162 und Karin Lichtblau: »Maugis«, in: *Mythen des Mittelalters*, hg. v. Ulrich Müller und Werner Wunderlich, Bd. 3, St. Gallen 2001, S. 613–628.

[88] Woledge, B. (Hrsg.): *L'Âtre périlleux*, Paris 1936. Ollier, M. L. (Übers.): *La Légende Arthurienne*, S. 605–708.

[89] Brunel, Cl. (Hrsg.): *Jaufré*, Paris 1943; Vgl. Régnier-Bohler, D.: *La Légende Arthurienne, Le Graal et la Table ronde*, Paris 1989, S. 841–922.

[90] Besonders wertvoll die Untersuchung von Engelen, Ulrich: *Die Edelsteine in der deutschen Dichtung des 12. und 13. Jahrhunderts*, München 1978, S. 97 f. Über Steinbücher vgl. Assion, Peter: *Altdeutsche Fachliteratur*, S. 149 f., 212 f.

[91] In: *Der Jungherr und der treue Heinrich*. In: v. d. Hagen, Friedrich (Hrsg.): *Gesammtabenteuer*, Bd. 3, Nr. 64, v. 543 f.

[92] Fuchs, G. (Hrsg.): *Wiener Oswald*, 1920, v. 540 f. Graef, H. v. (Hrsg.): *Meister Otte, Eraclius*, 1883, v. 912 f. Golther, W. v. (Hrsg.): *Konrad Flecks Flore und Blanscheflur*, 1889, v. 2885 f. Dietrich von der Glezze: *Der Gürtel*, in: v. d. Hagen, Friedrich (Hrsg.): *Gesammtabenteuer*, Bd. I, Nr. 20, v. 297 f.

[93] In *Otte*, v. 1088 f. *Flore und Blanscheflur*, v. 2885 f. *Gürtel* v. 297 f. Vgl. Anm. 2.

[94] *Wr. Oswald* v. 540 f., *Otte*, v. 1172 f. *Flore und Blanscheflur* v. 2885 f., 6713 f., 7030 f. In der *Crône* v. 4870 f., *Gürtel* v. 297 f., 660 f.

[95] Junk, Victor (Hrsg.): *Rudolf von Ems, Alexander*, Tübingen 1928, v. 610 f.

[96] Abel, Eugen (Hrsg.): *Orphei Lithika*, Berlin 1881, S. 161 f. zit. n. Engelen, a. a. O.

[97] Auch im Trojaroman des Herbort von Fritzlar v. 1031 f. und im *Jüngeren Titurel* v. 4787 f.

[98] Vgl. Haage, Bernhard: »Prolegomena zu Amfortas Leiden im Parzival Wolframs von Eschenbach«, in: *Würzburger medizinische Mitteilungen* 3 (1985), S. 101–126.

[99] Vgl. *Iwein* v. 2954 f. *Wigalois* v. 792 f., 7083 f. *Crône* v. 4870 f.
Mut: *Parzival* v. 743,5 f., 792,1 f.
Flore und Blanscheflur v. 2885 f., *Crône* v. 4870 f., 22 882 f., *Wigalois* v. 325 f., 566 f., 630 f., 1364 f.

[100] Im: *Jüngeren Titurel* v. 348, bzw. 335.

Ausblick

»Magie ist die Technik, die auf dem Glauben an geheime Kräfte im Menschen und im Weltall beruht, Kräfte, die unter besonderen Voraussetzungen vom Menschen geweckt und gelenkt werden können.«[1] Diese Definition Georg Lucks trifft vor allem auf die »wissenschaftliche« Richtung der antiken, aber auch mittelalterlichen Magie zu.

Der archaischere Traditionsstrang der Magie, in der Antike repräsentiert durch Empedokles, Pythagoras, Apollonios u. a. – setzt sich im Mittelalter fort in Propheten, Volksheilern, Fruchtbarkeitszauberern und Beschützern der Fluren im Kampf gegen die antisozialen *Malefici*, am Ausgang des Mittelalters gegen die Hexen.

Die Geheimwissenschaften des Mittelalters basieren auf dem mystischen Wissen der Antike. Die Hochachtung vor der antiken Quelle war dermaßen groß, dass viele (heute deshalb unbekannte) Autoren ihr Wissen unter dem Namen einer antiken Autorität unters Volk brachten, also nicht die antiken Quellen fälschten, sondern einfach neue dazu »erfanden«.

Doch auch die antike Magietradition ist aus vielen verschiedenen Strömungen und Kulturen gespeist worden. Persische, babylonische und ägyptische Überlieferungen bildeten die Grundlage der »wissenschaftlichen« Systeme von geordneten Vorschriften, Regeln und Bräuchen, als deren berühmtestes Beispiel die Zauberpapyri gelten können, die, viel später niedergeschrieben, auf einer weitaus älteren Quelle fußen. Diese systematischen Anweisungen ermöglichten es den Adepten, mit den höheren Mächten umzugehen und diese zu eigenen Zwecken zu ge- bzw. missbrauchen. Der griechische Gott Hermes wurde mit dem ägyptischen Toth identifiziert und als Begründer einer gnostischen Geheimlehre angesehen. Die alte Unterweltsgöttin Hekate spielte bei Beschwörungen eine wichtige Rolle, sie wurde von den chaldäischen Magiern bevorzugt angerufen. Apollo, der Gott der Weissagungen, galt als Schirmherr der verschiedenen mantischen Praktiken.

In der hellenistischen Zeit (3. Jahrhundert v. Chr.) erlebte die Magie eine Hochblüte, wobei besonders Alexandria als Zentrum und Schnittpunkt der gelehrten Welt und der verschiedenartigsten geistigen, esoterisch-magischen Strömungen und Kulturen fest zu machen ist. Unter dieser polyglotten Vielfalt ist besonders die jüdische Kultur hervorzuheben, die ebenso eine okkulte Tradition pflegte, wie u. a. Philo von Alexandria mit seiner ausgeklügelten Dämonologie bewiesen hat. Schon die Stammväter der Juden standen im Ruch magischen Geschicks: Moses und Aaron übertrumpften die Magier des Pharao, und Jesus erregte durch seine Exorzismen und Wunder den Verdacht der talmudischen Lehrer, die ihn als Magier brandmarkten. Auch die Apostel kamen in Zaubereiverdacht und taten sich in »Zauberwettkämpfen« mit Magiern hervor, deren berühmtester, Simon Magus aus Samaria war, der Begründer einer gnostischen Geheimlehre, der als Magier und Vater der Häresie missverstanden wurde. Diese Affinität zur Magie führte unter anderem im Mittelalter zu grausamen Judenpogromen. Aus der Systematisierung ihrer Geheimlehre ging die Kabbalah hervor, deren Ursprünge in den ersten nachchristlichen Jahrhunderten liegen, deren schriftliche Fixierung aber erst im 13. Jahrhundert bezeugt ist. Die im Zusammenhang mit Simon Magus erwähnte theologische Strömung, die Gnosis, hat die mittelalterliche Magie ebenfalls entscheidend beeinflusst.

Das aus der neuplatonischen Lehre stammende Prinzip der Sympathie des Alls, des in Stufen geordneten Kosmos, in dem die Götter den höchsten Punkt der Stufenleiter und die Menschen und Tiere den Endpunkt einnehmen, in dessen Zwischenraum Engel, Dämonen und Heroen angesiedelt sind, die als Vermittler zwischen den beiden Polen dienen, war von nicht zu unterschätzender Bedeutung für die mittelalterliche Wissenschaft und Theologie. Je näher diese Vermittler in der kosmischen Hierarchie den Göttern stehen, desto ähnlicher sind sie diesen und umgekehrt. Götter, Engel, Dämonen und Heroen stehen in sympathetischer Verbindung zu bestimmten Mineralien, Tieren und Pflanzen. Die Kenntnis dieser Verbindungen und das Wissen um die geheimen Namen (der Götter, Dämonen, Engel) ermöglichen die Kommunikation und Beschwörung und die daraus resultierende Dienstbarmachung.

Dieses dämonologische System rezipierte Augustinus und in seiner Nachfolge die Scholastik. Der große Kirchenlehrer betrachtete die Dämonen als gefallene Engel, die auf Grund ihres ätherischen Leibes imstande sind, in Menschen einzudringen, ihren Geist zu verwirren, sie durch falsche Einflüsterungen zu betrügen und auf ihre Seite zu ziehen.

Augustinus Kommunikationstheorie mündet in die Theorie des Dämonenpaktes: Die Menschen kommunizieren mit Hilfe von Buchstaben, Siegeln und Talismanen mit den bösen Geistern und stehen insofern mit diesen in einem bündnishaften Verhältnis. Die Lehre des Thomas von Aquin vom ausdrücklichen und vom stillschweigenden Dämonenpakt bedeutete eine Erweiterung des augustinischen Denkansatzes. Thomas setzt den Pakt mit Apostasie, Abfall vom Glauben, gleich.

Im Zentrum der Auseinandersetzung stand seit der Antike und dem Frühchristentum die Unterscheidung zwischen Wundertäter von Gottes Gnaden und magischem Wunder, zwischen wahrer und falscher Heiligkeit, die Unterscheidung der Geister rückte in den Brennpunkt der theologischen Diskussion. Die Unterscheidung zwischen sanktionierten religiösen Ritualen, Wundererwartung und Zaubereigläubigkeit fällt aus unserer heutigen Sicht nicht leicht, erschien jedoch sicherlich den Laien und auch vielen der Geistlichen des Mittelalters fließend. Überhaupt ist eine Tendenz der Geistlichkeit zu Magieerfahrung bzw. -erkenntnis und -praxis zu konstatieren. Die Ähnlichkeit des Messrituals, der Einfluss der hebräischen Magie bei der Tendenz zu zwingenden Namen im Zusammenhang mit der bevorzugten Verwendung von Sakramentalien im Zauber schien die Affinität bzw. Dichotomie von Magie und Religion zu bestätigen.

Die Verfolgung der neumanichäischen Sekten im Hochmittelalter durch die zu diesem Zweck gegründete Inquisition zog auch Zaubereianklagen nach sich, da diese in den Kompetenzbereich der Inquisition fielen, wenn sie »nach Häresie schmeckten«. Die großen Verfolgungswellen der Inquisition konzentrierten sich in der Spätzeit auf die »schrecklichste« Sekte von allen, auf die Hexen.

Obwohl gewisse magische Praktiken, vor allem der Schadenzauber, in Zusammenhang mit den Hexen Erwähnung finden, resultierend aus Teufelsbuhlschaft und Teufelspakt, stehen sie in den Anklagepunkten der Zauberprozesse nicht an vordringlichster

Stelle. Noch haftet den protokollierten Praktiken gelehrte magische Professionalität an.

Die Frage, ob im Mittelalter eine Art Magierklasse, ähnlich den persischen Priestern, den Magi, bzw. den Chaldäern existiert habe, ist nicht eindeutig negativ zu beantworten. Praktizierende einfacher magischer Rituale (Liebes- und Fruchtbarkeitszauber, Schadenzauber) waren in verschiedenen sozialen Schichten beheimatet, standen allerdings nicht in einem Traditionszusammenhang, wie es wohl für die Heilzauberer zutreffen mag. Die Gelehrten haben sich im Kontext ihrer wissenschaftlichen Experimente und der Weiterentwicklung der Naturwissenschaft zwangsläufig auch mit den magischen Künsten und Wissenschaften auseinander gesetzt. Manchen, vor allem Theologen, war die Magie keine Wissenschaft, sondern Teufelsbetrug, Scharlatanerie. Andere Gelehrte wie Albertus Magnus, Arnold von Villanova, Peter von Abano versuchten sie in den Gesamtzusammenhang der *artes* zu stellen und diese *artes incerti* und *illicita* zu sicheren und legitimen Erkenntnismethoden auszubauen.

Die Rezeption der antiken, durch arabische Vermittlung zugänglichen Geheimliteratur stieß auf Interesse bei politisch hoch stehenden Persönlichkeiten wie Kaisern, Königen oder Fürsten sowie bei Bischöfen und Päpsten. So manche ließen es bei dem Interesse allein nicht bewenden, sondern widmeten sich den Geheimwissenschaften, wie Gerbert von Aurillac, dessen hervorragende Kenntnisse auf dem Gebiet der Mathematik, Rhetorik etc. ihn in den Verdacht magischen Expertentums brachten.

Aber nicht allein die Strömungen der griechisch-römischen Antike haben die Magie des Mittelalters gespeist. Bußbücher, Synodalbeschlüsse, Konzilsbestimmungen, staatliche Gesetze und Verordnungen bezeugen, dass der Kampf gegen die heidnischen Relikte in Ritus und Kult, den Rückfall ins Heidentum, gegen überkommene magische Praktiken zäh geführt wurde.

Die überlieferten Zaubersprüche aus heidnischer Zeit veränderte man durch Substituierung der alten Götternamen durch die Namen der Heiligen, der Zweck der Sprüche blieb der gleiche: Es sollte etwas erreicht werden, was auf normalem Wege nicht gelungen war. Neben den Zaubersprüchen kam den Zauberkräutern und den kirchlichen Sakramentalien im magischen Ritual ebenso große Bedeutung zu.

Die These, dass der Zauberglaube antiker Herkunft sich mit einheimischen Volkstraditionen amalgamiert, scheint besonders in Bezug auf den Hexenglauben zuzutreffen.

Elemente einheimischer Naturgeistvorstellung, wie wir sie in den »Nachtfahrerinnen« und den »Bilwissen« vor uns haben, verbanden sich mit den antiken Traditionen der blutsaugerischen Lamien und Strigen (Gelehrten). Hinzu kamen die altbewährten Vorurteile gegen Sekten und unliebsame Randgruppen. Die Fähigkeit zum Schadenzauber verlieh der Teufel beim Sabbat und forderte das *Maleficium* gleichsam als Tribut.

Der orientalisch-hebräische Einfluss auf den mittelalterlichen Zauberglauben ist das Resultat der Auseinandersetzung des antiken Christentums mit den neuplatonischen Lehren. Im Hochmittelalter kamen abermals Neuimpulse aus dem jüdischen und vor allem aus dem arabischen Kulturkreis. Die Wichtigkeit der arabischen Vermittlung besonders bei den antiken Quellen kann nicht genug betont werden. Am Ausgang des Mittelalters erhielten zudem die antike Philosophie und die hermetische Richtung der neuplatonischen Schule gesteigerte Bedeutung. Die Renaissance setzte die Beschäftigung mit der Antike fort, was auch als Resultat des Aufschwungs der Bildung und der vermehrten Kenntnis des Griechischen und Lateinischen in breiteren Schichten zu werten ist.

Mit der bei Albertus Magnus einsetzenden Definition der Magie als *ars*, als Wissenschaft und Kunst, die sich der Kenntnis und Erkenntnis der geheimen Kräfte der Natur gewidmet hatte, kommt auch die Unterscheidung der natürlichen und der dämonischen Magie zum Tragen.

Diese Unterscheidung zwischen der *Magia naturalis*, die sich mit den hinter der Natur stehenden geheimen Kräften beschäftigt, und der verunglimpften dämonischen Magie, die das Wissen des Magiers auf einen Pakt mit dem Teufel gründet, ist schwierig.

Die Thematik von Teufelspakt aus Wissensdurst, Armut, Erfolglosigkeit oder auch aus verschmähter Liebe hat die Dichter der Antike und auch des Mittelalters immer wieder zu neuen narrativen Variationen und Varianten inspiriert. Der berühmteste Teufelsbündler des Mittelalters, Theophilus, hat in der Weltliteratur nicht jenen Bekanntheitsgrad erreicht, den sein eigentlich historisch marginaler Nachfolger der Paktgeschichte verlieh: Faust, der sich in der Goethe'schen Bearbeitung zur Symbolfigur des rastlosen Strebens des abendländischen Menschen entwickelt.

Neuplatonische Strömungen hatten sich unter chaldäischem Einfluss mit astrologischen und astralmagischen Lehren verbunden. Hinzu kam die nicht unwesentliche Einstreuung arabischen Gedankenguts, insbesondere arabischer Astralmagie. Die Verfeinerung der *Magia naturalis* in der Renaissance erlebte erste Höhepunkte bei Marsilio Ficino, der sie ebenso wie Paracelsus in den Zusammenhang mit dem Konzept der Medizin und Diagnostik stellte. Ficino beschäftigte sich wie Arnold Villanova mit dem Einfluss der Sterne auf die Krankheiten der Menschen und mit der Herstellung von Talismanen, ging aber einen Schritt weiter, indem er unter astrologischen Gesichtspunkten hergestellte Heilmittel forcierte, die den Körper von innen heraus beeinflussen, umwandeln und direkter als die Talismane affizieren können. Als Nachfolger des Plotin, dessen Werk er als einer der Ersten im Original kannte, brachte er die Maxime von der »Natur als Magus« auf den Begriff. Die neuplatonische Lehre vom hierarchisch gegliederten Kosmos verband er mit der jüdischen Auffassung von der Heil- und Wirkkraft des Wortes bzw. des Namens bestimmter Steine und Pflanzen.

Pico della Miradola interessierte ein anderer Aspekt der jüdischen Magie. Er versuchte die Nummern- und Zahlenmystik, wie sie im Ausgang des Mittelalters mit der Kabbala aufkam, als Grundprinzip der Magie zu fassen und definierte folgerichtig Magie als die Meisterung der Kabbala. Die Astralmagie suchte er als wissenschaftliche Kategorie zu befestigen, indem er sie von der defätistischen populären Astrologie abgrenzte.

Es fehlte nicht an Gegenstimmen, die der *Magia naturalis* die Wissenschaftlichkeit und vor allem die Legitimität und Legalität abzusprechen versuchten. Deshalb trachteten die Vertreter dieser Richtung stets danach, ihre Lehren von der verdammenswürdigen dämonischen Magie abzusetzen. Pico della Mirandola versuchte eine philosophische Fundierung der Magie zu leisten wie schon

Abb. 29: David Teniers d. J. (1610–1690): Der Hexenmeister.

Michael Scotus vor ihm, indem er das Erkenntnisinteresse und den positiv konnotierten Forschungscharakter der Magie in den Vordergrund rückte: »Das Wort stammt aus dem Persischen und deckt sich vollkommen mit der griechischen Bezeichnung ›philosophos‹, sodass ›magus‹ so viel wie ›Weiser‹ bedeutet. Bei den verschiedenen Völkern wechselte nun die sprachliche Bezeichnung: So nennen die Gallier den Weisen Druiden, die Hebräer Kabbalisten; bei den

Indern heißen sie Gymnosophisten und bei den Ägyptern einfach Priester. Ergibt sich nun aus diesen Angaben, dass die Magie dasselbe wie ›Weisheit‹ bedeutet, dann trägt der Teil der Naturwissenschaft, der uns die exakte Kenntnis aller natürlichen Dinge vermittelt und der gleichsam die Krone und Zinne der ganzen Philosophie darstellt, mit Recht den Titel Magie.«[2]

Diese Definition erscheint auch noch für das 16. Jahrhundert gewagt, weshalb Pico seine These, wie viele mittelalterliche Gelehrte vor ihm, mit dem Rekurs auf die drei Magier aus dem Morgenlande zu untermauern sucht: »Die drei Magier waren doch weder Schwarzkünstler noch Verbündete des Teufels; die Weisheit Gottes war in ihnen lebendig.«[3]

Die Tendenz, sich in Bezug auf die Erkenntnis der kosmischen Kräfte immer mehr zuzutrauen, war schon bei Albertus Magnus zu bemerken. Auch Paracelsus[4] weiß um den Wert der Dämonenbeschwörung, die er wie der mittelalterliche Geistliche Jüterbogk nur glaubensfesten Christen empfiehlt: »Es gebürt sich, dass einem Gläubigen der Teufel gehorsam sei.«[5] Er ist überzeugt, dass Gott nichts gegen die Inanspruchnahme der Teufelskünste einzuwenden hat, wenn sie sozialen Zwecken, wie z. B. dem Wohle der Kranken, dient. Das bedeutet nicht, dass er einen Pakt mit dem Teufel schließt, denn er strebt nach mehr Wissen, »dann wann wir könnten lernen dem Teufel sein kunst ab, so sollen wirs tun. Die kunst brauchen und den teufel lassen liegen.«[6]

Deutlich tritt hier die Neuerung, die aufgeklärte Haltung der Renaissance zum Pakt hervor. Thomas von Aquin und Augustinus hingegen waren noch davon überzeugt, dass die Kommunikation mit Dämonen zwangsläufig einen Teufelspakt bedeutete. Ohnedies sprachen die mittelalterlichen Gelehrten den Dämonen jedes philosophische Wissen ab, weshalb ein philosophischer Diskurs mit Dämonen auch keine Attraktivität besaß. Paracelsus[7] dagegen traute dem Teufel und den Dämonen offenbar nicht nur Kenntnisse zu, sondern war überzeugt davon, dass er diese, ohne Verpflichtungen einzugehen, den höllischen Geistern entreißen könne. Die Figur des geprellten Teufels, im Mittelalter nur in der Schwankliteratur verbreitet, gewann in der Renaissance in der gelehrten Tradition an Realität und wurde in der Volksliteratur die gängige Vorstellung.

Die Sicht der dämonologischen Literatur dagegen und die daraus resultierende Praxis in den Hexenprozessen zeigt das genau gegenteilige Bild.

[1] Luck, Georg: a. a. O., Stuttgart 1990, S. 1.

[2] Müller-Jahnke, Wolf-Dieter: »Die Renaissance-Magie zwischen Wissenschaft und Dämonologie«, in: *Zwischen Wahn, Glaube und Wissenschaft*, hg. v. Jean François Bergier, Zürich 1988, S. 127–141 u. Walker, D. P.: *Spiritual and Demonic Magic. From Ficino to Campanella*, London 1958, S. 46f.

[3] zit. n. Peuckert, Will-Erich: Pansophie, Berlin 1956, S. 341.

[4] ibid.

[5] Schipperges, Heinrich: »Magia et Scientia bei Paracelsus«, in: *Sudhoffs Archiv* 60 (1976), S. 77–92; Goldammer, Kurt: »Magie bei Paracelsus«, in: *Magia naturalis und die Entstehung der modernen Naturwissenschaften*, hg. v. Kurt Müller, Heinrich Schepers und Wilhelm Totok, Wiesbaden 1978 (= Studia Leibnitiana, Sonderheft 7), S. 30–55.

[6] Theophrast von Hohenheim gen. Paracelsus: »Von den unsichtbaren Krankheiten«, in: *Sämtliche Werke*, hg. v. Karl Sudhoff, Bd. 9, München 1922–37, S. 258 f.

[7] Treffend und präzise formuliert bei Kocku von Stuckrad: »Magie«, in: *Der Neue Pauly – Lexikon der Antike*, Bd. 15, S. 1146–1166.

Abkürzungsverzeichnis

AfKg	Archiv für Kulturgeschichte
Arw	Archiv für Religionswissenschaft
ATB	Altdeutsche Textbibliothek
Beitr.	Beiträge
Bde.	Bände
Ber.	Berichte
Bibl.	Bibliothek
Bibl. d. ges. dt. Nat. Lit.	Bibliothek der gesamten deutschen Nationalliteratur
BLVS	Bibliothek des literarischen Vereins Stuttgart. Stuttgart/Tübingen u. a. 1842 ff.
BBSIA	Bulletin Bibliographique de la Société Internationale Arthurienne, Madison
CCM	Cahiers de civilisation Médiévale, Poitiers
CFMA	Les Classiques français du Moyen Âge. Paris 1916 ff.
Dt. Jb. f. Vkde.	Deutsches Jahrbuch für Volkskunde
DVJS	Deutsche Vierteljahrsschrift für Literaturwissenschaft und Geistesgeschichte
EI	Enzyklopädie des Islam
EI^2	Encyclopédie d'Islam
EM	Enzyklopädie des Märchens
GAG	Göppinger Arbeiten zur Germanistik
GRM	Germanisch-Romanische Monatsschrift
HdA	Handwörterbuch des deutschen Aberglaubens, hg. v. Hanns Bächthold-Stäubli
Hess. Bl. f. Vkde.	Hessische Blätter für Volkskunde
Hist. Jb.	Historisches Jahrbuch
Hwb	Handwörterbuch
Mitt.	Mitteilungen
Münchner theolog. Zs.	Münchner theologische Zeitschrift
RAC	Reallexikon für Antike und Christentum
REJ	Revue des Études Juives
SATF	Société des anciens textes français, Paris 1875 ff.
TLF	Textes littéraires français, Paris 1946 ff.
VL	Verfasserlexikon
WAGAPH	Wiener Arbeiten zur germanischen Altertumskunde und Philologie, hg. v. Helmut Birkhan

ZfdA	Zeitschrift für deutsches Altertum und deutsche Literatur
ZfVkde	Zeitschrift des Vereins für Volkskunde, fortgesetzt unter dem Titel Zeitschrift für Volkskunde
Zs.	Zeitschrift
Zs. f. dt. Phil.	Zeitschrift für deutsche Philologie
Zs. f. Rechtsgesch.	Zeitschrift für Rechtsgeschichte
Zs. f. Roman. Phil.	Zeitschrift für Romanische Philologie

Literaturverzeichnis

Lexika und Wörterbücher

BÄCHTHOLD-STÄUBLI, HANNS (HRSG.): *Handwörterbuch des deutschen Aberglaubens*, 10 Bde., Berlin/Leipzig 1927–1942

BENECKE, G. F./MÜLLER, W./ZARNCKE, F.(HRSG.): *Mittelhochdeutsches Wörterbuch*, 3 Bde., Ndr. Hildesheim 1963

BIEDERMANN, HANS: *Lexikon der magischen Künste*, 2 Bde., Graz, 3. Auflage 1986

BOSWORTH, C./DANZEL, E. VON LEWIS B./BELLOT. C. (HRSG.): *Encyclopédie d'Islam*, 6 Bde., 2. Aufl., Leiden/Paris 1954–1991 f. = E.I

BOTTERWECK, G. J.: *Die Bibel und ihre Welt. Eine Enzyklopädie zur Heiligen Schrift*, 2 Bde., Bergisch-Gladbach 1988

ELIADE, MIRCEA (HRSG.): *The Encyclopedia of Religion*, 15 Bde., New York 1907–1986

ERLER, DALBERTZ/KAUFMANN, EKKEHARD (HRSG.): *Handwörterbuch zur deutschen Rechtsgeschichte*, Berlin 1971 f.

ERSCH, J. G./GRUBER J. G. (HRSG.): *Allgemeine Enzyklopädie der Wissenschaft und Künste*, Ndr. der Ausgabe 1818–89, Graz 1969–1992

Enzyklopädie des Märchens, Handwörterbuch zur historischen und vergleichenden Erzählforschung, hg. v. Kurt Ranke, Berlin/New York 1977 ff. dzt. 10 Bde.

GRIMM, JACOB UND WILHELM (HRSG.): *Deutsches Wörterbuch*, 16 Bde., Leipzig 1854–1954, Quellenverzeichnis 1971, Ndr. München 1999

Grundriß der romanischen Literaturen des Mittelalters, hg. v. Hans Robert Jauss und Erich Köhler, Heidelberg 1972 ff.

HASTINGS, J.: *Dictionary of the Bible*, IV, New York 1902

DERS.(Hrsg.): *Encyclopedia of Religions and Ethics*, 13 Bde., New York 1922–27

HOOPS, JOHANNES (HRSG.): *Reallexikon der germanischen Altertumskunde*, 1. Aufl., Straßburg 1911 ff., 2. Aufl. hg. v. H. Jankuhn/H. Kuhn/ K. Ranke/ R. Wenskus, Berlin 1968 f.

HOUTSMA, TH. (HRSG.): *Enzyklopädie des Islam*, 4 Bde. + Register, Leiden/ Leipzig 1908–1934 = EI

KLAUSER, THEODOR (HRSG.): *Reallexikon für Antike und Christentum*, Stuttgart 1950 f.

KLUGE, FRIEDRICH: *Etymologisches Wörterbuch der deutschen Sprache*, 24., durchges. u. erw. Aufl. Berlin 2002

KRAUSE, G./MÜLLER, G. (HRSG.): *Theologisches Reallexikon*, Berlin 1977 ff.

KRAUS, FRANZ XAVER (HRSG.): *Realenzyklopädie der christlichen Altertümer*, Freiburg i. Br. 1882–1886

LEXER, MATHIAS: *Mittelhochdeutsches Handwörterbuch*, 3 Bde., Leipzig 1872–1878, Ndr. Stuttgart 1979 u. ö.

Lexikon des Mittelalters, 9 Bde., München 1977–1999

Lexikon für Theologie und Kirche, 10 Bde., Freiburg 1957–65; neu bearb. Ausg. Freiburg i. Br. 1993

PEUCKERT, WILL-ERICH: *Handwörterbuch der Sage*, Göttingen 1961

Sachwörterbuch der Mediävistik, hg. v. Peter Dinzelbacher, Stuttgart 1992

ROSCHER, W. H. (HRSG.): *Lexikon der griechisch-römischen Mythologie*, 6 Bde., Leipzig 1884–1937

STAMMLER, WOLFGANG (HRSG.): *Die deutsche Literatur des Mittelalters, Verfasserlexikon*, begründet von Wolfgang Stammler, hg. v. Karl Langosch, 5 Bde., Berlin/Leipzig 1933–1955; 2. völlig neu bearb. Aufl. hg. v. Kurt Ruh, Berlin/New York 1978–1999, 10 Bde. = VL

DERS. (Hrsg.): *Deutsche Philologie im Aufriss*, unter Mitarbeit zahlreicher Fachgelehrter, 3 Bde., Berlin 1957–1962

STRACK, HERMANN/BILLERBECK, PAUL: *Kommentar zum Neuen Testament aus Talmud und Midrasch*, 4 Bde., München 1928

STRAYER, J. (HRSG.): *Dictionary of the Middle Ages*, New York 1982–1989

STUTE, MARTIN: *Hauptzüge wissenschaftlicher Erforschung des Aberglaubens und seiner populärwissenschaftlichen Darstellungen der Zeit von 1800 bis in die Gegenwart*, Frankfurt a. M. 1997

THOMPSON, STITH: *Motif-Index of Folk-Literature. A Classification of Narrative Elements in Folktales, Ballads, Myths, Fables, Mediaeval Romances, Exempla, Fabliaux, Jest Books and Local Legends*, 5 Bde., Register, Copenhagen 1955–1958

TOBLER, ADOLF/LOMMATZSCH, ERHARD: *Altfranzösisches Wörterbuch*, Berlin 1925, Wiesbaden 1954

Primärliteratur

ADENET LE ROI: *Cléomadès*, hg. v., Henry Albert (Les Œuvres d'Adenet le Roi Bd. V), Brüssel 1971

Agrippa von Nettesheim: *Magische Werke, sammt den geheimnisvollen Schriften des Petrus von Abano, zum ersten Male vollständig ins Deutsche übersetzt,* 4. Aufl. o. J., Ndr. Meisenheim um 1965

ALBRECHT VON SCHARFENBERG: *Der Jüngere Titurel*, hg. v. Werner Wolf, 2 Bde., Berlin 1964

ABRAHAM VON WORMS: *Das Buch der wahren Praxis der göttlichen Magie*, Ins, Jürg von (Hrsg.): München 1988

Amadas et Ydoine, hg. v. J. R. Reinhard (= CFMA 51), Paris 1926
Amadas et Ydoine, Roman du XIIIe siècle übers. v. Jean-Claude Aubailly, (= CFMA Trad. 36), Paris 1986
APULEIUS: *Der goldene Esel*, hg. u. übers. v. August Rode, Frankfurt a. M. 1974
DERS.: *Apologia*, lat. u. dt. v. Rudolf Helm, Berlin 1977
Des armen Hartmann Rede vom Glouven, eine deutsche Reimpredigt des 12. Jahrhunderts (= Germanistische Abh. Heft XIV), Breslau 1897
L'Âtre périlleux, hg. v. Brian Woledge (= CFMA 76), Paris 1936
AUGUSTINUS AURELIANUS: *Werke*, lat. und deutsch, hg. v. Karl Johann Perl, 7 Bde., Paderborn 1940–1976
DERS.: *De civitate Dei*, übers. u. hg. v. Carl Johann Perl, Salzburg 1951–53
DERS.: *Confessiones*, lat. u. dt. übers. J. Ernhart, München 1955
DERS.: *De doctrina Christiana* (= Bibliothek der Kirchenväter, hg. v. O. Bardenhewer/Th. Scherrmann/J. Zellinger, Bd. 49), Tübingen 1960
DERS.: *De Trinitate*. Des hl. Kirchenvaters Aurelianus Augustinus 15 Bücher über die Dreiheiligkeit (= Bibl. d. Kirchenväter 2, Bd. 13, 14) München 1935–1936
DERS.: *Enarrationes in psalmos*, ausgew. u. übertr. v. Hugo Weber, Paderborn 1955
BENOÎT DE SAINTE-MAURE: *Le Roman de Troie*, hg. v. Léopold Constans (= SATF 75), 6 Bde., Paris 1904–1912
BERTHOLD VON REGENSBURG: *Predigten*, vollständige Ausgabe, hg. v. F. Pfeiffer u. a., 2 Bde., Leipzig 1862–1880, Ndr. 1967
»Das Besiedlungsbuch«, übertr. v. Walter Baetke, in: *Islands Besiedlung und ältere Geschichte* (= Thule 23), Jena 1928, S. 59–157
Die Bibel: Das Alte Testament, hg. v. der Katholischen Bibelanstalt, Stuttgart 1974; *Das Neue Testament*, hg. v. der katholischen Bibelanstalt, Stuttgart 1975
BOCCACCIO, GIOVANNI: *Das Decamerone*, übertr. v. Albert Wesselski, 2 Bde., 4. Aufl., Leipzig 1912
The Book of Ingenious Devices (Kitab al-Hiyal), übers. v. Donald Hill, Dordrecht 1979
CAESARIUS VON HEISTERBACH: *Hundert auserlesene, wunderbare und merkwürdige Geschichten des Zisterziensers*, hg. v. O. Hellinghaus, Aachen 1925
DERS.: *Die Wundergeschichten*, hg. v. A. Hilka, 2 Bde., Bonn 1933–1937
CAESAR, GAIUS JULIUS: *De bello Gallico*, lat. u. dt. hg. v. Georg Dorminger, München 1962
CHRÉTIEN DE TROYES: *Le roman de Perceval ou Le conte du Graal*, hg. v. W. Roach (= TLF 71), 2. Aufl. Génève/Paris 1959
DERS.: *Cligès. Les roman de Colt II*, hg. v. A Micha (= CFMA 84), Paris 1982

DERS.: *Cligès*, übers. v. A. Micha (= CMFA Trad. 3), Paris 1982
DERS.: *Erec und Enide* hg. u. übers. v. Ingrid Kasten (= Klass. Texte d. Roman. Mittelalters in zweispr. Ausg. 17), München 1979
DERS.: *Le Chevalier au Lion (Yvain)*, (Les Romans de Chrétien de Troyes Bd. IV), hg. v. Mario Roques (= CFMA 89), Paris 1982
DERS.: *Le Chevalier de la Charrete*, (Les Romans de Chrétien de Troyes Bd. III), hg. v. M. Roques (= CFMA 86), Paris 1958
CICERO: *De Divinatione*, hg. v. A. St. Pease 1920–23, Ndr. Darmstadt 1963
DERS.: *2 Bücher Weissagungen*, übers. v. Raphael Kühner, Stuttgart 1868
Claris und Laris, hg. v. J. Alton (= BLVS 169), Tübingen 1884
CONRAD VON QUERFURT: »Epistola«, in: *Monumenta Germaniae Historica Scriptores* XXI, Hannover 1869
Continuations of the Old French Perceval of Chrétien de Troyes, hg. v. William Roach, R. H. Ivy, L. Foulet, 4 Bde., Philadelphia 1949–1956
Cú Chulainn Saga, hg. v. Eleanor Hull, London 1898
Die Edda, hg. v. Felix Genzmer, 2 Bde., Jena 1922
Die Geschichte vom Skalden Egil, übertr. v. Felix Niedner (= Thule 3), Jena 1923
Elsässische Legenda Aurea hg. v. Werner Williams-Krapp, Tübingen 1980
Roman d'Eneas, übers. v. Martine Thiery Stassin (= CFMA Trad. 33), Paris 1985
Early English Prose Romances, hg. v. W. J. Thomas, 2 Bde., London 1858
Die Erzählungen von den 1001 Nächten, vollständige deutsche Ausgabe in 6 Bänden nach dem arabischen Urtext der Calcuttaer Ausgabe aus dem Jahre 1839, übertr. v. Enno Littmann, Leipzig 1921–1928
»Esclarmonde«, in: *Huon de Bordeaux, Esclarmonde, Clarisse et Florent, Yde et Olive, drei Fortsetzungen von Huon de Bordeaux*, hg. v. Schweigel, Marburg 1891
FIRDUSI: *Schachname, Das Buch der Könige*, übers. v. Friedrich Rückert, Berlin 1830
FLAVIUS, JOSEPHUS: *Bellum Judaicum*, übers. v. Cotta u. Glörer, Philadelphia 1838
FLECK, KONRAD: *Flore und Blanscheflur*, hg. v. Emil Sommer (= Bibl. d. ges. dt. National Lit. 12), Quedlinburg/Leipzig 1846
Floire et Blancheflor, hg. v. M. M. Pelan (= Publ. Fac. Lettres Strasbourg) Paris 1956
Fritjofsaga, hg. v. Friedrich Wenz, Leipzig 1914
Die gute Frau, Text siehe E. Sommer, in: ZfdA 2 (1842), S. 385–481
GEOFFREY VON MONMOUTH: *Vita Merlini*, übers. v. Inge Vielhauer, Amsterdam 1964
GERBERT DE MONTREUIL: *Continuation de Conte de Graal*, hg. v. M. Williaams, M. Oswald (= CFMA 28, 50, 101), Paris 1922, 1925, 1975

Gervasius von Tilbury: *Otia imperialia*, Auswahl, hg. v. Felix Liebrecht, Hannover 1856

Gesammtabenteuer, hg. v. Friedrich von der Hagen, 3 Bde., Ndr. Darmstadt 1961

»Die Geschichte von den Schwurbrüdern«, übertr. v. Felix Niedner, in: *Grönländer und Färinger Geschichten* (= Thule 13), Jena 1929, S. 174– 268

Die Geschichte von den Leuten aus dem Lachswassertal, übers. v. Rudolf Meissner (= Thule Bd. 6), Jena 1923

»Die Geschichte von Gunnlaug Schlangenzunge«, übertr. v. Felix Niedner, in: *Vier Skaldengeschichten* (= Thule 9), Jena 1923, S. 23–64

Die Gesta Romanorum und die Innsbrucker Handschrift vom Jahre 1342, hg. v. Wilhelm Dick (= Erlanger Beitr. z. engl. Phil. VII), Erlangen und Leipzig 1890

Gestis regum Anglorum, hg. v. W. Stubbs, 2 Bde., London 1887–89

Girard d' Amiens: *Escanor*, hg. v. H. Michelant, (= BLVS 178), Tübingen 1886

ders.: *Le Roman du Cheval de Fust ou de Meliacin*, hg. v. Paul Aebischer (= TLF 212), Genf 1974

Girart de Roussillon, hg. v. W. Mary Hackett u. A. G. J. Picard (= SATF 86), Paris 1953–1955

Maître Gossouin: *L'Image du Monde*, hg. v. O. H. Prior, Lausanne 1913

Gottfried von Strassburg: *Tristan und Isold*, hg. v. F. Ranke, 1930

Greek Magical Papyri in Translation, hg. v. H. D. Betz, Chicago 1985

Gui, Bernard: *Le Livre des sentences de l'inquisiteur Bernard Gui (1308–1323). Edition et transcription*, hg. u. übers. v. Pales-Gobilliard, Annette, Paris 2002 (= Sources d'histoire médiévale)

Hartlieb, Johannes: *puoch aller verpoten kunst*, hg. v. Dora Ulm, Halle 1914

ders.: *Alexanderroman. Edition des Cgm 581*, hg. v. Rudolf Lechner-Petri (= Germanistische Texte und Studien, Bd. 9), Hildesheim 1980

Hartmann von Aue: *Iwein*, hg. von G. F. Benecke/K. Lachmann, Berlin 1827, 7. Aufl., neubearb. v. Ludwig Wolff, Berlin 1968, 3. Aufl. hg. v. G. F. Benecke, übers. v. Th. Cramer, Berlin 1981

ders.: *Erec*, hg. v. Albert Leitzmann, 3. Aufl. v. L. Wolf (= ATB 39) Tübingen 1963

Heinrich von dem Türlîn: *Diu Crône,* hg. v. Gottlob Scholl, Stuttgart 1852

Heinrich von Neustadt: *Apollonius von Tyrlant*, hg. v. S. Singer, Dublin/ Zürich 1967

Heinrich von Neustadt: *Leben und Abenteuer des großen Königs Apollonius von Tyrus zu Land und zur See: ein Abenteuerroman von Heinrich von Neustadt verfaßt zu Wien um 1300 nach Gottes Geburt/übertr. mit allen Miniaturen der Wiener Hs. C*, mit Anm. und einem Nachw. von Helmut Birkhan, Bern u. a. 2001

HEINRICH VON VELDEKE: *Eneide*, hg. v. Gabriel Schieb u. Theodor Frings, 3 Bde. (= DTM 58), Berlin 1964

HERBORT VON FRITZLAR: *Liet von Troye*, hg. v. Karl Frommann, Quedlinburg und Leipzig 1837

Hero Tales of Ireland, hg. v. Jermeiah Curtin, Boston 1906

HERON VON ALEXANDRIA: *Druckwerke (Pneumatica) und Automatentheater (Automata), griechisch und deutsch*, hg. u. übers. v. U. Schmidt, Leipzig 1899

HILTGART VON HÜRNHEIM: *Secretum Secretorum*, mittelhochdeutsche Prosaübersetzung, hg. v. Reinhold Möller, Berlin 1963

»Die Geschichte von Rolf Kraki«, übertr. v. Paul Herrmann, in: *Isländische Heldenromane* (= Thule 21), Jena 1923, S. 217–306

HOMER: *Die Odyssee*, übers. v. Wolfgang Schadewaldt, Hamburg 1958

HORAZ: *Oden und Epoden*, lat. u. dt. übers. v. F. K. Herzlieb u. J. P. Zu (= Bibl. d. alten Welt), München 1981

HROSVITHA VON GANDERSHEIM: »Lapsu et converso Theophili vicedomini«, in: *Opera*, hg. v. H. Homeyer, München 1970, S. 147–171

Huon de Bordeaux, hg. v. P. Ruelle, (= Univ. Bruxelles, Travaux d. l. Fac. de Philosophie et Lettres, 20) Paris/Brüssel 1960

IRENAEUS: *Adversu haereses*, hg. v. W. Harvey, 2 Bde., Cambridge 1857

Irische Texte, hg. v. W. Stokes u. E. Windisch, Leipzig 1891

ISIDOR VON SEVILLA: *Etymologiae seu Origines*, hg. v. W. M. Lindsay (= Scriptorum Classicorum Bibliothecae Oxoniensis Lat. 8, 1–2), Oxonii (= Oxford) 1911

JACOBUS DE VORAGINE: *Legenda Aurea*, hg. v. Th. Graesse, Breslau 1890, Ndr. Osnabrück 1965

DERS.: *Die Legenda Aurea,* übers. v. Richard Benz, 2 Bde., Jena 1921, Ndr. Heidelberg 1955

JANS ENIKEL: *Weltchronik*, *Fürstenbuch*, hg. v. Philipp Strauch (= MGH, Deutsche Chroniken 3) Hannover 1881, 1900

Jataka of the Buddha's former Births, hg. v. E. B. Cowell, London 1969

Jaufré, hg. v. Clovis Brunel, 2 Bde. (= SATF 90, 1–2), Paris 1943

Jaufré, übers. v. Michel Zink, in: La Légende Arthurienne, Le Graal et la Table ronde, hg. v. Danielle Régnier-Bohler, Paris 1989, S. 841–922

JEAN DE MANDEVILLE: *Reisen*, hg. v. Ernst Bremer/Klaus Ridder, Hildesheim 1991

JEAN DES PREIS DIT D'OUTREMEUSE, »Chronique«, in: Borgnet, A./Bormans S.: *Ly Myreuer des Histors,* Paris 1864–1887

JEHAN: *Les Merveilles de Rigomer*, hg. v. W. Foester u. H. Breuer (= Ges. f. roman. Lit. 19), Dresden 1908–1915

DERS.: *Les Merveilles de Rigomer*, übers. v. Thomas E. Vesce, New York/London 1988

JOHANN VON NÜRNBERG: »De vita vagorum«, in: *Lyrik des späten Mittelalters*, hg. v. Hermann Maschek, Leipzig 1939, S. 194–202

JOHANN VON WÜRZBURG: *Wilhelm von Österreich*, hg. v. E. Regel (DTM 3), Berlin 1906

JOHN OF SALISBURY: *Policratius*, hg. v. C. C. J. Well, Oxford 1909

Karls des Großen Reise nach Jerusalem, hg. v. Eduard Kaschwitz, 7. Abdr. d. 5. Aufl., Leipzig 1923

KONRAD VON MEGENBERG: *Das Buch der Natur*, hg. v. Friedrich Pfeiffer, Leipzig 1861

Keltische Erzählungen vom Kaiser Arthur, nach d. Text d. »Weißen Buches« aus d. Mittelkymr. übertr., mit e. Einl. u. Anm. von Helmut Birkhan, Wien u. a. 1985 (= Fabulae mediaevales)

IBN KHALDŪN: *Al muqaddimah*, hg. v. M. Quatremère, Paris 1858

KONRAD VON WÜRZBURG: *Der Trojanische Krieg*, hg. v. Adelbert von Keller (= BLVS 44), Stuttgart 1858

Der Koran, übers. v. R. Paret, Stuttgart/Berlin/Köln/Mainz 1962–1966

KRAMER, HEINRICH: *Der Hexenhammer. Malleus Maleficarum*, kommentierte Neuübersetzung von Wolfgang Behringer, Günter Jerouschek und Werner Tschacher, München 2000

KYESER, CONRAD: *Bellifortis*, hg. v. Götz Quarg, Faksimile-Ausgabe der Pergamenthandschrift Cod. Ms. philos. 63, Düsseldorf 1967

LAMBRECHT: *Alexander* (Basler Bearbeitung), hg. v. Richard Werner, Tübingen 1881

LAMPRECHT: *Alexander*, nach den drei Texten mit dem Fragment des Alberic von Besançon und den lateinischen Quellen hg. v. Karl Kinzel, Stuttgart 1884

Lancelot, hg. v. Micha Alexandre, Paris 1980

Der Laubacher Baralaam, hg. v. Adolf Perdisch, Tübingen 1913

Leben der heiligen Elisabeth, hg. v. Max Rieger, Stuttgart 1868

Legendary Fictions of the Irish Celts, hg. v. Patrick Kennedy, London 1891

Lohengrin, hg. v. H. Rückert, Quedlinburg/Leipzig 1858

Lorengel, hg. v. Danielle Buschinger (= GAG 253), Amiens 1979

LUCANUS: *Bellum Civile (Pharsalia)*, hg. v. u. übers. v. Wilhelm Ehlers, München 1973

LUKIAN: *Parodien und Burlesken*, hg. v. Karl Hoen (= Bibl. d. Alten Welt 29), Zürich 1948

LUTHER, MARTIN: *Werke*, kritische Gesamtausgabe, Weimar 1883 ff.

Mabinogion, übers. v. Gwyn Jones u. Thomas Jones, London 1978

MAP, WALTER: *De Nugis Curialium*, übers. v. M. B. Ogle/F. Tupper, London 1924

Merlin, Roman en prose du XIIIe siècle, hg. v. Gaston Paris u. J. Ulrich (= SATF 24, 1–2), Paris 1886

Merlin en prose, übers. v. Henri de Briel, Paris 1971

Muqqaddimah, an Introduction to History, hg. v. u. übers. v. Franz Rosenthal, 3 Bde., Princeton 1967

Neu Testamentliche Apokryphen in deutscher Übersetzung, hg. v. Wilhelm Schneemelcher, 5. Aufl., Tübingen, Bd. I 1987, Bd. II 1989

The Ocean of Story, hg. v. C. H. Tawney/N. M. Penzer, 10 Bde., Ndr. New Delhi 1968

Orendel, hg. v. H. Steinger (= ATB 36), Tübingen 1935

OTTE: *Eraclius*, Deutsches und französisches Gedicht des 12. Jahrhunderts, hg. v. Massmann (= Bibl. d. ges. dt. Nat. Lit. 6), Quedlinburg/Leipzig 1842

OTTOKAR VON STEIERMARK: *Österreichische Reimchronik*, hg. v. J. Seemüller (MGH, Deutsche Chroniken 5), Hannover 1890–1893

PAIEN DE MAISSÈRES: *La Mule sans frain*, hg. v. R. C. Johnston/D. R. Owen, Edinburgh/London 1971

DERS.: *La Mule sans frain*, übers. v. Romaine Wolf-Bonvin, in: *La Légende Arthurienne*, hg. v. D. Régnier-Bohler, Paris 1989, S. 583–604

Papyri Graecae Magicae, hg. v. Karl Preisendanz/E. Diehl/S. Eitrem, 3 Bde., Leipzig 1928–1941

PARACELSUS: *Sämtliche Werke*, hg. v. Karl Sudhoff und Wilhelm Matthiessen, München 1922 f.

DERS.: *Pansophische Schriften*, hg. v. Will-Erich Peuckert, 5 Bde., Stuttgart 1965–1968

Pélerinage de Charlemagne = Le Voyage de Charlemagne à Jerusalem et Constantinople, übers. v. Madelaine Tyssens (= KTÈMATA 3), Gent 1978

Perceval Le Gallois, hg. v. Charles Potvin, Mons 1866

Perlesvaus, übers. v. Nigel Bryant, Cambridge 1977

Picatrix, das Ziel des Weisen des Pseudo-Magriti, hg. v. H. Plessner u. M. Ritter, London 1962

Pistis-Sophia, übers. v. S. C. Schmidt, o. O. 1905

DER PLEIER: *Meleranz*, hg. v. Karl Bartsch (= BLVS 60), Stuttgart 1861

DERS.: *Garel von dem blühenden Tale*, hg. v. M. Walz, Freiburg i. Br. 1892

PLINIUS, C. S.: *Historia Naturalis*, übers. v. Max Ernst u. Dietrich Strack, 3 Bde., Darmstadt 1968

Reinfrit von Braunschweig, hg. v. Karl Bartsch, Tübingen 1871

Renaut de Beaujeu, Le Bel Inconnu, hg. v. G. P. Williams (= CFMA 38), Paris 1929; übers. v. Michéle Perret/Isabelle Weil (= CFMA Trad. 41), Paris 1991

ROBERT DE BORON: *Le Roman de l'Estoire du Graal*, hg. v. W. A. Nitze (= CFMA 57), Paris 1927

Roman de Renart de Contrefait, hg. v. G. Raymond/H. Lemaître, 2 Bde., Paris 1914

Roman de Thèbes, hg. v. G. Raynaud de Lage, Paris 1966–1968

Roman de Troie en Prose, hg. v. L. Constans/E. Farral, Paris 1913

Der Rosengarten zu Worms, hg. v. Georg Holz, Halle a. d. S. 1893

RUDOLF VON EMS: *Barlaam und Josaphat*, hg. v. Franz Pfeiffer, Leipzig 1843

DERS.: *Alexander*, hg. v. Victor Junk (= BLVS 272), Tübingen 1928

RUTEBEUF: *Œuvres completes*, hg. v. E. Faral u. J. Bastin, Bd. II, Paris 1960

SAXO GRAMMATICUS: *Die Heldensagen*, übers. v. F. Hermann, Bd. II, übers. v. Hermann Jantzen, Berlin 1900

SCOTT, REGINALD: *The Discoverie of Witchcraft*, hrsg. v. John Rodker, Bungay 1930

Scriptores rerum Brunsvicensium, hg. v. G. W. Liebniz, Hannover 1701

SNORRI STURLUSSON: *Heimskringla*, Reykjavik 1941

DER STRICKER: *Daniel von dem Blühenden Tal*, hg. v. Gustav Rosenhagen, Breslau 1894; übers. v. Helmut Birkhan (= Erzählungen des Mittelalters Bd. 5), Kettwig 1992

Der Tannhäuser, hg. v. Samuel Singer, Tübingen 1922

THEOKRIT: *Die Idyllen des klassischen Altertums*, übertr. v. E. Roenau, Wien 1921

THOMAS: *Tristan*, hg. v. Charles Bedier, 2 Bde., Paris 1902–1905

THOMAS VON AQUIN: *Summa theologica*, lat. u. dt., hg. v. Kath. Akademikerverband, Salzburg 1934

DERS.: *Quodlibetal Questions*, übers. v. Sandra Edwards, Toronto 1983

THOMASIN VON ZIRCLARIA: *Der Wälsche Gast*, hg. v. Heinrich Rückert, Quedlinburg/Leipzig 1852

Der Jüngere Titurel, hg. v. K. A Hahn, Quedlinburg/Leipzig 1842

ULRICH VON ETZENBACH: *Alexanderlied*, hg. v. W. Toischer, Stuttgart 1888

ULRICH VON ZATZIKHOFEN: *Lanzelet*, hg. v. K. A Hahn, Berlin 1965

VERGILIUS MARO: *Aeneis*, hg. v. u. übers. v. J. Götte (= Tusculum Bücherei), o. O. 1968

VINTLER, HANS: *Pluemen der Tugent*, hg. v. Ignaz von Zingerle, Innsbruck 1874

»Virgils Fahrt zum Agetstein«, hg. v. J. Siebert, in: *Beitr. z. Gesch. d. dt. Spr. u. Lit.* 74, 1952, S. 193–226

»Vorauer Novelle«, hg. v. A. Schönbach, in: *Studien zur Erzählliteratur des Mittelalters*, 2. Teil (= Sitzungsber. d. ÖAW Phil. Hist. Kl. 140), Wien 1866

Voyage of Bran, Son of Febal to the Land of the Living, hg. v. u. übers. v. Alfred Nutt, London 1895

Vulgate Version of the Arthurian Romances, hg. u. übers. v. H. Oskar Sommer, Washington 1909–1913, 7 Bde.

Walther von der Vogelweide: *Gedichte*, n. d. Ausgabe Lachmanns bearb. v. Karl von Kraus, hg. v. Hugo Kuhn, Berlin 1965

Der Wartburgkrieg, hg. v. Karl Simrock, Stuttgart 1858

Weyer, Johann: *On Witchcraft. An abridged translation of Johann Weyers De praestigiis daemonum*, hg. v. Benjamin G. Kohl/H. C. Erik Midelfort, Asheville, NC 1998

Wilhelm von Auvergne: *Magisterium divinale lib II: De Universo*, Paris-Orléans 1674–75, Repr. Frankfurt a. M. 1963

Wilhelm von Rubruck: *Reise zu den Mongolen 1253–1255*, übers. v. F. Risch, Leipzig 1934

Wolfram von Eschenbach: *Parzival*, hg. v. Karl Lachmann, 6. Aufl., Berlin/Leipzig 1926

Vengeance Raguidel, hg. v. Mathias Friedwagner, Halle a. d. S. 1909

Witenwiler, Heinrich: *Der Ring*, nach d. Ausg. Edmund Wießners, übertr. u. mit e. Einl. vers. von Helmut Birkhan, Wien 1983 (= Fabulae mediaevales 3)

Zimmersche Chronik (= Chronik der Grafen von Zimmern), hg. v. K. Barack, 4 Bde., 2. Aufl., Freiburg 1882–1884

Sekundärliteratur

Abrahamse, D. de: »Magic and Sorcery in the Hagiography of the Middle Byzantine Period«, in: *Byzantinische Forschungen* VII, 1982, S. 3–17

Abt, Adam: *Die Apologie des Apuleius von Madaura und die antike Zauberei*, Gießen 1908

Ahrend-Schulte, Ingrid/Bauer, Dieter R./Lorenz, Sönke/Schmidt, Jürgen Michael (Hrsg.): *Geschlecht, Magie und Hexenverfolgung*, Bielefeld 2002

Alexander, Bobby C.: *Victor Turner revisited. Ritual as Social Change*, Atlanta 1991

Allen, Roland: »Gerbert, Pope Silvester II«, in: *English Historical Review* 7, 1892, S. 625–668

Alkier, Stefan: *Wunder und Wirklichkeit in den Briefen des Apostels Paulus. Ein Beitrag zu einem Wunderverständnis jenseits von Entmythologisierung und Rehistorisierung*, Tübingen 2001

Aly, Wolf: »Nestelknüpfen«, in: *HdA* Bd. 6, Sp. 1014–1016

Amman, Karl: »Ein Mordversuch durch Zauberei im Jahre 1372«, in: *Kleine Mitteilungen des Instituts für Geschichtsforschung* 10, 1889, S. 135–138

Andermatt, Michael: »Symbolgebrauch und künstlicher Mensch bei

Goethe, Arnim und Meyrink«, in: *Sinnbildlich schief. Missgeschicke bei Symbolgenese und Symbolgebrauch*, hg. v. Ursula Ganz Blättler, Bern, Frankfurt/M., New York, Paris, Wien 2002

ANGENENDT, ARNOLD: *Heilige und Reliquien. Die Geschichte ihres Kultes vom frühen Christentum bis zur Gegenwart*, München 1994

ANGLO, SYDNEY (HRSG.): *The Damned Art. Essays in the Literature of Witchcraft*, London 1977

ANKARLOO, BENGT/STUART CLARK (HRSG.): *Witchcraft and Magic after the Witch Trials. The Eighteenth and Nineteenth Centuries* (= The Athlone History of Witchcraft and Magic in Europe 5), London 1999

DIES: *Witchcraft and Magic in Europe. The Twentieth Century* (= Athlone History of Witchcraft and Magic in Europe 6), London 1999

DIES: *Witchcraft and Magic in Europe. Ancient Greece and Rome* (= Athlone History of Witchcraft and Magic in Europe 2), London 1999

ARMSTRONG, A. H.: »Was Plotinus a Magician?«, in: *Phronesis* I, 1955, S. 73 ff.

ASSION, PETER: *Altdeutsche Fachliteratur* (= Grundlagen der Germanistik Bd. 13), Berlin 1973

AUNE, DAVID: »Magic in Early Christianity«, in: *Principat* 23/2, 1980

DERS.: *Prophecy in Early Christianity and the Ancient Mediterranean World*, Grand Rapids, Mich. 1983

BAILEY, MICHAEL: »The Medieval Concept of the Witches' Sabbath«, in: *Exemplaria* 8 (1996), S. 419–439

DERS.: *Heresy, Witchcraft, and Reform: Johannes Nider and the Religious World of the Late Middle Ages*, Ann Arbor 1998

DERS.: »From Sorcery to Witchcraft: Clerical Conceptions of Magic in the later Middle Ages«, in: *Speculum* 76, 2001, S. 960–990

BARGHEER: »Leber«, in: *HdA* Bd. 5, Sp. 980 f.

BARING-GOULD, S.: *Curious Myths of the Middle Ages*, London 1866

BARTELS, MAX: »Zur Aberglaubensliste in Vintlers Pluemen der Tugend«, in: *ZfVkde* 23, 1913, S. 1–18

BASSET, R.: *Mille et un contes, récits et légendes arabes*, III, Paris 1926

BAUDIS, JOSEF: »Cú Roi and Cú Chulainn«, in: *Eriu*, 1914, S. 200–209

BAUER, KARL-GEORG: »Sternkunde und Sterndeutung der Deutschen im 9.–14. Jahrhundert«, in: *Germanische Studien* 18, Berlin 1937, S. 108–121

BAUMANN, KARIN: *Aberglaube für Laien. Zur Programmatik und Überlieferung mittelalterlicher Superstitionenkritik*, 2 Bde. (= Quellen und Forschungen zur Europäischen Ethnologie, hg. v. Dieter Harmening Bd. 6,1 u. 6,2), Würzburg 1989

BECHTEL, GUY: *La Sorcière et l'Occident. La destruction de la sorcellerie en Europe, des origines aux grands bûchers*, Paris 2000

BECK, PAUL: »Der Teufel im Glas«, in: *ZfVkde* 21, 1911, S. 278–279

DERS.: »Die Bibliothek eines Hexenmeisters«, in: *ZfVkde* 15, 1905, S. 412–424

BECKER, GABRIELE/BOVENSCHEN, SILVIA/BRACKERT, HELMUT U. A.: *Aus der Zeit der Verzweiflung. Zur Genese und Aktualität des Hexenbildes*, Frankfurt a. M. 1988

BECKER, HARTMUT: »Eine spätmittelalterliche deutsche Anleitung zur Teufelsbeschwörung mit Runenschriftverwendung«, in: *ZfdA* 113, 1984, S. 136–45

BECKER, MICHAEL: *Wunder und Wundertäter im frührabbinischen Judentum: Studien zum Phänomen und seiner Überlieferung im Horizont von Magie und Dämonismus*, Tübingen 2002 (= Wissenschaftliche Untersuchungen zum Neuen Testament: Reihe 2)

BEDINI, SILVIO, A.: »The Role of Automata in the History of Technology«, in: *Technology and Culture*, 1964, S. 24–42

BEHRINGER, WOLFGANG (HRSG.): *Hexen und Hexenprozesse*, München 1988, 4. überarb. u. aktual. Aufl. 2000

DERS.: *Märchen und Mythen vom Fliegen*, Frankfurt a. M. (zusammen mit Constance Ott-Koptschalijski) 1. Auflage 1989, 4. Auflage 1992

DERS.: *Chonrad Stoeckhlin und die Nachtschar. Eine Geschichte aus der frühen Neuzeit*, München/Zürich 1994

DERS.: *Hexenverfolgung in Bayern. Volksmagie, Glaubenseifer und Staatsräson in der Frühen Neuzeit*, München 1987, 3., korr. und um ein Nachwort erw. Auflage, München 1997

BENEDIKTER, HANS: *Hexen und Zauberer in Tirol*, Bozen 2000

BENSON, L.: »The source of the beheading episode in Sir Gawein and the Green Knight«, in: *Modern Philology* 59, 1961–62, S. 1–12

BERGIER, JEAN-FRANÇOIS: *Zwischen Wahn, Glaube und Wissenschaft*, Zürich 1988

BERTHOLET, W.: »Sohar«, in: *Wörterbuch der Religionen*, Stuttgart 1985

BETH, KARL: *Religion und Magie bei den Naturvölkern*, Leipzig 1928

BEYSCHLAG, KARL: »Zur Simon Magus Frage«, in: *Zeitschrift f. Theologie u. Kirche* 68 (1971), S. 395–426

DERS.: *Simon Magus und die christliche Gnosis*, Tübingen 1974

BIEDERMANN, HANS: *Hexen*, Graz 1984

DERS.: *Medicina Magica*, Graz 1972

BIELER, L.: »Hagiography and Romance in Medieval Ireland«, in: *Medievalia et Humanistica*, N. S. 6, 1985, S. 13–24

BIESEL, ELISABETH: »Die Pfeifer seint alle uff den baumen gesessen.« Der Hexensabbat in der Vorstellungswelt einer ländlichen Bevölkerung«, in: Gunter Franz/Franz Irsigler (Hg.): *Methoden und Konzepte der historischen Hexenforschung*, Trier 1998, S. 290–302

BILLER, PETER/ZIEGLER, JOSEPH (HRSG.): *Religion and Medicine in the*

Middle Ages, Woodbridge 2001 (= York Studies in Medieval Theology III)

BIRKHAN, HELMUT: *Kelten. Versuch einer Gesamtdarstellung*, Wien 1997

BISCHOFF, BERNHARD: »Übersicht über die nichtdiplomatischen Geheimschriften des Mittelalters«, in: *Mitteilungen des Institutes f. österr. Geschichtsforschung* 1959, S. 1–27

BLANK, WALTER: »Der Zauberer Clinschor in Wolframs ›Parzival‹«, in: *Studien zu Wolfram von Eschenbach* (Fs. für Werner Schröder), hrsg. v. K. Gärtner u. J. Heinzle, Tübingen 1981, S. 321–332

BLAU: *Das altjüdische Zauberwesen*, Budapest 1898

BLAUERT, ANDREAS: *Frühe Hexenverfolgungen. Schweizerische Ketzer-, Zauberei- und Hexenprozesse des 15. Jahrhunderts*, Hamburg 1989

BLÉCOURT, WILLEM DE: »Witch Doctors, Soothsayers, and Priests. On Cunning Folk in European Historiography and Tradition«, in: *Social History* 19 (1994), S. 285–303

DERS.: »Spuren einer Volkskultur oder Dämonisierung? Kritische Bemerkungen zu Ginzburgs ›Die Benandanti‹«, in: *Kea. Zeitschrift für Kulturwissenschaften* 5 (1993), S. 17–29

BLÖCKER, MONIKA: »Wetterzauber. Zu einem Glaubenskomplex des frühen Mittelalters«, in: *Francia* 9, 1981, S. 117–31

BLUM, E: *Das staatliche und kirchliche Recht des Frankenreiches in seiner Stellung zum Dämonen-, Zauber- und Hexenwesen* (= Veröffentlichungen der Görresgesell. 72) 1936

BÖCHER, OTTO: *Dämonenfurcht und Dämonenabwehr. Ein Beitrag zur Vorgeschichte der christlichen Taufe*, Stuttgart 1970

BOGDANOW, FANNY: *The Romances of the Grail*, Manchester 1966

BOLTE, JOHANN: »Geschichte der Losbücher«, in: *Georg Wickrams Werke*, Bd. 4, 1903, S. 276–348

BORST, ARNO: *Die Katharer*, 2. Aufl., Freiburg i. Br. 1991

DERS.: *Barbaren, Ketzer und Artisten*, München 1988

BOSHOF, EGON: *Erzbischof Agobard von Lyon*, Köln 1969

BOSTRIDGE, IAN: *Witchcraft and its Transformations, ca. 1650–1750*, Oxford 1997

BOUDRIOT, W.: *Die altgermanische Religion in der amtlichen kirchlichen Literatur des Abendlandes vom 5.–11. Jahrhundert*, Bonn 1928

BOUGIN, G.(HRSG.): *Guibert de Nogent: Histoire de sa vie (1053–1124)*, Paris 1907

BRACKERT, HELMUT: »Daten und Materialien zur Geschichte des Hexenwahns«, in: *Aus der Zeit der Verzweiflung*, hrsg. v. Gabriele Becker, Frankfurt a. M. 1977

BRAUCEK, MARGARETE: *Das Crimen Magiae und sein Prozess in Deutschland*, Diss., Wien 1943

Brett, Gerard: »The Automata in the Byzantine ›Throne of Salomon‹«, in: *Speculum* 29, 1954, S. 477–87

Brincken, Ann-Dorothe v. den: »Martin von Troppau«, in: *VL*, Bd. 6, Berlin 1987, Sp. 158–166

Browe, Peter: »Die Eucharistie als Zaubermittel«, in: *AfKg* 1930, S. 134–154

Brown, Peter: »Sorcery, Demons and the Rise of Christianity«, in: *Religion and Society in the Age of Augustine*, hg. v. Peter Brown, New York 1972

ders.: *Religion and Society in the Age of Saint Augustine*, London 1972

ders.: *Der heilige Augustinus: Lehrer der Kirche und Erneuerer der Geistesgeschichte*, München 1975

ders.: *The Cult of the Saints: Its Rise and Function in Latin Christianity*, Chicago 1982

ders.: *Society and the Holy in Late Antiquity*, London 1982

ders.: *Die Keuschheit der Engel. Sexuelle Entsagung, Askese und Körperlichkeit im frühen Christentum*, München 1994

Brückner, Wolfgang: »Cera – Cera Virgo – Cera Virginea«, in: *ZfVkde* 59, 1963, S. 233–253

ders.: »Der Zauber mit Bildern«, in: *Magie und Religion, hg. v. Leander Petzoldt* (= Wege der Forschung 337), Darmstadt 1978, S. 404–421

ders.: *Bildnis und Brauch*, Berlin 1966

ders.: »Bildnisstrafe«, in: *Handwörterbuch zur deutschen Rechtsgeschichte* I, hg. v. A. Erler und E. Kaufmann, Berlin 1972, S. 424–428; »Bildzauber«, ebd., S. 428–430

Buchholz, Peter: *Schamanistische Züge in der altisländischen Überlieferung*, Phil. Diss. Münster, Bamberg 1968

Budge, E. A. W.: *Egyptian Magic*, London 1899

Burnett Charles: »Adelard of Bath. An English Scientist and Arabist of the Early 12th Century«, in: *Warburg Institute*, London 1987, S. 133–46

ders.: *Magic and Divination in the Middle Ages*, Aldershot 1996

Busetto, G.: »Cecco d'Ascoli«, in: *Lexikon des Mittelalters*, Bd. I, München 1987, Sp. 1599–1600

Butler, Elias Marian: *The Myth of the Magus*, Cambridge 1948

Byloff, R.: *Das Verbrechen der Zauberei (crimen magiae). Ein Beitrag zur Geschichte der Strafrechtspflege in der Steiermark*, Graz 1902

ders.: *Der Teufelsbündler. Eine Episode aus der steirischen Gegenreformation*, Graz 1926

Bynum, Caroline Walker: *Metamorphosis and Identity*, New York 2001

Calin, W. C.: *The old French Epic of Revolt: Raol de Cambrai, Renaut de Montaubon, Gormond et Isembert*, Genf 1964

CAMPBELL, J. G.: *Superstitions of the Scottish Highlands and Islands of Scotland*, Ndr. Glasgow 1960
CASEY, ROBERT: »Simon Magus«, in: *The Beginnings of Christianity, T. 1: The Acts of the Apostles,* hrsg. v. F. J. Foakes Jackson/Kirsopp Lake, London 1933
CAUZONS, TH. DE: *La Magie et la Sorcellerie en France*, 4 Bde., Paris 1910–11
CAVENDISH, RICHARD: *The Black Arts*, London 1967
CHADWICK, HENRY: *Priscillian of Avila, The Occult and the Charismatic in the Early Church*, Oxford 1976
CLARK, STUART: *Thinking With Demons. The Idea of Witchcraft in Early Modern Europe*, Oxford 1996
CLAUSER, MARK D.: *Lucan's Erictho and the Roman Witch Tradition*, Ann Arbor, Diss. 1993
COHEN, YONA: *The Story of Rabbi Yosef Della Reina – Thematological Study*, M. A. Thesis, Bar-Ilan University, Ramat-Gan 1993
COHN, NORMAN: *Europe's Inner Demons. An Enquiry Inspired by the great Witch Hunt*, New York 1975
COLLIOT, R.: *Adenet le roi, Berte aus Grans Pies, Étude littéraire générale*, 2 Bde., Paris 1970
COMPARETTI, DOMENICO: *Virgilio nel medio evo*, 2 Bände., Florenz 1896
COOMARASWAMY, ANANDA: »Sir Gawein and the Green Knight: Indra and Namuci«, in: *Speculum* 19, 1944, S. 104–125
DERS.: »The Treatise of al-Jazarī on Automata«, in: *Museum of Fine Arts, Boston Communication to the Trustees* VI, 1924
CORMEAU, CHRISTOPH: »Hartmann von Aue«, in: *VL*, 2. Aufl., Bd. 3, Sp. 514f.
CRAMER, THOMAS: »Lorengel« in: *VL*, Bd. 5, Berlin 1985, Sp. 907–909
DERS.: »Lohengrin«, in: *VL* Bd. 5, Berlin 1985, Sp. 899–904
CRYER, FREDERICH H.: *Divination in Ancient Israel and its Near Eastern Environment. A Socio-Historical Investigation* (= Journal for the Study of the Old Testament, Suppl. Ser. 142), Sheffield 1994
CURLEY, MARY MARGARET: *The Conflict between Pope Boniface VIII and Philipp the Fair*, Washington D. C. 1927
DAHN, F.: »Studien zur Geschichte der Germanischen Gottesurteile«, in: *Bausteine* II, Berlin 1880
DALE-GREEN, P.: *The Cult of the Cat*, London 1963
DAN J.: *The Hebrew Story in the Middle Ages*, Jerusalem 1974
DANCKERT, WERNER: *Unehrliche Leute*, München 1963
DANIEL, NORMAN: *The Arabs and the Medieval Europe*, London 1979
DARAUL, ARKON: *Witches and Sorcerers*, London 1962

DAVIDSON, ELLIS: »Hostile Magic in the Icelandic Sagas«, in: *The Witch Figure*, hg. v. Venetia Newall, London 1973, S. 20–41

DAVIDSSON, O.: »Isländische Zauberzeichen und Zauberbücher«, in: *ZfVkde* 13, 1902, S. 151 f.

DAVIES, OWEN: »Newspapers and the Popular Belief in Witchcraft and Magic in the Modern Period«, in: *Journal of British Studies* 37 (1998), S. 139–165

DERS.: »Methodism, the Clergy, and the Popular Belief in Witchcraft and Magic«, in: *History* 82 (1997), S. 252 ff.

DAVIES, STEVEN L.: *Jesus the Healer. Possession, Trance, and the Origins of Christianity*, New York 1995

DAXELMÜLLER, CHRISTOPH: *Zauberpraktiken. Eine Ideengeschichte der Magie*, Zürich 1993

DELUMEAU, JEAN: *Die Angst im Abendland*, Hamburg 1989

DICK, ERNST: »The Hero and the Magician. On the Proliferation of Dark figures from ›Li contes del Graal‹ and Parzival to ›Diu Crône‹, in: *Göppinger Arbeiten zur Germanistik* 448, 1986, S. 128–150

DICKIE, MATTHEW: »Talos Bewitched«, in: *Papers of the Leeds Internat. Latin Seminar* 6, 1990, S. 267–296

DERS.: *Magic and Magicians in the Greco-Roman World*, London 2001

DICKMAN, ADOLPHE J.: *Le rôle du surnaturel dans le chansons de geste*, Paris 1936

DIENST, HEIDE: »Magische Vorstellungen und Hexenverfolgungen in den österreichischen Ländern«, in: *Wellen der Verfolgung in der österreichischen Geschichte*, hg. von Erich Zöllner, Wien 1986, S. 70–94

DIES.: »Lebensbewältigung durch Magie. Alltägliche Zauberei in Innsbruck gegen Ende des 15. Jahrhunderts«, in: *Alltag im 16. Jahrhundert. Studien zu Lebensformen in mitteleuropäischen Städten*, Wien 1987, S. 86–116

DIEPGEN, PAUL: *Geschichte der Medizin*, Bd. I, Berlin 1949

DIES.: *Verbotene Künste. Volksmagie und ländlicher Aberglaube in den Dorfgemeinden des Saarraums (16.–19. Jahrhundert)*, St. Ingbert 1992

DILLINGER, JOHANNES: *»Böse Leute«. Hexenverfolgungen in Schwäbisch-Österreich und Kurtrier im Vergleich*, Trier 1999

DINZELBACHER, PETER: »Zur Erforschung der Geschichte der Volksreligion«, in: *Volksreligion im hohen und späten Mittelalter*, hrsg. v. Peter Dinzelbacher/Dieter R. Bauer, Paderborn 1990

DERS.: *Angst im Mittelalter. Teufels-, Todes- und Gotteserfahrung: Mentalitätsgeschichte und Ikonographie*, Paderborn 1996

DERS.: »Die Realität des Teufels im Mittelalter«, in: *Der Hexenhammer. Entstehung und Umfeld des Malleus maleficarum von 1487*, hg. von Peter Segl, Köln 1988, S. 151–175

DERS.: *Heilige oder Hexen? Schicksale auffälliger Frauen*, Düsseldorf 2001

DERS.: *Himmel, Hölle, Heilige. Visionen und Kunst im Mittelalter*, Darmstadt 2002

DERS.: *Die Templer, ein geheimnisumwitterter Orden?*, Freiburg i. Br. 2002

DODDS, E. R.: *The Greeks and the Irrational*, Berkeley 1951

DERS.: *Pagans and Christians in an Age of Anxiety*, London 1965

DÖLGER, FRANZ JOSEPH: »Sacramentum infanticidi«, in: *Antike und Christentum*, Bd. 4, S. 188–228

DÖLLINGER, IGNAZ V.: *Beiträge zur Sektengeschichte des Mittelalters*, 2 Bde., München 1890

DÖLLINGER, JOHANN: *Die Papst-Fabeln des Mittelalters*, Stuttgart 1890

DÖMÖTÖR, THEKLA: »The cunning folk in English and Hungarian Witch-trials«, in: *Folklore Studies in 20th century*, hg. v. V. Newall, 1981, S. 183–187

DORN, E.: »Der sündige Heilige in der Legende des Mittelalters«, in: *Medium Aevum*, Bd. 10, München 1967

DOTTIN, G.: *La Religion des Celtes*, Paris 1904

DOUGLAS, MARY (HRSG.): *Witchcraft and Sorcery. Selected readings*, Harmondsworth 1970

DRACHMANN, A. G.: *Ktesbios, Philon and Heron. A Study in Ancient Pneumatics*, Kopenhagen 1948

DRESEN-COENDERS, LENE: »Witches as Devils' Concubines. On the Origin of Fear of Witches and Protection against Witchcraft«, in: dies. (Hrsg.): *Saints and She-Devils. Images of Women in the Fifteenth and Sixteenth Centuries*, London 1987, 59–82

DROGIN, M.: *Anathema: Medieval Scribes and the History of Book Curses*, Totowa 1983

DÜLMEN, RICHARD VAN (HRSG.): *Hexenwelten, Magie, Imagination*, Frankfurt a. M. 1987

DUNDES ALAN: *The Evil Eye: a Casebook*, Madison, Wisc. 1992

DÜRIG, W.: »Das Ordal der Psalterprobe im Codex Lat.Mancensis 100«, in: *Münchner theologische Zeitschrift* 24, 1973, S. 266–278

DERS.: »Die Verwendung des so genannten Fluchpsalms 108 (109) im Volksglauben und der Literatur«, in: *Münchner theolog. Zs.* 27, 1976, S. 71–84

EAMON, WILLIAM: »Technology as Magic in the Late Middle Ages and the Renaissance« in: *Janus* 1983, S. 1711–212

DERS.: »Books of Secrets in Medieval and Early Modern Sciences«, in: *Sudhoff Archiv* 69, 1985, S. 26–49

EBEL, KARL: »Allerlei Todes- und Liebeszauber«, in: *Hess. Bl. f. Vkde*, Bd. III, Leipzig 1904

EBENBAUER, ALFRED: »Reinfried von Braunschweig«, in: *VL*, Bd. 5, Berlin 1985, Sp. 1173–1176

DERS.: »Antike Stoffe«, in: *Epische Stoffe des Mittelalters*, hg. v. Volker Mertens und Ulrich Müller, Stuttgart 1984, S. 247–290

DERS.: »Der ›Apollonius von Tyrlant‹ des Heinrich von Neustadt und die bürgerliche Literatur im spätmittelalterlichen Wien«, in: *Die österreichische Literatur. Ihr Profil von den Anfängen bis zum 18. Jahrhundert (Mittelalter bis frühe Neuzeit)*, hg. v. H. Zemann unter Mitwirkung von F. P. Knapp, Graz 1986, Teil 1, S. 311–347

EBERMANN, O.: *Blut- und Wundsegen in ihrer Entwicklung dargestellt* (= Palaestra 24), Berlin 1921

ECKHARDT, K. A.: *Die Gesetze des Karolingerreiches, 714–911*, Weimar 1934

EGGER, HANS JÖRG: *Die magischen Gegenstände in der altisländischen Prosaliteratur*, Leipzig 1932, S. 53–76

EGGER, RUDOLF: »Liebeszauber«, In: *Jb. des österr. archäol. Inst.*, 1948, S. 112–120

DERS.: »Kostbares Zaubergerät«, in: *Wissenschaftliche Arbeiten aus dem Burgenland*, Heft 35, Eisenstadt 1966, S. 66–73

EICHENGRÜN, FRITZ: *Gerbert als Persönlichkeit*, Leipzig 1928

EIS, GERHARD: *Altdeutsche Zaubersprüche*, Berlin 1964

DERS.: »Mittelalterliche Fachprosa der Artes«, in: *Deutsche Philologie im Aufriss*, hg. v. Wolfgang Stammler, Bd. 2, Berlin 1960, Sp. 1103–1216

DERS.: »mort und Verwandtes«, in: *Altdeutsche Zaubersprüche*, Berlin 1964, S. 88–109

DERS.: *Wahrsagetexte des Spätmittelalters*, Berlin 1956

DERS.: »Probleme der mittelalterlichen Onomatomantie«, in: *Atti e Memorie del VII Congresso Internazionale dei Scienze Onomastiche*, Bd. 3, Florenz 1961, S. 153 ff.

EITREM, S.: »Die Magie in der Tragödie«, *Symbolae Osloensis* XXI, 1941

ELIADE, MIRCEA: *Schamanismus und archaische Ekstasetechnik*, Frankfurt a. M. 1970

DERS.: *Yoga, Unsterblichkeit und Freiheit*, Stuttgart 1960

DERS.: *Das Okkulte und die moderne Welt. Zeitströmungen in der Sicht der Religionsgeschichte*, Salzburg 1978

ELLIOT, RALPH W.: »Runes, Yews, Magic«, in: *Speculum* 32, 1957, S. 250–262

ENGELEN, U.: *Die Edelsteine in der deutschen Dichtung des 12. und 13. Jahrhunderts*, Leiden 1977

ENGLMANN, FELICIA: *Der Zauber der Macht. Politik und Geheimwissenschaft in Konrad Kyesers Bellifortis*, Neuried 2001

ETKES, IMMANUEL: *Ba'al Hashem: the Besht; Magic, Mysticism, Leadership*, Jerusalem 2000

EUBEL, K.: »Vom Zaubereiunwesen Anfang des 14. Jahrhunderts«, in: *Hist. Jb.*, 18, 1897, S. 608–31

EVANS-WENTZ, W. Y.: *The Fairy Faith in Celtic Coutries*, Oxford 1911

EVANS-PRITCHARD, E.: *Witchcraft, Oracles and Magic among the Azande*, Oxford 1937

EVE, ERIC: *The Jewish Context of Jesus' Miracles*, Sheffield 2002 (= Journal for the study of the New Testament: Supplement series; 231)

FALK, ULRICH: »Zur Folter im deutschen Strafprozeß. Das Regelungsmodell von Benedict Carpzov«, in: *forum historiae iuris. Rechtshistorische Internetzeitschrift*, 2000

FANGER, CAIRE: *Conjuring Spirits. Texts and Traditions of Medieval Ritual Magic*, Stroud 1998

FARAL, EDMOND: *Les jongleurs en France au Moyen Âge*, Ndr., New York 1970

FASBENDER, CHRISTOPH: *Von der Wiederkehr der Seelen Verstorbener: Untersuchungen zu Überlieferung und Rezeption eines Erfolgstextes Jakobs von Paradies*, mit einem Abdruck des Autographs, Jenaer germanistische Forschungen, N. F., Bd. 12, zugl.: Diss., Jena 1998

FEINE, H. E.: *Kirchliche Rechtsgeschichte*, Köln/Graz 1964

FELDHAUS, FRANZ MARIA: *Die Technik der Antike und des Mittelalters*, Leipzig 1931

FERCKEL, SIEGBERT: *»Hexensalbe« und ihre Wirkungen* (= Kosmos Bd. 50), Stuttgart 1954

FIEG, HANNELORE: *Ritualmord und Satanskultbeschuldigungen in Spätantike, Mittelalter und früher Neuzeit. Christen und Juden, Ketzer und Hexen*, Diplomarbeit Univ. Innsbruck 2000

FISCHER, STEVEN: *The Dream in the Middle High German Epic* (= Australian and New Zealand Studies in German Language and Literature 10), Bern 1978

DERS.: »Dreambooks and the Interpretation of Medieval Literary Dreams«, in: *AfKg* 65, 1983, S. 1–20

DERS.: »Eine mittelalterliche Somnia-Danielis-Handschrift in deutscher Sprache«, in: *AfKg* 65, 1983, S. 307–328

FLINT, VALERIE I.: *The Rise of Magic in Early Medieval Europe*, Princeton 1991

FÖGEN, MARIE THERES: *Die Enteignung der Wahrsager. Studien zum kaiserlichen Wissensmonopol in der Spätantike*, Frankfurt a. M. 1993

FOULON, CHARLES: »La fée Morgue chez Chrétien de Troyes«, in: *Mélanges J. Frappier*, Bd. 1, S. 283–90

FRANZ, A.: *Die kirchlichen Benediktionen im Mittelalter*, Freiburg i. Br. 1909

FRAZER, SIR JAMES: *The Golden Bough*, 2. Aufl., London 1981

FRENZEL, ELISABETH: *Stoffe der Weltliteratur*, 6. Aufl., Stuttgart 1983
FUNKE HERMANN: »Die Majestäts- und Magierprozesse bei Ammianus Marcellinus«, in: *Jb f. Antike u. Christentum* 10 (1967), S. 45–175
FÜRBETH, FRANK: *Johannes Hartlieb. Untersuchungen zu Leben und Werk*, Tübingen 1992
DERS.: »Zum Begriff und Gegenstand von Magie im Spätmittelalter. Ein Forschungsproblem oder ein Problem der Forschung«, in: *Jahrbuch der Oswald von Wolkenstein Gesellschaft* 12 (2000), S. 411–422
GAGER, HOHN G: *Curse Tablets and binding Spells from the Ancient World*, New York and Oxford 1992
GARSOIAN, N.: *The Paulician Heresy*, Paris 1967
GARY, G.: *The Medieval Alexander*, Cambridge 1956
GASTER, MOSES: *The Sword of Moses*, London 1896
GASTER, THEODOR: »Amulets and Talismans«, in: *Encyclopedia of Religions*, hrsg. v. Mircea Eliade, Amsterdam 1987, Bd. 1, S. 242–246
GEERTZ, HILDEGART: »An Anthropopgy of Religion and Magic«, in: *Journal of Interdisciplinary History* 6, 1975, S. 1–89
GEIER, MANFRED: »Die magische Kraft der Poesie. Zur Geschichte, Struktur und Funktion des Zauberspruchs«, in: *DVJs* 56, S. 359–383
GEISSLER, O.: *Religion und Aberglaube in den mittelenglischen Versromanzen*, Halle 1908
GENZMER, FELIX: »Germanische Zaubersprüche«, in: *GRM* 32, N. F. I, 1950/51, S. 21–35
GERLACH, HILDEGARD: »Hexe«, in: *EM*, Bd. 6, Berlin 1990, Sp. 960–992
GERSMANN, GUDRUN: »Ans Gemächt gegriffen. Zur Archäologie eines männlichen Umgangs mit der Hexe«, in: Wolfgang Schmale (Hrsg.): *MannBilder. Ein Lese- und Quellenbuch zur historischen Männerforschung*, Berlin 1998, S. 155–181
DIES.: »Vom Gottesurteil zum Alltagsbrauch: Zur Bedeutung der Wasserprobe in der Frühen Neuzeit«, in: *Wasser. Elemente des Naturhaushalts I*, hrsg. von Bernd Busch, Köln 2000 (= Schriftenreihe Forum 1), S. 157–167
DIES.: »Der Kampf um die Gerichtsbarkeit. Adlige Hexenpolitik im frühneuzeitlichen Fürstbistum Münster«, in: *»Erfahrung« als Kategorie der Frühneuzeitgeschichte*, hrsg. von Paul Münch, München 2001 (= Historische Zeitschrift Beihefte NF 31)
GIBSON, MARION: *Reading Witchcraft: Stories of early English Witches*, London 1999
GIER, ALBERT: »Giftmädchen«, in: *EM*, Bd. 5, Berlin 1987, Sp. 1240 f.
GINZBURG, CARLO: *Die Benandanti, Feldkulte und Hexenwesen im 16. und 17. Jahrhundert*, Frankfurt a. M. 1980
DERS.: »Nächtliche Zusammenkünfte. Die lange Geschichte des Hexensabbat«, in: *Freibeuter* 25, 1985

DERS.: *Der Sabbat*, dt. Ausgabe, Berlin 1990
GIVRY, GRILLOT DE: *Witchcraft, Magic, Alchemy*, New York 1971
GLEI, REINHOLD: »Medea«, in: *EM*, Bd. 9, Berlin u. a. 1999, Sp. 464–466
GOICHON, A. M.: »Ibn Sīnā«, in: *E. d. I.*, Bd. III, Leiden 1971, S. 965–972
GOLDIN, JUDAH: »The Magic of Magic and Superstion«, in: *Aspects of Religions and Propaganda in Judaism and Early Christianity*, hg. v. Elisabeth Schüssler Fiorenze, Notre Dame, Indiana 1976
GORDON, RICHARD: »Reporting the Marvellous: Private Divination in the Greek Magical Papyri«, in: *Envisioning Magic. A Princeton Seminar and Symposion*, hg. v. H. Kippenberg, u. P. Schäfer, Leiden/New York/Köln 1997, S. 65–92
GÖRRES, JOSEPH VON: *Die christliche Mystik*, Regensburg 1879–90
GÖTTERT, KARL-HEINZ: *Magie. Zur Geschichte des Streits um die magischen Künste unter Philosophen, Theologen, Medizinern, Juristen und Naturwissenschaftlern von der Antike bis zur Aufklärung*, München 2002
GRACE, FRANK: *The Medieval French Drama*, Oxford 1952
GRAF, ARTURO: *Miti, Leggende e Superstizioni Del Medio Evo*, Torino 1893
GRAF, FRITZ: *Gottesnähe und Schadenszauber. Die Magie in der griechisch-römischen Antike*, München 1996
DERS.: »How to Cope with a Difficult Life. A View of Ancient Magic«, in: *Envisioning Magic. A Princeton Seminar and Symposion*, hg. v. H. Kippenberg, u. P. Schäfer, Leiden/New York/Köln 1997, S. 93–114
GRAF, KLAUS: »Carlo Ginzburgs ›Hexensabbat‹ – Herausforderung an die Methodendiskussion in der Geschichtswissenschaft«, in: *Kea. Zeitschrift für Kulturwissenschaften* 5 (1993), S. 1–16
GRAUERT, HERMANN: »Neue Dante-Forschung«, in: *Hist. Jb.* XVIII, 1897, S. 58–87
GRIMM, JACOB: *Deutsche Mythologie*, 3 Bde., Berlin 1870
GRUBE-VERHOEVEN, REGINE: »Die Verwendung von Büchern christlich-religiösen Inhalts zu magischen Zwecken«, in: *Zauberei und Frömmigkeit*, Tübingen 1966 (= Volksleben 13)
GRUFFYDD, W. J.: *Math Vab Mathonwy*, Cardiff 1928
GRUNDMANN, HERBERT: *Religiöse Bewegungen im Mittelalter* (1935), überarb. Fassung Darmstadt 1961 u. ö.
DERS.: »Der Typus des Ketzers in mittelalterlicher Anschauung«, in: ders. *Ausgewählte Schriften*, Bd. 3 (= Schriften der Monumenta Germaniae Historica 25), Stuttgart 1976, S. 313–327
GURJEWITSCH, AARON: *MittelalterlicheVolkskultur*, München 1989
GÜTING, E. D.: »Michael Beheims Gedicht gegen den Aberglauben und seine lateinischen Vorlagen. Zur Tradierung des Volksglaubens im Spätmittelalter«, in: *Forschungen und Berichte zur Volkskunde in Baden-Würtemberg* 1974–77, S. 197–220

HAAGE, BERNHARD: »Aberglauben und Zauberei in der mittelhochdeutschen Dichtung«, in: *Mannheiner Berichte* 30, 1986, S. 53–72

DERS.: »Dichter, Drogen und Hexen im Hoch- und Spätmittelalter«, in: *Würzburger medizin-hist. Mitteilungen* 4, 1986, S. 63–83

HAHN, CHRISTOPH, ULRICH: *Geschichte der neumanichäischen Ketzer*, Nachdruck der Ausg. Stuttgart 1845, Darmstadt 1968, 3 Bde.

HAIN, M.: »Burchard von Worms († 1025) und der Volksglaube seiner Zeit«, in: *Hess. Bl. f. Vkde* 47 (1956), S. 39–50

HÄLSIG, FRIEDRICH: *Der Zauberspruch bei den Germanen bis um die Mitte des XVI. Jahrhunderts*, Leipzig 1910

HAMEL, A. G. VAN: »Odinn hanging on a Tree«, in: *Acta Philologica et Scandinavica* 7, 1932–33, S. 260–288

HAMMERSTEIN, REINHOLD: *Macht und Klang. Tönende Automaten als Realitäten und Fiktion in der alten und mittelalterlichen Welt*, Bern 1986

HAMPP, IRMGARD: *Beschwörung, Segen, Gebet*, Stuttgart 1961

DIES.: »Zum Wesen des Zauberspruchs«, in: *Der Deutschunterricht* 3, 1961, S. 58–76

HANIKA, J.: »Bercht schlitzt den Bauch auf – Rest eines Initiationsritus?«, in: *Stifter Jb.*, II 1951, S. 39–53

HANSEN, BERT: »Science and Magic«, in: *Science in the Middle Ages*, hg. v. David C. Lindberg, Chicago 1981, S. 483–515

HANSEN, JOSEPH: *Zauberwahn, Inquisition und Hexenprozesse im Mittelalter und die Entstehung der großen Hexenverfolgungen*, München 1900

DERS.: *Quellen und Untersuchungen zur Geschichte des Hexenwahns*, Bonn 1901

HANSMANN, LIESELOTTE/KRISS-RETTENBACH, LENZ: *Amulett und Talisman*, München 1966

HARF-LANCNER, L.: *Les Fées au Moyen Âge*, Paris 1984

HARMENING, DIETER: *Superstitio, Überlieferungs- und theoriegeschichtliche Untersuchungen zur kirchlich-theologischen Aberglaubensliteratur des Mittelalters*, Berlin 1979

HARNACK, A. V.: *Das gnostische Buch Pistis-Sophia*, Leipzig 1891

HASTRUP, KIRSTEN: »Iceland: Sorcerers and Paganism«, in: Bengt Ankarloo/Gustav Henningsen (Hg.): *Early Modern European Witchcraft: Centres and Peripheries*, Oxford 1989, 383–402

HAUG, WALTER: »Der Teufelspakt vor Goethe oder Wie der Umgang mit dem Bösen als felix culpa zu Beginn der Neuzeit in die Krise gerät«, in: *DVJs* 75 (2001), S. 185–215 (12)

HAUSCHILD, THOMAS: *Der böse Blick. Ideengeschichtliche und sozialpsychologische Untersuchung*, Hamburg 1982

HAUSTEIN, JÖRG: *Luthers Stellung zum Zauber- und Hexenwesen*, Stuttgart 1990

HAYER, GEROLD: *Konrad von Megenberg: »Das Buch der Natur«: Untersuchungen zu seiner Text- und Überlieferungsgeschichte*, Tübingen 1998 (= Münchener Texte und Untersuchungen zur deutschen Literatur des Mittelalters, 110), teilw. zugl.: Habil.-Schr., Salzburg 1992

DERS.: *Hexen heute* (= Quellen und Forschungen zur europäischen Ethnologie, Bd. 9), Würzburg 1991

DERS.: *Zauberei im Abendland. Vom Anteil der Gelehrten am Wahn der Leute: Skizzen zur Geschichte des Aberglaubens* (= Quellen und Forschungen zur europäischen Ethnologie, Bd. 10), Würzburg 1991

HEINEKAMP/MITTLER (HRSG.): *Magia naturalis und die Entstehung der modernen Naturwissenschaft* (= Symposion Hannover 1975), Wiesbaden 1978

HELBLING-GLOOR, BARBARA: *Natur- und Aberglauben im »Policratius« des Johann von Salisbury*, Zürich 1956

HELLMUTH, LEOPOLD: *Die germanische Blutsbrüderschaft. Ein typologischer und völkerkundlicher Vergleich* (= WAGAPH 7), Wien 1975

HENRICHS, ALBERT: »Pagan Ritual and the Alleged Crimes of the Early Christians«, in: *Kyriakon*, Fs. Johann Quasten, hg. v. P. Grenfield u. J. A. Jungmann I, 2. Aufl., Münster 1973, S. 18–35

HERGEMÖLLER, BERND-ULRICH: *Krötenkuß und schwarzer Kater. Ketzerei, Götzendienst und Unzucht in der inquisitorischen Phantasie des 13. Jahrhunderts*, Warendorf 1996

DERS. (Hrsg.): *Randgruppen der spätmittelalterlichen Gesellschaft*, neu bearb. Ausgabe [3. Aufl.], Warendorf 2001

HERTEL, ADOLF: *Verzauberte Örtlichkeiten und Gegenstände in der altfranzösischen Dichtung*, Diss., Göttingen 1908

HERTEL, G.: »Abergläubische Gebräuche aus dem Mittelalter«, in: *ZfVkde* 11, 1901, S. 272 f.

HERZIG, OTTO: *Lukian als die Quelle für die antike Zauberei*, Tübingen 1940

HILL, D.: »Kustā ben Lūkā«, In: *E. d. I.*, Bd. V, Paris 1986, S. 154

HINSON, GLENN: »Irenaeus«, in: *Encyclopedia of Religion*, Bd. 7, S. 280–283

HIS, RUDOLF: *Das Strafrecht des Mittelalters*, Weimar 1935

HOEVELS, FRITZ E.: *Märchen und Magie in den Metamorphosen des Apuleius*, Amsterdam 1979

HOFFMANN, GERDA: »Beiträge zur Lehre von den durch Zauber verursachten Krankheiten und ihrer Behandlung in der Medizin des Mittelalters«, in: *Janus* 37, 1933, S. 129–144

HOFFMEISTER, ERHART: »Rasis Traumlehre, Traumbücher des Spätmittelalters«, in: *AfKg* 51, 1969, S. 137–159

Höfler, Otto: *Verwandlungskulte, Volkssagen und Mythen* (= Sitzungsberichte der Österreichischen Akademie der Wissenschaften, Phil. Hist. Kl. 279), Wien 1973

Hole, Christina: »Some Instances of Image Magic in Great Britain«, in: *The Witch Figure*, hg. v. Venetia Newall, London 1964, S. 80–94

Holzmann, Verena: *»Ich beswer dich wurm vnd wyrmin…« Formen und Typen altdeutscher Zaubersprüche und Segen* (= Wiener Arbeiten zur Germ. Altertumskunde und Philologie, hg. v. Helmut Birkhan, Bd. 36), Bern u. a. 2001; zugl. Diss. Univ. Wien 1997

Hopfner, Theodor: *Griechisch-ägyptischer Offenbarungszauber*, 2 Bde., Leipzig 1921–24, 2. Aufl., Amsterdam 1974

Horalek, Karel: »Geist im Glas«, in: *EM*, Bd. 5, Sp. 922–928

Horsley, Richard: »Who were the Witches«, in: *Journal of Interdisciplinary History* 9, 1979, S. 689–715

Hsia, Ronnie Po-Chia:-*The Myth of Ritual Murder: Jews and Magic in Reformation Germany*, New Haven u. a. 1988

Huschenbett, Dietrich: »Der Jüngere Titurel«, in: *VL*, Bd. 1, Sp. 200–201

ders.: »Priesterkönig Johannes«, in: *Vl*, Bd. 7, Berlin 1989, Sp. 828–842

Jacobi, W.: *Die Ekstase der alttestamentlichen Propheten*, München 1920

Jacoby, F.: »Johannisevangelium«, in: *HdA*, Bd. 4, Sp. 731–733

Jaide, Walter: *Wesen und Herkunft des mittelalterlichen Hexenwesens im Lichte der Sagaforschung*, Leipzig 1936

Jakoby, Adolf: »Die Zauberbücher vom Mittelalter bis zur Neuzeit«, in: *Mitt. d. Schles. Ges. f. Vkde*, Bd. 31, 1931, S. 208–228

Janota, Johannes: »Folz, Hans«, in: *VL*, Bd. 2 Berlin 1980, Sp. 769–793

Janowitz, Naomi: *Magic in the Roman World. Pagans, Jews and Christians*, London/New York 2001

Jarausch, Konrad: »Der Zauber in den Isländersagas«, in: *ZfVkde*, 1919, S. 237–68

Jeffers, Ann: *Magic and Divination in Ancient Palestine and Syria*, Leiden [u. a.] 1996 (= Studies in the History and Culture of the Ancient Near East 8)

Jenkins, Claude: »Saint Augustine and Magic«, in: *Science, Medicine and History*, hrsg. v. A. Underwood, London 1953, S. 131–140

Jennings, M. C. S. J.: »›Heaven defend me from a Welsh Fairy‹: The Metamorphosis of Morgain la Fée in the Romances«, in: *Court and Poet*, hrsg. v. G. L. Burgess, Liverpool 1981

Jolivet, J.: »Al-kīndī«, in: *E. d. I.*, Bd. V, Leiden 1986, S. 124–126

Jordan, David R.: *Contributions to the Study of Greek defixiones*, Ann Arbor 1992

ders.(Hrsg.): *The World of Ancient Magic: Papers from the First Interna-*

tional Samson Eitrem Seminar at the Norwegian Institute at Athens, 4–8 May 1997

JUNGBAUER: »Mittag«, in *HdA*, Bd. 6, Sp. 398–412

DERS.: »Mittagsgespenst«, in *HdA*, Bd. 6. Sp. 414–418

KEE, HOWARD CLARK: »Magic and Messiah«, in: *Religion, Science and Magic*, hg. v. J. Neussner/E. Frerichs, New York 1989

DERS.: *Medicine, Miracle and Magic in New Testament Times*, New York 1986

KEIL, GUNDOLF: »Hiltgart von Hurnheims mittelhochdeutsche Prosaübersetzung des ›Secretum secretorum‹«, in: *Anzeiger für deutsches Altertum*, 80, 1969, S. 166–169

DERS.: »Literaturbegriff und Fachprosaforschung«, in: *Jb. f. internat. Germ.*, 2, 1970, S. 289 ff.

KELLY, HENRY ANSGAR.: »English Knights and fear of Sorcery«, in: *Mediaeval Studies* XXXIX, 1972, S. 206–238

DERS.: *Inquisitions and Other Trial Procedures in the Medieval West* (= Variorum Collected Studies 708), Aldershot [etc.] 2001

KENNEDY, E. M.: »The role of the supernatural in the first part of the old french Prose Lancelot«, in: *Mélanges F. Whitehead*, Manchester 1973, S. 173–184

KERNER, M.: *Studien zum Dekret des Bischofs Burchard von Worms*, Aachen 1969

KIECKHEFER, RICHARD: *European Witch Trials: Their Foundations in Popular and Learned Culture 1300–1500*, London 1976

DERS.: *Repressions of Heresy in Medieval Germany*, Liverpool 1979

DERS.: *Magic in the Middle Ages*, Cambridge u. a. 1990; dt.: *Magie im Mittelalter*, München 1992

DERS.: *Unquiet Souls*, Chicago [u. a.] 1984

DERS.: *Sainthood*, Berkeley u. a. 1988

DERS.: *Forbidden Rites: A Necromancer's Manual of the Fifteenth Century*, Stroud 1997

KIESEWETTER, CARL: *Faust in der Geschichte und Tradition*, Leipzig 1893

KIPPENBERG, HANS/LUCHESI, G. (HRSG.): *Magie. Die sozialwissenschaftliche Kontroverse über das Verstehen fremden Denkens*, Frankfurt a. M. 1987

DERS./SCHÄFER, P.(HRSG.): *Envisioning Magic. A Princeton Seminar and Symposion*, Leiden/New York/Köln 1997

KLANICZAY, GÁBOR: »Shamanistic Elements in Central European Witchcraft«, in: Mihaly Hoppal (Hg.): *Shamanism in Eurasia*, Bd. 1, Göttingen 1984, S. 404–422

DERS.: *Heilige, Hexen, Vampire. Vom Nutzen des Übernatürlichen*, Berlin 1990

DERS.: »Der Hexensabbat im Spiegel von Zeugenaussagen in Hexen-Prozessen«, in: *Kea. Zeitschrift für Kulturwissenschaften* 5 (1993), S. 31–54

KLAPPER, JOSEPH: »Das Gebet im Zauberglauben des Mittelalters«, in: *Mitt. d. Schles. Ges. f. Vkde*, 9, 1907, S. 5–41

DERS.: »Die soziale Stellung des Spielmanns im 13. und 14. Jahrhundert«, in: *ZfVkde*, 40, 1931, S. 111–119

KLEINHANS, MARTHA: »Gotterfülltheit und Teufelsbesessenheit? Cumäische Sibylle und Pythia Phemonoe in altfranzösischen Texten«, in: *Romania una et diversa*. Philolog. Studien für Theodor Berchem zum 65. Geburtstag, hg. v. Martine Guille u. Reinhard Kiesler, Bd. 2: Literaturwissenschaft, Tübingen 2000, S. 654–678

KLOSE, M.: *Der Roman Claris et laris in seinen Beziehungen zur altfranzösischen Artusepik des 12. und 13. Jahrhunderts* (= Zs. f. roman. Phil. Beih. 63), Diss. Halle 1916

KOCH, HEINRICH P.: »›Moly‹ – der Zauberlauch der griechischen Mythologie«, in: *Geschichte der Pharmazie* 47. Jg. (1995) Nr. 2/3, S. 34–44

KOETSCHAU, PAUL: *Die Textüberlieferung der Bücher des Origines gegen Celsus in den Handschriften dieses Werkes und der Philokalia. Prolegomena zu einer kritischen Ausgabe*, Leipzig 1889

KORENJAK, MARTIN: *Die Ericthoszene in Lukians Pharsalia: Einleitung, Text, Übersetzung, Kommentar*, Frankfurt a. M. 1996

KORS, ALAN CHARLES/PETERS, EDWARD: *Witchcraft in Europe 400–1700: A Documentary History*, 2. rev. Aufl. Philadelphia 2001

KÖSTLER, R.: »Der Anteil des Christentums an den Ordalien«, in: *Zs. f. Rechtsgesch.* 33 (1912)

KRAELING, C. H.: »Was Jesus Accused of Necromancy?«, in: *Journal of Biblical Literature*, 59, 1940, S. 147–157

KRAPPE, A. H.: »Über die Episode des Château des Caroees im Méraugis de Portlesgues«, in: *Zs f. frz. Sprache u. Lit.* 57, 1933, S. 156–162

KRAUSS, S.: *Geschichte der jüdischen Ärzte*, Wien 1930

KRESTAN, L./HERMANN, A.: »Cyprian II«, in: *RAC* III, 1957, S. 467–477

KRETZENBACHER, LEOPOLD: *Teufelsbündler und Faustgestalten im Abendlande*, Klagenfurt 1968

KROGMANN, WILLY: »Der Wartburgkrieg«, in: *VL*, 1. Aufl., Bd. 4, Berlin 1953, Sp. 843–864

KUHLEN, FRANZ-J.: *Zur Geschichte der Schmerz-, Schlaf- und Betäubungsmittel im Mittelalter*, Stuttgart 1983

KUHN, HUGO: »Gottfried von Straßburg«, in: *VL*, Bd. 3, Berlin 1981, Sp. 153–168

KÜHNAU, RAICHARD: »Gefangene Geister«, in: *Mitt. d. Schles. Ges. f. Vkde*, Bd. 13/14, Breslau 1911/12, S. 98–120

KUNZE, KONRAD: »Jacobus a Voragine«, in: *VL*, Bd. 4 Berlin 1983, Sp. 452–455

LABOUVIE, EVA: *Zauberei und Hexenwesen*, Frankfurt 1991

DIES.: »Wissenschaftliche Theorien – rituelle Praxis. Annäherungen an die populäre Magie der Frühen Neuzeit im Kontext der Magie- und Aberglaubensforschung«, in: *Historische Anthropologie* 2 (1994), S. 287–307

LARNER, CHRISTINA: *Enemies of God: The Witch-hunt in Scotland.* With a Foreword by Norman Cohn, Baltimore 1981

DIES.: *Witchcraft and Religion: The Politics of Popular Belief*, Oxford u. a. 1984

LE GOFF, JACQUES: *La Civilisation de l'Occident Médiéval* ([1]1977), Paris 1984

LEA, H. CHARLES: *Materials towards a History of Witchcraft*, 3 Bde., New York 1957

DERS.: *A History of the Inquisition*, 3 Bde., dt. Übers. v. Hansen, Bonn 1905–13

LECOUTEUX, CLAUDE: »Lamia«, in: *Euphorion*, 75, 1981, S. 360–365

DERS.: »Der Bilwiz«, in: *Euphorion*, 82, 1988, S. 238–250

DERS.: »Hagazussa, Striga, Hexe«, in: *Hess. Bl. f. Volks- u. Kulturf.* N. F., 15, 1989, S. 57–70

DERS.: *Geschichte der Gespenster und Wiedergänger im Mittelalter*, Köln u. a. 1987

DERS.: *Das Reich der Nachtdämonen. Angst und Aberglaube im Mittelalter*, Düsseldorf 2001

LEHMANN, ALFRED: *Aberglaube und Zauberei von den ältesten Zeiten an bis in die Gegenwart*, Stuttgart 1925

LEHMANN, HARTMUT/ULBRICHT, OTTO (HRSG.): *»Vom Unfug des Hexen-Processes«: Gegner der Hexenverfolgungen von Johann Weyer bis Friedrich Spee*, Wiesbaden 1992

LEINWEBER, DAVID WALTER: »Witchcraft and Lamiae in ›The Golden Ass‹«, in: *Folklore* 105 (1994), S. 77–82

LEISCHNER, C. FR: *Die Zauberkunst aller Zeiten und Nationen namentlich des ägyptischen Althertums und des neunzehnten Jahrhunderts*, Ilmenau 1833

LEISEGANG, H.: *Die Gnosis*, Bern 1985

LENG, RAINER: *Kriegstechnische Bilderhandschriften zwischen Magie und Handwerk. Ein Vergleich zwischen Konrad Kyesers ›Bellifortis‹, dem Cgm 600 und anderen Codices*, Würzburg 1995

LESSES, REBECCA, MACY: *Ritual Practices to Gain Power. Adjurations in the Hekhalot Literature. Jewish Amulets, and Greek Revelatory Adjurations*, Cambridge/Mass., Harvard Univ. Diss. 1995

LEUTENBAUER, SIEGFRIED: *Hexerei und Zaubereidelikte in der Literatur von 1450–1550*, Berlin 1972
LEVACK, BRIAN P.: »Possession, Witchcraft, and the Law in Jacobean England«, in: *Washington and Lee Law Review* 52 (1996), S. 1613–40
LEVI, ISAAC: »Le Juif Sorcier«, *REJ* XXII (1891), S. 232 ff.
LEWIS, SAUNDERS: *Manawy don Mab Llyr, Math Mab Mathonwy*, London 1969
LEWY, HANS: *Chaldean Oracles and Theurgy*, Kairo 1956
LICHTBLAU, KARIN: *Motiv – Index der mittelhochdeutschen Artusromane bis 1240*, Wien 1989
LIEBRECHT, FELIX: »Zur Vergiliussage«, in: *Germania* 10, 1865, S. 406–416
LINDGREN, UTA: *Gerbert von Aurillac und das Quadrivium. Untersuchungen zur Bildung im Zeitalter der Ottonen* (= Sudhoffs Archiv Beiheft 18), Wiesbaden 1976
LINSENMANN, THOMAS: *Die Magie bei Thomas von Aquin*, Berlin 2000
LIPP, WOLFGANG: »Magie – Macht – Gefahr. Zur Soziologie des Irrationalen«, in: *AfKg*, 66, 1984, S. 389–423
LIST, EDGAR A.: »Holda and the Venusberg«, in: *Journal of American Folklore* 73 (1960), S. 307–311
DERS.: »Is Frau Holda the Virgin Mary«, in: *German Quarterly* 32 (1953), S. 80–84
LODS, JEANNE: *Le Roman de Perceforest, Origines – Composition – Caractères – valeur et influence*, Geneve 1951
LOOMIS, C. GRANT: *White Magic. An Introduction to the Folklore of Christian Legend*, Cambridge/Mass. 1948
LOOMIS, LAURA HIBBARD: »Secular Dramatics in the Royal Palace, Paris 1378,1389 and Chaucer Tregetours«, in: *Speculum* 33, S. 242 f.
LOOMIS, R. S.: »Morgain la Fée and the Celtic Goddesses«, in: *Speculum* 20, 1945, S. 183–203
DERS.: »Morgain la Fée in Oral Tradition«, in: *Romania* 80 (1959), S. 337–367
LOREY, ELMAR M.: *Henrich der Werwolf. Eine Geschichte aus der Zeit der Hexenprozesse mit Dokumenten und Analysen*, Frankfurt a. M. 1998
LUCK, GEORG: *Hexen und Zauberei in der römischen Dichtung*, Zürich 1962
DERS.: »Theurgy and Forms of Worship in Neoplatonism«, in: *Religion Science, Magic in Concert and Conflict*, hg. v. J. Neusner, E. Frerichs, New York 1989, S. 185–225
DERS.: *Magie und andere Geheimlehren der Antike*, Stuttgart 1990
LUENGEO, ANTHONY, E.: »Magic and Illusion in the Franklin's Tale«, in: *Journal of English and Germanic Philology* 77, 1978, S. 1–16

MAAZ, WOLFGANG: »Gervasius von Tilbury«, in: *EM*, Bd. 5, Berlin 1987, Sp. 1109–1122

MACALINDON, JOHN: »Magic Fate and Providence in Medieval Narrative and Sir Gawein and the Green Knight«, in: *Review of English Studies*, 16, 1965, S. 121–139

MACCULLOCH, JOHN ASCOTT: *Religion of the Ancient Celts*, Edinburgh 1911

MACDONALD, B.: »Sīhr«, in: *E. d. I.*, Bd. IV, Leiden 1934

DERS. B.: »Al-Ġhazālī«, in: *E. d. I.*, Bd. II, Leiden 1927, S. 154–157

MACFARLANE, ALAN: *Witchcraft in Tudor and Stuart England. A Regional and Comparative Study*, London 1970, 2. Aufl. 1999

MACKENSEN, LUTZ: »Bilwis«, in: *HdA*, Bd. I, Sp. 1308–1324

MACMULLEN, RAMSEY: *Enemies of the Roman Order*, Cambridge/Mass. 1966

MADAR, MAIA: Estonia I: »Werewolves and Poisoners«, in: Bengt Ankarloo/Gustav Henningsen (Hg.): *Early Modern European Witchcraft. Centres and Peripheries*, Oxford 1989, S. 257–272

MAGNUS, HUGO: *Der Aberglauben in der Medizin*, Breslau 1903

MAIER, ANNELIESE: »Eine Verfügung Johannes XXII. über die Zuständigkeit der Inquisition bei Zaubereiprozessen«, in: *Archivum Fratrum Praedicatorum*, Bd. 22, Rom 1952, S. 226–246

MAKSYMIUK, STEPHAN: *The Court Magician in Medieval German Romance* (= Mikromosmos. Beiträge zur Literaturwiss. u. Bedeutungsforschung, hg. v. Wolfgang Harms, Bd. 44), Bern u. a. 1992

MÂLE, E.: *L'Art religieux du XIIIe siècle en France: étude sur l'iconographie du Moyen Âge et sur les sources d'inspiration*, 8. Aufl., Paris 1948

MALINOWSKI, BRONISLAW: *Magie, Wissenschaft und Religion*, Frankfurt a. M. 1983

MANITIUS, KARL: »Magie und Rhetorik bei Anselm von Besate«, in: *Deutsches Archiv für die Erforschung des Mittelalters*, 12, 1952, S. 52–72

MANKO-MATYSIAK, ANNA: *Das Teufelsmotiv in der schlesischen Wunderzeichenliteratur der Frühen Neuzeit*, Marburg 1999

MANSELLI, RAOUL: *La religion populaire au Moyen Âge*, Paris 1975

MARWICK, MAX (HRSG.): *Witchcraft and Sorcery*, London 1982

MARZELL, HEINRICH: »Alraun«, in: *HdA*, Bd. 1, Sp. 312–324

DERS.: »Springwurz«, in: *HdA*, Bd. 6, Sp. 381–393

DERS.: *Zauberpflanzen und Hexentränke*, Stuttgart 1964

MAURITZ, HANS DIETER: *Der Ritter im magischen Reich. Märchenelemente im französischen Abenteuerroman des 12. und 13. Jahrhunderts*, Frankfurt a. M. 1974

MAURY, LOIS FERDINAND ALFRED: *La magie et l'astrologie dans l'anti-*

quité et au Moyen Âge, ou étude sur les superstitions paiennes qui se sont perpétées jusqu'à nos jours, Paris 1860
McNeill, J. T.: »Folk-Paganism in the Penitentials«, in: *Journal of Religion* XIII, 1933, S. 450–466
Melbourne, Christopher: *The illustrated History of Magic*, London 1975
Mensching, Gustav: *Das Wunder im Glauben und Aberglauben der Völker*, Leiden 1957
Merlan, Philipp: »Plotinus and Magic«, in: *Isis*, Bd. 44, 1953, S. 341–348
Mertens, Volker: »Artus«, in: *Epische Stoffe des Mittelalters*, hrsg. v. Ulrich Müller, Stuttgart 1984, S. 290–340
ders.: »Jakob von Paradies«, in: *VL* Bd. 4, Berlin 1983, Sp. 478–487
Mertens-Fonck, Paule: »Morgan, Fée et Déesse«, in: *Mélanges R. Lejeune*, Bd. II, Crembloux 1969, S. 1067–76
Meyer, E.: »Apollonius von Tyana und die Biographie des Philostratos«, in: *Hermes*, LII, 1917, S. 371–424
Meyer, K: *Der Aberglaube des Mittelalters und der nächstfolgenden Jahrhunderte*, Basel 1884
Meyer, Paul: *Alexandre le Grand dans la littérature française du Moyen-Âge*, Paris 1886
Michelet, Jules: »Le Procès des Templiers«, in: *La Sorcière*, 2 Bde., Paris 1952
ders.: *Satanism and Witchcraft, a Study in Medieval Superstition*, London 1965
Midelfort, H. C. Erik: *Witch Hunting in Southwestern Germany, 1562–1684. Their Social and Intellectual Foundations*, Stanford 1972
ders. (Hg.): *Religion and the People 800–1700*, Asheville, NC 1979
ders.: *A History of Madness in Sixteenth-Century Germany*, Stanford 1999
Miller Patricia C.: *Dreams in late Antiquity. Studies in the Imagination of a Culture*, Princeton 1994
Molland, A. G.: »Roger Bacon as Magician«, in: *Traditio*, 30, 1974, S. 447–460
Montag, Ulrich: *Der »Bellifortis« des Konrad Kyeser aus Eichstätt: ein Bavaricum allerersten Ranges bereichert seit kurzem die Bestände der Bayerischen Staatsbibliothek*, München 2000
ders.: »Kampffahrzeuge und Panzer in Konrad Kyesers kriegstechnischer Handschrift ›Bellifortis‹ 1405«, in: *Globulus,* 1994, S. 56–68
Monter, William: *Witchcraft in France and Switzerland*, Ithaca, NY 1976
Mordek, Hubert/Michael Glatthaar: »Von Wahrsagerinnen und

Zauberern. Ein Beitrag zur Religionspolitik Karls des Großen«, in: *AfKg* 75 (1993), S. 33–64

MÜLLENHOFF, KARL/SCHERER, WILHELM: *Denkmäler deutscher Poesie und Prosa aus dem 8.–12. Jahrhundert*, 2 Bde., Berlin 1892

MÜLLER, IRMGARD: »Liebestränke«, in: *Liebe, Ehe, Ehebruch* hg. v. Xenia von Ertzdorff u. Marianne Wynn (= Beitr. z. dt. Phil. 58), Gießen 1984, S. 71–87

MÜLLER, UTE: *Mondwahrsagetexte aus dem Spätmittelalter*, Diss., Berlin 1971

MÜLLER-BERGSTRÖM, W.: »Gottesurteil«, in: *HdA*, Bd. 3, 1930, Sp. 994–1064

NAHL, RUDOLF VAN: *Zauberglaube und Hexenwahn im Gebiet von Rhein und Maas. Spätmittelalterlicher Volksglaube im Werk Johann Weyers (1515–1588)*, Bonn 1983

NEUGEBAUER-WÖLK, MONIKA: »Esoterik in der Frühen Neuzeit. Zum Paradigma der Religionsgeschichte zwischen Mittelalter und Moderne«, in: *Zs. f. histor. Forsch.* 27 (2000), S. 321–364

NICHOLSON, R. H.: »The Trial of Christ the Sorcerer in the York Cycle«, in: *Journal of Medieval and Renaissance Studies* 16 (1986), S. 125–69

NIGG, W.: *Das Buch der Ketzer*, Zürich 1949

NILSON, MARTIN: *Geschichte der griechischen Religion*, Bd. 2, 2. Aufl. München 1950

NINCK, MARTIN: *Wodan und germanischer Schicksalsglaube*, Jena 1921

NOCK, ARTHUR DARBY: »Paul and the Magus«, in: *The Beginning of Christianity Part I: the Acts of the Apostles*, hg. v. K. Lake u. H. J. Cadbury, London 1933, S. 164–88

NORLIND, TOBIAS: »Spiritusglaube in Schweden«, in: *ZfVkde*, 25, 1915, S. 223–227

NORRIS, R: »Theurgy«, in: *Encyclopedia of Religions*, Bd. 9, S. 481–483

OAKLEY, TH.: »The Penitentials as Sources for Medieval History«, in: *Speculum* XV, 1940, S. 210–223

OBELKEVICH, JAMES (HRSG.): *Religion and the People*, Chapel Hill 1979

DERS.: »Witchcraft, Magic and the Occult«, in: *Reformation Europe. A Guide to Research*, hg. v. Steve E. Ozment, St. Louis 1982

OCHSENBEIN, PETER: »Heinrich von Neustadt«, in: *VL*.Bd. 3, Berlin 1981, Sp. 838–845

OGILVY, J. P. A.: »Mimi, Scurrae, Histriones. Entertainer of the early Middle Ages«, in: *Speculum* 38, 1963, S. 603–619

OHLY, FRIEDRICH: *Kommentar zum Tristan-Roman Gottfrieds von Straßburg*, 3 Bde., Amsterdam 1984

OPITZ, CLAUDIA (HRSG.): *Der Hexenstreit. Frauen in der frühneuzeitlichen Hexenverfolgung. Ein Reader*, Freiburg i. Br. 1995

Oppenheim, Horst: »Klingsor«, in: *VL*, Bd. 2, Berlin 1936, Sp. 811–817
Pabst, Walter: *Venus und die mißverstandene Dido. Literarische Ursprünge des Sibyllen- und des Venusberges*, Hamburg 1955
Paris, Gaston/Ulrich, Jacob (Hrsg.): *Merlin, Roman en prose du XIIIe siècle*, Paris 1883
Parry, H.: *Thelxis. Magic and Imagination in Greek Myth and Poetry*, Lanham/New York/1992
Partner, Peter: *The Murdered Magicians. The Templars and their Myth*, Oxford 1982
Passie, Torsten: *Schamanismus: eine kommentierte Bibliographie 1914–1998; 125 Bücher und Dissertationen in Kurzrezensionen*, 3. erw. Aufl., Hannover 1999
Patera, Maria: »Les rites d'extraction des plantes dans l'Antiquité. Magie, botanique et religion. L'exemple de la mandragore«, in: *Revue des Archéologues et Historiens d'Art*, Bd. 20 (1994), S. 21–34
Paton, L. A. (Hrsg.): *Studies in the Fairy Mythology of Arthurian Romance*, New York 1960, S. 280–307
Patschovsky, Alexander: »Der Ketzer als Teufelsdiener«, in: *Papsttum, Kirche und Recht im Mittelalter. Festschrift für Horst Fuhrmann*, hg. v. H. Mordek, Tübingen 1991, S. 317–334
Perger, Richard: »Schwarzkünstler und Ordensmann: Aus dem Leben des Schottenpriors und Seitenstettner Abtes Benedikt († 1441)«, in: *Wiener Geschichtsblätter*, 32, 1977, S. 167–176
Peters, Edward: *The Magician, the Witch and the Law*, Cambridge 1981
Peters, Edward/Kors, Alan C. (Hrsg.): *Witchcraft in Europe 1100–1700: A Documentary History*, Philadelphia 1978
dies.: *Witchcraft in Europe, 400–1700: A Documentary History*, revised by Edward Peters, Philadelphia 2001
Peterson, Erik: »Einige Beobachtungen zu den Anfängen der christlichen Askese«, in: *Frühkirche, Judentum und Gnosis*, Freiburg i. Br. 1959, S. 205–21
Petzoldt, Leander: »Albertus Magnus«, in: *EM*, Bd. I, Berlin 1977, Sp. 255–261
ders. (Hrsg.): *Magie und Religion* (= Wege der Forschung 337), Darmstadt 1978
Peuckert, Will-Erich: »Festmachen«, in: *HdA*, Bd. 2, Sp. 1353–1368
ders.: »Das 6. und 7. Buch Mosis«, in: *Zs. f. dt. Phil.*, 76, 1957, S. 163–186
ders.: »Hexensalben«, in: *Medizinischer Monatsspiegel*, Heft 8, Darmstadt 1960
ders.: »Albertus Magnus«, in: *Handwörterbuch der Sage*, Göttingen 1963, Sp. 256–258

PFISTER, F.: »Atzmann«, in: *HdA*, I, Sp. 671 f.
PHILIPOT, E.: »Un épisode de Erec et Enide. Mabon l'enchanteur«, in: *Romania* XXV, 1896, S. 258–294
PLENZAT, KARL: *Die Theophiluslegenden in der Dichtung des Mittelalters*, Berlin 1926
POCS, EVA: *Fairies and Witches at the Boundary of South-Eastern and Central Europe*, Helsinki 1989
DIES.: *Between the Living and the Dead. A Perspective on Witches and Seers in the Early Modern Age*, Budapest 1998
POUKAR, RENÉE: *Hexensabbat und Teufelsbuhlschaft. Ein Bericht anhand ausgewählter moderner Fachliteratur*, Diplomarbeit Univ. Wien 2000
PRÄCHTER, K.: »Zur theoretischen Begründung der Magie im Neuplatonismus«, in: *Arw*, 25, 1927, S. 209 ff.
PRICE, D. J. DE: »Automata and the Origins of Mechanism and Mechanistic Philosophy«, in: *Technology and Culture*, 5, 1964, S. 9–23
QUISPEL, GILLES: »Gnosticism from its Origins to the Middle Ages«, in: *Encyclopedia of Religions*, Bd. 5, S. 566–574
RADERMACHER, F.: *Die griechischen Quellen zur Faustsage* (= Sitzungsber. d. phil.-hist. Kl. d. Akad. d. Wiss. Bd. 206, 4. Abh.), Wien 1927
RADIMERSKY, GEORGE: »Magic in the Works of Hildegard von Bingen«, in: *Monatshefte für den deutschen Unterrricht*, 49, 1957, S. 353–60
RÄTSCH, CHRISTIAN/MÜLLER-EBELING, CLAUDIA: *Isoldens Liebestrank: Aphrodisiaka in Geschichte und Gegenwart*, München 1986
DERS.: *Pflanzen der Liebe: Aphrodisiaka in Mythos, Geschichte und Gegenwart*, Aarau 1995
DERS./MÜLLER-EBELING, CLAUDIA/STORL, WOLF-DIETER: *Hexenmedizin: die Wiederentdeckung einer verbotenen Heilkunst – schamanische Traditionen in Europa*, Aarau 1998
RANKE, KURT: »Alp«, *HdA*, Bd. I, Sp. 281–305
REDLICH, OTTO: *Jülich-Bergische Kirchenpolitik am Ausgange des Mittelalters und in der Reformationszeit*, Bonn 1915
REEVES MARJORIE: *Joachim of Fiore and the Prophetic Future*, Sutton 1999
REIER, HERBERT: *Leben, Krankheiten und Heilungen im Mittelalter*, Kiel 1987
REINHARD, J. R.: »The old French Romance of Amadas et Ydoine«, in: *Romanic Review*, 15, 1924, S. 179–265
REITZENSTEIN, A.: »Cyprian der Magier«, in: *Nachrichten v. d. Kgl. Gesell. d. Wiss. zu Göttingen, phil.-hist. Kl.*, Berlin 1918
DERS.: *Hellenistische Wundererzählungen*, Leipzig 1902
REMUS, HAROLD: *Magic, Method, Madness*, Leiden 1999
RHYS, JOHN HIBBERT: *Lectures on Celtic Heathendom*, London 1886

Ricardo-Gil, Joan: *The Practice of Witchcraft in Fact and Fiction in the French Middle Ages*, Boston 1980
Riché, Pierre: *Die Welt der Karolinger*, Stuttgart 1981
ders.: *Gerbert D'Aurillac. Le Pape de l'An Mille*, Fayard 1987
ders.: *A History of Witchcraft: Sorcerers, Heretics, and Pagans*, London 1980
ders.: *Lucifer: the Devil in the Middle Ages*, Ithaca u. a. 1984
ders.: *The Devil: Perceptions of Evil from Antiquity to Primitive Christianity*, Ithaca 1988
ders.: *Inquisition*, New York 1988
Richter, Sabine: *Werwölfe und Zaubertänze. Vorchristliche Glaubensvorstellungen in Hexenprozessen der frühen Neuzeit*, Diss. Giessen 1998
Riedweg, Christoph: *Pythagoras. Leben, Lehre, Nachwirkung. Eine Einführung*, München 2002
Riezler, Siegmund: *Geschichte der Hexenprozesse in Bayern*, Stuttgart 1896
Rigault, Abel: *Le Procès de Guichard évêque de Troyes, 1308–1313*, Paris 1896
Ritter, Helmut: »Piccatrix, ein arabisches Handbuch hellenistischer Magie«, in: *Vorträge der Bibliothek Warburg* 1921–1922, hg. v. F. Saxl, Leipzig/Berlin 1923
Rochholz, B.: *Glaube und Brauch im Spiegel heidnischer Vorzeit*, Berlin 1867
Rodewyk, A.: »Rituale Romanum«, in: *Lex. f. Theol. u. K.*, Bd. 8, Sp. 1328
Röhr, J.: *Der okkulte Kraftbegriff im Altertum*, Leipzig 1923
Roider, Ulrike: *De chophur in dá muccida, eine altirische Sage*, Diss. Innsbruck 1976
Ronan, Stephen: *The Goddess Hekate. Studies in ancient Pagan and Christian Religion and Philosophy*. vol 1. XY/N-1: Chthonios, 1989
Roskoff: *Geschichte des Teufels*, Leipzig 1869
Ross, Anne: *Pagan Celtic Britain*, London 1967
Rossi, M.: »Sur l'épisode de Caradoc de la Continuation Gauvain«, in: *Marche Romane Medievalia*, 80, 1980, S. 247–54
Rossi, Paolo: *Francis Bacon, from Magic to Science*, Chicago 1968
Rothschuh, Karl: *Iatromagie, Begriff, Merkmale, Motive, Systematik* (= Rheinische-Westfälische Akademie d. Wiss., 225), Düsseldorf 1978
Roy, Bruno: »The Household Encyclopedia as Magic Kit: Medieval Popular Interest in Pranks and Illusions«, in: *Popular Culture of the Middle Ages*, hg. v. Josie Campbell, Bowling Green 1986, S. 29–39
Ruberg, U.: »Allegorisches im ›Buch der Natur‹ Konrads von Megenberg«, in: *Frühmittelalterliche Studien* 12, 1978, S. 310–325

RUPPRICH, HANS: *Vom späten Mittelalter bis zum Barock* (= Geschichte der deutschen Literatur, Bd. IV/1), München 1970

RUSSELL, JEFFREY BURTON: *Witchcraft in the Middle Ages*, Ithaca, NY 1972

DERS.: *Lucifer*, Ithaca, NY 1984

DERS.: *Mephistofeles*, Ithaca, NY 1986

DERS.: *Satan*, Ithaca, NY 1988

DERS.: *The Devil*, Ithaca, NY 1988

SAMANIN, P.: »L'accusation de magie contre le Christ dans le Nouveau Testament«, in: *Annales de l'iniversité de Louvain* V, 1938, S. 450–490

SALZMAN, M.: »Superstitio in the Codex theodosianus, and the Persecutions of Pagans«, in: *Vigiliae Christianae* 41 1987, S. 172–142

SARTON, GEORGE: *Introduction to the History of Science*, 2 Bde., New York 1975

SATORO L'HOIR, FRANCESCA: »Unfriendly Persuasion: Seduction and Magic in Tacitus' Annales«, in: *Ancient Journeys: A Festschrift in Honor of Eugene Numa Lane*, hg. v. Cathy Callaway, Medford 2002

SCHÄFER, WERNER: *Agnes Bernauer. Geschichte, Dichtung, Bild*, Straubing 1995

SCHAMBACH, KARL: »Vergil ein Faust des Mittelalters«, in: Königliches Gymnasium zu Nordhausen Ostern 1904–1906, Wissenschaftliche Beigaben: Teil I, S. 3–33, Teil II, S. 3–45, Teil III S. 3–46

SCHANZE, FRIEDER: »Johannes Werner von Zimmern«, in: *VL*, Bd. 4, Berlin 1983, Sp. 813–816

SCHERER, J. E.: *Die Rechtsverhältnisse der Juden in den österreichischen Ländern*, Leipzig 1901

SCHILD, WOLFGANG: »Hexen-Bilder«, in: Gunter Franz/Franz Irsigler (Hg.): *Methoden und Konzepte der historischen Hexenforschung*, Trier 1998, S. 329–413

SCHIPPERGES, HEINRICH: *Die Assimilation der arabischen Medizin durch das lateinische Mittelalter* (= Sudhoffs Archiv, Beih. 3), Wiesbaden 1964

DERS.: »Magia et Scientia bei Paracelsus«, in: *Sudhoffs Archiv* 60, 1976, S. 76–93

SCHMIDT, D.: *Studien zu den Pseudo-Clementinen* (= Texte und Untersuchungen zur altchristlichen Literatur 46), Leipzig 1929

SCHMIDTCHEN, VOLKER/HILS, HANS-PETER: »Kyeser, Konrad«, in: *VL*, Bd. 5, Berlin 1985, Sp. 477–484

SCHMITT, JEAN CLAUDE: *Heidenspaß und Höllenangst. Aberglauben im Mittelalter*, Frankfurt a. M. 1993

SCHMITT, WOLFRAM: *Hans Hartliebs mantische Schriften und seine Beeinflussung durch Nikolaus von Kues*, Diss., Heidelberg 1963

DERS.: »Ein deutsches Traumbüchlein aus dem späten Mittelalter«, in: *Studia Neophilologica*, 37, 1965, S. 96–99

DERS.: »Das Traumbuch des Hans Lobenzweig«, in: *AfKg*, 48, 1966, S. 181–218

SCHMITZ, C. A.: »Todeszauber in Nordost-Neeuguinea«, in: *Religionsethnologie,* hg. v. C. A. Schmitz, Frankfurt 1964, S. 335–374

SCHMITZ, GERHARD: »Regino von Prüm«, in: *VL*, Bd. 7, Berlin 1989, Sp. 1115–1122

SCHNYDER, ANDRÉ: »Der ›Malleus Maleficarum‹. Fragen und Beobachtungen zu seiner Druckgeschichte sowie zur Rezeption bei Bodin, Binsfeld, und Delrio«, in: *AfKg*, 74 (1992), S. 323–364

SCHOLEM, G.: *Ursprünge und Anfänge der Kabbalah*, Berlin 1962

DERS.: »Le-ma'aseh yosef della reyna«, *Zion* 5 (1933), 124–31

SCHOLZ WILLIAMS, GERHILD: *Defining Dominion. The Discourses of Magic and Witchcraft in early modern France and Germany*, Ann Arbor 1995

DIES.: »Bis daß der Tod'... Verträge mit dem Teufel in Volksbuch und Hexentraktat« in: *Text im Kontext: Anleitung zur Lektüre deutscher Texte der frühen Neuzeit*, hg. v. Alexander Schwarz and Laure Apblalp, Berlin 1997, S. 333–343

DIES.: »Der Teufel und die Frau: Textformen und Textaussagen«, in: *Text und Geschlecht* hg. v. Rüdiger Schnell, Frankfurt a.M. 1997, S. 280–302

DIES.: »On Finding Words: Witchcraft and the Discourses of Dissidence and Discovery«, in: *The Graph of Sex And The German Text: Gendered Culture in Early Modern Germany 1500–1700* hg. v. Lynne Tatlock and Christiane Bohnert (= Chloe. Beihefte zum Daphnis, 19), Amsterdam 1994 S. 45–67

DIES.: »The Woman/the Witch: Variations on a Sixteenth-Century Theme (Paracelsus, Wier, Bodin)« in: *The Crannied Wall: Women, Religion, and the Arts in Early Modern Europe*, hg. v. Craig A. Monson. Ann Arbor 1992, S. 119–137

DIES.: »Hexenforschung«, in: *Reallexikon der Deutschen Literaturwissenschaft*, hg. v. Harald Fricke. Neubearbeitung von Georg Braungart, Klaus Grubmüller, Jan-Dirk Müller, Friedrich Ollhardt und Klaus Weimar, Bd. II, Berlin 2000, S. 44–46

DIES./GUNNOE, CHARLES D.: *Paracelsian Moments: Science Magic and Language in early Modern Europe* (= Sixteenth Century Essays and Studies 64), Kirksville 2002

SCHÖNBACH, A: »Studien zur Geschichte der altdeutschen Predigt: Zeugnisse Bertholds von Regensburg zur Volkskunde«, in: *Sitzungsber. d. phil.-hist. Kl. d. Akad. d. Wiss.*, Bd. 142, Wien 1900, S. 1–156

DERS.: »Zum Tobiassegen«, in: *ZfdA*, 24, N. F. 12, 1889, S. 182–191

SCHORMANN, GERHARD: *Der Krieg gegen die Hexen*, Göttingen 1991

Schröder, F. R.: »Cundrîe«, in: *Beiträge z. Gesch. der dt. Sprache u. Lit.*, Bd. 95, Tübingen 1973, S. 188 f.

Schroeder, Richard: *Glaube und Aberglaube in den alten französischen Dichtungen. Ein Beitrag zur Kulturgeschichte des Mittelalters*, Erlangen 1886

Schulte, Rolf: *Der Hexenmeister. Die Verfolgung von Männern im Rahmen der Hexenverfolgung von 1530–1730 im Alten Reich*, 2. Aufl., Frankfurt a. M. 2001

Schrire, T.: *Hebrew Amulets: Their Decipherment and Interpretation*, London 1966

Schubert, Ernst: *Fahrendes Volk im Mittelalter*, Bielefeld 1995

ders.: *Alltag im Mittelalter. Natürliches Lebensumfeld und menschliches Miteinander*, Darmstadt 2002

Schultz, Alwin: *Das höfische Leben zur Zeit der Minnesinger*, 2 Bde., Leipzig 1879

Schulz, Monika: *Magie oder die Wiederherstellung der Ordnung* (= Beiträge zur Europäischen Ethnologie und Folklore. Reihe A: Texte und Untersuchungen, hg. v. Leander Petzoldt, Bd. 5), Bern 2000

Schumacher, Meinolf: »Geschichtenerzählzauber. Die Merseburger Zaubersprüche und die Funktion der historiola im magischen Ritual«, in: Rüdiger Zymner (Hg.): *Erzählte Welt – Welt des Erzählens*. Festschrift für Dietrich Weber, Köln 2000, S. 201–215

Schustek, Karl: *Die Legenden über Sylvester II (Gerbert)*, Hamburg 1893

Schwab, Ute: *Die bisher unveröffentlichten geistlichen Bîspelreden des Stricker*, Göttingen 1959

Schwartz, Dov: *Astral Magic in Medieval Jewish Thought*, Ramat Gan 1999

Schwegler, Michaela: *»Erschröckliches Wunderzeichen« oder »natürliches Phänomen«. Frühneuzeitliche Wunderzeichenberichte aus der Sicht der Wissenschaft* (= Bayerische Schriften zur Volkskunde Bd. 7), München 2002

Scobie, Alex: *Apuleius and Folklore. Toward a History of ML3045, AaTh567, 449A*, London 1983

Sébillot, Paul: *Le Folk-Lore de France*, 4 Bde., Ndr. Paris 1968

Seelinger Adam: *Magical Motifs in the Metamorphoses of Apuleius*, Diss. Univ. Columbia, Ann Arbor 1981

Segl, Peter (Hg.): *Der Hexenhammer. Entstehung und Umfeld des »Malleus Maleficarum« von 1487*, Köln 1988

Sharpe, J. A.: *Instruments of Darkness. Witchcraft in England, 1550–1750*, London 1996

Siebert, J.: »Virgils Fahrt zum Agetstein«, in: *Beitr. z. Gesch. d. dt. Sprache u. Lit.*, Bd. 74, S. 197 f.

SILLER, MAX: »Zauberspruch und Hexenprozeß: die Rolle des Zauberspruchs in den Zauber- und Hexenprozessen Tirols«, in: *Tradition und Entwicklung, Fs. Eugen Turnherr*, hg. v. Werner M. Bauer u. a., 1982, S. 127–54

SIMPSON, JACQUELINE: *Legends Of Icelandic Magicians*, London 1977

SMITH, MORTON: *Jesus the Magician*, New York 1978

SOLDAN, W. G./HEPPE, H./BAUER, M. (HRSG.): *Geschichte der Hexenprozesse*, 2 Bde., Hanau 1912

SORENSEN, ERIC: *Possession and Exorcism in the New Testament and Early Christianity*, Tübingen 2002 (= Wiss. Untersuchungen zum Neuen Testament, 2. Reihe 157)

SPAMER, ADOLF: *Romanusbüchlein, Kommentar zu einem deutschen Zauberbuch*, Berlin 1958

DERS.: »Zauberbuch und Zauberspruch«, in: *Dt. Jb. f. Vkde*, Bd. I, 1955, S. 109–126

SPARGO, JOHN WEBSTER: *Virgil the Necromancer*, Cambridge/Mass. 1934

SPARNAAY, H.: *Zur Sprache und Literatur des Mittelalters*, Groningen 1961

SPECKENBACH, KLAUS: »Von den troimen. Über den Traum in Theorie und Dichtung«, in: *Sagen mit Sinne, Fs. M. L. Dittrich* (= Göppinger Arbeiten zur Germanistik 180), Göppingen 1976, S. 169–201

SPENCE, LEWIS: *The Magic Art in Celtic Britain*, London 1945

SPERBER, DANIEL: *Magic and Folklore in Rabbinic Literature*, Ramat Gan 1994

SPEYER, W.: »Zu den Vorwürfen der Heiden gegen die Christen«, in: *Jb. f. Antike u. Christentum*, 6, 1963, S. 129–36

STAMMLER, WOLFGANG: »Der Atzmann«, in: *Wort und Bild*, Berlin 1962, S. 130–135

STEINHOFF, HUGO: »Herbort von Fritzlar«, in: *VL*, Bd. 3, Berlin 1981, Sp. 1027–1031

STEMPLINGER, EDUARD: *Antiker Aberglaube in modernen Ausstrahlungen*, Leipzig 1922

DERS.: *Antiker Volksglaube*, Stuttgart 1948

STEPHENS, WALTER: »Witches who steal penises: impotence and illusion in Malleus maleficarum«, in: *The Journal of Medieval and Early Modern Studies*, 1998, 28, n. 3, S. 495–531

DERS.: *Demon lovers. Witchcraft, Sex, and the Crisis of Belief*, Chicago/London 2002

STERLY, JOACHIM: *Kumo, Hexen und Hexer in Neuguinea*, München 1987

STORMS, G.: *Anglo Saxon Magic*, Gravenhage 1948

STRÖMBÄCK, DAG: *Sejd*, Lund 1935

STRONG, JOHN: »Wenn der magische Flug mißlingt«, in: *Sehnsucht nach dem Ursprung*, hrsg. v. H. P. Duerr, Frankfurt a. M. 1983

STUCKRAD, KOCKU VON: *Lilith. Im Licht des schwarzen Mondes zur Kraft der Göttin*, Braunschweig 1997

DERS.: »Constructing Feminity: the Lilith Case«, in: *LAUD Paper Essen Linguistic Agency Series* A 1999

DERS.: »Weissagung«, in: *Metzlers Lexikon der Religion*, Bd. 3, Stuttgart 2000, Sp. 648–651

DERS.: »Gnosis«, in: *Der Neue Pauly. Enzyklopädie der Antike. Rezeptions- und Wissenschaftsgeschichte*, Bd. 14, Stuttgart 2000, Sp. 226–231

DERS.: »Kabbala«, in: *Der Neue Pauly. Enzyklopädie der Antike. Rezeptions- und Wissenschaftsgeschichte*, Bd. 14, Stuttgart 2000, Sp. 767–772

DERS.: »Tagewählerei«, in: *Der Neue Pauly. Enzyklopädie der Antike*, hg. v. H. Cancik, H. Schneider, M. Landfester u. a., Bd. 11, Stuttgart 2001, Sp. 1220–1223

DERS.: »Magie«, in: *Der Neue Pauly. Enzyklopädie der Antike. Rezeptions- und Wissenschaftsgeschichte*, Bd. 15, Stuttgart 2001, Sp. 253–262

DERS.: »Okkultismus«, in: *Der Neue Pauly. Enzyklopädie der Antike. Rezeptions- und Wissenschaftsgeschichte*, Bd. 15, Stuttgart 2001, Sp. 253–262

DERS.: »›Christen‹ und ›Nichtchristen‹ in der Antike. Von religiös konstruierten Grenzen zur diskursorientierten Religionswissenschaft«, in: Manfred Hutter et al. (Hrsg.): *Hairesis. Festschrift für Karl Hoheisl zum 65. Geburtstag* (= JAC Ergänzungsband 34), Münster 2002, S. 184–202

SUMMERS, MONTAGUE: *The History of Witchcraft*, London 1926

SURMAR; BOHUMIL: *Die Unterscheidung zwischen den wahren und falschen Propheten. Eine Untersuchung auf Grund der Lehre des Rabbi Moses Maimonides auf dem Hintergrund der rabbinischen Lehren, der griechischen und arabischen Philosophie und der Prophetologie des Islam*, Bern 1997 (= Europäische Hochschulschriften, Reihe XXIII Theologie)

SWEENEY, MICHELLE: *Magic in Medieval Romance from Chrétien de Troyes to Geoffrey Chaucer*, Dublin 2000

SZKILNIK, MICHELLE: »Les deux pères de Caradoc«, in: *BBSIA*, 40, 1988, S. 268–286

SZÖVÉRFFY, J.: »The Legend of St. Peter in Medieval Latin Hymns«, in: *Traditio*, 110, 1954, S. 275–322

TAMBIAH, S. J.: »Form und Bedeutung magischer Akte«, in: *Magie. Die sozialwissenschaftliche Kontroverse über das Verstehen fremden Denkens*, hg. v. H. Kippenberg u. B. Luchesi, Frankfurt a. M. 1976, S. 259–267

TAYLOR, JANE, H. M.: »Aroes the Enchanter – an Episode in the Roman de Perceforest and its Sources«, in: *Medium Aevum*, Bd. 47, S. 30–39

TORIJANO, PABLO A. (HRSG.): *Solomon the Esoteric King: from King to Magus, Development of a Tradition*, Leiden 2002 (= supplement to the Journal for the Study of Judaism 73)

TELLE, JOACHIM: »Beiträge zur mantischen Fachliteratur des Mittelalters«, in: *Studia Neophilologica*, 42, 1970, S. 180 ff.
THOMAS, KEITH: *Religion and the Decline of Magic*, New York 1971
THORNDIKE, LYNN: *The Place of Magic in the Intellectual History of Europe*, New York 1905
DERS.: »The Latin Pseudo-Aristotle and Medieval Occult Science«, in: *The Journal of English and Geermanic Philology*, Bd. 21, 1922
DERS.: *A History of Magic and Experimental Science*, 8 Bde. New York 1923–1958
DERS.: »Alfadel and Almadel: Hithertho Unnoted Mediaeval Books of Magic in Florentine Manuscripts«, in: *Speculum*, 2, 1927, S. 326–331
DERS.: »Traditional Medical Tracts Concerning Engraved Astrological Images«, In: *Mélanges Auguste Pfelzer*, Löwen 1947, S. 217–273
DERS.: »Chiromancy in Medieval Latin Manuscripts«, in: *Speculum*, 40, 1965, S. 674–707
THURNEYSEN, RUDOLF: *Die irische Helden- und Königssage bis zum 17. Jahrhundert*, Halle a. d. S. 1921
TILLHAGEN: »Finnen und Lappen als Zauberkundige in der skandinavischen Volksüberlieferung«, in: *Kontakte und Grenzen: Probleme der Volks-, Kultur- und Sozialforschung; Festschrift für Gerhard Heilfurth zum 60. Geburtstag*, Göttingen 1969, S. 129–145
TOLSTOY, NIKOLAI: *The Quest for Merlin*, London 1985
TOUFIC, FAHD: *La divination arabe. Etudes religieuses, sociologiques et folkloriques sur le milieu natif de l'Islam*, Leiden 1966
TRACHTENBERG, JOSHUA: *Jewish Magic and Superstition*, New York 1939
TREDE, THEODOR: *Wunderglauben im Heidentum und der alten Kirche*, Gotha 1901
TSCHACHER, WERNER: »Der Flug durch die Luft zwischen Illusionstheorie und Realitätsbeweis. Studien zum sog. Kanon Episcopi und zum Hexenflug«, in: *Zeitschrift der Savigny-Stiftung für Rechtsgeschichte* 116 (1999), S. 225–276
DERS.: *Der Formicarius des Johannes Nider von 1437/ 38. Studien zu den Anfängen der europäischen Hexenverfolgungen im Spätmittelalter*, Aachen 2000
DERS.: »Vom Feindbild zur Verschwörungstheorie. Das Hexenstereotyp«, in: *Verschwörungstheorien: Anthropologische Konstanten – historische Varianten*, hg. von Ute Caumanns und Mathias Niendorf, Osnabrück 2001 (Einzelveröffentlichungen des Deutschen Historischen Instituts Warschau, Bd. 6)
TSCHAIKNER, MANFRED: »Also schlecht ist das Weib von Natur...« Grundsätzliches zur Rolle der Frau in den Vorarlberger Hexenverfolgungen, in: Alois Niederstätter/Wolfgang Scheffknecht (Hg.): *Hexe oder*

Hausfrau. Das Bild der Frau in der Geschichte Vorarlbergs, Sigmaringen 1991, S. 57–76

DERS.: *Damit das Böse ausgerottet werde. Hexenverfolgungen in Vorarlberg im 16. und 17. Jahrhundert*, Bregenz 1992

TUCZAY, CHRISTA: *Die Seele außerhalb in den Volkserzählungen*, Diss. Wien 1981, Buchausgabe: *Der Unhold ohne Seele*, Wien 1981 (= WAGAPH 18)

DIES.: »Hexen einst und heute«, in: *Interaktion 1, Das Nackte und der Hintergrund*, 15.8–13.9. 1987, Wiener Sommersymposion, Wien 1987, S. 192–200

DIES.: »Teufelspakt«, (S. 809–810), in: *Handwörterbuch der Mediävistik*, hg. v. Peter Dinzelbacher, Stuttgart 1992

DIES.: Der Dämonenpakt in mittelalterlichen Quellen«, in: *Sô wold ich in Fröiden singen*, Festgabe für Anthonius H. Touber zum 65. Geburtstag, hg. v. Carla Dauven-van Knippenberg und Helmut Birkhan, (= Amsterdamer Beiträge zur älteren Germanistik, Bd. 43–44), 1995, S. 221– 241

DIES.: »Hexen«, in: Wunderlich, Werner/Müller, Ulrich (Hg.): *Mythen des Mittelalters* Bd. 2: *Dämonen, Monstren, Fabelwesen*, St. Gallen 1999, S. 319–333

DIES.: »Incubus«, in: Wunderlich, Werner/Müller, Ulrich (Hg.): *Mythen des Mittelalters* Bd. 2: *Dämonen, Monstren, Fabelwesen*, St. Gallen 1999, S. 333–343

DIES.: »Kirke« in: Wunderlich, Werner/Müller, Ulrich (Hg.): *Mythen des Mittelalters* Bd. 3: *Verführer, Schurken, Magier*, St. Gallen 2001, S. 493–509

TURNER, VICTOR: »Witchcraft and Sorcery«, in: *Africa* XXXIV, 1964

ULLMANN, MANFRED: *Die Natur- und Geheimwissenschaften im Islam*, Leiden 1972

UNVERHAU, DAGMAR: »Volksglaube und Aberglaube als glaubensmäßig nicht sanktionierte Magie auf dem Hintergrund des dämonologischen Hexenbegriffs der Verfolgungszeit«, in: *Volksreligion im hohen und späten Mittelalter*, hg. v. Peter Dinzelbacher und Dieter Bauer, S. 375–397

DIES.: *Von »Toverschen« und »Kunstfruwen« in Schleswig 1548–1557. Quellen und Interpretationen zur Geschichte des Zauber- und Hexenprozesses*, Schleswig 1980

URBACH, E.: »The Traditions about Merkaba Mysticism in the Talmudic Period«, in: *Studies in Mysticism and Religion Presented to Gershom G. Scholem*, Jerusalem 1967

UTZ-TREMP, KATHRIN: *Waldenser, Wiedergänger, Hexen und Rebellen. Biographien zu den Waldenserprozessen von Freiburg im Üchtland (1399 und 1430)*, Freiburg (Schweiz) 1999

DIES. (Hg.): *Quellen zur Geschichte der Waldenser von Freiburg im Uecht-*

land (1399–1439) (= Monumenta Germaniae Historica, Quellen zur Geistesgeschichte des Mittelalters 18), Hannover 2000

VAJDA, LASZLO: »Zur phaseologischen Stellung des Schamanismus«, *Uralaltaisches Jb., Gedenkband. J. v. Farkas*, Bd. 31, Wiesbaden 1951

VALENTINITSCH, HEILFRIED (HRSG.): *Hexen und Zauberer. Die große Verfolgung – ein europäisches Phänomen in der Steiermark* (= Katalog der steirischen Landesausstellung), 2 Bde., Graz 1987

VALOIS, NOEL: *Le Procès de Gilles de Rais*, Paris 1913

VERELST, PHILIPPE: »L'enchanteur di épopée, Prolégomènes à une étude sur Maugis«, in: *Romanica Gandensia* 6 (1976), S. 119–162

VILLENEUVE, ROLAND: *L'Envoûtement*, Genf und Paris 1963

VINAVER, EUGÈNE: »La Fée Morgain et les aventures de la Bretagne«, in: *Mélanges J. Frappier*, 1970, S. 1077–83

VÖLKER, WOLFRAM: *Märchenhafte Elemente bei Chrétien de Troyes* (= Romanist. Versuche u. Vorarbeiten 39), Bonn 1972

VOLKMANN, KURT: *Der Zauberer in der bildenden Kunst*, Berlin 1956

WACHINGER, B.: »Klingsor«, in: *VL*, Bd. 4, Berlin 1983, Sp. 1220–1221

WAGNER, ROBERT-LÉON: *»Sorcier« et »Magicien« Contribution a L'Histoire du Vocabulaire de La Magie*, Paris 1939

WAITE, A. E.: *The Book of Ceremonial Magic. The Secret Tradition in Goetia*. New York 1965

WALKER, D. P.: *Unclean Spirits. Possession and Exorcism in France and England in the late 16th and early 17th Centuries*, Philadelphia 1981

WALLNER, A.: »Eiris sazum idisi«, in: *ZfdA*, 50, 1908, S. 214–218

WARD, JOHN, O.: »Witchcraft and Sorcery in the Later Roman Empire and the Early Middle Ages«, in: *Prudentia*, 12, 1980, S. 93–100

WASCHNITIUS, VIKTOR: »Perht, Holda und verwandte Gestalten, ein Beitrag zur deutschen Religionsgeschichte«, in: *Sitzungsberichte der Kaiserlichen Akademie der Wiss. Phil. Hist. Kl 174. Bd. 2. Abh.*, Wien 1913, S. 1–183

WASSERSCHLEBEN, F. W.: *Die Bußordnungen der abendländischen Kirche*, Ndr. Graz 1958

WATHELET-WILLEM, JEANNNE: »La Fée Morgain dans les Chansons de geste«, in: *CCM*, 13, 1970, S. 209–13

WEINACHT, HELMUT: »Ottokar von Steiermark«, in: *VL*, Bd. 7, Berlin 1989, Sp. 238–245

WEINREICH, OTTO: *Antike Heilungswunder*, Gießen 1909

DERS.: *Der Trug des Nectanebos*, Leipzig 1911

DERS.: »Gebet und Wunder«, in: ders. *Religionsgeschichtliche Studien*, Darmstadt 1968, S. 1–299

WEISHEIPL, JAMES: »Classification of the Sciences in Medieval thought«, in: *Medieval Studies*, 27, 1965, S. 54–90

WEISS, A. M.: *Merlin in German Literature. A Study of the Merlin-Legend in German Literature from the Medieval Begin*, Washington 1933

WERBLOWSKY, RAPHAEL J. ZWI/SMITH, GARY (HRSG.): *Magie, Mystik, Messianismus. Studien zur Religonsgeschichte des Judentums und Christentums*, Hildesheim 1997

WESCHE, H.: *Der althochdeutsche Wortschatz im Gebiet des Zaubers und der Weissagung*, Halle 1940

WHITE, LYNN: »Kyesers Bellifortis, the first Technolgical Treatise in the 15th Century«, in: *Technology and Culture*, 10, 1969, S. 436–441

DERS.: »Cultural Climate and Technology, Advance in the Middle Ages«, in: *Viator*, 2, 1971, S. 171–201

WILHELM, FRIEDRICH: *Denkmäler deutscher Prosa des 11. und 12. Jahrhunderts*, München 1960

WILPERT, PAUL (HRSG.): *Antike und Orient im Mittelalter* (= Miscellanea Medievalia I), Berlin 1962

WILSON, ERIC: »Institoris at Innsbruck. Heinrich Institoris, the Summis Desiderantes and the Brixen Witch-Trial of 1485«, in: Bob Scribner/Trevor Johnson (Hg.): *Popular Religion in Germany and Central Europe, 1400–1800*, Houndmills, Basingstoke 1996, S. 87–100

WIPF, K. A.: »Die Zaubersprüche im Althochdeutschen«, in: *Numen*, 22, 1975, S. 42–69

WITTMER-BUTSCH, MARIA ELISABETH: *Zur Bedeutung von Schlaf und Traum im Mittelalter* (= Medium Aevum Quotidianum Sonderband I), Krems 1990

WOLF, LUDWIG/LOMNITZER, HELMUT: »Das Leben der hl. Elisabeth«, in: *VL*, 2. Aufl., Bd. 5, Sp. 632–635

WOLF, RICHARD: »Die Gestalt Klingsors in der deutschen Literatur des Mittelalters«, in: *Südostdeutsche Semesterblätter*, 19. Heft, 1967, S. 1–19

WOLFZETTEL, FRIEDRICH: »Fee, Feenland«, in: *EM*, Bd. IV, Berlin 1984, Sp. 945–964

WOOD, JULIETTE: »Virgil and Taliesin: the Concept of the Magician in Medieval Folklore«, in: *Folklore*, 94, 1983, S. 91–104

WUNDT, WILHELM: *Völkerpsychologie*, 6 Bde., Leipzig 1914–1920

WÜNSCH, R.: »Eine antike Rachepuppe«, in: *Philologus* LXI, 1902, S. 26–31

DERS.: »Antikes Zaubergerät aus Pergamon«, in: *Archäologisches Jahrbuch*, VI 1905

WUTTKE, ADOLF: *Der deutsche Aberglaube der Gegenwart*, Berlin 1900

ZACHARIAS, G.: *Der dunkle Gott*, Wiesbaden 1964

ZAHN, THEODOR: *Cyprian von Antiochien und die deutsche Faustsage*, Erlangen 1882

ZAMBELLI, PAOLA: »Le problème de la magie naturelle à la renaissance«, in: *Magia astrologie e religione nel rinascimento, Kongreßbericht Warschau 1972*, 1974, S. 48–82

ZARNCKE, F.: »Der Priester Johannes«, in: *Abh. d. phil. hist. Kl. d. königl. Sächs. Ges. d. Wiss.* 19, Leipzig 1883, S. 159 ff.

ZATLOUKAL, KLAUS: »Vorauer Novelle«, in: *VL*, Bd. 10, Berlin 1999, Sp. 523–525

ZIEGELER, WOLFGANG: *Möglichkeiten der Kritik am Hexen- und Zauberwesen im ausgehenden Mittelalter*, Wien 1973

ZIKA, CHARLES: »›Magie‹, ›Zauberei‹, ›Hexerei‹. Bildmedien und kultureller Wandel«, in: Jussen, Bernhard/Craig Koslofsky (Hg.): *Kulturelle Reformation. Sinnformationen im Umbruch 1400–1600*, Göttingen 1999, S. 317–382

ZINTZEN, C.: »Die Wertung von Mystik und Magie in der neuplatonischen Philosophie«, In: *Rheinisches Museum*, 108, 1965, S. 71 ff.

ZÖLLNER, WALTER/GLOGER, BRUNO: *Teufelsglaube und Hexenwahn*, Wien 1985

ZUMTHOR, PAUL: *Merlin le Prophète, un thème de la Littérature polémique de l'Historiographie et des Romans*, Lausanne 1943, 2. Aufl., Genf 1973

Abbildungsverzeichnis

Namen- und Sachregister

area Bücher entdecken

Sachbücher, die Geschichte schrieben

Diese Neuausgabe – erstmals im Jahre 1864 erschienen – schildert die erschreckende Phase der päpstlich gestatteten Folter anhand von rührenden Einzelschicksalen.

ISBN 3-89996-015-7

a r
e a
Bücher
entdecken

Sachbücher, die
Geschichte schrieben

Das faszinierende Standardwerk über die
kultischen Phänomene und religiösen Überlieferungen
der Menschheit mit allen ihren Festen,
Opferriten und Symbolen.

ISBN 3-89996-451-9